Kommunalfinanzen im Umbruch

Reihe: Städte und Regionen in Europa

Herausgegeben von

Jürgen Friedrichs, Köln
Oskar W. Gabriel, Stuttgart
Herbert Schneider, Heidelberg
Rüdiger Voigt, München

Band 3

Heinrich Mäding
Rüdiger Voigt (Hrsg.)

Kommunalfinanzen im Umbruch

Leske + Budrich, Opladen 1998

Gedruckt auf säurefreiem und altersbeständigem Papier.

ISBN 978-3-8100-1940-0 ISBN 978-3-322-93305-8 (eBook)
DOI 10.1007/978-3-322-93305-8

Satz: Leske + Budrich

Inhalt

5. Konsolidierung der Kommunalfinanzen – Folgen für Sozial- und Arbeitsmarktpolitik

6. Aufgabenwandel und Privatisierung: Plädoyer für eine „Neue Politik"?

Vorwort der Herausgeber der Reihe *Städte und Regionen in Europa*

In einem enger zusammenwachsenden Europa kommt den Städten und Regionen eine besondere Bedeutung zu. Dabei spielt neben der interkommunalen Zusammenarbeit (z.B. in Städtepartnerschaften) die interregionale Kooperation (z.B. EUREGIO) eine zunehmende Rolle. In der interdisziplinären Schriftenreihe *Städte und Regionen in Europa* sollen daher sowohl Untersuchungen über einzelne Städte bzw. Regionen veröffentlicht werden als auch national oder international vergleichende Studien im europäischen Rahmen. Diese Arbeiten erscheinen als Monographien oder als Sammelbände in deutscher bzw. englischer Sprache, um die sozialwissenschaftliche Diskussion nicht nur im deutschsprachigen Raum sondern auch darüber hinaus anzuregen.

Vorwort

Den Kommunen steht – finanzwirtschaftlich gesehen – das Wasser buchstäblich bis zum Hals. Kein Zweifel also, daß fast alle Gemeinden und Kreise dringend eine Verbesserung ihrer Einnahmesituation brauchen. Die ostdeutschen Gemeinden haben in ihrer Finanzkraft noch längst nicht das westdeutsche Niveau erreicht, und die westdeutschen Gemeinden haben große Mühe, ihr Leistungsniveau angesichts schrumpfender Einnahmen und steigender Kosten aufrecht zu erhalten. Detaillierte Angaben zu diesen Fragen enthält der jährlich im Frühjahr erscheinende „Gemeindefinanzbericht" in der Zeitschrift „Der Städtetag". Da Bund und Länder denselben Sparzwängen unterliegen, ist Hilfe von dort kaum zu erwarten. Die Kommunen sind also bei der Konsolidierung ihrer Finanzen im wesentlichen auf sich selbst angewiesen. Vor diesem Hintergrund erscheint es nicht nur als wissenschaftlich reizvoll sondern auch als politisch sinnvoll und notwendig, sich mit den Ursachen der gegenwärtigen Finanzkrise der öffentlichen Hände und insbesondere mit den Folgen für die kommunale Aufgabenerledigung zu befassen. Hierzu bedarf es sowohl der finanzwissenschaftlichen Expertise, als auch des politik- und verwaltungswissenschaftlichen Sachverstandes. Wenn obendrein neben den Wissenschaftlerinnen und Wissenschaftlern auch noch Praktikerinnen und Praktiker zur Mitarbeit gewonnen werden können, erscheint das Ergebnis vielversprechend.

Einem solchen Dialog zwischen Wissenschaft und Praxis sowie der interdisziplinären Diskussion war die Tagung des Arbeitskreises *Lokale Politikforschung* der Deutschen Vereinigung für Politische Wissenschaft gewidmet, die unter der Leitung von *Herbert Schneider* und *Hellmut Wollmann* in Heidelberg stattgefunden hat. Die vorliegenden Beiträge sind in der Mehrzahl aus Referaten hervorgegangen, die während dieser Tagung in der Arbeitsgruppe „Lokale Politik und kommunale Finanzen" gehalten und diskutiert worden sind. Einige Beiträge konnten noch hinzugewonnen werden. Dieses Buch sollte ursprünglich an anderer Stelle erscheinen, dieses Vorhaben wurde jedoch Opfer der überall sichtbar werdenden Konzentrationsbestrebungen im deutschen Verlagswesen. Neben den Autoren (für ihre Geduld) und den oben genannten Initiatoren der Heidelberger Tagung möchten die Herausgeber dem Verleger *Edmund Budrich* danken, der das Erscheinen dieses Bandes in der Reihe *Städte und Regionen in Europa* tatkräftig unterstützt hat. Der Band ist in vier Kapitel untergliedert, die sich mit den folgenden Themenkomplexen befassen: Kommunale Finanzentwicklung und Zuweisungspolitik, Kommunalfinanzen an der Schwelle des Jahres 2000, Konsolidierung der Kommunalfinanzen – Folgen für die Sozial- und Arbeitsmarktpolitik sowie Aufgabenwandel und Privatisierung: Plädoyer für einen ‚neue Politik'? Flankiert werden diese Kapitel von einem einleitenden und einem resümierenden Beitrag der Herausgeber.

Heinrich Mäding *Rüdiger Voigt*

Kommunale Finanzen im Umbruch

Rüdiger Voigt

Kommunale Finanzen im Umbruch: Plädoyer für eine neue Kultur des Haushaltens

Die Situation der öffentlichen Haushalte ist in Deutschland in der zweiten Hälfte der neunziger Jahre durch drastische Einbrüche bei den Steuereinnahmen gekennzeichnet. In Bund und Ländern bleiben die Steuereinnahmen in einer Weise hinter den Erwartungen zurück, die hier bislang unbekannt war. Die Steuerschätzungen durch den hierfür beim Bundesfinanzministerium gebildeten Arbeitskreis aus hochrangigen Experten galten bisher als verläßliche Planungsgrundlage für die Haushaltsgestaltung. Statt dessen werden jedoch immer neue Deckungslücken erkennbar, deren Ausgleich den Haushaltspolitikern zunehmend Schwierigkeiten bereitet. Aber nicht nur sinkende Steuereinnahmen bei steigender Arbeitslosigkeit sowie Mindereinnahmen in den Kassen der Sozialversicherungsträger und die drückende Kostenlast der deutschen Vereinigung sind zu bewältigen. Vielmehr wird die Lösung der Probleme zusätzlich dadurch erschwert, daß Deutschland als „europäisches Musterland" unbedingt die Konvergenzkriterien für die Europäische Währungsunion (EWU) erfüllen will. Das bedeutet nach den Vorgaben z.B. der Bundesbank, daß die Nettoneuverschuldung Deutschlands nicht die „magische Grenze" von 3% des Bruttoinlandsprodukts überschreiten darf. Einer Deckung der Haushaltslücken durch Kreditaufnahme sind damit Schranken auf allen Ebenen gesetzt, will man sich bei den europäischen Partnern nicht dem Vorwurf „kreativer Buchführung" aussetzen[1].

Im folgenden sollen die sich daraus ergebenden Probleme im Hinblick darauf dargestellt werden, welche Anstrengungen Bund, Länder und Kommunen unternehmen, diese finanziellen Probleme „in den Griff" zu bekommen. Das Schwergewicht der Betrachtung liegt dabei auf der Situation der Gemeinden, Städte und Kreise (Kommunen). Allerdings hängt die finanzielle Lage der Kommunen u.a. von regionalen Faktoren ab. So unterscheidet sich die Situation beispielsweise der ostdeutschen von der der westdeutschen Kommunen erheblich. Diese Unterschiede können hier allerdings nur kurz

---

1 Für die Kommunen ist im übrigen eine unmittelbar auf die Maastricht-Kriterien bezogene (neue) Schuldendeckelverordnung zu erwarten.

gestreift werden[2]. Zum anderen gibt es signifikante Unterschiede in der kommunalen Finanzkraft auch innerhalb der alten Bundesrepublik sowie innerhalb eines Bundeslandes, aber auch z.B. zwischen Kernstadt und Umlandgemeinden. Drittens sind die Länder in der Gestaltung der Finanzbeziehungen zu ihren Kommunen zwar durch Rahmenvorschriften (z.B. Art. 106 GG) gebunden, im übrigen entscheiden sie aber selbständig und eigenverantwortlich sowohl über die Ausgestaltung des kommunalen Finanzausgleichs als auch über das Haushaltsgebaren mit Hilfe ihrer Gemeindehaushaltsverordnungen und durch Runderlasse der zuständigen Ministerien. Es liegt also nahe, sich bei der Darstellung auf ein Land zu konzentrieren. Als Beispiel wurde hier das Land Nordrhein-Westfalen ausgewählt, dessen Gemeindefinanzierungsgesetz nach der Reform allgemein als zukunftsorientiertes modernes Zuweisungssystem angesehen wird[3]. Dabei soll allerdings nicht verschwiegen werden, daß dem kommunalen Finanzausgleich gerade in den ostdeutschen Kommunen wegen ihrer schwachen Steuerkraft eine besondere Bedeutung zukommt. Von Fall zu Fall wurde zur Illustration auf das vom Arbeitskreis Finanzen im Kommunalverband Ruhrgebiet[4] besonders gut dokumentierte und aufbereitete Zahlenmaterial über das Ruhrgebiet zurückgegriffen.

1. Finanzwirtschaftlicher Konsolidierungsdruck

In dieser außerordentlich prekären Lage der Staatsfinanzen tun Bund und Länder alles, um sich von den drückendsten Kosten zu entlasten. Es liegt auf der Hand, daß sich jede Ebene der Sparzwänge gern zu Lasten der anderen Ebenen entledigen würde. Die starke Stellung der Länder im Bundesrat hindert den Bund aber daran, sich auf Kosten der Länder zu sanieren. Denn anders als in einem Zentralstaat ist in der Bundesrepublik Deutschland jede Umverteilung bei den Gemeinschaftssteuern (Einkommen- und Körperschaftssteuer, Umsatz- bzw. Mehrwertsteuer) von der Zustimmung der Länder abhängig. In diesem zweistufigen Bundesstaatsmodell haben die Kommunen allerdings nicht die gleiche Vetomacht wie die Länder. Deren im Grundgesetz institutionalisierter Beteiligung an der Bundesgesetzgebung haben die Gemeinden und Gemeindeverbände nichts Gleichwertiges entgegenzusetzen. Sie gelten vielmehr verfassungsmäßig als Bestandteile der Länder. Zwar haben sie sich mit den kommunalen Spitzenverbänden: Deutscher Städtetag, Deutscher Landkreistag, Deutscher Städte- und Gemeindebund,

2 Siehe zu den Einzelheiten jeweils die Gemeindefinanzberichte der betreffenden Jahre, insbesondere: Karrenberg/Münstermann 1997, S. 129ff. sowie S. 172ff.
3 Karrenberg/Münstermann 1997, S. 150f., insbesondere auch Übersicht 12 sowie S. 158ff.
4 Diesem Arbeitskreis gehören Siegfried Bleck, Heinz Gawenda, Dieter Hötker, Martin Junkernheinrich, Sabine Kerkemeyer, Dieter Nellen und Bernhard Rechmann an.

wirksame Interessenvertretungen geschaffen, die jedoch allenfalls gegenüber der eigenen Landesregierung von Fall zu Fall erfolgreich sind[5]. Auf Bundesebene können sie hingegen kaum jemals soviel ausrichten wie die Industrie- und Arbeitgeberverbände, der Deutsche Gewerkschaftsbund oder der Deutsche Bauernverband, auch wenn sie in zentralen Gremien, wie z.B. dem Finanzplanungsrat, mitwirken.

So traf die von der FDP zum Ende des Jahres 1979 durchgesetzte Abschaffung der Lohnsummensteuer[6] vor allem die nordrhein-westfälischen Gemeinden[7], die in erster Linie diese Steuer bislang erhoben hatten, zwar nicht unvorbereitet – und blieb auch nicht ohne einen gewissen finanziellen Ausgleich[8] –, letztlich waren die Kommunen aber machtlos gegenüber diesem überaus schwerwiegenden Eingriff in ihre Finanzierungsgrundlagen. Seither sind die Bemessungsgrundlagen für die Gewerbesteuer immer wieder zu Ungunsten der Gemeinden verändert und insbesondere die Freigrenzen ständig angehoben worden[9], so daß den Gemeinden auf diese Weise Einnahmen in beträchtlicher Höhe verloren gegangen sind. Und auch die Abschaffung der Gewerbekapitalsteuer, der der Bundesrat am 5. September 1997 nach langem Zögern schließlich zugestimmt hat, geht an die Substanz der im Grundgesetz verankerten Realsteuergarantie (Art. 106 Abs. 2 GG). Von den drei Elementen der Gewerbesteuer: Gewerbekapitalsteuer, Gewerbeertragsteuer und Lohnsummensteuer, bleibt also ab 1998 nur noch die Gewerbeertragsteuer übrig[10]. Man kann kaum umhin, diesen Vorgang als bundespolitische Profilierung einer kleinen Partei, die auf kommunaler Ebene wenig zu verlieren hat, zu Lasten der Kommunen zu bezeichnen.

---

5 Vgl. Voigt 1987, S. 52-64.

6 Voigt 1980, S. 36f.

7 In Hessen, Niedersachsen, Schleswig-Holstein, den Stadtstaaten und Rheinland-Pfalz hatte das Lohnsummensteueraufkommen hingegen eine nicht so große Bedeutung wie in Nordrhein-Westfalen; in Süddeutschland wurde die Lohnsummensteuer gar nicht erhoben.

8 Der Gemeindeanteil an der Einkommensteuer wurde für alle Gemeinden um einen Prozentpunkt von 14 auf 15% erhöht. Die betroffenen Gemeinden erhielten zusätzlich zeitlich befristete Ausgleichszahlungen.

9 Außerdem wurde die Hinzurechnung für Dauerschulden und Dauerschuldzinsen gekürzt und der Vervielfältiger angehoben.

10 In Ostdeutschland war die Gewerbekapitalsteuer allerdings bis zuletzt nicht erhoben worden, auch wenn einzelne Länder (z.B. Brandenburg) mit der Einführung „gedroht" hatten.

Übersicht 1: Gemeindefinanzbericht 1997 des Deutschen Städtetages

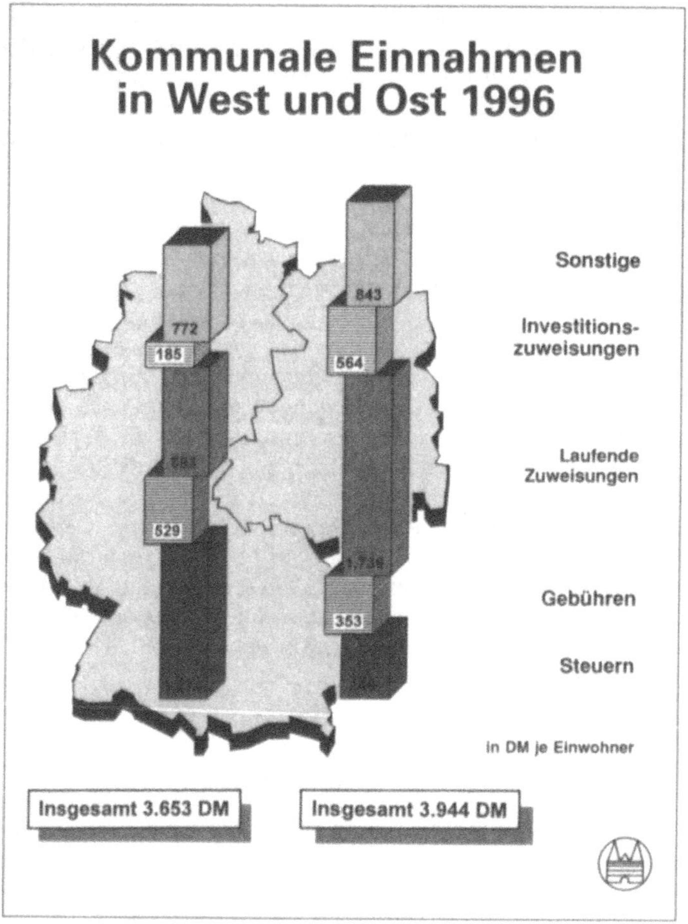

2. Ursachen der Finanzprobleme: Sinkende Einnahmen, steigende Ausgaben

Als „letztes Glied der Kette" sind die Gemeinden zudem häufig die Leidtragenden nicht nur solcher Profilierungsaktionen, sondern auch von (letztlich unvermeidlichen) Haushaltskonsolidierungsmaßnahmen des Bundes und der Länder. So befürchteten die Kommunen zu recht massive Steuerverluste und zusätzliche Einnahmeverluste im kommunalen Finanzausgleich, falls die von der Bundesregierung geplante Einkommensteuerreform in vollem Umfang realisiert worden wäre. Zwar ist in der gegenwärtigen Situation nicht mehr – wie in den siebziger Jahren – damit zu rechnen, daß die Leistungen der Sozialhilfe verbessert werden, wofür die Kommunen dann wiederum die Kosten zu tragen hätten. Vielmehr sind im Gegenteil Leistungskürzungen im Gespräch. Dafür werden aber z.B. die Leistungen der Arbeitslosenhilfe gekürzt[11], was in einem (Finanz-) System der „kommunizierenden Röhren" zwangsläufig zur Folge hat, daß die von den Kürzungen Betroffenen der Sozialhilfe und damit den Kommunen finanziell zur Last fallen. Neben diesen von höheren politischen Ebenen verursachten Belastungen trifft eine Krise der nationalen Ökonomie die Kommunen aber auch unmittelbar. Sowohl die Gewerbesteuer, auf die die Gemeinden auch nach der Abschaffung der Gewerbekapitalsteuer angewiesen bleiben, als auch die Einkommensteuer, an deren Aufkommen die Gemeinden mit 15% beteiligt sind, sind in hohem Maße konjunkturabhängig. Zwar werden durch Sockelbeträge[12] die lokalen Aufkommensunterschiede dieser Steuer erheblich gemildert. Gewinner sind jedoch im wesentlichen die Gemeinden mit weniger als 20.000 Einwohnern, Verlierer sind hingegen sind vor allem die Großstädte.

Zwar haben sich die Gewerbesteuereinnahmen der Städte und Gemeinden im Jahre 1996 positiv entwickelt, sie sind jedoch in den einzelnen Kommunen außerordentlich unterschiedlich und in strukturschwachen Städten völlig unzureichend[13]. Und die Einkommensteuereinnahmen sanken sogar von 1992 bis 1996 in Deutschland in einer geradezu alarmierenden Talfahrt von 41,5 Mrd. DM auf 11,6 Mrd. DM[14]. Auch 1996 waren die Einnahmen wiederum rückläufig, so daß der Zuwachs bei den Gewerbesteuereinnahmen mehr als kompensiert wurde.

Da den Gemeinden umgekehrt jedoch der Zugriff auf einkommens- und inflationselastische Steuern im wesentlichen verwehrt ist, verschlechtert sich im Zuge einer krisenhaften Entwicklung der Wirtschaft die Finanzsituation der Kommunen kontinuierlich[15]. Das zeigt sich einerseits in einem beträchtlichen Finanzierungsdefizit, das 1996 immerhin 9,5 Mrd. DM betrug, andererseits – noch bedenklicher – in einem Rückgang der kommunalen Sachinvestitionen, der 1996 in den westdeutschen Kommunen -6,5% und in den ostdeutschen Kommunen sogar -9,0% (hier allerdings mit fallender Tendenz) betrug[16].

---

11 Durch das Arbeitslosenhilfe-Reformgesetz vom 24. Juni 1996, BGBl. S. 878.

12 Es gelten gegenwärtig folgende Sockelbeträge: 40.000 DM zu versteuerndes Jahreseinkommen für Ledige bzw. 80.000 DM für Verheiratete.

13 Karrenberg/Münstermann 1997, S. 129.

14 Karrenberg/Münstermann 1997, S. 143.

15 Gretschmann 1983, S. 67.

16 Karrenberg/Münstermann 1997, S. 196ff., Tabellen 1b und 2a.

Übersicht 2:

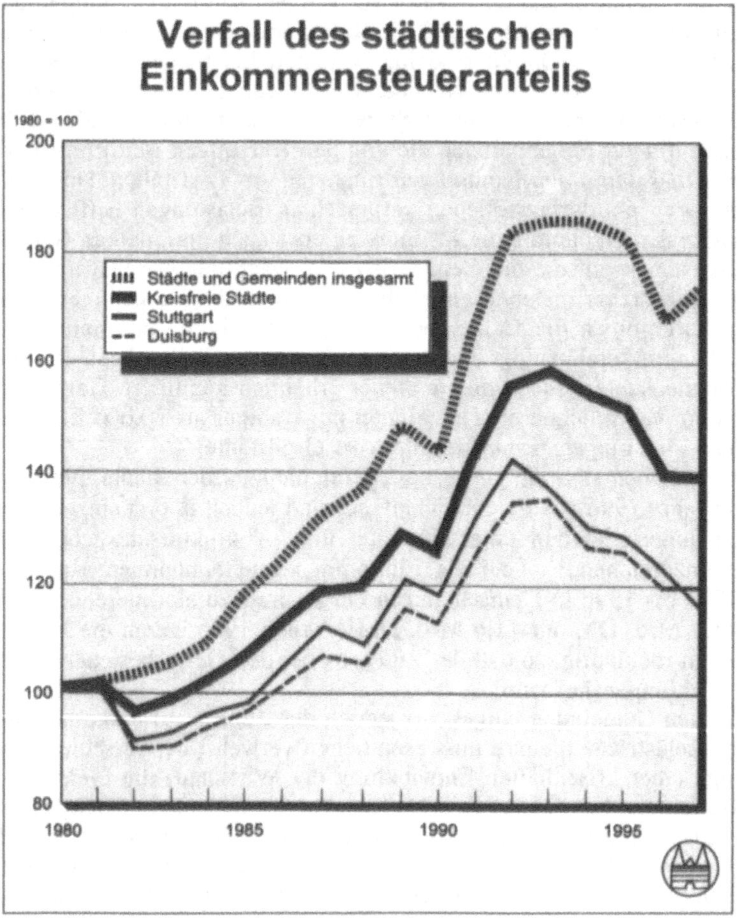

Gemeindefinanzbericht 1997 des Deutschen Städtetages

2.1 *Steigerung der Einnahmen?*

Eine Einnahmensteigerung durch Steuermehreinnahmen ist allenfalls für die kommunalen Bagatellsteuern (z.B. Hundesteuer) denkbar, wo diese noch erhoben werden dürfen. Diese Steuern erbringen jedoch einen so niedrigen Ertrag, daß er zum Ausgleich für die vorhandenen Einnahmenausfälle in keinem Fall ausreichen würde. Es bleiben also nur die Finanzzuweisungen des Landes sowie die von den Kommunen erhobenen direkten Entgelte und schließlich die grundgesetzlich abgesicherten Realsteuern (Grund- und Gewerbesteuern), auf die die Gemeinden Hebesätze erheben dürfen. Da auch der kommunalen Neuverschuldung enge Grenzen gesetzt sind, wird sogar die Veräußerung von Gemeindevermögen („Tafelsilber"), also von kommunalen Beteiligungen, aber auch von Immobilien, ernsthaft in Erwägung gezogen. Letzteres dürfte aber ohnehin nur dort möglich sein, wo eine Gemeinde über einen ausgedehnten Grundbesitz verfügt, der sich auf dem Markt angemessen verwerten läßt. Auch solche Gemeinden sollten allerdings strikt darauf achten, daß sie nach Veräußerungen noch eine hinreichende Grundlage für ihre räumliche Entwicklungsplanung behalten.

Gebührenerhöhungen?

Auch das Ausweichen auf direkte Entgelte für die von den Kommunen erbrachten Leistungen in der Form von erhöhten Gebühren, Beiträgen etc., das sich zunächst als bequemer Ausweg anbietet, ist nur begrenzt möglich. Denn einerseits verbietet es das Äquivalenzprinzip, d.h. der Grundsatz der Angemessenheit zwischen Leistung und Gegenleistung im Sinne annähernder Gleichwertigkeit[17], zum Zwecke der Einnahmenvermehrung unangemessen hohe Gebühren zu erheben, andererseits haben vor allem die Kommunen bereits einen großen Teil ihrer Einrichtungen aus den Kommunalhaushalten ausgegliedert, und drittens schließlich reagiert der Bürger auf jede Gebührenerhöhung äußerst empfindlich. Den daraus ggf. entstehenden Legitimationsverlust hätte die Gemeinde – anders als z.B. bei der Erhöhung von Bundes- oder Landessteuern – allein zu tragen. Die Gebührenbelastung der Bürger differiert freilich erheblich, sie ist u.a. davon abhängig, in welcher Gemeinde er lebt. Bislang war ein interkommunaler Vergleich der Gebührenbelastung jedoch nur schwer möglich. Es ist daher zu begrüßen, daß der Bund der Steuerzahler ein neues Verfahren entwickelt hat, um in einer Umfrage des Jahres 1996 die kommunalen Gebühren in den Bereichen Müllabfuhr, Abwasser und Straßenreinigung in Nordrhein-Westfalen vergleichen zu können. Zu diesem Zweck wurden die Entsorgungsleistungen für eine „Musterfamilie" (Vier-Personen-Haushalt, 500 m^2-Grundstück, 15 m Straßenfront, 200 m^3 Abwasser im Jahr) zugrundegelegt[18]. Dabei zeigten sich ganz erhebliche Gebührenunterschiede, die immerhin eine Bandbreite von 487 DM (Havixbeck) bis 2.762 DM (Hellenthal) aufwiesen. Der Durchschnitt in Nordrhein-Westfalen liegt allerdings bei 1.295 DM pro Jahr.

Steigerung der Hebesätze?

Auch die Anhebung der Hebesätze bei Grund- und Gewerbesteuern ist nicht in beliebiger Höhe möglich, da die Gemeinde mit einer Erhöhung – unge-

---

17 Karrenberg/Münstermann 1993, S. 202.
18 Bund der Steuerzahler Nordrhein-Westfalen 1996.

wollt und unerwünscht – negative Anreize geben könnte. Potentielle Eigenheim-Bauherren und damit künftige Einkommensteuerzahler würden u.U. durch einen zu hohen Grundsteuerhebesatz[19] (ebenso wie durch zu hohe Erschließungs- und Anliegerbeiträge) abgeschreckt. Das hätte nicht nur den Verlust erhoffter Mehreinnahmen beim gemeindlichen Einkommensteueranteil zur Folge, sondern könnte sich auch über einwohnerzahlabhängige Haupt- und Nebenansätze negativ auf die Zuweisungen der betroffenen Gemeinde im kommunalen Finanzausgleich auswirken[20].

Noch direkter spürbar wären die Auswirkungen überdurchschnittlich hoher Gewerbesteuerhebesätze. Sie würden möglicherweise nicht nur ansiedlungswillige Gewerbebetriebe vertreiben, sondern u.U. auch dazu führen, daß Gewerbetreibende in Nachbargemeinden mit niedrigeren Hebesätzen abwandern würden. Dies drückt sich dann z.B. in der häufig negativen Stadt-Umland-Bilanz aus. Selbst eine einheitliche Anhebung der Hebesätze in einem Land oder sogar in ganz Deutschland würde diesen Effekt nicht vermeiden helfen, da heutzutage selbst mittelständische Unternehmen ggf. ihre Betriebe ins (nahe) Ausland verlegen, wenn sie dort kostengünstiger produzieren können. Besonders hohe Gewerbesteuerhebesätze würden zu einer solchen Betriebsverlagerung aber eher noch ermuntern als sie zu verhindern helfen. Tatsächlich zeigt die Entwicklung der Gewerbesteuereinnahmen im Ruhrgebiet, daß diese Einnahmen dort mittel- bis langfristig niedrig ausfallen, obwohl die Gewerbesteuerhebesätze im Jahre 1995 überproportinal angehoben worden sind. Inzwischen (1996) hat der überwiegende Teil der kreisfreien Städte im Ruhrgebiet wie auch im Mittelrheingebiet einen Hebesatz bei der Gewerbesteuer von 450, d.h. die Bemessungsgrundlagen werden mit einem Faktor 4,5 multipliziert[21]. Betrugen die Nettoeinnahmen bei der Gewerbesteuer 1995 im Bundesdurchschnitt 464 DM je Einwohner und lag der Ruhrgebietsdurchschnitt nur wenig darüber (allen voran die Stadt Essen mit über 800 DM/E), so lag der Landesdurchschnitt in Nordrhein-Westfalen immerhin bei 600 DM/E[22].

2.2 *Senkung der Ausgaben?*

Da die Einnahmenseite – zumindest nach oben hin – im wesentlichen inflexibel ist, können sich die kommunalen Konsolidierungsbemühungen zur Zeit nur auf die Senkung der Ausgaben konzentrieren. Allerdings sind auch hier

---

19 Die Grundsteuer B erbrachte 1996 in den alten Ländern 10,79 Mrd. DM, in den neuen Ländern jedoch lediglich 1,43 Mrd. DM, Karrenberg/Münstermann 1997, S. 203, Tab. 5a.

20 Voigt 1980, S. 75ff.

21 Den höchsten Hebesatz im (gesamten) Bundesgebiet hat Frankfurt a.M. mit 515%, die niedrigsten Hebesätze finden sich 1996 in Ostdeutschland mit 250% z.B. in Falkensee.

22 Kommunalverband Ruhrgebiet 1997, S. 30f.

Übersicht 3:

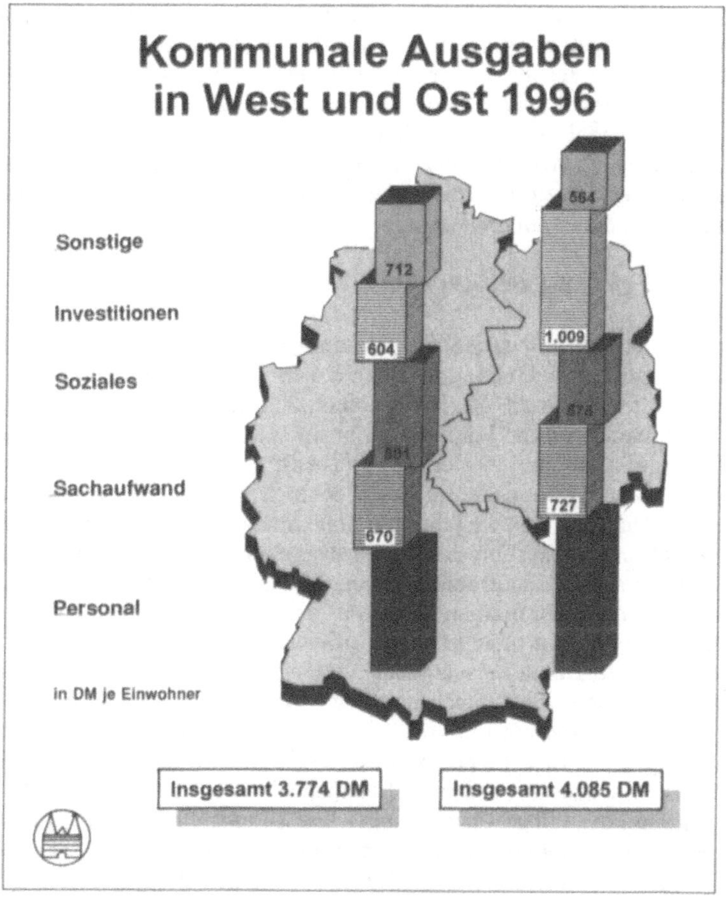

den Kommunen durch Bundes- und Landesgesetze und nicht zuletzt durch die Tarifverträge enge Grenzen gesetzt. Zur Erfüllung bestimmter Aufgaben sind die Gemeinden und Gemeindeverbände gesetzlich verpflichtet, sie können sie also nicht in eigener Kompetenz einschränken[23]. Hierzu würde es vielmehr der Initiative des Landesgesetzgebers bedürfen, der die Gemeinden ohne weiteres für einen bestimmten Zeitraum von den Vorgaben des Landes freistellen könnte, wie das Beispiel Nordrhein-Westfalens zeigt. Auch auf die

23 So sind etwa die Kinderbetreuungseinrichtungen zu 100% vorgegeben.

jährlichen Tarifanhebungen haben die Kommunen nur begrenzten Einfluß, selbst wenn sie an den Tarifverhandlungen auf der Seite der öffentlichen Arbeitgeber beteiligt sind. Das Gros der Städte und Gemeinden muß sich allerdings ohnehin längst im wesentlichen auf die Wahrnehmung der Pflichtaufgaben beschränken, da für die freiwilligen Selbstverwaltungsaufgaben kaum noch Geld zur Verfügung gestellt werden kann. Tariferhöhungen für das kommunale Personal müssen von den Gemeinden, Städten und Kreisen ohnehin i.d.R. „aus eigener Tasche", d.h. ohne finanzielle Hilfe des Landes, bezahlt werden. Sie reduzieren den kommunalen Finanzspielraum, ohne daß die Kommunen viel daran ändern könnten.

Solidarbeitrag und Sozialhilfelasten

Erschwerend kommt hinzu, daß die Kommunen von den westdeutschen Ländern in nicht geringem Umfang an den Kosten der Deutschen Einheit beteiligt werden. So haben z.B. die Ruhrgebietsstädte im Zeitraum von 1993 bis 1997 Solidarleistungen in Höhe von mehr als 1,8 Mrd. DM erbracht, für die Stadt Köln allein ist für 1997 ein Solidarbeitrag in Höhe von 126,75 Mill. DM veranschlagt[24]. Zum anderen verschlechterte sich die Finanzsituation der Kommunen dadurch, daß die kommunalen Sozialhilfeausgaben seit Jahren kontinuierlich und – als Folge der katastrophalen Lage am Arbeitsmarkt – zuletzt sogar drastisch angestiegen waren. So hat sich in den letzten anderthalb Jahrzehnten die kommunale Belastung in den alten Ländern durch soziale Leistungen immerhin mehr als verdreifacht[25]. Hier waren die Kommunen besonders auf den Bundesgesetzgeber angewiesen, der das Bundessozialhilfegesetz (BSHG) inzwischen auch insoweit modifiziert hat, als bestimmte Leistungen von den Kommunen nunmehr lediglich auf freiwilliger Basis (d.h. auf lange Sicht: gar nicht mehr) erbracht werden[26]. Tatsächlich sind erstmals im Jahre 1996 die Ausgaben für soziale Leistungen – nicht zuletzt durch die Entlastungswirkung der Pflegeversicherung – leicht rückläufig, nämlich in den alten Ländern um 2,5%, in den neuen Ländern sogar um 4,9%. Insgesamt betrugen 1996 die Leistungen der Sozialhilfe in den Städten Westdeutschlands 8,71 Mrd. DM und in denen Ostdeutschlands 1,2 Mrd. DM[27].

Die Last der Personalausgaben

Und drittens schließlich sind die Personalausgaben der kommunalen Gebietskörperschaften nur schwer zu reduzieren. Der Hinweis mancher Länder

---

23 Kommunalverband Ruhrgebiet 1997, S. 47f.
24 Karrenberg/Münstermann 1997, S. 138.
25 Für die Sozialhilfeleistungen an Asylbewerber erhalten die Kommunen allerdings Erstattungsbeträge.
26 Karrenberg/Münstermann 1997, S. 164.

auf mögliche Rationalisierungsgewinne durch den Einsatz moderner Büro- und Kommunikationstechnik[28] geht insofern weitgehend fehl, als die meisten Kommunen diese Technik längst einsetzen, um ihre vielfältigen Aufgaben mit einer oft viel zu knappen Personalausstattung bewältigen zu können. Die Personalausgaben betrugen in den westdeutschen Kommunen im Jahre 1996 immerhin 61 Mrd. DM, in den ostdeutschen Kommunen hingegen 17,1 Mrd. DM (gegenüber 1995 -3,4%). Zwar sind in Ostdeutschland als Folge der DDR-Personalwirtschaft noch viele Bereiche überbesetzt, ein Personalabbau ist aber auch dort schwierig. Dazu trägt insbesondere bei, daß in den alten Ländern z.B. im Bereich der Kindertageseinrichtungen der überwiegende Teil der Plätze von freien Trägern bereitgestellt wird, während diese Träger in den neuen Ländern noch keine wesentliche Rolle spielen[29].

Dennoch haben die ostdeutschen Städte ihre Personalausgaben nach Kräften gesenkt. So hat seit Mitte 1991 (bis einschließlich 1996) in den kreisfreien Städten ein Personalabbau um 45%, in den kreisangehörigen Städten sogar um 53% stattgefunden[30]. Um dies durchzusetzen, greifen die Landesregierungen zum Teil zu drastischen Mitteln. In Sachsen etwa müssen Kommunen, die einen überhöhten Personalbestand aufweisen und ihren Haushalt nicht ausgleichen können, neben der Beanstandung ihres Haushalts mit der Anordnung eines Einstellungstopps durch die Kommunalaufsichtsbehörde rechnen[31]. Auch die westdeutschen Städte und Gemeinden haben in den letzten Jahren bereits so viele Stellen wie möglich abgebaut und stoßen nun offensichtlich an ihre Grenzen. So betrugen die kommunalen Personalausgaben in Nordrhein-Westfalen – wie auch im übrigen Westdeutschland (990 DM/E) – im Jahre 1995 durchschnittlich 974 DM je Einwohner. Im Ruhrgebiet liegen diese jedoch trotz einer extrem niedrigen Steigerungsrate von 0,6% gegenüber 1994 bei 1.225 DM/E[32].

2.3 *Mehr Zuweisungen des Landes?*

Der kommunale Finanzausgleich dient nicht nur der Verteilung der Einnahmen zwischen dem einzelnen Land und seinen Gemeinden bzw. Gemeindeverbänden, sondern mit ihm werden auch bestimmte politische Ziele verfolgt[33]. Eines dieser Ziele ist der Finanzkraftausgleich[34], d.h. also die Umver-

27 Vgl. z.B. Innenminister des Landes Schleswig-Holstein 1996, S. 6.
28 Karrenberg/Münstermann 1993, S. 210.
29 Karrenberg/Münstermann 1997, S. 183f.
30 Innenminister des Freistaates Sachsen 1996, S. 10.
31 Kommunalverband Ruhrgebiet 1997, S. 56.
32 Vgl. Voigt 1980, S. 9; Karrenberg/Münstermann 1993, S. 198ff.
33 Indikator für die eigene finanzielle Leistungskraft ist für die Gemeinden im kommunalen Finanzausgleich im allg. die Steuerkraftmeßzahl, für deren Berechnung die Grundsteuern

teilung der Mittel von finanzstärkeren zu finanzschwächeren Kommunen, um auf diese Weise eine angemessene Aufgabenerfüllung zu gewährleisten. Diese Zielsetzung wird freilich durch die Knappheit der Mittel begrenzt, so daß in jedem Finanzausgleichsgesetz der insgesamt zur Verfügung stehende Betrag als feste Größe eingearbeitet ist. Daneben spielen Ziele wie die Unterstützung der Konjunktur- bzw. Stabilitätspolitik, aber auch der Raumordnungs- und Strukturpolitik eine Rolle. Freilich differieren – bis auf wenige Gemeinsamkeiten – die Regelungen von Land zu Land so erheblich, daß nur sehr vorsichtig verallgemeinert werden kann.

Übersicht 4:

Gemeindefinanzbericht 1997 des Deutschen Städtetages

A und B, die Gewerbesteuer nach Ertrag und Kapital (abzüglich Gewerbesteuerumlage) sowie der Gemeindeanteil an der Einkommensteuer – i.d.R. jedoch nicht die kommunalen Bagatellsteuern – herangezogen werden.

Erhöhung der allgemeinen Finanzzuweisungen

Grundsätzlich läßt sich allerdings zwischen allgemeinen Zuweisungen, die zur Sicherung einer finanziellen Minimalbasis für die Aufgabenerfüllung dienen sollen, und zweckgebundenen Zuweisungen (z.B. Investitionszuweisungen) unterscheiden[35]. Der Idealvorstellung einer (freilich kaum jemals erreichbaren) kommunalen Finanzautonomie widersprechen zwar allgemeine Zuweisungen weniger als Zweckzuweisungen, eine Abhängigkeit der Kommunen vom Land ist jedoch auch hier unübersehbar. Aber auch ungeachtet dieses Nachteils würden die Kommunen in der gegenwärtigen Situation höhere Zuweisungen sicher gern akzeptieren. Bedauerlicherweise ist der Spielraum für eine generelle Erhöhung der Mittel für den kommunalen Finanzausgleich zur Zeit nirgends gegeben. Änderungen können bestenfalls unter den Bedingungen eines „Nullsummenspiels" vorgenommen werden (wenn nicht von vornherein gekürzt wird). Erhöhte Zuweisungen der einen Seite müssen also mit Zuweisungskürzungen auf der anderen Seite erkauft werden.

Neugestaltung des Verteilungsschlüssels

Dessen ungeachtet kommt es für die einzelne Kommune ganz wesentlich darauf an, wie der Finanzausgleich inhaltlich gestaltet ist. Da im Rahmen der allgemeinen Zuweisungen die Schlüsselzuweisungen überall eine Hauptrolle spielen, geht es besonders um den oder die zugrunde gelegten Verteilungsschlüssel. Dabei werden je nach der Ausgestaltung des jeweiligen Finanzausgleichsgesetzes neben einem Hauptansatz häufig auch noch bestimmte Nebenansätze gebildet, mit denen besondere Belastungen (Sozialhilfeausgaben, Stationierungskosten, Grenznähe etc.) berücksichtigt werden sollen. Um die besonders hohen Kosten aufzufangen, die den Ballungszentren durch das Vorhalten von Infrastruktur für die Umlandgemeinden entstehen, werden die statistisch erfaßten Einwohnerzahlen z.T. „veredelt", z.B. indem sie in verschiedenen Gemeindegrößenklassen mit einem nach der Größe ansteigenden Faktor multipliziert werden.

In Nordrhein-Westfalen führte die Reform des Gemeindefinanzierungsgesetzes, bei der u.a. die Gemeindegrößenklassen im Hauptansatz verändert (stärkere Spreizung der Hauptansatzstaffel sowie Anhebung der untersten Gemeindegrößenklasse auf 25.000 Einwohner) und neben dem Schüleransatz ein zusätzlicher Zentralitätsansatz neu eingeführt wurde, zu einer Umverteilung der Schlüsselmasse, also der für Schlüsselzuweisungen im kommunalen Finanzausgleich insgesamt zur Verfügung stehenden Mittel, in Höhe von 278 Mill. DM vom kreisangehörigen Raum in die kreisfreien Städte. Allein die Stadt

35 Die Zweckzuweisungen sind allerdings in letzter Zeit drastisch reduziert worden.

Köln erhält auf diese Weise 69,77 Mill. DM bzw. 14,2% mehr Schlüsselzuweisungen[36].

2.4 *Verschuldungsproblematik*

Da die Ausgaben einer Kommune häufig genug die Einnahmen übersteigen, entsteht eine zu finanzierende Deckungslücke. In vielen Fällen wurde der überwiegende Teil dieser Deckungslücke durch eine entsprechend hohe Nettoneuverschuldung gedeckt.

In Nordrhein-Westfalen ist eine kommunale Kreditaufnahme (im Vermögenshaushalt) allerdings – wie in anderen Ländern – gemäß § 72 GO NW stets nur dann zulässig, wenn sie zur Finanzierung von Investitionen, Investitionsmaßnahmen oder der Umschuldung dient, wenn eine andere Finanzierung nicht möglich ist und wenn sie mit der dauernden finanziellen Leistungsfähigkeit der Gemeinde in Einklang steht. Im Jahre 1995 lag die durchschnittliche Kreditaufnahme der Kommunen am Kapitalmarkt in Nordrhein-Westfalen jedoch bei 259 DM je Einwohner (gegenüber 268 DM/E im gesamten Bundesgebiet), während die freie Spitze in Nordrhein-Westfalen durchschnittlich bei 76 DM je Einwohner lag[37]. Zwar sind in diesen Zahlen die in bestimmten Fällen erforderlichen Umschuldungsmaßnahmen enthalten, sie geben aber doch einen Anhaltspunkt für die gravierende Zunahme der kommunalen Neuverschuldung. Für die (beträchtlichen) Altschulden kommen Schuldendienstausgaben (Zinsen und Tilgung) hinzu, die in Nordrhein-Westfalen noch einmal 307 DM je Einwohner ausmachen. In den alten Ländern betrug die kommunale Nettokreditaufnahme im Jahre 1996 4,0 Mrd. DM (in den neuen Ländern: 2,0 Mrd. DM), die Zinsausgaben hingegen 9,9 Mrd. DM (1,8 Mrd. DM) und die Tilgung 12,0 Mrd. DM (1,5 Mrd. DM)[38].

Es liegt nahe, daß die Behörden der Kommunalaufsicht in jedem Land künftig noch stärker darauf achten werden, daß die haushaltsrechtlichen Restriktionen für jede kommunale Kreditaufnahme peinlich genau eingehalten werden.

3. Kommunalpolitischer Reformbedarf

Die kommunalen Finanzen stehen in den kommenden Jahrzehnten nicht nur vor einer konjunkturellen, sondern vor einer strukturellen Krise. Es besteht also dringender Reformbedarf, wenn die bewährte kommunale Selbstverwal-

---

35 Kommunalverband Ruhrgebiet 1997, S. 40f.
36 Kommunalverband Ruhrgebiet 1997, S. 76, Abb. 19 und 20.
37 Karrenberg/Münstermann 1997, S. 196 ff, Tabellen 1a und 2a.

tung in Deutschland nicht auf Dauer in Gefahr geraten soll. Ein „großer Wurf" kann von der in Agonie erstarrten Bundesregierung freilich nicht erwartet werden, gelingt ihr doch nicht einmal eine kleine Steuerreform. Allerdings hatte es zur Durchsetzung der „Großen Finanzreform" des Jahres 1968 mit den dazu erforderlichen Verfassungsänderungen auch der geballten Kraftanstrengung einer Großen Koalition aus CDU/CSU und SPD bedurft, die in Bundestag und Bundesrat über die verfassungsändernde Zweidrittelmehrheit verfügte[39]. Das Gemeindefinanzreformgesetz von 1969, das auf der großen Reform aufbaute, hat – mit einigen Modifizierungen in den folgenden Jahren – damals jedoch eine einigermaßen solide Basis für die Finanzierung der kommunalen Aufgaben geschaffen, wenn auch die notwendige Weiterentwicklung letztlich im politischen Treibsand stecken blieb. Immerhin wurden die Gemeinden damals an der (wohnsitzbezogenen) Einkommensteuer beteiligt[40] und damit die alte Forderung der Kommunen nach einer Personalsteuer – als Äquivalent zu den Realsteuern – erfüllt. Allerdings wurde gleichzeitig eine Gewerbesteuerumlage eingeführt, die zu gleichen Teilen an Bund und Länder abzuführen ist, die vor allem zur kommunalen Mitfinanzierung der einigungsbedingten Lasten dient[41]. Die Umsatzsteuer (Mehrwertsteuer) wurde in die Gemeinschaftssteuern – und damit zugleich in den obligatorischen Steuerverbund (Art. 106 Abs. 7 GG) zwischen dem einzelnen Land und seinen Kommunen – einbezogen.

3.1 Sinkende Investitionskraft der Gemeinden

Vor dem Hintergrund der gestiegenen Anforderungen an die Kommunen wäre gerade jetzt eine Gemeindefinanzreform zur Stärkung der kommunalen Finanzkraft dringend erforderlich, zumal die Investitionskraft der Gemeinden drastisch gesunken ist. So nehmen die kommunalen Sachinvestitionen seit 1993 kontinuierlich ab, in den alten Ländern betrug der Rückgang im Jahre 1996 -6,5%, in den neuen Ländern sogar -9,5%[42].

Auf längere Sicht hin kann das jedoch – abgesehen von Konjunktureinbrüchen bei der Bauindustrie – zum einen zu einer gefährlichen Überalterung der vorhandenen Infrastruktur sowie zum anderen zu spürbaren Legitimationsverlusten der Kommunalpolitiker führen. Denn bislang bezogen Kommunalpolitiker zu einem nicht geringen Teil ihre Legitimation aus dem Bau von Schulen, Straßen, Sporthallen, Schwimmbädern, Freizeitanlagen etc., wobei

38 Vgl. Voigt 1975, S. 155ff.
39 Zunächst waren das 14%, ab 1980 15%.
40 Sie beträgt zur Zeit (1997) 20% und dient zu etwa 51% (1996 = 9,6 Mrd. DM) zur kommunalen Mitfinanzierung der Einigungslasten.
41 Für 1997 wird für Ostdeutschland noch einmal ein Rückgang um 4,2% erwartet, vgl. Karrenberg/Münstermann 1997, S. 198, Tabelle 2a.

gern verschleiert wurde, daß ein großer Teil des Geldes vom Land kam. Angesichts der katastrophalen haushaltswirtschaftlichen Situation in Bund und Ländern und der Selbstblockade der politischen Parteien innerhalb und außerhalb der Regierungskoalition ist mit einer echten Reform bis zur Jahrtausendwende nicht zu rechnen. Die direkte Beteiligung der Gemeinden an der Umsatzsteuer in Höhe von 2,2%, die als Ausgleich für die Abschaffung der Gewerbekapitalsteuer dient, kann hingegen allenfalls die hierdurch aufgerissenen Finanzlöcher in Höhe von mindestens 6 Mrd. DM im Jahr stopfen[43]. Den Anspruch einer auch nur bescheidenen Gemeindefinanzreform kann eine solche Maßnahme jedenfalls nicht erfüllen. Dementsprechend hat der Bundesrat auch betont, daß damit die im Finanzausgleichsgesetz festgelegte Anpassungsklausel nicht als erledigt zu betrachten sei[44].

Übersicht 5:

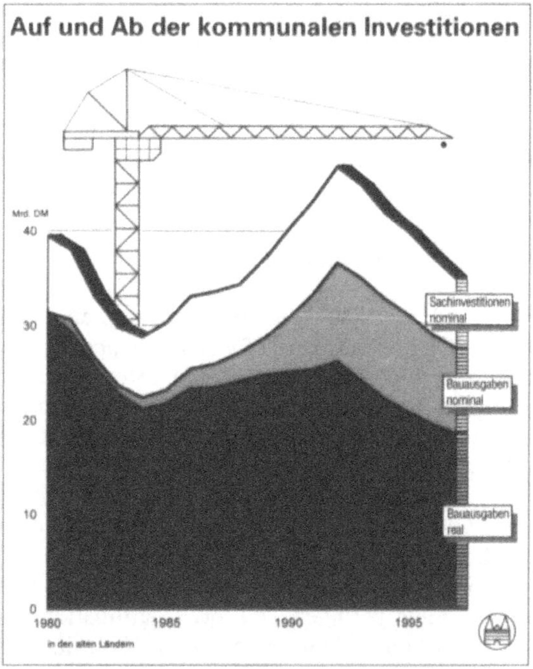

Gemeindefinanzbericht 1997 des Deutschen Städtetages

42 Immerhin betragen die Einnahmenausfälle bei Wegfall der Gewerbekapitalsteuer schon nach den Berechnungen des Bundesfinanzministeriums knapp 6 Mrd. DM; der Deutsche Städtetag hat sogar einen Betrag von 6,73 Mrd. DM ausgerechnet, vgl. Karrenberg/Münstermann 1997, S. 189, Übersicht 26.

43 Vgl. Das Parlament, Nr. 38 vom 12.09.1997, S. 18.

3.2 Drastische Maßnahmen zur Haushaltssicherung

Die Kommunen sind also weitgehend auf sich selbst angewiesen und können bestenfalls mit einer wohlwollenden Beurteilung ihrer eigenen Reformanstrengungen durch das zuständige Land rechnen. Umgekehrt sind die Länder ihrerseits heftig bemüht, das kommunale Finanzgebaren in ihrem Sinne zu beeinflussen. Das ist selbstverständlich überall dort geboten, wo sich Kommunen – aus welchen Gründen auch immer – nicht in der Lage dazu sehen, eine verantwortliche Haushaltswirtschaft zu führen. Daß dabei im Übereifer der Aufsichtsbehörden aber leicht der schmale Grat zwischen den legitimen Interessen des Landes an einer wirksamen Kommunalaufsicht einerseits und einer – aufs Ganze gesehen schädlichen – Entmündigung der Kommunen andererseits verlassen werden kann, liegt auf der Hand.

Grenzen einer legitimen Haushaltsaufsicht

So sinnvoll und notwendig eine strengere Haushaltsaufsicht in manchen Fällen auch sein mag, so sehr ist jedoch vor jeder unnötigen Gängelung der Kommunen zu warnen. Eine unmittelbare Verpflichtung der kommunalen Gebietskörperschaft zur Vorlage eines Haushaltssicherungskonzepts, sofern ihr der Ausgleich des Verwaltungshaushaltes nicht gelingt, geht dabei schon sehr weit. Die Androhung der Einsetzung eines „Sparkommissars" bei Nichterfüllung schießt aber weit über das Ziel hinaus. Andere Länder gehen in diesem Fall denn auch erheblich behutsamer vor, z.B. indem sie ihre Kommunalaufsichtsbehörden anweisen, in einem gestuften Verfahren den nicht ausgeglichenen Haushalt zunächst unter Fristsetzung zur Nachbesserung zurückzugeben. Erst wenn der Fehlbedarf nicht ausgeglichen werden kann und keine realistische Möglichkeit zum Ausgleich gesehen wird, wird die Kommune verpflichtet, die Maßnahmen zu treffen, die den Haushaltsausgleich (jedenfalls) mittelfristig gewährleisten. Als geeignetes Instrument hierfür wird (erst dann) das Haushaltssicherungskonzept angesehen[45].

Haushaltssicherungskonzept als Allheilmittel?

Am 30. April 1991 hat der Landtag Nordrhein-Westfalen durch Änderung von § 62 Abs. 3 den Grundsatz des Haushaltsausgleichs in die Gemeindeordnung des Landes neu geregelt. Dort heißt es jetzt:

> „Der Haushalt muß jedes Jahr ausgeglichen sein. Kann der Haushaltsausgleich nicht erreicht werden, ist ein Haushaltssicherungskonzept für den Verwaltungs- und Vermögenshaushalt aufzustellen und darin der Zeitraum zu beschreiben, innerhalb dessen der Haushaltsausgleich wieder erreicht wird. Außerdem sind die Maßnahmen darzustellen, durch die der im Verwaltungshaushalt ausgewiesene Fehlbedarf abgebaut und

---

44 Z.B. Innenminister des Freistaates Sachsen, 1996, S. 6.

das Entstehen eines neuen Fehlbedarfs im Verwaltungshaushalt künftiger Jahre vermieden wird. Das Haushaltssicherungskonzept bedarf der Genehmigung der Aufsichtsbehörde [...]"[46].

Gelingt es trotz Haushaltssicherungskonzept nicht, den Verwaltungshaushalt auszugleichen, reichen die Einwirkungsmöglichkeiten der Kommunalaufsichtsbehörde in Nordrhein-Westfalen immerhin bis zur Bestellung eines Beauftragten („Sparkommissar"). Daß die Gefahr, den Haushalt trotz größter Anstrengungen nicht ausgleichen zu können, bei vielen nordrhein-westfälischen Kommunen – insbesondere im Ruhrgebiet – durchaus akut ist, zeigt ein Blick auf deren Finanzierungssaldo. Beträgt der Finanzierungssaldo im Landesdurchschnitt von Nordrhein-Westfalen im Jahre 1995 z.B. -220 DM je Einwohner, so ist dieses negative Finanzierungssaldo bei einzelnen Städten immerhin fast doppelt so hoch (Mühlheim: -420 DM/E)[47]. In den alten Bundesländern betrug im Jahre 1996 der Finanzierungssaldo insgesamt -7,5 Mrd. DM, in den neuen Ländern -2,0 Mrd. DM, wobei für 1997 bei den ostdeutschen Kommunen mit einem Anstieg auf -3,0 Mrd. DM gerechnet wird[48].

3.3 Die Praxis des Haushaltssicherungskonzepts

Interessant ist in diesem Zusammenhang auch die Festlegung, daß nur der Rat selbst über die Aufstellung eines Haushaltssicherungskonzepts entscheiden kann. Zu diesem Zweck ist der Zuständigkeitskatalog des § 28 Abs. 1 GO NW ausdrücklich erweitert worden. Damit wird nicht nur dem Budgetrecht des Rates angemessen Rechnung getragen, sondern zugleich auch eine Selbstbindung des Rates an die vorgesehenen Spar- und Konsolidierungsmaßnahmen erreicht.

Sicherung des Haushaltsausgleichs

Ziel eines Haushaltssicherungskonzepts ist es, schnellstmöglich den notwendigen Haushaltsausgleich wiederzuerlangen und diesen auch langfristig zu sichern. Es liegt auf der Hand, daß dies eine strenge Ausgabendisziplin der betroffenen Kommune voraussetzt. Ein lediglich vom Kämmerer bzw. der Verwaltung aufgestelltes Konsolidierungskonzept hätte demgegenüber kaum die gleiche Wirkung wie ein vom Rat beschlossenes Haushaltssicherungskonzept, da das erstere vom Rat (oder von der Mehrheitsfraktion) aus Gründen politischer Opportunität jederzeit unterlaufen werden könnte. Das nordrhein-westfälische Innenministerium empfiehlt daher den Kommunalverwal-

45 Ministerialblatt des Landes Nordrhein-Westfalen – Nr. 62 vom 4. September 1991, S. 1190f.
46 Kommunalverband Ruhrgebiet 1997, S. 20, Abb. 2.
47 Karrenberg/Münstermann 1997, S. 196ff.

tungen, dem Rat bereits in einem Vorbericht zum Haushaltssicherungskonzept die Ausgangslage, die Ursachen der entstandenen Fehlbetragswirtschaft und deren vorgesehene Beseitigung zu beschreiben[49]. Auf diese Weise wird im Rat das erforderliche „politische Klima“ für ein vernünftiges Haushalten häufig überhaupt erst geschaffen.

Einsparungen und Optimierung des Mitteleinsatzes

In der Praxis erweist sich allerdings, daß die Vorschriften auch in Nordrhein-Westfalen von dem betroffenen Kommunen keinesfalls einheitlich gehandhabt werden. Vielmehr reichen die Inhalte von Ausgabenoptimierungen, wie Kürzungen von Zuschüssen und Dienstleistungen, bis zur Überprüfung der Lehr- und Lernmittel. In einzelnen Aufgabenfeldern, so z.B. beim Sport, werden von einzelnen Städten erhebliche Einsparungen durch Verbesserung der Einnahmensituation, Optimierung des Personaleinsatzes, Verlagerung von Aufgaben und Zuständigkeiten erwartet. Darüber hinaus werden Einnahmeverbesserungen als geeignete Maßnahme zur Haushaltssicherung vorgeschlagen, z.B. bei Gebühren und Entgelten für kommunale Dienstleistungen und Einrichtungen bis hin zur Erhöhung von Steuern und Abgaben. Auf die Grenzen solcher Maßnahmen und die damit verbundenen Probleme – einschließlich des möglichen Legitimationsverlustes der Kommunalpolitik bei den Bürgern – wurde hier allerdings bereits hingewiesen.

3.4 Haushaltskonsolidierung durch neue Steuerungsmodelle?

Neben solchen drastischen Maßnahmen werden auch „sanftere“ Methoden angewandt, wie z.B. Ermahnungen zu verstärktem Kostenbewußtsein und sorgfältiger Kalkulation der Folgekosten. Die Kommunen sollen danach vor der Entscheidung über Investitionen Alternativlösungen untersuchen[50] und durch Ermittlung der Folgekosten bereits im Planungsstadium ein möglichst realistisches Bild davon gewinnen, mit welchen Kosten ab Fertigstellung der betreffenden Baumaßnahme bzw. ab Inbetriebnahme der Einrichtung zu rechnen ist und wie diese Kosten zu finanzieren sind. Zu den sanfteren Methoden gehören auch die Aufforderungen mancher ostdeutscher Landesregierungen, sämtliche kommunalen Aufgaben kritisch zu überprüfen und sich ausschließlich auf die pflichtigen Aufgaben, insbesondere auf die Sanierung und Erneuerung der infrastrukturellen Grundversorgung (Schulen, ÖPNV, Straßen, städtebauliche und dörfliche Erneuerung) zu beschränken[51]. Ggf.

48 Innenminister des Landes Nordrhein-Westfalen 1991, Ziff. II, 6.
49 Z.B. gemäß § 10 Abs. 2 der sächsischen Haushaltsverordnung.
50 Vgl. z.B. Innenminister des Freistaates Sachsen 1996, S. 5.

sollen sich die kommunalen Gebietskörperschaften durch Privatisierung von den Kosten entlasten.

Probleme privater (Vor-) Finanzierung

Das animiert manche Städte zur forcierten Einführung sog. „neuer Steuerungsmodelle"[52], die von der „schlanken Verwaltung" bis zum „Konzern Stadt" reichen und dabei nicht nur Leasing-Modelle[53], sondern durchaus auch die Möglichkeit einer vollständig privat finanzierten Infrastruktur umfassen. Hierfür ist eine Vielzahl von Modellen entwickelt worden, bei denen jedoch nicht immer sorgfältig genug die einzelnen Teilfunktionen der infrastrukturgebundenen Aufgabenerfüllung auseinandergehalten werden. Weiterführend ist hier die von Martin Junkernheinrich[54] vorgeschlagene Einteilung: Entstehung (Planung und Bau), Betrieb (Laufender Betrieb) und Instandhaltung (Inspektion, Bewertung, Sanierung). Bei jeder Teilaufgabe und ihrer Finanzierung stellt sich die Frage einer öffentlichen oder privaten Aufgabenwahrnehmung u.U. anders und muß dementsprechend auch einzeln beantwortet werden. Allerdings muß dabei stets beachtet werden, daß private Finanzierungen lediglich Zwischenfinanzierungen sind. Der Kommune wird damit also keinesfalls die Finanzierungslast endgültig abgenommen, vielmehr erhält sie lediglich einen Zahlungsaufschub, den sie noch dazu möglicherweise teuer bezahlen muß.

Eine umfassende Strategie, um die Probleme wieder in den Griff zu bekommen, wird – nolens/volens – neben Rationalisierung und Entbürokratisierung auch die Streichung von überkommenen Aufgaben, die Reduzierung von Qualitätsstandards (z.B. beim Hausbau), sowie neben der bereits praktizierten Privatisierung auch ggf. Outsourcing und Public-Private-Partnership-Modelle einbeziehen müssen[55]. Ein besonderes Problem liegt allerdings sicherlich darin, daß vor allem in den kleineren Gemeinden oftmals keine hinreichenden Kenntnisse zur Beurteilung der Auswirkungen der neuen Finanzierungsformen und vor allem der damit verbundenen komplizierten Vertragstexte zur Verfügung stehen.

Freigabe des Haushaltsrechts

Wichtig ist aber vor allem, daß der Bundesgesetzgeber endlich einsieht, daß er sich nicht auf Kosten der Kommunen finanziell entlasten oder gar politisch profilieren darf. Bei dieser Gelegenheit könnte auch gleich das Haushalts-

---

51 Vgl. Dose/Voigt 1997; für die deutsche Hauptstadt: Dehnhard 1996, S. 41ff.

52 Hiervon wird allerdings in aller Regel abgeraten, da es sich lediglich um eine zeitliche Verschiebung der Finanzierung handele.

53 Kommunalverband Ruhrgebiet 1995, S. 62.

54 Vgl. Karl-Bräuer-Institut des Bundes der Steuerzahler, 1995.

recht so geändert werden, daß in den Kommunen das betriebswirtschaftliche Rechnungswesen nicht nur neben dem seit langem überständigen kameralistischen Haushaltssystems (Doppik)[56], sondern – wahlweise und auf Wunsch der Kommune – auch anstelle dessen angewandt werden kann[57]. Die Kosten der Verwaltung könnten dann mittels ergänzender Buchungen im Rahmen der „erweiterten Kameralistik" bestimmt werden[58]. Durch die Nutzung solcher Instrumente wie Kosten- und Leistungsrechnung, Berichtswesen und Controlling ließe sich das Finanzmanagement der Kommunen wahrscheinlich wesentlich verbessern[59]. Freilich ist immer wieder darauf hinzuweisen, daß diese Instrumente lediglich geeignet sind, betriebswirtschaftlich aussagefähige Daten zu ermitteln (womit schon viel gewonnen wäre). Sie können und sollten als Basis für kommunalpolitische Entscheidungen genutzt werden[60]. Es wäre jedoch ein Mißverständnis anzunehmen, daß die betriebswirtschaftliche Analyse die politische Entscheidung ersetzen könnte.

Experimentierklauseln der Länder

Ermutigend sind in diesem Zusammenhang Experimentierklauseln, die z.B. Baden-Württemberg, Bayern und Rheinland-Pfalz in ihre Gemeindehaushaltsverordnungen eingefügt haben. Bayern und Rheinland-Pfalz haben zu diesem Zweck Pilotkommunen bestimmt, deren Erfahrungen mit Budgetierung, dezentraler Ressourcenverantwortung und Controlling zunächst ausgewertet werden sollen, bevor die für alle Kommunen geltenden Vorschriften geändert werden. Nordrhein-Westfalen setzt sich mit seinem Kommunalisierungsmodell erneut an die Spitze dieser Bewegung[61]. Ab 1. Januar 1998 soll ein Viertel der Kommunen für einen Zeitraum von fünf Jahren von Vorgaben des Landes freigestellt werden. Es wird also auf die einheitliche Anwendung von Teilen des Landesrechts in den Kommunen verzichtet, um diesen die Gelegenheit zu geben, ihre Aufgaben kostengünstiger und wirksamer zu erledigen, ohne daß allerdings die Qualität der Leistungen darunter leiden soll. Dieses Konzept geht auf eine Grundidee zurück, die in den 80er Jahren unter dem Stichwort „Freie Kommune" in mehreren skandinavischen Ländern zu einer grundlegenden Reform der Kommunalverwaltung geführt hat. Die skandinavischen Erfahrungen mit einer solchen Experimentierklausel waren ausgesprochen positiv. Ein wichtiges Ergebnis war eine deutlich höhere Ak-

---

55 Dies verbieten weder die Gemeindeordnungen noch die Gemeinedehaushaltsverordnungen ausdrücklich.

56 Dies ist freilich nach wie vor umstritten, vgl. Bauer 1996, S. 129ff.

57 Vgl. Karl-Bräuer-Institut 1995, S. 37.

58 Wichmann 1996, S. 173.

59 Dohmen 1995, S. 416.

60 Der Gesetzentwurf der rot-grünen Koalitionsfraktionen wurde am 12.09.1997 im Düsseldorfer Landtag in erster Lesung beraten. Die oppositionelle CDU-Fraktion hat bereits grundsätzliche Zustimmungsbereitschaft signalisiert.

zeptanz bei den Bürgerinnen und Bürgern[62]. Die Landesregierung verspricht sich von der Umsetzung ihres Konzepts jährliche Einsparungen in Höhe von 150 Mill. DM bei den Kommunen.

4. Reform der Kommunalfinanzen

Eine Reform des Gemeindesteuersystems muß zumindest die folgenden Anforderungen erfüllen[63]:

- eine deutlich stetigere Entwicklung der kommunalen Steuereinnahmen;
- eine erhebliche Stärkung der Steuerkraft strukturschwacher Gemeinden, die allerdings nicht zu Lasten anderer Kommunen gehen darf;
- die Erhaltung des finanziellen Bindegliedes zwischen der Wirtschaft und den Städten (insbesondere Gewerbesteuer) sowie
- die Gewährleistung unverzichtbarer finanzieller Handlungsspielräume durch das Hebesatzrecht bei der Gewerbesteuer.

Die Länder müssen darüber hinaus auch durch Anpassung des jeweiligen kommunalen Finanzausgleichs zur Gesundung der Kommunalfinanzen beitragen. Dazu gehört in vielen Fällen eine Verbreiterung der Verbundgrundlagen, also die Einbeziehung weiterer Landessteuern in den kommunalen Finanzausgleich.

Neugestaltung der Stadt-Umland-Beziehungen

In Angriff genommen werden müssen aber auch gravierende interkommunale Probleme. So muß das Land vor allem in den dichtbesiedelten Gebieten bei der Neugestaltung der Stadt-Umland-Beziehungen helfen[64], um die negativen Umverteilungswirkungen zumindest abzuschwächen. Besonders ungünstig ist dabei die Einkommensteuer-Umverteilung zwischen den Kernstädten und ihrem Umland. Während z.B. Hannover (-37,8%), Nürnberg (-31,3%) oder München (-29,0%) deutlich spürbare Einbußen hinnehmen müssen, haben die kreisangehörigen Gemeinden des Umlandes z.B. in den Landkreisen Hildesheim (ohne die Stadt Hildesheim: +73,4%) oder Erding (+64,0%) zum Teil satte Gewinne zu verzeichnen[65]. Umgekehrt decken die

---

61 Auch die wirtschaftliche Effizienz konnte wesentlich verbessert werden, vgl. Karrenberg/Münstermann 1995, S. 138.

62 Beschluß des Hauptausschusses des Deutschen Städtetages vom 16.02.1995, vgl. Karrenberg/Münstermann 1995, S. 120.

63 Vgl. hierzu Pohlan 1997.

64 Karrenberg/Münstermann 1997, S. 146, Übersicht 8.

Einwohner der Umlandgemeinden heute einen größeren Anteil ihres Bedarfs in den vor Ort befindlichen Einkaufszentren, so daß diese Kaufkraft nicht der Kernstadt zugute kommen kann. Erschwert wird jede Änderung der Verteilungsmodalitäten allerdings durch die massiven Interessenunterschiede, etwa zwischen Finanz- und Innenministerium eines Landes, zwischen Städten, Gemeinden und Kreisen sowie zwischen verschiedenen Fachseilschaften[66].

Berücksichtigung der Zentralität

Zu einer Anpassung des kommunalen Finanzausgleichs an die veränderten Anforderungen gehört vor allem eine stärkere Berücksichtigung der zentralörtlichen Funktionen, die von den Kernstädten erfüllt und finanziert werden müssen[67]. Hierfür bietet sich in erster Linie das System der Schlüsselzuweisungen, und innerhalb dessen ggf. ein Zentralitätsansatz, an. Allerdings ist der kommunale Finanzausgleich in jedem Land ein Politikum ersten Ranges, so daß Änderungen nicht leicht durchzusetzen sind. Immerhin handelt es sich um gewaltige Summen, allein in den westdeutschen Ländern wurden im Rahmen des Finanzausgleichs insgesamt rund 67 Mrd. DM in die kommunalen Kassen geleitet[68]. Häufig helfen die Gutachten scheinbar neutraler Sachverständigengremien, um die notwendige Legitimationsgrundlage für solche Änderungen zu schaffen.

So wird z.B. dem nordrhein-westfälischen Finanzausgleich zwar allgemein eine hohe Ausgleichswirkung (1995: 95%) attestiert[69], die jedoch auch zu deutlicher Kritik von Seiten der finanzstärkeren Kommunen geführt hat. Es bedurfte jedoch erst eines Gutachtens des Münchener Ifo-Instituts für Wirtschaftsforschung, um eine Neuordnung des Schlüsselzuweisungssystems und eine (noch) stärkere Berücksichtigung der zentralörtlichen Funktionen herbeizuführen. Der Gutachterauftrag umfaßte sowohl Analyse und Weiterentwicklung der Verfahren zur Bedarfsermittlung als auch die Analyse und Weiterentwicklung von Methoden zur Ermittlung der Steuerkraft[70]. Bei den gutachterlichen Vorschlägen ging es auf der Bedarfsseite insbesondere um eine Verdoppelung des Gewichts des Arbeitslosenansatzes (jetzt: Soziallastenansatz)[71] sowie um die Einführung eines Strukturansatzes (jetzt: Zentralitätsansatz)[72], bei dem den veredelten Einwohnerzahlen die gewichtete Zahl

65 Karrenberg/Münstermann 1997, S. 150f.
66 Vgl. Eichenauer 1983; Deiters 1984, S. 510 – 514.
67 Karrenberg/Münstermann 1997, S. 150.
68 Z.B. Kommunalverband Ruhrgebiet 1995, S. 36.
69 Vgl. Karrenberg/Münstermann 1995, S. 138.
70 Damit wird vor allem der Faktor Dauerarbeitslosigkeit stärker gewichtet, was für das Ruhrgebiet immerhin einen Gewinn von 97,8 Mill. DM bringt.
71 Mit diesem Ansatz wird die Zahl der sozialversicherungspflichtig beschäftigten Arbeitnehmer, die mit Faktor 0,15 gewichtet wird, als Bedarfsfaktor in die Zentralität aufgenommen.

der sozialversicherungspflichtig beschäftigten Arbeitnehmer hinzuaddiert wird. Für den Ausgleichsgrad zwischen Finanzbedarf und Einnahmekraft wurde eine deutliche Absenkung empfohlen. Während die Vorschläge auf der Bedarfsseite bereits durch das Gemeindefinanzierungsgesetz 1996 (GFG 1996) vollständig umgesetzt wurden, konnte sich der Landesgesetzgeber in zwei Schritten (GFG 1996 und 1997) lediglich zu einer Absenkung des Ausgleichssatzes auf zunächst 95% und schließlich auf 90% entschließen. Eine Absenkung auf 75%, wie von den Ifo-Gutachtern empfohlen worden war, ist auch auf längere Sicht nicht vorgesehen[73].

Sicherung einer kontinuierlichen Aufgabenerfüllung

Zugleich muß allerdings auch ein Ausgleich der Ballungsräume für den negativen Wanderungssaldo[74] hergestellt werden, da weitere Eingemeindungen in der gegenwärtigen politischen Landschaft kaum vorstellbar sind. Die Stadt-Umland-Wanderungen haben nämlich in den letzten Jahren wiederum bei gleichbleibender finanzieller Belastung der Ballungszentren einen Rückgang der Steuerfälle in den Kernstädten und einen Zugang in den Umlandgemeinden verursacht[75]. Eine radikale Umverteilung von den Umlandgemeinden zu den Ballungszentren läßt sich allerdings nicht als finanztechnisches – quasi unpolitisches – Zahlenspiel durchführen, vielmehr gibt es dabei neben Gewinnern selbstverständlich auch Verlierer bei den Kommunen[76], in der Bevölkerung, bei Parlamenten und Parteien, aber auch bei den übrigen Interessengruppen. Hinhaltender Widerstand von allen Seiten müßte also in jedem Fall einkalkuliert werden. Letztlich könnte eine kontinuierliche Aufgabenerfüllung durch die Kommunen nur sichergestellt werden, wenn sich Bund und Länder dazu durchringen würden, eine deutliche Erhöhung des soeben erst eingeführten 2,2%igen Anteils der Gemeinden an der Umsatzsteuer vorzunehmen. Nur so könnten die Finanzmittel der kommunalen Gebietskörperschaften wieder auf eine verläßliche und solide Grundlage gestellt werden.

Bereinigung des kleinstaatlichen Regelungswirrwarrs

Dabei sollte auch überlegt werden, ob nicht das kaum noch überschaubare Gewirr von Besonderheiten der kommunalen Finanzausgleiche in den Ländern durch detailliertere Regelungen in Art. 106 Abs. 7 GG beseitigt werden könnte. Eine zusätzliche Rahmenkompetenz für den Bund könnte die Basis

72 Kommunalverband Ruhrgebiet 1997, S. 40f.
73 Vgl. hierzu bereits Meyer 1982, insbes. S. 99ff.
74 Vgl. Junkernheinrich/Klemmer (Hrsg.) 1995.
75 Zu den Umverteilungswirkungen der Reform in Nordrhein-Westfalen vgl. die Modellrechnungen im Anhang B, Kommunalverband Ruhrgebiet 1997, S. 88-95.

dafür schaffen, daß – ähnlich wie im Haushaltsgrundsätzegesetz, im Beamtenrechtsrahmengesetz oder im Hochschulrahmengesetz (Art. 75 GG) – einheitliche Grundsätze für die Gestaltung des kommunalen Finanzausgleichs in den einzelnen Ländern festgelegt würden, die allerdings über die bislang geltende Regelung des obligatorischen Steuerverbundes im Grundgesetz deutlich hinausgehen müßten. Damit soll hier zwar nicht einer allgemeinen Gleichmacherei in den Finanzbeziehungen zwischen Land und Kommunen oder gar einer drastischen Beschneidung der Länderkompetenzen das Wort geredet werden. Die neuen Aufgaben, die auf Deutschland als ganzes im Rahmen der Europäischen Wirtschafts- und Währungsunion zukommen, erfordern jedoch auch – u.U. schmerzliche – Anpassungen bei den Modalitäten der Finanzverteilung innerhalb des Bundesstaates. Der bloße Verweis auf die Länderzuständigkeit für die kommunale Selbstverwaltung, der bei der Gemeindefinanzreform des Jahres 1969 noch hatte verhindern können, daß der Gemeindeanteil an der Einkommensteuer direkt an die Kommunen überwiesen wird (vielmehr muß er zumindest eine „logische Sekunde" auf dem Konto des betreffenden Landes bleiben), dürfte angesichts der jetzt auf uns zukommenden Herausforderungen nicht mehr genügen.

Kommunale Daseinsvorsorge

Andererseits ist nicht alles, was im Gewand der Modernität daherkommt, auch wirklich als dauerhafte Lösung geeignet. Die Einführung „neuer Steuerungsmodelle" – bis hin zum „Konzern Stadt" – scheint das Gebot der Stunde zu sein. Dabei darf jedoch die Frage nach den dauerhaften Folgen einer solchen Umgestaltung vor allem für die sozial schwächeren Gemeindebürger nicht aus dem Auge verloren werden. Fraglich ist dabei auch, ob eine so nachhaltige Veränderung der herkömmlichen kommunalen Selbstverwaltung überhaupt mit der Selbstverwaltungsgarantie des Grundgesetzes (Art. 28 Abs. 2) vereinbar wäre. Dabei ist zu bedenken, daß die Kommunen nicht nur Dienstleistungen erfüllen, sondern – z.B. bei der Gewerbeaufsicht – auch hoheitliche Aufgaben wahrnehmen. Aber selbst wenn man diesen Bereich aus dem „Konzern Stadt" herausnehmen würde, bliebe dennoch die (schmerzliche) Erkenntnis: Das Modell der kommunalen Daseinsvorsorge, das von Ernst Forsthoff[77] einst außerordentlich wirkungsvoll propagiert und im Nachkriegsdeutschland mit Erfolg in praktische Kommunalpolitik umgesetzt wurde, ist anscheinend zum Tode verurteilt. Es fragt sich jedoch, ob eine moderne Gesellschaft wie die deutsche bei einer sich weiter öffnenden Schere zwischen arm und reich auf Dauer auf eine kommunale Daseinsvorsorge verzichten kann.

---

76 Forsthoff 1938; vgl. auch Gröttrup 1976², S. 63ff.

Literaturverzeichnis

Bauer, Siegfried, 1996: Wohin führen die Modelle für die Reform der Verwaltung? In: Kommunale Kassen-Zeitschrift, 47. Jg., Nr. 7, S. 129-132.

Bund der Steuerzahler Nordrhein-Westfalen, 1996: Gebührenvergleich 1996. Stand: 13.08.1996. Bearbeitet von E. Kanski.

Dehnhard, Albrecht, 1996: Neue und alte Steuerungsmodelle. Betriebswirtschaftliches, verfassungsrechtliches und staatstheoretisches Denken in den Konzepten zur Verwaltungsreform in Berlin. In: Zeitschrift für die staatliche und kommunale Verwaltung. Landesbeilage Berlin, 1996, S. 41-43 und S. 57-59.

Deiters, Jürgen, 1984: Zentrale Orte. In: Voigt 1984, S. 510-514.

Dohmen, Florian, 1995: Ausschöpfung von Effizienzpotentialen als Ziel kommunaler Verwaltungsreform. In: Städte- und Gemeinderat, 49. Jg., H. 11, S. 414-416.

Dose, Nicolai/Rüdiger Voigt, 1997: Steuerung (in) der Kommunalpolitik. In: Heinelt 1997.

Eichenauer, Hartmut, 1983: Das zentralörtliche System nach der Gebietsreform. München.

Forsthoff, Ernst, 1938: Die Verwaltung als Leistungsträger. Stuttgart/Berlin.

Gabriel, Oscar W./Rüdiger Voigt (Hrsg.), 1994: Kommunalwissenschaftliche Perspektiven. Bochum.

Gretschmann, Klaus, 1983: Ursachen und Folgen der Finanzkrise der Städte. In: Hesse/Ganseforth/Fürst/Ritter 1983, S. 63-82.

Gröttrup, Hendrik, 1976: Die kommunale Leistungsverwaltung. Stuttgart.

Heinelt, Hubert (Hrsg.), 1997: Modernisierung der Kommunalpolitik. Neue Wege der Ressourcenmobilisierung. Opladen.

Hesse, Joachim Jens/Heinrich Ganseforth/Dietrich Fürst/Ernst-Hasso Ritter (Hrsg.), 1983: Staat und Gemeinden zwischen Konflikt und Kooperation. Baden-Baden.

Innenminister des Landes Nordrhein-Westfalen, 1991: Runderlaß des Innenministeriums zur Änderung des § 62 Abs. 3 GO NW – Haushaltssicherungskonzepte – vom 29.07.1991. In: Ministerialblatt für das Land Nordrhein-Westfalen – Nr. 62 vom 03.09.1991, S. 1190-1191.

Innenminister des Landes Nordrhein-Westfalen, 1996: Runderlaß des Innenministeriums über Orientierungsdaten 1997 bis 2000 für die Finanzplanung der Gemeinden des Landes Nordrhein-Westfalen vom 7. September 1996. In: Meichsner et al. 1997², A 2.6.5

Innenminister des Freistaates Sachsen, 1996: Verwaltungsvorschrift des Sächsischen Staatsministeriums des Innern über die kommunale Finanzplanung 1997 bis 2000 und die kommunale Haushalts- und Wirtschaftsführung im Jahre 1997 vom 30. September 1996. In: Meichsner et al. 1997², A 2.13.5

Innenminister des Landes Schleswig-Holstein, 1996: Runderlaß des Innenministers Schleswig-Holstein über die Aufstellung der Haushaltspläne der Kommunen für das Haushaltsjahr 1997 vom 4. September 1996. In: Meichsner et al. 1997², A 2.9.5

Junkernheinrich, Martin/Paul Klemmer (Hrsg.), 1995: Neuordnung des Gemeindefinanzsystems. Berlin.

Karl-Bräuer-Institut des Bundes der Steuerzahler, 1995: Forderungen zur Verwaltungsreform, Nr. 26. Bonn.

Karrenberg, Hanns/Engelbert Münstermann, 1993: Kommunale Finanzen. In: Roth/ Wollmann 1993, S. 194-210.

Karrenberg, Hanns/Engelbert Münstermann, 1995: Gemeindefinanzbericht 1995. Städtische Finanzen '95 – unter staatlichem Druck. In: Der Städtetag, Heft 3, S. 115-193.

Karrenberg, Hanns/Engelbert Münstermann, 1997: Gemeindefinanzbericht 1997. Städtische Finanzen '97 – auf Maastricht-Kurs. In: Der Städtetag, Heft 3, S. 129-209.

KGST, 1993: Das Neue Steuerungsmodell. Begründung, Konturen, Umsetzung. KGSt-Bericht 5/1993. Köln.

Kommunalverband Ruhrgebiet (Hrsg.), 1995: Kommunalfinanzbericht Ruhrgebiet 1994: Städte und Gemeinden unter Konsolidierungsdruck. Essen.

Kommunalverband Ruhrgebiet (Hrsg.), 1997: Kommunalfinanzbericht Ruhrgebiet 1996: Disparitätenabbau in der Finanzkrise. Bochum/Essen.

Meichsner, Erhard/Richard Seeger/Reimer Steenbock, 1997²: Kommunale Finanzplanung. Handbuch mit Vorschriften und systematischen Erläuterungen für die mittelfristige Finanzplanung der Städte, Gemeinden und Gemeindeverbände. 2. Aufl. Köln (Loseblatt).

Meyer, Willm Rolf, 1982: Ressourcenumverteilung zugunsten von Problemregionen. Das Beispiel Ruhrgebiet. Frankfurt a.M./New York.

Pohlan, Jörg, 1997: Finanzen der Städte. Eine Analyse der mittelfristigen Entwicklungsunterschiede. Berlin.

Roth, Roland/Hellmut Wollmann (Hrsg.), 1993: Kommunalpolitik. Politisches Handeln in den Gemeinden. Opladen.

Voigt, Rüdiger, 1975: Die Auswirkungen des Finanzausgleichs zwischen Staat und Gemeinden auf die kommunale Selbstverwaltung von 1919 bis zur Gegenwart. Berlin.

Voigt, Rüdiger, 1980: Das System des kommunalen Finanzausgleichs in der Bundesrepublik Deutschland. Stuttgart usw.

Voigt, Rüdiger (Hrsg.), 1984: Handwörterbuch zur Kommunalpolitik. Opladen.

Voigt, Rüdiger, 1987: Verfassungsstellung und Wirken der kommunalen Landesverbände. In: Herbert Schneider (Hrsg.): Verbände in Baden-Württemberg. Stuttgart 1987, S. 52-64.

Wichmann, Manfred, 1996: Verwaltungsmodernisierung in kleineren und mittleren Kommunen. In: Stadt und Gemeinde, H. 5, S. 171-179.

2. Kommunale Finanzentwicklung und Zuweisungspolitik

Ingrid Liebs

Fallstudie: Finanzentwicklung eines Mittelzentrums in NRW von der Gebietsreform 1973 bis 1994/95

Vorwort

Die Finanznot der Städte und Gemeinden, der zunehmende Pro-Kopf-Verschuldungsstand und abnehmende Spielraum für freiwillige Aufgaben und damit eigene Gestaltungsmöglichkeiten der Kommunen wird von deren Vertretern überall beklagt.

Heutiger Ist-Zustand der Finanzen und Entwicklung dorthin sollen an einem *Fallbeispiel* untersucht werden, nämlich der Entwicklung eines Mittelzentrums in NRW von der Gebietsreform 1973 bis etwa 1994/95. Wir haben damit einen abgeschlossenen und überschaubaren Zeitraum von etwa 20 Jahren, aus dem festgelegte Aspekte gleichmäßig untersucht und verglichen werden können:

- das Haushaltsvolumen und die Schuldenentwicklung insgesamt,
- als Aspekte des *Verwaltungshaushalts* die Personalkosten, das Steueraufkommen, Umlagen an den Kreis („Kreisumlage") bzw. an Land/Bund („Gewerbesteuerumlage"), Schlüsselzuweisungen, Sozialhilfe/Soziale Leistungen und ausgewählte Variablen zu den freiwilligen Leistungen. – Aus dem *Vermögenshaushalt* soll neben dessen Gesamtentwicklung vor allem ein Projekt betrachtet werden, das zu einer drastischen Erhöhung dieses Haushalts (und des Schuldenstands der Kommune insgesamt!) führte und gleichzeitig auf eine für viele Kommunen typische Problematik weist. Es soll anhand dieses konkreten Beispiels nicht nur gezeigt werden, wie die Finanz- und Ausgabenentwicklung verlief, sondern auch deutlich werden, wie gesetzliche Bestimmungen und Finanzzuweisungen Entscheidungen vor Ort prägten, aber auch örtliche Akteure versuchten und noch versuchen, Entscheidungen auf den Ebenen von Politik und Verwaltung zu beeinflussen, die wiederum eigene Interessen verfolgen und Zwängen unterliegen. Als Beispiel dient hier die Abwasserbeseitigung.

D.h. neben der Darstellung der Finanzentwicklung der Stadt in einem *allgemeinen Längsschnitt* soll eine *Focussierung auf einen* wegen seiner ungewöhnlichen Entwicklung auffallenden *kurzen Zeitraum* erfolgen und hier das Zusammenspiel verschiedener „Akteure“ (s.o.) aufgezeigt werden, wobei m.E. typische Strukturen finanzpolitischer Entscheidungen deutlich werden.

Dabei werde ich mich soweit wie möglich auf markante Eckdaten ausschließlich aus der Kommune beschränken; Vergleiche mit allgemeinen Finanzentwicklungen im kommunalen Raum werden an dieser Stelle nicht mit konkreten Zahlen, sondern nur, soweit nötig, hinsichtlich der allgemeinen Tendenzen berücksichtigt.

Methodisch bedeutet dies primär die Auswertung kommunaler Haushaltspläne und ggfls. Ausschußvorlagen (soweit öffentlich) der untersuchten Kommune für die spezifische Fallstudie. Die Berücksichtigung finanz-, politik- und kommunalwissenschaftlicher Schriften kann hier nur sehr eingeschränkt für die Bewertung der in der Fallstudie erkennbaren Ergebnisse erfolgen.

I. Schlaglicht: Aktuelle Finanzsituation der Kommunen in NRW

Im Präsidium des NWStGBs[1] wurden im Januar 1996 folgende Ergebnisse der jährlichen Umfrage zur Haushaltssituation der Mitgliedskommunen bekanntgegeben: Beteiligung: 274 von 356 Kommunen (= 77%):

- Während 1995 „nur“ 49 Kommunen ein Haushaltssicherungskonzept aufstellen mußten, sind es 1996 74 Kommunen (= 27% der antwortenden Kommunen)
- Das Volumen des Fehlbedarfs steigt 1996 um weitere 15%
- 71 Kommunen können 1995 einen Haushaltsausgleich nur dadurch erreichen, daß sie ihre Rücklagen auflösen oder Vermögensveräußerungen tätigen, 1996 sind dies 62 Kommunen (= 22,6%). Die abnehmende Zahl deutet dabei nicht auf eine Verbesserung der Situation, sondern ist darauf zurückzuführen, daß die Rücklagen bei etlichen Kommunen bereits erschöpft sind.
- Von allen 373 kreisangehörigen Kommunen in NRW können 1995 insgesamt 121 ihren (Nachtrags-)Haushalt nicht ausgleichen!

! Jede zweite Kommune im NWStGB kann 1995/96 keinen strukturell ausgeglichenen Haushalt vorweisen![2]

1 Der Nordrhein-Westfälische Städte- und Gemeindebund ist der Spitzenverband von 356 kleinen und mittleren kreisangehörigen Kommunen.

2 Zum Problem eines nicht ausgeglichenen Haushalts: Hier gibt es weder eine freie Spitze noch wird die Pflichtzuführung erwirtschaftet. Es kann dann eine Entnahme aus der Rücklage (Vermögenshaushalt!) erfolgen und in den Verwaltungshaushalt überführt wer-

II. Fallstudie

Der Frage nach den Hintergründen der oben angesprochenen Entwicklung soll anhand eines konkreten, aber keineswegs extremen Falles nachgegangen werden. Ob und inwieweit die dabei sichtbaren Zusammenhänge verallgemeinert werden können, soll als Frage diskutiert und m.E. sichtbare Tendenzen und Perspektiven am Schluß angesprochen werden.

1.0 Allgemeine Daten zum untersuchten Mittelzentrum

Stadt Lübbecke (LK)/Ostwestfalen mit 1995 knapp 25.000 Einwohnern

- Gebietsreform 1973: Vergrößerung der Stadt um 5 Ortsteile auf 21.172 Einwohner
- Bis 11/94: Doppelspitze mit SPD-Stadtdirektor als Verwaltungschef und SPD-Bürgermeister als politischem ehrenamtlichen Repräsentanten der Stadt
- Ab 11/94: Anwendung der neuen GO NW: Hauptamtlicher SPD-Bürgermeister, Stellvertreter von den Grünen gestellt
- Stadtverwaltung: 180 Mitarbeiter; Übergang eines Eigenbetriebs „Stadtwerke" 1991 in eine GmbH (Sparten: Gas, Wasser, Hafen)
- Fast 13.000 Arbeitsplätze hauptsächlich in einem seit etwa 20 Jahren wachsenden Gewerbegebiet
- Arbeitslosenquote 1995 etwa 9% (mit steigender Tendenz).

2.0 Finanzentwicklung der Jahre 73 bis 83/84

Die Tendenzen der Finanzentwicklung der Stadt Lk sollen zunächst bis zur „Halbzeit" 1983/84 aufgezeigt werden. Dieses Datum ist auch ein politischer Markstein: Zum ersten Mal wird eine Spitzenposition in der Verwaltung frei und mit einem politisch fest gebundenen Kandidaten besetzt, der das Parteibuch der Mehrheitspartei hat: Der neue Kämmerer der Stadt Lk ist SPD-Mitglied (und wird 1988 Stadtdirektor). Diese im allgemeinen Trend liegende Politisierung der Verwaltungsspitze setzte sich in den nächsten Jahren

---

den. Wird auch so kein Haushaltsausgleich erzielt, so kommt es zu Auflagen der Kommunalaufsicht, die den defizitären Haushalt genehmigen muß. Zwingende Voraussetzung für die Genehmigung eines solchen Haushalts ist die Aufstellung eines Haushaltssicherungskonzeptes, durch das die Kommune darstellen muß, mit welchen Maßnahmen sie erreichen will, daß sie innerhalb weniger Haushaltsjahre zu einem ausgeglichenen Haushalt zurückkehren wird.

verstärkt fort und griff auch für darunter liegende Verwaltungspositionen. Dieses bleibt natürlich nicht ohne Auswirkungen auf Entscheidungsabläufe: Mit „eigenen" Leuten in den Spitzenpositionen der Verwaltung lassen sich Entscheidungen im Sinne der eigenen Meinung von der Mehrheitsfraktion ebenso vorstrukturieren, wie es direkte Einflußmöglichkeiten auf Verwaltungshandeln gibt, das nirgends in den städtischen Gremien *direkt* sichtbar wird (s.a.u.).

2.1 Statistische Daten[3]*:*

Haushaltsvolumen (in Mill. DM)

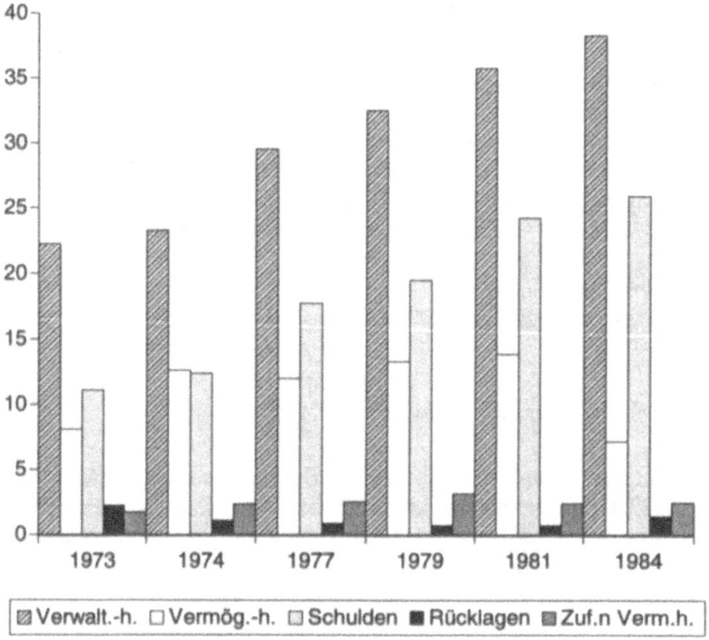

3 entnommen den jeweiligen Haushaltsplänen der Stadt und statistischen Aufzeichnungen der Kämmerei

2.1.1 Haushaltsvolumen: (in Mill. DM)

	Verw.-h.	Verm.h.	Schulden	Rücklagen[4]	Zuführung v. Verw.-[5] an Vermögens-haush.	% d. Deckungs-bedarf
1973	22,24	8,1	11,10	2,19	1,70	20,9
1974	23,25	12,59	12,37	1,05	2,31	18,6
1977	29,51	11,97	17,71	0,843.240	2,49	20,8
1979	32,48	13,25	19,47	0,690.240	3,10	24,24
1981	35,74	13,82	24,23	0,688.631	2,36	17,07
1984	38,27	7,17	25,92	1,39	2,45	34,17

2.1.2 Allgemeine Finanzen Verwaltungshaushalt:

	Einnahmen (in Mill. DM)				Ausgaben: (in Mill. DM)			
	Einkom-men-steuer	Gewerbe-steuer	Hebesatz	Anteil am Verw.h.	Schlüsel-zuwei-sungen	Gewerbe-steuer-umlage	Kreis-umlage	Anteil am Verw.-h.
1973	3,68	7,23	275 v.H.	32,50%	3,0	2,8	2,84	12,80%
1974	5,5	7,35	275 v.H.	31,65%	2,76	2,9	3,49	15,01%
1977	5,71	6,85	275 v.H.	23,21%	4,11	2,9	4,27	14,50%
1978	6,10	6,98	275 v.H.	22,78%	4,99	2,9	5,00	16,31%
1979	6,08	6,50	275 v.H.	18,65%	5,62	3,1	5,15	15,86%
1981	7,5	8,02	260 v.H.	22,46%	5,89	2,38	6,74	18,87%
1984	8,25	6,79	320 v.H.*	17,74%	5,20	1,14	8,04	21,03%

* Erhöhung nach Anhebung der fiktiven Hebesätze durch das Land

4 Gelder, die im Vermögenshaushalt übrig bleiben, fließen der allgemeinen Rücklage zu. In der allgemeinen Rücklage hat ein Mindestbetrag zu stehen, in der Regel 2% des Durchschnitts der letzten drei Verwaltungshaushalte.

5 Vom Verwaltungs- muß an den Vermögenshaushalt eine Pflichtzuführung geleistet werden, und zwar in Höhe der nicht für Umschuldungen verwendeten Tilgung; darüber hinausgehende Beträge sind die „freie Spitze", d.h. der Betrag, der nach Deckung aller Unkosten noch im Verwaltungshaushalt übrig ist und deshalb in den nicht-konsumptiven Vermögenshaushalt überführt wird.

Ausgewählte Einnahmen Verwaltungshaushalt (in Mill. DM)

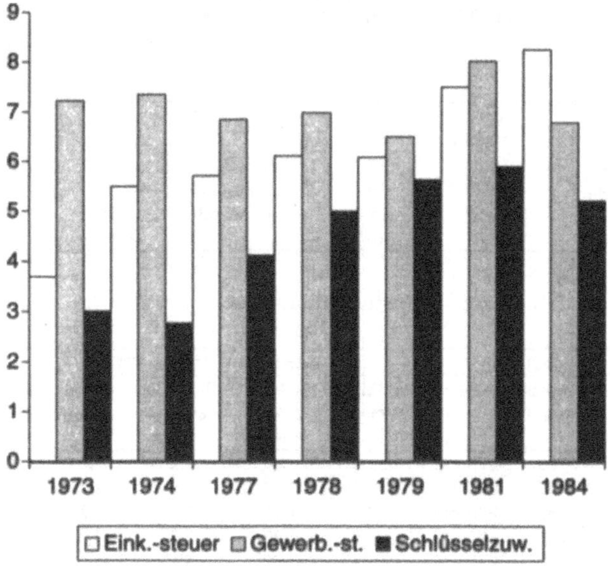

Ausgewählte Ausgaben Verwaltungshaushalt (in Mill. DM)

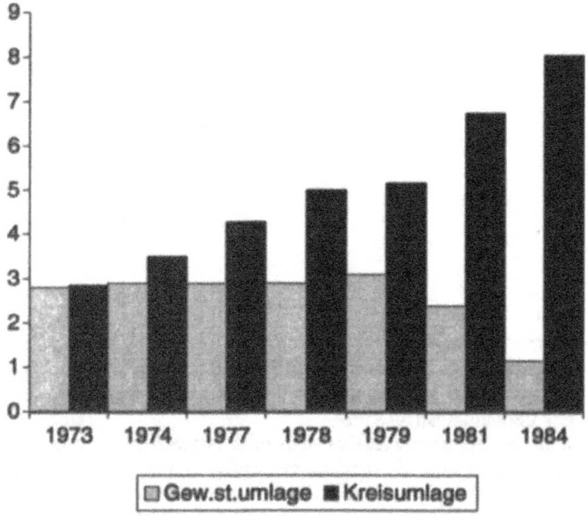

2.1.2.1 Andere Ausgaben im Verwaltungshaushalt: (in Mill. DM)

	Personalkosten /	Veränderung	%-Anteil am Verw.h.	Sozialhilfe Leistungen	Soziale Kosten insgesamt
1973	4,46	+ 25 %	20,5%	0,624	1,56
1974	5,41	+ 21,1%	24,2%	0,482	1,83
1975	6,26	+ 20,2%	23,6%	0,51	2,1
1977	7,23		24,6%	0,807	2,5
1979	7,63		23,4%	0,871	2,67
1981	8,88		24,8%	1,09	2,84
1984	8,96		23,4%	1,16	3,30

2.1.2.2 Beispiele aus dem Bereich der Freiwilligen Leistungen: Kultur

	Zuschuß		Ausgaben/geplante Einnahmen
	Musikschule	VHS	Theater
1975:	25.000,- DM*	–	85.000,- DM (40.000,- DM)
1979:	95.000,- DM	15.000,- DM	216.000- DM (105.000,- DM)
1981:	120.000,- DM	46.230,- DM	231.000,- DM (110.000,- DM)
1984:	142.000,- DM	47.000,- DM	180.000,- DM (90.000,- DM)

* erstmalig!

2.1.3 Beispiel freiwillige Leistung Verwaltungs-Vermögenshaushalt: Sport

	Verwaltungshaushalt:		Vermögenshaushalt:
	a. *Zuschüsse	b. *Bewirtschaftung	c. *Investitionen
1973:	112.456,- DM	77.000,- DM	297.988,- DM
1974:	120.000,- DM	87.602,- DM	1.417.000,- DM
1975:	139.800,- DM	129.091,- DM	210.000,- DM
1979:	169.900,- DM	187.174,- DM	600.400,- DM
1981:	203.000,- DM	459.950,- DM	413.400,- DM
1984:	281.000,- DM	463.000,- DM	71.000,- DM

* Erläuterungen s. Tabelle S. 54

Ausgewählte freiwillige Ausgaben (in Mill. DM)

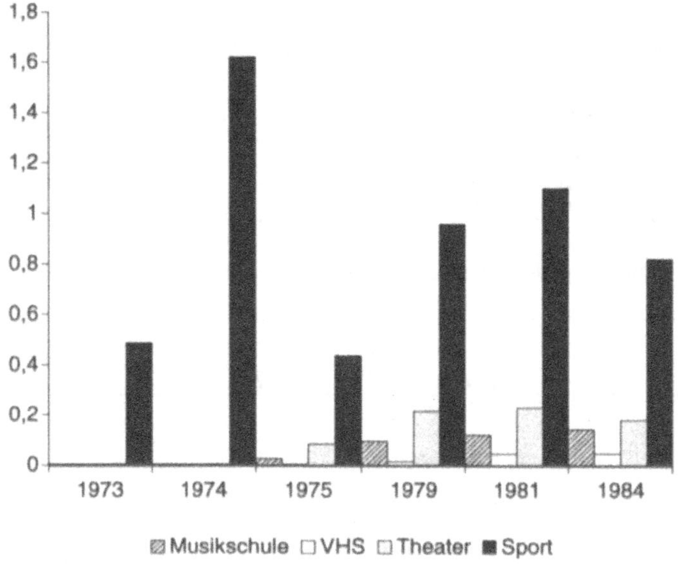

2.2 Erläuterungen, Schlußfolgerungen, Fragen und Thesen:

Zur allgemeinen Entwicklung

- Das Volumen des Verwaltungshaushalts steigt um 72%, verdoppelt sich also knapp zwischen 1973 und 1984, während sich beim Vermögenshaushalt nur unwesentliche Änderungen zeigen:
- Der Vermögenshaushalt spiegelt ein *prozyclisches* Verhalten: größere Investitionen in wirtschaftlich guten Jahren, in Rezessionszeiten prozyclische Einschränkungen. Dies ist vermutlich typisch für das wirtschaftliche Verhalten von Kommunen, entspricht aber nicht den wirtschaftspolitischen Forderungen von Bund/Land.

! Änderungen sind hier nur möglich, wenn die Finanzlage der Kommunen insgesamt gestärkt wird,
! sichere langfristig kalkulierbare Finanzen für die Kommunen geschaffen werden!

- Das gestiegene Volumen des Verwaltungshaushalts bringt nicht etwa mehr finanziellen Spielraum für die Stadt. Die Zuführungen vom Verwaltungs- an den Vermögenshaushalt schrumpfen. Zwar wird zu der Zeit eine über die Pflichtzuführung hinausgehende „freie Spitze" erwirtschaftet, die aber sinkt und damit eine Verringerung der Gestaltungs- und Investitionsmöglichkeiten dieser Kommune signalisiert. Vermutlich ist auch das eine typische Entwicklung im kommunalen Raum.

- Die Schulden der Stadt verdreifachen sich fast in den ersten 10 Jahren nach der Gebietsreform, das Haushaltsgesamtvolumen insgesamt erhöhte sich dagegen nur um etwa 50%. Es fand also eine rapide Ausgabensteigerung statt, die nicht durch entsprechende Einnahmen gedeckt war!

Einnahmeseite:

- Stagnierende Gewerbesteuereinnahmen in diesen 10 Jahren. Ursache: Nicht etwa eine wirtschaftliche Stagnation in dieser Kommune insgesamt, sondern die im Laufe der Jahre deutlich zugunsten der Firmen veränderten bundesgesetzlichen Bestimmungen zur Abführung von Gewerbesteuern sind Ursache für die Stagnation[6]. Die Wirtschaftsförderpolitik der Stadt macht sich jetzt positiv bemerkbar und sorgt trotz der sich verschlechternden bundesgesetzlichen Rahmenbedingungen für etwa konstante Gewerbesteuereinnahmen: Etwa Mitte der 70er Jahre wies die Stadt am Nordrand ein neues Gewerbegebiet aus; eine größere Teilfläche davon wurde mit städtischen und Landesmitteln baureif gemacht und etwa zum Selbstkostenpreis an Firmen abgegeben. Hier siedelten sich sowohl heimische Firmen an, die Möglichkeiten einer Vergrößerung nutzten, als auch neue Firmen, die die günstige Struktur dieses Gebietes anzog. So entstand eine interessante Mischung aus Gewerbebetrieben, die weitere Firmenansiedlungen nach sich zogen, so daß Mitte der 80er Jahre eine erste, in den 90er Jahren eine zweite Erweiterung nötig und möglich wurden. Wichtig ist, daß es sich bei den angesiedelten Firmen vorwiegend um kleine und mittelständische Betriebe handelt, so daß Lk in Bezug auf Arbeitsplätze und Gewerbesteuereinnahmen nicht von einem oder wenigen großen Betrieben abhängig ist.
- Die steigenden Einkommensteueranteile weisen, in Verbindung mit der Tatsache, daß das Lk-Gewerbegebiet wächst und Lk eine „Einpendlerstadt" ist, auf die wirtschaftliche Kraft der Stadt.

Ausgabeseite:

- Die Kreisumlage entwickelt sich in diesen ersten zehn Jahren nach der Gebietsreform für Lübbecke zu einem Ausgabeposten, der fast die Höhe der Gewerbesteuereinnahmen erreichte!

---

6 s. z.B. Schmidt-Jorzig, S. 28. Zur Ermittlung und Berechnung der Gewerbesteuer s. Schmidt-Jorzig, S. 30. S. a. Dt. Städtetag, 1979, S. 202-204

- Eklatante Steigerung der Personalkosten von der Summe und den prozentualen Anteilen am Verwaltungshaushalt unmittelbar nach der Gebietsreform. Damalige Begründung des Kämmerers:
  Dienstalterszulagen f. Beamte und Lohn-/Gehaltserhöhungen von 10%
  Stellenanhebungen und Neueinstellungen infolge der Gebietsreform
  Ausweisungen d. Lohnkosten im Sammelnachweis[7]

Diese Steigerungen setzen sich in den beiden folgenden Jahren unverändert fort. Erst in der zweiten Hälfte der 70er Jahre sind geringere Zuwachsraten bei den absoluten Zahlen zu verzeichnen. Es stellt sich die Frage, ob grundsätzlich mit der Größe von Verwaltungseinheiten die Personalkosten/sonstigen Kosten *überproportional* (z.B. zu den Einwohnerzuwächsen) steigen! Ähnliches war o. im Zusammenhang mit der Kreisumlage zu beobachten: Die jährlichen Zuwächse hier (die von allen Kommunen des Kreises gleichermaßen zu leisten sind!) sind vor allem unmittelbar nach der Gebietsreform überproportional. Sind diese vergrößerten Verwaltungseinheiten wirklich so viel leistungsfähiger als die kleineren, daß die überproportionalen Kostensteigerungen als gerechtfertigt erscheinen?

- Der von den Kommunen immer wieder beklagte Trend zur Abwälzung von Kosten vom Bund/Land auf die Kommunen und z.T. gesamtwirtschaftliche Schwierigkeiten (Mitte der 70er Jahre: Rezession) machen sich bei den gestiegenen Sozialhilfesummen bemerkbar. Die mit den bundesgesetzlichen Sozialhilfeleistungen verbundenen Kosten machen sich auch bei der Stadt bemerkbar: bei der allgemeinen Kreisumlage[8]; dazu kommen u.U. Personalerhöhungen vor Ort, die durch die Bearbeitung gestiegener Fallzahlen erforderlich werden.
- Freiwillige Ausgaben der Stadt werden ausgeweitet und steigen trotz abnehmendem Finanzspielraum. Da diese Ausgaben politischer Entscheidungen im Rat bedürfen, ist daraus zu schließen, daß der Befriedigung der Forderungen der örtlichen Interessengruppen von den Ratsmitgliedern ein höherer Stellenwert zugeordnet wird als ein sparsamer Umgang mit Haushaltsmitteln bzw. daß die Haushaltssituation von den Ratsvertretern noch relativ positiv eingeschätzt wurde; dazu kommt sicher auch, daß sich vor allem die „Ortsteilfürsten" (z.T. ehemalige Ortsbürgermeister) offensichtlich in starkem Maße als Lobbyisten ihrer Vereine, Gruppen und Ortsteile verstehen!

---

7 Haushaltsplan der Stadt Lübbecke 1973, Vorbericht. Üblicherweise werden Personalkosten insgesamt als „Block" im Sammelnachweis aufgeführt, nicht nach Einsatzorten differenziert, wie es offensichtlich in den eingemeindeten Ortsteilen vor 1973 geschah; gewisse Differenzierungen lassen sich dann aus dem als Anhang zum Haushaltsplan gehörenden Stellenplan entnehmen.

8 s. Haushaltsplan der Stadt Lk 1985, Vorbericht S. 24.

3.0 Finanzentwicklung der Jahre 84/85 bis 94/95

3.1 Statistische Daten

3.1.1 Das Gesamtvolumen (in Mill. DM) des Haushalts wächst:

	Verw.-h.	Verm.-h.	Schulden	Rücklagen	Zuführung v. Verw.-an Vermögens-haush.	% d. Deckungs-bedarfs
1985:	39,31	10,30	22,38	1,01	3,14	30,48
1987:	45,80	8,99	19,45	7,6	6,56	72,96
1988:	53,26	15,68	15,28	10,46	5,44	47,25
1989:	49,35	17,71	15,47	8,34	5,64	43,41
1990:	50,02	23,39	20,49	4,83	3,18	13,59
1991:	49,74	32,87	25,94	1,84	4,26	32,71
1992:	64,89	37,78	34,55	3,16	10,13	26,81
1993:	69,66	36,82	44,42	3,16	1,95	5,29
1994:	73,10	27,02	48,14	3,15	1,98	7,32

Haushaltsvolumen:

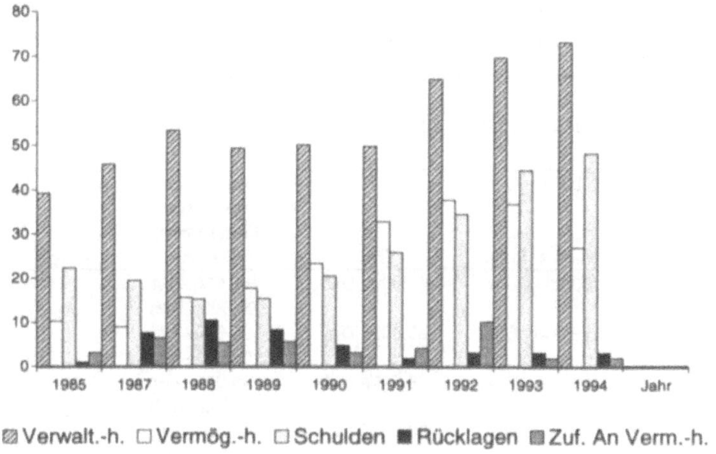

3.1.2 Allgemeine Finanzen Verwaltungshaushalt:

	Einnahmen: (in Mill. DM)				Ausgaben: (in Mill. DM)			
	Ein-kommen-steuer	Gewerbe-steuer	Hebesätze	Anteil am Verw.-h.	Schlüssel-zuwei-sungen	Gewerbe-st.-um-lage**	Kreis-umlage	Anteil am Verw.-h.
1985:	8,5	6,80	320 v.H.	17,31%	6,7	1,14	8,55	21,8 %
1987:	9,5	4,33	350 v.H.	31,30%	8,2	1,19	10,6	23,64%
1990:	10,48	14,09	350 v.H.	28,17%	2,3	2,23	12,1	24,63%
1991:	12,50	17,93	350 v.H.	36,05%	4,6	2,70	13,94	28,03%
1992:	13,8	22,46	350 v.H.	34,61%	8,8	4,34	15,5	23,89%
1993:	14,84	24,12	370 v.H.	34,62%	0,0	2,60*	18,9	27,36%
1994:	15,59	23,10	370 v.H.	26,22%	0,71	3,10	19,2	26,29%

* incl. Fonds dt. Einheit

** Tendenz steigend: 1995: 3,9; Prognose: 1996: 4,15; 1997: 4,20

3.1.2.1 Andere Ausgaben Verwaltungshaushalt:

	Personalkosten (in Mill. DM)	Anteil am Verw.-h.	Sozialhilfe-kosten	Soziale Kosten insgesamt
			(in Mill. DM)	
1985:	9,30	23,75%	1,71	3,13
1987:	10,50	22,92%	2,01	3,61
1990:	10,24	20,7 %	1,37	3,87
1992:	11,93	18,38%	0,86	3,79
1993:	12,65	18,15%	0,93	4,8
1994:	12,93	17,68%	1,23	4,56

3.1.2.2 Beispiele aus dem Bereich der freiwilligen Leistungen: Kultur

	Zuschuß Musikschule	VHS	Ausgaben (geplante Einnahmen) Theater	Bürgerhaus
1985:	139.000,- DM	47.000,- DM	180.000,-DM (90.000,- DM)	–
1987:	173.000,- DM	65.000,- DM	195.000,- DM (100.000,- DM)	–
1988:	186.000,- DM	78.500,- DM	198.000,- DM (95.000,- DM)	–
1990:	180.000,- DM	80.000,- DM	205.000,- DM (95.000,- DM)	–
1992:	219.000,- DM	85.700,- DM	185.000,- DM (80.000,- DM)	–
1993:	236.000,- DM	89.000,- DM	170.000,- DM (87.000,- DM)	252.000,- DM*
1994:	271.000,- DM	80.000,- DM	153.000,- DM (75.000,- DM)	263.000,- DM

* erstmalig anfallende Kosten im Verw.-h.

Ausgewählte Einnahmen in Mill. DM

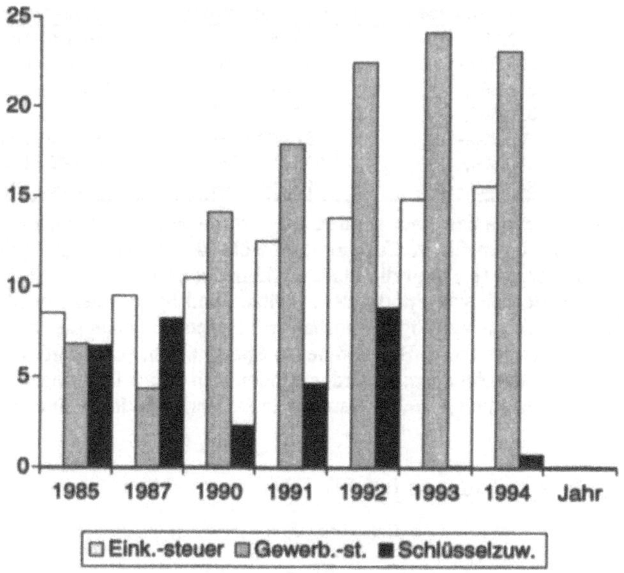

Ausgewählte Ausgaben in Mill. DM

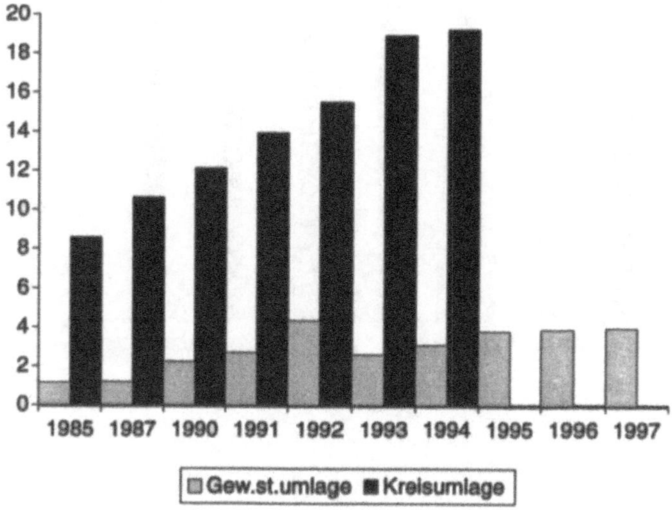

3.1.3 Zuschüsse im Haushalt der Stadt Lk im Bereich des Sports

	Verwaltungshaushalt:		Vermögenshaushalt:
	a. *Zuschüsse	b. *Bewirtschaftung	c. *Investitionen
1985:	289.361,- DM	459.950,- DM	116.650,- DM
1987:	298.200,- DM	434.910,- DM	12.000,- DM
1988:	314.398,- DM	565.542,- DM	400.000,- DM
1990:	321.500,- DM	607.100,- DM	440.000,- DM
1992:	355.200,- DM	587.460,- DM	449.200,- DM
1993:	355.500,- DM	556.150,- DM	265.000,- DM
1994:	343.500,- DM	473.700,- DM	345.000,- DM

* Erläuterungen: *Sportvereine* der Stadt werden auf verschiedene Art finanziell unterstützt: sie erhalten (a.) zum einen fiktive Zuschüsse in Höhe der Benutzungsentgelte für Hallen und Plätze, zum anderen (b.) trägt die Stadt die kompletten Personal- und Bewirtschaftungskosten für den Betrieb von Sporthallen, -plätzen und Sportlerheimen (Ausgaben im Verwaltungshaushalt). Im Vermögenshaushalt (c.) finden sich dann die Investitionen, die die Stadt für die Vereine tätigt: Bau von neuen Sportplätzen, von Sportlerheimen und Instandsetzung bestehender Anlagen; außerdem finden sich hier z.T. geringe Investitionszuschüsse für in Vereinsarbeit erstellte Bauteile (z.B. Verkaufskioske auf Fußballplätzen ...).

Ausgewählte freiwillige Leistungen in Mill. DM

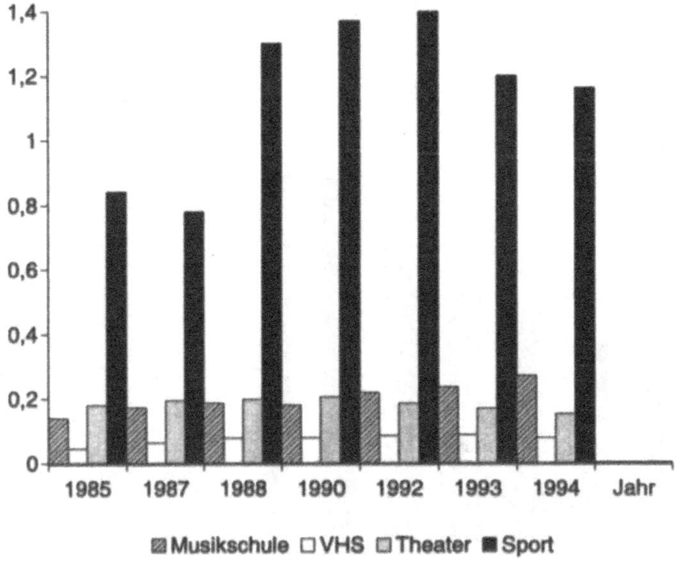

3.2 Erläuterungen, Schlußfolgerungen, Fragen und Thesen

Zur allgemeinen Entwicklung

Die für die ersten zehn Jahre nach der Gebietsreform beobachtete Entwicklung setzt sich tendenziell fort:

- Das Gesamtvolumen des Haushalts zwischen 84 und 94 wächst rapide und steigt noch stärker als in den ersten zehn Jahren nach der Gebietsreform. Es findet fast eine Verdopplung im Verwaltungshaushalt und fast eine Verdreifachung im Vermögenshaushalt statt. Ein enormes Investitionsprojekt (Kläranlagenbau, s.u.) bläht letzteren über einen Zeitraum von etwa sechs Jahren stark auf.
- Die Zuführung vom Verwaltungs- an den Vermögenshaushalt zeigt Schwankungen, die auch konjunkturbedingt sind. Ab Anfang der 90er Jahre sinkt die freie Spitze rapide. 1993 wurde gerade noch die Pflichtzuführung erwirtschaftet. Damit liegt die Stadt voll im „Trend" der mit zunehmenden Finanzproblemen kämpfenden Städte zumindest in NRW. Neuinvestitionen gestalten sich so schwierig.
- Schuldenab- und Rücklagenaufbau ist in der zweiten Hälfte der 80er Jahre aufgrund der insgesamt guten Einnahmesituation möglich, also tatsächlich ein im Ansatz antizyclisches Verhalten. Schuldensteigerungen ab Anfang der 90er Jahre aufgrund unumgänglicher Investitionen und bei dann abschwächender Konjunktur sind unvermeidbar trotz zeitweiser guter Rücklagenbildung. Art und Höhe der Investitionen waren dann letztlich politische Entscheidungen, auf die unter 4.0 noch näher eingegangen werden soll.

Zur Einnahmesituation:

- Steigende Gewerbesteuer- und Einkommensteuereinnahmen; Ursachen: Erfolg/Vergrößerung des Gewerbegebietes und in der 2. Hälfte der 80er Jahre die relativ gute Konjunktur. In Lk gab es außerdem längere Zeit unterdurchschnittliche Arbeitslosenzahlen (1990: 5,5%).

Die Steigerungsraten 1993 wären noch höher ausgefallen, wenn nicht erneut im Rahmen von Steuererleichterungen 1992 die Freibeträge bei der Gewerbesteuer heraufgesetzt bzw. gestaffelt worden wären[9].

Interessant: Die Gewerbesteuerschätzungen des Kämmerers Anfang der 90er Jahre weichen z.T. erheblich von den tatsächlichen Einnahmen ab: offensichtlich sollte die Mehrheitsfraktion des Rates auf diese Weise dazu bewegt werden, für 1993 eine Anhebung des Gewerbesteuerhebesatzes zu be-

---

9 s. Anm. 6 o.!

schließen. Dies wurde vom Stadtdirektor und Kämmerer für nötig gehalten, führte aber auch dazu, daß die Stadt die höchsten Hebesätze im Umkreis haben würde. Zum Zeitpunkt des Ratsbeschlusses (Dez. 92) wußte die Verwaltungsspitze bereits, daß es eine nicht eingeplante Gewerbesteuernachzahlung von etwa 3 Mill. DM (nach einer Betriebsprüfung) geben würde; sie hatte diese Infos aber nicht an die Ratsvertreter weitergegeben, um den Beschluß zur Hebesatzerhöhung nicht zu gefährden. Die Ratsmitglieder erfuhren erst im März 93, nachdem die neuen Hebesätze rechtskräftig und entsprechende Bescheide verschickt waren, von dieser Nachzahlung.

Es zeigt sich dann in der Realität, daß diese hohen Hebesätze im Gewerbesteuerbereich keinen negativen Einfluß auf die Nachfrage nach Flächen im Gewerbegebiet und die Standortpolitik der bereits dort existierenden Firmen hatte. Damit wird deutlich, daß der in der Untersuchung von Volker Kunz[10] für den kreisfreien Raum dargelegte Sachverhalt der Nicht-Koppelung von Hebesätzen und Gewerbeansiedlung auch *vermutlich zumindest für florierende* Gewerbegebiete im kreisangehörigen Raum angenommen werden kann.

- Bei den Schlüsselzuweisungen zeigt sich deren Abhängigkeit von den eigenen kommunalen Steuereinnahmen mit der Tatsache, daß hohe eigene Einnahmen zum Verlust der Schlüsselzuweisungen führen![11]

Zur Ausgabesituation

- 1994 liegt die Summe der zu zahlenden Kreisumlage der Stadt Lk über der Summe ihrer Gewerbesteuereinnahmnen. Es wird deutlich, daß sich der Kreis zunehmend über die Kommunen finanziert; die bisher beobachtete Tendenz der enormen Kostensteigerung dieser vergrößerten Verwaltungseinheiten setzt sich damit fort; aber auch die in die allgemeine Kreisumlage eingehenden gestiegenen Sozialhilfekosten machen sich insgesamt bemerkbar!
- Die Gewerbesteuerumlage zeigt, wie überproportional hoch die Belastung für die Kommune(n) durch die „dt. Einheit" ist.
- Bei den bis 1990 und dann ab 1994 wieder enorm steigenden Sozialhilfekosten/Kosten für soziale Leistungen macht sich deren zunehmende Inanspruchnahme bemerkbar. Ursachen: Wirtschaftliche Schwierigkeiten allgemein, ein starker Zuzug von Aussiedlern in Lk, die mittlerweile

---

10 Kunz, V., Stuttgart 1996, unveröffentlichtes Manuskript

11 Stichtag für die Berechnung von Schlüsselzuweisungen ist der 30.6. eines Jahres. Die bis dahin erzielten eigenen Einnahmen der Kommunen werden zur Berechnung von Schlüsselzuweisungen des folgenden Jahres zugrunde gelegt; die Einnahmesituation des 2. Halbjahres hat dann erst wieder Auswirkungen auf das übernächste Jahr. Dies kann für eine Kommune zu einer schwierigen Situation dann führen, wenn sie aufgrund der hohen eigenen Einnahmen im 1. Hj. im Folgejahr keine Schlüsselzuweisungen bekommt, gleichzeitig aber größere Ausfälle bei der Gewerbesteuer im 2. Hj. hinnehmen muß.

nach relativ kurzer Zeit aus der Unterstützung durch das Arbeitsamt herausfallen und im „sozialen Netz“ landen; eine leichte Abschwächung der sozialen Kosten im Bereich der Aussiedler durch Aufgabe und Verkauf von Übergangswohnheimen zeichnet sich ab etwa 1994 zwar vorübergehend ab. Insgesamt lassen aber die steigenden Arbeitslosenzahlen (in Verbindung mit den neuen bundesgesetzlichen Bestimmungen) eher einen Anstieg der Sozialhilfekosten und damit auch der Kreisumlage erwarten.

- Personalkosten stiegen in diesem Zeitraum von der Summe her ebenfalls kontinuierlich, sanken jedoch prozentual in ihrem Anteil am Verwaltungshaushalt, da dieser stark wuchs (s.o.). Hier zeigt sich, daß statistische Aussagen über Personalkosten in Relation zur absoluten Größenordnung des Verwaltungshaushalts (in dem sie abgerechnet werden) gesehen werden müssen, um eine realistische Einschätzung dieses Kostenfaktors vornehmen zu können.
- Die freiwilligen Leistungen im *Bereich Kultur und Sport* zeigen zunächst das gleiche Bild wie in den Jahren 73 bis 84: die Ausgaben steigen.

Ab 1992: erste Einsparversuche in diesen Bereichen. Mit einer gewissen Zeitverzögerung reagiert die Stadt damit auf die sich abzeichnende Schuldenentwicklung/die sich verschlechternde Finanzsituation. Offensichtlich tun sich die Ratsmitglieder schwer, den Bürgern der Stadt diese direkt spürbaren Einschränkungen zuzumuten; hier wird also Rücksicht auf die Wählerklientel genommen, zumal im Herbst 94 Kommunalwahlen anstehen.

Die Einsparungen im Kulturbereich sind eher „Kosmetik“: gemessen am Haushaltsgesamtvolumen sind sie minimal und steigen 1993 durch die Inbetriebnahme eines neuen Bürgerhauses in städtischer Trägerschaft (für das es zu diesem Zeitpunkt gerade hohe Landeszuschüsse gab, die man „mitnehmen“ wollte[12]). Im Musikschulbereich steigen die Kosten unvermindert weiter: fällige politische Entscheidungen, die Strukturen dieser Einrichtung verändern, werden mit Rücksicht auf die o.g. Kommunalwahl nicht öffentlich diskutiert! Weitere Einsparmaßnahmen werden 1994 „intern“, d.h. in der Verwaltung und zwischen Verwaltung und Fraktionsspitzen diskutiert: den Kulturausschuß läßt man erst wieder nach der Kommunalwahl tagen; er wird dann auch nur noch von längerer Hand „intern“ vorbereitete Entscheidungen nachvollziehen können! Hier zeigen sich also Ansätze von *Vorentscheider-Strukturen*[13], wie sie verstärkt im kommunalpolitischen Raum beobachtet werden können (s.a. u. 4.0).

---

12 Hier zeigt sich das Problem zweckgebundener Zuweisungen: die Kommunen richten ihre Investitionstätigkeiten u.U. nach gerade zur Verfügung stehenen Landestöpfen – sofern sie die Eigenfinanzierungsquote aufbringen können.

13 s. hierzu Hess, 1979, S. 130: Zur Gruppe der „Vorentscheider“ im kommunalen Raum gehören auf der politischen Seite z.B. die Fraktions- und Ausschußvorsitzenden, Spezialisten der Parteien, Gewerkschafts-/Verbandsfunktionäre, in NRW ehrenamtliche (Ober-)Bürger-

Im Sportbereich sind die Spartendenzen noch geringer:
Ab 1988: Instandsetzung der Trainingshalle eines Handballvereins, Erweiterung eines Sportlerheims, Bau eines neuen 2. Sportplatzes in einem östlichen Ortsteil, Planungsbeginn für einen neuen 2. Sportplatz in einem westlichen Ortsteil. Die aus den Ortsteilen stammenen Ratsmitglieder wachen eifersüchtig darüber, daß eine „Gleichbehandlung" der Ortsteile stattfindet – koste es, was es wolle (vor allem vor Wahlterminen)! Leichte Einsparungen bei den Betriebskosten werden von der Verwaltung als Sparerfolg verkauft!

Fazit: Etwas „Sparkosmetik" ohne strukturelle Auswirkungen auf den Gesamthaushalt. Sparmaßnahmen sind offensichtlich im freiwilligen Bereich nur schwer durchsetzbar, da sie den Bürger direkt betreffen – und unpopuläre Ratsentscheidungen können Ratsmitglieder u.U. das Mandat kosten, wenn diese Entscheidungen nahe genug an Wahlterminen liegen!

4.0 Finanzentwicklung im Vermögenshaushalt: Investitionsprojekt „Abwasserbeseitigung" – Kommunale Finanzentscheidungen im Geflecht von Politik, Wirtschaft und Verwaltung

Nach der Längsschnittstudie nun, wie eingangs erläutert, ein kurzer Blick auf einen Teil des wegen seiner Entwicklung auffallenden Vermögenshaushalts: Am darzustellenden Fallbeispiel werden m.E. grundsätzliche kommunale haushaltsrelevante Strutkuren deutlich, die deskriptiv aufgearbeitet, aber auch bewertet werden sollen:

4.1 Allgemeine Fakten zur Kläranlage der Stadt Lk

- Die zu überplanende Kläranlage der Stadt stammt von Anfang der 70er Jahre; die damalige Auslegung erfolgte für 60.000 Einwohnergleichwerte[14]
- Ab Mitte der 80er Jahre wird eine Kapazitätserweiterung nötig: Die Genehmigung neuer Bebauungspläne der Stadt und der Erweiterung des örtlichen Großtierschlachthofes erfolgt nur unter der Prämisse der unverzüglichen Erweiterung der Kläranlage. Die Ursache für diese rasche Kapazitätserschöpfung der vorhandenen Kläranlage liegt in der industriellen Struktur der Stadt mit (neben vielen kleineren Firmen mit normalem

meister, auf Seiten des Verwaltungsapparates der Verwaltungschef, Beigeordnete, Dezernenten, z.T. auch einflußreiche Amtsleiter.

14 Ein „Einwohnergleichwert" im Abwasserbereich ist die Menge Abwasser, die ein Einwohner statistisch pro Jahr produziert.

Wasserverbrauch) drei Großeinleitern: Brauerei, Großtier- und Geflügelschlachthof.

4.1.1 Vorentscheidungen, Planungen und Bauphase....

Im Zusammenhang mit den finanziellen Entscheidungen zu Erweiterung und Betrieb einer neuen Kläranlage in Lk wirken verschiedene *Akteursgruppen* zusammen:

1. Stadt Lk:

a) muß als Betroffene handeln und Zuschußmittel auftreiben.
b) Auf der Ebene der Stadt selbst gibt es verschiedene Akteursgruppen: Verwaltung, im Rat vertretene Fraktionen, die Schlachthoffirma, (betroffene) Bürger, die Lokalpresse.

2. Der *Regierungspräsident (RP)* als Mittelbehörde: Zuständig für die Überwachung der Umsetzung von Bestimmungen des Landes NRW/Bewilligung von Zuschußmitteln.

3. Der *Kreis*, der wegen der Erweiterungspläne des Schlachthofes einbezogen werden muß: Vom Schlachthof benötigte Erweiterungsflächen mußten als GI-Gebiet[15] ausgewiesen und entsprechende Schutzmaßnahmen für nicht weit entfernt liegende Wohnhäuser bzw. deren „Überplanung" abgestimmt werden.

---

15 GI-Gebiet = Industriegebiet mit rechtlich höheren Emissionsmöglichkeiten als ein GE-Gebiet

4.1.1.1 Zusammenwirken der Akteure und Ablauf der Entscheidungen:

Gesetzliche Bestimmungen und finanzielle Verpflichtungen:
Finanzentscheidungen im kreisangehörigen kommunalen Raum in NRW

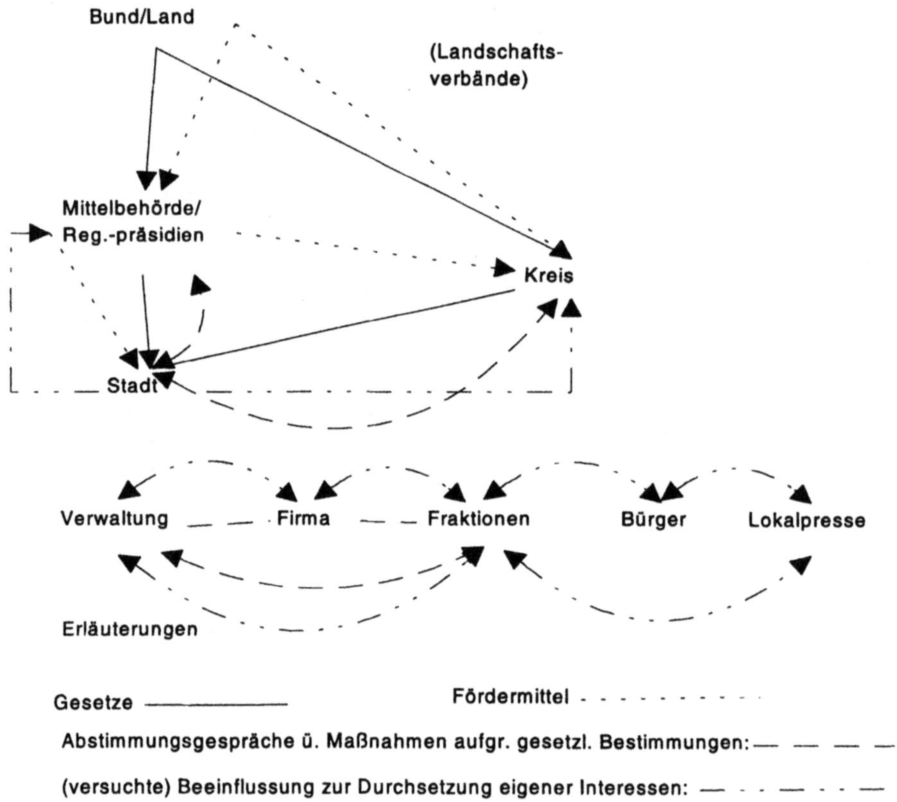

1. *Stadtebene*

- Ab Mitte der 80er Jahre gab es *informelle Gespräche* als *Vorentscheidergespräche* zwischen *Verwaltungsspitze, Firmenleitung* des Schlachthofes und *Fraktionsspitzen* bzw. Fachleuten der Parteien[16], bevor das Problem der Größe und des Standortes des neuen Klärwerks überhaupt als Thema auf die Tagesordnung der städtischen Gremien kam! Aber:

16 In diese Gespräche wurden die Grünen allenfalls teilweise einbezogen – entsprechend dem zu der Zeit allgemeinen Trend, wie er von Wehling, 1991, S. 149-167, beobachtet wurde.

Die Verwaltung ging in diese Gespräche mit einem gewaltigen Informations- und Wissensvorsprung hinein; die „Freizeitpolitiker" konnten nur auf deren Loyalität hoffen und die Infos als gesicherte Fakten hinnehmen. Eine kritische Überprüfung ist (grundsätzlich) für Ratsmitglieder schwierig, bedingt durch die Tatsache, daß sehr viel Fachwissen dafür erforderlich ist, das ein Nicht-Fachmann sich in seiner Freizeit „nebenberuflich" kaum anzueignen in der Lage ist.

- Der Knackpunkt bei der Diskussion war die Frage der zukünftigen Gebühren:
  - Der Schlachthof zahlte zu der Zeit weniger Abwassergebühren pro m^3 als ein Privathaushalt (s.u.), und das trotz der um ein Vielfaches erhöhten Schmutzwerte!
  - Dieses wurde erstmals mit dem Einzug der Grünen als Fraktion in den Rat 1984 Gegenstand öffentlicher Auseinandersetzungen:
  - Die Grünen sahen darin eine ungerechtfertigte Subventionierung des Schlachthofes;
  - Verwaltung und die anderen im Stadtrat vertretenen Parteien (SPD damals 19, CDU 15, FDP 2 Mitglieder) argumentierten für diese Gebührenstruktur mit dem Hinweis, der Schlachthofbetreiber habe auf eigene Kosten ein Zuleitungsrohr zur nahe gelegenen Kläranlage gebaut und könne so nicht zu den Abschreibungs- und Unterhaltungskosten für die allgemeine Kanalisation herangezogen werden; deshalb müßten von dem verschmutzungsgrad-unabhängigen *für alle gleichen* Tarif diese Kostenteile abgezogen werden, so daß dadurch der für den Schlachthof günstigere m^3-Preis gerechtfertigt sei.
  - Aber: Allen Beteiligten war klar, daß mit der Erweiterung der Kläranlage höhere Gebühren anfallen würden, strittig war nur deren Verteilung.
  - Thema der letzten Vorentscheidungsgespräche vor der konkreten Planung und vor Einschaltung von Ausschüssen und Stadtrat ist die Frage, ob der Schlachthof eine größere Vorklärung selbst vornehmen oder sein gesamtes Abwasser in die kommunale Kläranlage einleiten wolle. Angesichts der bis dahin außerordentlich günstigen Tarife für den Schlachthof entschied sich dieser für die o.g. zweite Variante. Der Hinweis der Grünen auf mit der neuen Kläranlage verbundene Kostensteigerungen und das weitere Einfordern von Gebührengerechtigkeit nach dem Verursacherprinzip wurde sowohl von der Firmenspitze als auch von der Verwaltung und den anderen Parteien „zur Kenntnis genommen", jedoch nicht als in irgendeiner Form planungsentscheidend angesehen. Diskussionen darüber, Verträge mit dem Schlachthofbetreiber abzuschließen, die dann eine weitergehende Vorklärung verbieten (= Garantie d. Schmutzfracht) oder gar diese Firma an den Baukosten zu beteiligen, um zu verhin-

dern, daß die Stadt bei einer Firmenverlegung/-schließung auf den Kosten für ein dann überdimensioniertes Klärwerk sitzenbleibt, werden vom Verwaltungschef und den etablierten Parteien im Vorfeld abgewürgt.

- *Vorplanungen der Verwaltung* entsprechend der in den o.g. Gesprächen gemachten Vorgaben: Bei der *ersten öffentlichen Diskussion* dieses Themas *im zuständigen Ausschuß* hatte die eingeschaltete Fachfirma einen langfristigen Bedarf von 135.000 Einwohnergleichwerten ermittelt (plus 15.000 für eine Nachbarkommune, die sich an den Klärwerkneubau anschließen wollte). Als Kostengrößenordnung wurden 36 Mill. DM genannt.
- Nach Öffentlichmachung der Pläne für die neue Kläranlage und für die Erweiterung des GI-Gebietes trat als *vierte Akteursgruppe* die von der Schlachthof-Erweiterung sich betroffen fühlenden oder tatsächlich *betroffenen Bürger* auf den Plan. Diese versuchten z.T. massiv Einfluß auf die Entscheidungen der Kommunalpolitiker zu nehmen, indem sie sich direkt mit ihnen in Verbindung setzten. Trotz dieses Drucks fielen die Entscheidungen in der Vertretungskörperschaft mehrheitlich zugunsten der Schlachthoferweiterung, versprach diese doch neue Arbeitsplätze und steigende, gesicherte Gewerbesteuereinnahmen. Diese Zustimmung des Stadtrates stellte formal die Weichen für die Klärwerksplanungen.
- Offizielle Planungs- und Bauphase von 1987 bis 1995

Anfang 93 wird der erste Bauabschnitt der Kläranlage in Betrieb genommen, Anfang 94 der zweite; Restarbeiten folgen in 94/95.

D.h.: Für die *neue Kläranlage* muß die Stadt *fast 40 Mill. an eigenen Mitteln* einsetzen! Die Diskrepanz zwischen Planungs- und Fertigstellungskosten beträgt rund 25 Mill. DM. Die Ursachen dafür sind Preissteigerungen, neue (später zurückgenommene) Umweltauflagen, Probleme beim Umbau und der Integration der alten Kläranlage.

- Die *Lokalpresse* greift letztlich positiv verstärkend den Arbeitsplatzeffekt der Schlachthoferweiterung und die wirtschaftspolitisch positive Investitionstätigkeit der Stadt auf. Am Rande kommen die Probleme der anliegenden Wohnbebauung zur Sprache. Die Frage der Gebührengerechtigkeit und die Probleme der Größe und Finanzierung der Anlage werden von den Grünen über die Lokalpresse in die Öffentlichkeit transportiert.
- Mit Beginn der Bauarbeiten 1990 beschränkte sich die *Tätigkeit der Ratsmitglieder* darauf, Aufträge zu vergeben und über steigende Kosten zu lamentieren. Ein Einfluß auf die Aufträge und deren Kostenhöhen bestand für die im zuständigen Gremium (Haupt- und Finanzausschuß) sitzenden Freizeitpolitiker ebensowenig wie Kontrollmöglichkeiten: Die Aufträge werden vom zuständigen Planungsbüro ausgeschrieben, und

der im Submissionstermin günstigste Bieter *muß*[17] dann den Zuschlag erhalten. So sind diese die Tagesordnung der nicht-öffentlichen Sitzung füllenden „Aktivitäten“ zwar zeitraubend, aber letztlich eine wenig durchschaubare Materie, bei der die Mitglieder dieses Ausschusses nur hoffen können, daß alles seine Richtigkeit hat!

Baukosten der Kläranlage: (in Mill. DM)			**Landeszuschüsse: (in Mill. DM)**
1988:	2,9	58,9 Mill. DM Baukosten	0,576
1989:	3,3		1,2
1990:	5,0	+ 1,95 Mill DM Planungskosten	2,0
1991:	13,5		5,6
1992:	15,0	+ 0,15 Mill. DM Grunderw.-kosten	6,2
1993:	12,2		5,6
1994:	7,0		0,0
	= 61.000.000 DM		= 21.176.000 DM
	davon:	Baukosten für Haushalte:	Landeszuschüsse für Haushalte:
		28 Mill. DM	12 Mill. DM
		Baukosten für Gewerbe:	Landeszuschüsse für Gewerbe:
		32 Mill. DM	0 DM

2. Während der informellen Vorentscheidergespräche laufen Kontakte zwischen *Stadt und Mittelbehörde* (RP): Hier zeigt sich die Abhängigkeit der Stadt von den Vorgaben des RP, aber auch vom Verhandlungsgeschick der städtischen Verwaltungsspitze: Das Ziel der Stadt, möglichst kostengünstig die gesetzlichen Auflagen zu erfüllen, mußte mit dem Ziel des RP, möglichst rasch alle Auflagen umgesetzt zu sehen, abgestimmt weren. Nach Zusage der Fördermittel kam während der Bauphase als neue kostenträchtige Umweltauflage ein „Schönungsteich“. In *Verhandlungen* erreichte die Stadt dann zunächst eine zeitliche Streckung, mußte aber die gesamten Planungen darauf neu abstellen. Z.Z. sieht es so aus, als ob die Mittelbehörde bereit ist, ganz auf diesen Schönungsteich zu verzichten, denn auch sie ist einem *massiven Druck durch die Kommunen* ausgesetzt, für die Umweltauflagen nur Kostensteigerungen bedeuten – und das zu einem Zeitpunkt, wo Fördermittel reduziert sind und die Kassen der Kommunen leer. So geht die Mittelbehörde unpopulären Konflikten aus dem Weg, indem sie auf die Umsetzung von Auflagen in einem bestimmten Zeitrahmen nicht mehr insistiert.

17 Es sei denn, es gibt gewichtige Gründe, die gegen eine Auftragsvergabe an den günstigsten Bieter sprechen, z.B.: „mangelnde Leistungsfähigkeit“ bei Großprojekten – ein Kriterium, das die Ratsmitglieder aber kaum in der Lage sind nachzuprüfen, es sei denn, sie kommen vom Fach.

3. Der Kontakt zwischen *Kreis* als Baugenehmigungsbehörde und Gewerbeaufsichtsamt *und Stadt* noch während der informellen Vorgespräche führt zu dessen Zustimmung zur Umwandlung der benötigten GE-Flächen zu GI-Flächen; damit wird die rechtliche Voraussetzung für die Schlachthoferweiterung geschaffen.

4.1.2 Folgen der Inbetriebnahme

- Gebührenberechnung der Abwässer nach dem Verursacherprinzip seit 1993, um diese gerichtsfest zu machen: Dabei wurde so vorgegangen, daß der Verschmutzungsgrad der Abwässer in einem ersten Schritt von einem Fachgutachter der Universität Hannover klassifiziert wurde. In einem zweiten Schritt setzte ein Wirtschaftsprüfungsbüro diese Schmutzfrachtklassifizierung in Relation zu den Baukosten (abzüglich Zuschüssen), Abschreibungen und Betriebskosten und errechnete so, welche m^3-Kosten die Reinigung bestimmter Verschmutzungsfrachten verursacht. Diese Kosten werden den Verursachern exakt in Rechnung gestellt; der Abwasserhaushalt ist damit kostendeckend gestaltet.
- Während der Bauzeit erfolgt ein Vertragsabschluß zwischen Stadt und Schlachthof, der letzterem nur eine mechanische Vorklärung gestattet. Ob diese Maßnahmen letztlich auf eigener Einsicht von Verwaltung und Mehrheitspartei(en) beruhten oder die von den Grünen mehrfach angezettelte öffentliche Diskussion diese „Einsicht" hervorrief, sei dahingestellt.
- Eine enorme Steigerung der *Abwassergebühren* ist ab 1993 aufgrund der o.g. Berechnungen unumgänglich:

	Haushalte	**Großeinleiter/gesondert ber. Einleiter:**		
	Normalverschmutzung	**Geflügelschlachthof**	**Großtierschlachthof**	**Brauerei**
1992	1,91 DM/m³	1,80 DM/m³	1,80 DM/m³	1,43 DM/m³
1993	2,95 DM/m³	2,26 DM/m³	4,49 DM/m³	3,09 DM/m³
1994	4,17 DM/m³	4,88 DM/m³	7,76 DM/m³	5,19 DM/m³

Die Brauerei schafft es, durch technische Umstrukturierungen Abwassermengen einzusparen, so daß deren Gebührenhöhe akzeptabel bleibt.

Der Schlachthof legt gegen die Gebührenerhöhung zum 1.1.94 Widerspruch ein. Bei informellen Gesprächen zwischen Verwaltungsspitze, Fraktionsvorsitzenden[18] und der Geschäftsleitung droht letztere mit einer Schließung/Teilschließung des Betriebes wegen der betrieblich aufgrund anderer wirtschaftlicher Probleme (Auswirkungen der Schweinepest) nicht verkraft-

18 Mittlerweile werden auch die Grünen an diesen Gesprächen beteiligt, so daß sich die von Wehling (s. Anm. 14) prognostizierte längerfristige Änderung in der Haltung dieser relativ neuen Fraktion gegenüber hier beweist.

baren Höhe der Abwassergebühren. 50 Leute sind zu dem Zeitpunkt bereits entlassen. Dabei ist allen Beteiligten bewußt, daß sich die Kommune den Ausfall dieses Großeinleiters nicht leisten kann, da:

- die Kläranlage für einen einwandfreien Betrieb eine gewisse Schmutzfracht braucht, um zu funktionieren
- die Fixkosten bei geringerer Schmutzeinleitung allenfalls geringfügig sinken und die Kosten dann auf die anderen Einleiter umgelegt werden müßten, was zu weiteren enormen Preissteigerungen und damit zu Protesten von Bevölkerung und Firmen führen würde
- sich die Stadt den Wegfall von direkt und indirekt mit dem Schlachthof verbundenen Arbeitsplätzen bei einer Arbeitslosenquote 93/94 in Lk 9,0% kaum leisten könnte
- eine Gebührensenkung bei diesem Großeinleiter eine für die Kommune nicht verkraftbare Subventionierung der Abwassergebühren insgesamt nach sich ziehen würde.

Jetzt traten erneut *Vorentscheiderstrukturen auf Stadtebene* in Kraft, allerdings recht veränderter Art:

Die SPD hatte mit dem Weggang „ihres" Stadtdirektors zum 1.11.93 ein wichtiges Bindeglied in der Verwaltung verloren; die CDU stellte mit ihrem Kämmerer die Verwaltungsspitze bis nach der Kommunalwahl. Es herrschte Unsicherheit wegen der nicht gefestigten Verwaltungsspitzen-Strukturen.

Unter diesen Vorzeichen treffen sich die Fraktionsspitzen und die Verwaltung ab etwa Anfang 1994 regelmäig in vier- bis achtwöchentlichem Abstand, um wesentliche Fragen unter Ausschluß der Öffentlichkeit, ohne Protokollführung zu besprechen. In diesem „Gremium" getroffene Entscheidungen bestehen z.T. auch nur aus Vereinbarungen, bestimmte Sachverhalte nicht zu behandeln! U.a. haben Verwaltung und Parteien in diesem Gremium dann auch verschiedene Lösungsansätze mit dem Vertreter des Schlachthofes diskutiert, bis heute ohne abschließendes Ergebnis – außer dem, das Thema nicht offiziell zu behandeln[19].

4.2 Fazit

Der Kläranlagenbau hat der Stadt Lk einen enormen Schuldenberg beschert, die Handlungsfreiheit der Stadt wesentlich beschnitten – letztlich um einen (scheinbar) potenten Gewerbesteuerzahler zu unterstützen, ohne allerdings die Folgen wirklich abzuschätzen oder sich durch entsprechende Verträge abzusichern. Hier zeigt sich m.E. deutlich das Manko von Freizeitpolitikern ge-

19 Zum Aspekt „non-decisions" s. Naßmacher, 1979, S. 123ff.: Etliches erledigt sich dadurch, daß es (bewußt) nicht in Angriff genommen wird.

rade auch in kleineren Städten, da diese dort in der Regel ohne weitere fachliche Unterstützung, nur auf die eigene (?) oder die Kompetenz der Verwaltung vertrauend, finanziell enorm weitreichende Entscheidungen fällen (müssen) – bzw. Vorgaben der Verwaltung nur noch nachvollziehen können. Die Gefahr, Finanzentscheidungen letztlich von einigen wenigen, in ihrem jeweiligen Interessen verhafteten (Nicht-)Fachleuten treffen zu lassen, wird m.E. hier sehr deutlich. Es stellt sich die Frage nach Alternativen, nach Möglichkeiten von Strukturveränderungen[20].

III. Bewertung der Untersuchungsergebnisse...

1.0 Zusammenfassung

Die finanzielle Situation der Stadt Lk ist im Laufe der letzten Jahre finanziell problematischer geworden; Pflichtaufgaben binden zunehmende Teile der Finanzmasse bei wachsendem Haushaltsvolumen vor allem im Verwaltungshaushalt. Die „freie Spitze" sinkt auf minimale (prozentuale und absolute) Größen. Noch reiht sich die Stadt nicht in den Reigen der Kommunen mit strukturell nicht ausgeglichenem Haushalt. Insofern steht das von mir untersuchte Mittelzentrum noch gut da. Die kommunalen Spitzenverbände schieben die Schuld an der Finanzmisere auf die mangelnde Finanzausstattung der Kommunen und die Vergrößerung der finanziellen Verpflichtungen durch Verlagerung von Aufgaben des Bundes/Landes auf den kommunalen Raum[21] bei gleichzeitiger Verschärfung von Standards (z.B. im Klärwerksbau).

Dieses ist sicher insgesamt richtig: In Teil II ist dies für die Stadt Lk am Beispiel der sozialen Leistungen, der Gewerbesteuerumlage und dem Abwasserbereich auch punktuell verdeutlicht worden. Gleichzeitig wird aber am Beispiel dieser Stadt auch deutlich, daß die mit der Gebietsreform einhergegangene Personalausweitung und -höherbesoldung nicht rückgängigmachbar war. Dazu kam eine stetige Ausweitung der freiwilligen Leistungen bis Anfang der 90er Jahre, deren Rücknahme dem Bürger nur schwer verständlich

---

20 In NRW hat man auf Landesebene den Beratungsbedarf der Kommunen im Abwasserbereich erkannt und hat zu Beginn des Jahres 1996 eine „Abwasserberatung e.V." ins Leben gerufen, die, vom Land finanziert, im Gebäude des NWStGB ihren Sitz hat. Dort können sich die Kommunen des Landes NRW in Abwasserfragen *unabhängigen* Rat holen und sind damit zukünftig vielleicht nicht mehr ganz so abhängig von entsprechenden Ingenieurbüros, deren Verdienst sich (aufgrund der Abrechnung nach HOAI) nach der Auftragssumme richtet: Je größer und kostenintensiver die Maßnahme im Abwasserbereich der Kommune ist, desto mehr verdient das mit der Planung, ... beauftragte Ingenieurbüro daran!

21 s. dazu a.z.B. die Mitteilungen des NWStGB vom 20.2.94, S. 51/52.

zu machen sein wird. Die am Beispiel der Stadt Lk aufgezeigten Sparversuche bringen in der Masse wenig, sind z.T. bloße „Kosmetik".

Daß die Situation für eine Kommune besonders prekär wird, wenn größere Investitionen getätigt werden müssen, um landesgesetzliche Vorgaben zu erfüllen, zeigt der Fall des Klärwerksneubaus der Stadt Lk. Der in dieser Stadt mögliche (den Landesforderungen nach antizyclischem Verhalten der Kommunen folgende) Schuldenabbau in der wirtschaftlich florierenden 2. Hälfte der 80er Jahre bewirkt lediglich, daß die finanzielle Ausgangsbasis für o.g. Großprojekt etwas solider ist.

Gleichzeitig wird hier aber auch deutlich, daß die Vorgaben, die überhaupt zu dieser Investition führten, nicht nur vom Land, sondern auch von Rat und Verwaltung gemacht werden, um aus ihrer Sicht die Belange der Stadt (Arbeitsplätze, Gewerbesteuereinnahmen) zu wahren. Deren Wunschdenken spielt bei den kostenträchtigen Entscheidungen also eine nicht unbeträchtliche Rolle.

Deutlich wird aber auch, daß „Freizeitpolitiker"[22] dabei stark auf Informationen und Vorgaben der Verwaltung angewiesen sind und diesen folgen. Vor allem die bei Entscheidungen den Ausschlag gebende Mehrheitsfraktion verläßt sich dabei um so mehr auf Sachbearbeiter/Stadtdirektor als diese z.gr.T. das gleiche Parteibuch haben. Dabei verläßt sich auch die Verwaltung wiederum auf Vorgaben von Fachbüros, deren Honorar sich nach dem Finanzumfang des Auftrages berechnet. Kontrollen, Verpflichtungen zum Aufzeigen von evtl. Sparvarianten sind zwar formal vorhanden, indem jeder Bauabschnitt von den zuständigen Ratsgremien abgesegnet werden muß – aber wie sollen Laien in ihrer Freizeit ohne weitere fachliche Hilfe wirklich die Richtigkeit einzelner Maßnahmen prüfen? Und für die Verwaltung besteht kein wirklicher Anreiz, Sparvarianten zu überlegen, Alternativen überhaupt aufzuzeigen, zumal wenn die „personelle Decke" im Fachamt ausgesprochen dünn ist: Zum einen wird es für solche sehr fachspezifischen Diskussionen nur einen begrenzten Kreis interessierter Ratsvertreter geben, zum anderen ist es natürlich (unter den o.g. Umständen) wesentlich leichter, allen Vorgaben des Fachbüros zu folgen (dem man dann später auch die Schuld für Kostensteigerungen,... zuweisen kann); zum dritten waren es bei dem angesprochenen Beispiel letztlich die politischen Vorgaben (nämlich den Schlachthof nicht nur zu behalten, sondern sogar zu erweitern), die die enormen Investitionen verursacht haben.

Die Klage der Kommunen über zu geringe Bezuschussung von Pflichtaufgaben und zu kostenträchtige Vorgaben des Landes ist nur jeweils auf bestimmte Zeiträume bezogen nachprüfbar: Z.T. ändern sich Bezuschussungsrichtlinien bei laufenden Projekten, z.T. ändern sich gesetzliche Vorgaben und z.T. sind Kostenkalkulationen der Kommunen zu gering ausgefallen,

---

22 s.z.B. die Untersuchung von Fruth, o. J.,

aber für die Differenz zwischen veranschlagter und tatsächlicher Summe gibt es keine Fördermittel (mehr) – all das geistert als Schlagworte und Schuldzuweisungen durch die Kommunen und deren politische Gremien. Was daran jeweils stimmt, ist für ein Ratsmitglied kaum nachvollziehbar und wird u.U. nach politischer Couleur entschieden: Die kleinen Fraktionen, die keine Parteigänger in der Verwaltung sitzen haben, weisen dieser die Schuld zu; Verwaltung und Mehrheitsfraktion tendieren eher zu Schuldzuweisungen in Richtung Mittelbehörde/Land, deren Auflagen zu kostenträchtig und deren „Töpfe" zu undurchschaubar seien...

Als Fazit sind strukturelle Veränderungen nötig:

2.0 ... und daraus resultierende Perspektiven

Hinsichtlich der finanziellen Selbstverwaltungszukunft der Kommunen sind als Resultat der vorausgehenden Ausführungen m.E. drei Problemkreise zu unterscheiden:

(a) Die Entwicklung der Finanzen der Kommunen (eigene Einnahmen, freie Spitze, Pflicht-/freiwillige Auf- u. Ausgaben), damit eng verbunden (b) die Struktur des Verhälnisses Kommune-Land/Bund (gesetzliche Vorgaben, Zuschußgestaltungen, Zuweisungen) und (c) die entscheidungsstrukturen von Rat und Verwaltung in der Kommune selber.

Die o.g. *Aspekte a und b* beinhalten beide letztlich die Frage, wie *pragmatisch* mit den vorhandenen Finanzmitteln so umgegangen wird, daß die notwendigsten Verpflichtungen finanziell abgedeckt sind, ohne daß innerhalb der Kommune strukturelle Änderungen vorgenommen werden (müssen). Dazu gehören dann sowohl Überlegungen, daß in Verhandlungen zwischen Kommune und Mittelbehörde/Land auf „Standards" verzichtet oder aber daß diese niedriger angesetzt werden. Forderungen nach Entrümpelung von Vorschriften und Gesetzesvereinfachungen zielen ebenfalls in diese Richtung, durch pragmatische Vereinfachungen Geld zu sparen.

In diesen Zusammenhang gehören auch Forderungen, daß das Land weniger zweckgebundene und mehr allgemeine Zuweisungen an die Kommunen gibt: Hierdurch kann verhindert werden, daß diese bestimmte Projekte nur deshalb beginnen, weil es dafür Zuschußmittel vom Land gibt bzw. bestimmte Projekte nicht beginnen können, weil die Eigenfinanzierungsquote in Bezug auf die spezifischen Projektvorgaben und Standards bei den „Landestöpfen" nicht erreicht wird.

Diese Lösungsvorschläge gehen allerdings letztlich davon aus, daß die Kommunen kaum einen größeren Anteil vom Landes-/Bundesgeldkuchen bekommen, sondern ihnen allenfalls ein flexiblerer Umgang mit den ihnen zustehenden Mitteln erlaubt wird und evtl. weitere kostenträchtige Bestimmungen für die Kommunen verhindert werden[23]. Eine finanzielle Sanierung der z.T. überschuldeten Kommunen setzte eine Neuverteilung der Finanzen voraus und bedingte, daß die Kommunen wieder mehr Einnahmen zur Verfügung bekämen[24].

Damit einhergehen müßten m.E. allerdings die unter c) genannten *strukturellen Veränderungen* innerhalb von Verwaltung und Rat. Diese beträfen zum einen die *Verwaltung* selbst, hätten aber auch Einfluß auf das Handeln von *Rat und Ausschüssen*

Hier soll mit dem Stichwort der „schlankeren“ Verwaltung“ nicht primär auf den Abbau von Personal verwiesen werden, sondern stärker auf die Möglichkeiten der Delegation von Verantwortlichkeiten und den flexibleren Umgang mit Haushaltsmitteln[25]. Wenn die Fachabteilungen stärkere Eigenkompetenz haben, ihr Tun im Rahmen eines Controllings überprüfen lassen müssen und nicht verbrauchte Gelder für andere Maßnahmen einsetzen können[26], werden sie ein stärkeres Interesse an der (finanziellen) Effizienz ihres Handelns entwickeln: Die bloße Vergabe von Aufträgen an ein Fachbüro ohne Frage nach den damit verbundenen Kosten wird es dann vielleicht nicht mehr geben. Vielleicht wäre der Klärwerksbau in Lk so günstiger geworden: wenn man verwaltungsseits nicht einfach hingenommen hätte, daß Schaltpläne der bestehenden Anlage nicht auffindbar waren und kostenaufwendig neu erstellt werden mußten; vielleicht hätte auch die Verwaltung im Vorfeld stärker über die tatsächlich benötigte Größe der Anlage reflektiert und überlegt, ob investierte Kosten in einem vernünftigen Verhältnis zu Risiken und Nutzen bei diesem Investitionsprojekt standen. Die Informationen für die Ratsmitglieder

---

23 Hier sei daran erinnert, daß z.B. im Zusammenhang mit der Aussiedlerwelle Ende der 80er Jahre die Kommunen zur Unterbringung dieser Menschen – deren Kommen letztlich auf bundespolitische Bestrebungen zurückzuführen ist – verpflichtet waren/sind, die damit entstandenen finanziellen Verpflichtungen aber nur zögerlich und teilweise vom Land (Bund) übernommen wurden. Ähnliches gilt für die Unterbringung von Asylbewerbern, wo z.Z. über die Höhe der Kostenübernahme ebenso gestritten wird wie über den davon betroffenen Personenkreis. Die Höhe der Belastung der Stadt Lk durch die Aufnahme von Aussiedlern zeigt sich schon an der Tatsache, daß zeitweise bis zu 23 (!) Übergangswohnheime in dieser Kleinstadt hergerichtet und unterhalten werden mußten.

24 Hier sei nur auf den Streit in NRW um das Gemeindefinanzierungsgesetz 1996 und das damit zusammenhängende Ifo-Gutachten verwiesen.

25 Standardbeispiel für strukturelle Veränderungen in Rat und Verwaltung ist das „Tilburger Modell“: Anfang der 80er Jahre strukturiert die holländische Stadt Tilburg ihre Verwaltung nach Konzerngesichtspunkten um mit dem Ziel, die Finanzprobleme in den Griff zu bekommen. Dabei wurden Ämter zu selbständigen Verwaltungseinheiten zusammengefaßt, Verantwortung delegiert, feste innerhalb eines vom Rat festgelegten Rahmens einsetzbare Budgets mit der Möglichkeit der Übertragung von Haushaltsmitteln geschaffen...

26 Wenn Haushaltsmittel z. B. übertragbar wären, entfiele auch das „Dezemberfieber“, wo kurz vor Kassenschluß im Dezember die Ämter möglichst alle Gelder ausgeben, um nichts verfallen zu lassen, aber auch Haushaltswünsche fürs kommende Jahr als gerechtfertigt erscheinen zu lassen: „Überschüsse“ am Jahresende würden sonst signalisieren, daß in dem Amt Gelder streichbar wären!

werden so u.U. stärker einen Abwägungsprozeß der Verwaltung spiegeln, Alternativen denkbar machen und so tatsächlich beratenden Charakter für den Rat annehmen.

All diese Maßnahmen sind allerdings ohne Veränderungen auch auf Seiten des Rates nutzlos: Die Ratsmitglieder werden sich darauf konzentrieren müssen, stärker konzeptionelle Vorgaben zu entwickeln[27], sich dafür evtl. auch Wissen „einkaufen" müssen. Und sie werden sich von „Ortsteildenken" und dem kurzfristigen Schielen auf den nächsten Wahltermin verabschieden müssen. Bei leeren Kassen sind weder Wahlgeschenke noch Subventionen möglich.

Ein Controlling kann dann für beide Seiten die Umsetzung von Beschlüssen transparent machen. Der möglichen Effizienz solcher Strukturen steht die Gefahr geringerer Mitwirkungsmöglichkeiten der Ratsmitglieder und der Verselbständigung der Verwaltung gegenüber. Hier ist die Fähigkeit gerade auch der Verwaltungsspitze, Haushaltsentscheidungen, „Budgets", offen zu diskutieren, den Rat insgesamt an der Entwicklung neuer Strukturen partizipieren zu lassen und selbst die Fähigkeit mitzubringen, Kompetenzen zu delegieren und so auch hierarchische Strukturen und parteipolitische Präferenzen aufzubrechen, von entscheidender Bedeutung.

Literaturliste/Hintergrundinformation:

Abwasserberatung e.V. (NRW), Kaiserswerther Str. 199/201, 40474 Düsseldorf

AKP 3/94, Fachzeitschrit für Alternative Politik, Gemeindefinanzen heute – die Lasten nach unten verschoben (Vertrieb in 33602 Bielefeld, Luisenstr. 40)

Andersen, U., 1987, Die Bedeutung der Gemeinden und ihre Probleme heute. Eine Einführung. In: Andersen, U. (Hrsg.), Kommunale Selbstverwaltung und Kommunalpolitik in NRW, Köln, S. 17-36

Berkemeyer, K.-H., 1993, Kommunalpolitisches Engagement: Zwischen Ehrenamt und Profession. In: Roth, R./Wollmann, H., Kommunalpolitik. Politisches Handeln in den Gemeinden. Opladen/Bonn, S. 271-281

Der Steuerzahler. Zeitschrift des Bundes der Steuerzahler. Diverse Ausgaben 1994

Deubel, I., 1984, Der kommunale Finanzausgleich in Nordrhein-Westfalen. Eine ökonomische und statistische Analyse. Köln

Deutscher Städtetag, o.J., Für eine starke kommunale Selbstverwaltung. Reihe A. Köln

Fruth, H., o.J., Sind unsere ehrenamtlichen Stadträte überfordert? Beiträge zur Kommunalwissenschaft. Minerva Publikation, München

Gemeindeordnungen Nordrhein-Westfalen vom 13.8.84 und 17.10.94

---

27 Ein Grundsatz des Tilburger Modells: Der Rat gibt lediglich die politischen Ziele vor, die in den einzelnen Abteilungen eigenverantwortlich erreicht werden sollen. Externe Spezialisten übernehmen dann das Controlling und berichten anschließend dem Rat, inwieweit die politischen Ziele umgesetzt wurden.

Hess, R., 1979, Rat und Verwaltung in der gemeindlichen Willensbildung. In: Gabriel, O. W. (Hrsg.), Kommunalpolitik im Wandel der Gesellschaft. Hain, S. 119-136

Holtmann, E., 1993, Parteien in der lokalen Politik. In: Roth, R./Wollmann, H. (Hrsg.), a.a.O. S. 256-271

Klein, R., 1987, Kommunale Finanzen. In: Hesse, J. J. (Hrsg.), Zur Situation der kommunalen Selbstverwaltung heute. Stadtpolitik und kommunale Selbstverwaltung im Umbruch. Baden-Baden, S. 93-103

Klein, R., 1986, Stadtfinanzen am Ende oder kommunalpolitische Wende? In: Hesse, J. J. (Hrsg.), Erneuerung der Politik von „unten"? Stadtpolitik und kommunale Selbstverwaltung im Umbruch. Opladen, S. 61-92

Mäding, H., 1991, Finanzielle Restriktionen kommunalen Handelns. In: Heinelt, H./Wollmann, H. (Hrsg.), Brennpunkt Stadt. Stadtpolitik und lokale Politikforschung in den 80er und 90er Jahren, Basel, S. 92-109

Mitteilungen des Nordrhein-Westfälischen Städte- und Gemeindebundes, 1994, Diverse Ausgaben.

Naßmacher, H. u. K.-H., 1979, Kommunalpolitik in der Bundesrepublik, Opladen

Rehn, E., 1987, Handlungsmölichkeiten aus Sicht der kommunalen Spitzenverbände. In: Hesse, J.J. (Hrsg.), a.a.O., S. 152-159

Schmidt-Jortzig, Dr. E./Makswit, Dr. J., 19. Handbuch des kommunalen Finanz- und Haushaltsrechts, Münster

„Städte- und Gemeinderat", Zeitschrift des NWStGB (Vertrieb NWStGB, Kaiserswerther Str. 199/201, 40474 Düsseldorf)

Stadt Lk 1973-1995, Haushaltspläne

Voigt, R., 1987, Finanzierung kommunaler Ausgaben. In: Andersen, U. (Hrsg.), a.a.O., S. 144-160

Voigt, R., 1984 (Hrsg.), Handwörterbuch zur Kommunalpolitik, Opladen

Wehling, H. G., 1991, „Parteipolitisierung" von lokaler Politik und Verwaltung? Zur Rolle der Parteien in der Kommunalpolitik. In: Heinelt, H./Wollmann, H. (Hrsg.), a.a.O., S. 149-167

Wolfgang Renzsch/Stefan Schieren

Zur Pauschalierung kommunaler Investitionszuweisungen. Überlegungen unter besonderer Berücksichtigung der neuen Länder[1]

1. Einleitung

Der kommunale Finanzausgleich ist einer „der verfassungsgerichtlich am sorgfältigsten behauenen Ecksteine der Grundlage kommunaler Selbstverwaltung"[2]. Die Verfassungsgerichte von Bund und Ländern haben wiederholt betont, daß diese Garantie eine ausreichende Finanzausstattung voraussetzt. 1994 wurde Art. 28 Abs. 2 Satz 3 GG in diesem Sinne erweitert: „Die Gewährleistung der Selbstverwaltung umfaßt auch die Grundlagen der finanziellen Eigenverantwortung", wobei noch unklar ist, inwieweit die neue Bestimmung einen wirksamen Schutz für die Kommunen gegen Lastenüberwälzung darstellt[3].

Denn so klar die Rechtslage ist, so wenig hat sie unter dem Diktat angespannter Haushalte zur Verbesserung der Lage der Kommunen geführt. Vielmehr stehen die städtischen Finanzen „unter staatlichem Druck"[4]. Nun liegt die Annahme nahe, daß unter diesen Umständen die staatlichen Ebenen daran interessiert wären, die Städte nicht weiter zu belasten. Aber sie tun genau das Gegenteil. Der Rechtsanspruch auf einen Kindergartenplatz[5] ist nur ein Beispiel unter vielen.

Den Kommunen werden nicht nur immer neue Lasten ohne finanzielle Kompensation auferlegt; gleichzeitig werden die Zuweisungen an sie weiter reduziert bzw. von der allgemeinen Einnahmenentwicklung der öffentlichen Haushalte abgekoppelt[6]. Vertreter aller kommunalen Spitzenverbände sehen

---

1 Die ursprüngliche Fassung dieses Beitrags ist abgedruckt bei: Renzsch, W./Schieren, S., 1996: Zur Pauschalierung kommunaler Investitionszuweisungen. Überlegungen unter besonderer Berücksichtigung der neuen Länder. In: Verwaltungsarchiv, 87 Jhrg., Heft 4, 1996, S. 618-643.

2 Henneke 1994, S. 1-12.

3 Kirchhof 1995, S. 55ff.

4 Karrenberg/Münstermann 1995, S. 115-193.

5 Vgl. Isensee 1995, S. 1-9.

6 Waren die ostdeutschen Kommunen z.B. am „Fonds deutsche Einheit" noch mit 40 vH beteiligt, sind sie es im Rahmen der Neugestaltung des Finanzausgleichs (Gemeinschaftsteuern) an den „Ersatzmitteln" nur noch in Höhe des landesweiten Steuerverbundschlüs-

daher die durch das Grundgesetz und die jeweilige Landesverfassung garantierte Selbstverwaltungsgarantie auf maßnahmestaatliche Weise unterhöhlt[7].

Das Auseinanderfallen von Gesetzgebungs- und Ertragskompetenz in der Finanzverfassung tut ein Übriges, um die Stellung der Kommunen zu schwächen. Die Steuergesetzgebungshoheit liegt mit Ausnahme einiger ertragsschwacher Lokalsteuern (Hundesteuer, Vergnügungsteuer) beim Bund. Unvorhergesehene Aufgaben können mit ihnen nicht finanziert werden. Das Steuerfindungs- und Hebesatzrecht bietet nur geringen Erhöhungsspielraum. Hinzu kommt, daß die Kommunen einen sehr viel engeren Verschuldungsspielraum als Bund und Länder haben. Ihre Haushalte sind genehmigungspflichtig. Bei der Kreditaufnahme unterliegen sie der Aufsicht der Landesbehörde.

Abgesehen davon bietet weder die Erhöhung von Zuweisungen an die Kommunen noch der Weg in die Verschuldung einen Ausweg aus der gegenwärtigen Situation. Darum muß die Devise lauten, das kommunale Finanzsystem *effizienter* zu gestalten.

Hinter dieser Forderung steht die Überzeugung, daß es von erheblicher Bedeutung ist, von welcher Ebene Geld *autonom* eingenommen und ausgegeben wird. Daran anknüpfend lautet die Ausgangsvermutung, daß im Steuer- und Finanzausgleichssystem beträchtliche Effizienzreserven schlummern. Das gilt sowohl für die Einnahmen- wie auch die Ausgabenseite. Die folgenden Überlegungen werden sich hauptsächlich mit einer effizienteren Ausgestaltung der Ausgabenseite befassen.

Im folgenden soll die Annahme gelten, daß das Gerüst des kommunalen Finanzsystems wegen der unterschiedlichen Mehrheitsverhältnisse in Bundestag und Bundesrat nicht wesentlich geändert wird, es also darum geht, die Stellschrauben auf der Ausgabenseite neu zu justieren. Unter vielen[8] ist die Pauschalierung kommunaler Investitionszuweisungen einer der Vorschläge, die in diesem Zusammenhang diskutiert werden[9]. Dabei handelt es sich um

---

sels, der geringer ist. Das bedeutet zwar, wegen der absolut höheren Beträge aus dem neuen Finanzausgleich, keine absolute Schlechterstellung der Kommunen, aber an den Einnahmeverbesserungen des Landes haben sie weit unterdurchschnittlich Anteil. In Zahlen heißt das ausgedrückt: Die Länder profitieren 1995 vom Solidarpakt mit einem Einnahmeanstieg von 27 vH, die Kommunen von knapp 3 vH. Vgl. Karrenberg/Münstermann 1995, S. 154.

7 Blümel 1981, S. 254; Junkernheinrich 1994, S. 74 ff; Kirchhof, 1985[2], S. 9ff.

8 Darunter würde auch eine Neuregelung der Sozialhilfe fallen, die ihre Funktion als befristete Hilfe in besonderen Lebenslagen bzw. Hilfe zum Lebensunterhalt zur Beseitigung sozialer Ungleichgewichte auf kommunaler Ebene längst eingebüßt hat. In Zeiten der Vollbeschäftigung und des Wirtschaftswachstums war die kommunale Zuständigkeit für die Sozialhilfe noch gut begründet. Doch heute hat sie die Dauerfinanzierung der Langzeitarbeitslosigkeit und der Altersarmut übernommen. Beides sind Aufgaben der bundesstaatlichen Ebene.

9 Die folgende Ausarbeitung beschränkt sich weitgehend auf diesen Aspekt, ohne zu übersehen, daß die Festlegung der Schlüsselzuweisungen nach den unterschiedlichen Ansätzen

mehr als eine marginale Verschiebung im Finanzierungssystem. Die Frage steht in enger Verbindung zu einer Diskussion in der Politik, nach welchen Grundsätzen unterschiedliche Regionen und Kommunen zusammenleben sollen, und wie das dazu notwendige Finanzierungssystem auszusehen hat. Dabei stehen in idealtypischer Weise zwei fiskalische Leitbilder gegenüber: zum einen das des *Wettbewerbs der Regionen/Kommunen*, zum anderen das der *Gleichwertigkeit der Lebensverhältnisse*[10]. Beide gibt es nicht in Reinform, aber je nach Land ist das Finanzsystem eher nach dem einen oder nach dem anderen Prinzip gestaltet. Wir stellen uns im folgenden die Frage, inwieweit sich unter Zuhilfenahme dieses theoretischen Konzepts angesichts der gegebenen Rahmenbedingungen knapper öffentlicher Mittel und der Blockade in der Steuerpolitik Lösungen für die Probleme der Kommunalfinanzen finden lassen. Als kleinen Ausschnitt betrachten wir die Pauschalierung kommunaler Investitionszuweisungen.

Zunächst aber werfen wir einen Blick auf die beiden fiskalischen Leitbilder, die das theoretische Gerüst der dann anzustellenden praktischen Überlegungen bilden sollen.

2. Wettbewerb der Regionen/Kommunen oder Gleichwertigkeit der Lebensverhältnisse

Jedes Finanzausgleichssystem steht vor dem grundsätzlichen Problem, sich mehr oder weniger für eines von zwei Leitbildern der Finanzausgleichstheorie zu entscheiden. Auf der einen Seite stehen die Verfechter starker autonomer Gebietskörperschaften, die das Ausgleichssystem nach allokativen Maßgaben gestalten wollen, wozu sie die Orientierung des Steuersystems am Äquivalenz- und Konnexitätsprinzip fordern. Soweit autonome Einnahmen nicht ausreichen, die geschlossenen und autonomen Gebietskörperschaften zu finanzieren, müssen die Zuweisungen die wirtschaftlich effiziente Ortsgrößenstruktur unterstützen, nicht nivellieren. „The Local Right. Enabling not Providing“[11], faßte *Nicholas Ridley* 1988 diese Philosophie prägnant in Worte. In diesem System stehen sich die Kommunen als „Quasi-Unternehmen“ im Wettbewerb gegenüber, mit effizienzsteigernden Ergebnissen für den privaten wie öffentlichen Sektor.

---

ebenfalls ein Thema ist, über das sich trefflich diskutieren ließe. Vgl. Junkernheinrich 1992, S. 237-260.

10 Hohmann 1991, S. 191-198 und Boss, 1993, S. 79-98. Die Texte sind gut für die Gegenüberstellung geeignet, will man demonstrieren, wie ein Jurist (Hohmann) bzw. ein Ökonom (Boss) ein und dasselbe Problem diskutiert. Die Kluft könnte nicht größer sein.

11 Ridley 1988.

Diesem aus der anglo-amerikanischen Tradition hervorgegangenen Leitbild („fiscal federalism")[12] steht die Vorstellung von der „Herstellung gleichwertiger Lebensverhältnisse" (Art. 72 Abs. 2 Satz 1 GG) gegenüber. Hier überwiegen die distributiven die allokativen Zielsetzungen. Die Begründung, daß es im Interesse des Staates liege, die Bildung unterentwickelter Regionen („Mezzogiorno") durch Raumplanung und -entwicklung von vornherein auszuschließen, ist nicht von der Hand zu weisen. Dafür werden Allokationseinbußen in Kauf genommen[13].

Die Entscheidung zugunsten des einen oder anderen Leitbildes kann nicht ohne die hinreichende Berücksichtigung der – zum Teil sich widersprechenden – Zielsetzungen von Finanzzuweisungen erfolgen. Bei diesen handelt es sich um fiskalische, redistributive, stabilitätspolitische und raumplanerische Vorgaben der übergeordneten Ebenen, wobei diese Ziele weder eine fixierte Rangordnung haben, sondern nach aktuellen Problemlagen gegeneinander abgegrenzt werden, noch konkretisiert oder operationalisiert werden. Der komplexe Zielkatatog der Finanzzuweisungssysteme ist in sich widersprüchlich und führt so zu Ineffizienz, einfacher formuliert zu Verschwendung und zu unbefriedigenden Resultaten[14]. Ziele und Instrumente sind in der politischen Praxis zwangsläufig Mischformen aus beiden Leitbildern, entsprechend unklar sind die Ergebnisse[15].

Unter diesen Voraussetzungen und in der gegenwärtigen Lage bietet – so ist die hier vertretene These – eine stärkere Orientierung auf das erste Leitbild einen Ausweg, weil in ihm die örtlichen Gebietskörperschaften über mehr Autonomie verfügen und nicht zur Erfüllung der überörtlichen Zielvorgaben gezwungen werden können. Statt dessen kommt es zur Realisierung der Präferenzen der örtlichen Ebene, was Wohlstandszuwachs verspricht.

Das Ziel dieses Aufsatzes besteht allerdings nicht darin, das gesamte Gemeindefinanzsystem unter der Fragestellung Wettbewerb der Regionen oder Gleichwertigkeit der Lebensverhältnisse zu untersuchen. Gegenstand ist nur die Frage der Pauschalierung von Investitionszuweisungen. Je nachdem, ob die Investitionszuweisungen pauschal oder zweckgebunden ausgereicht werden, fällt die Entscheidung zugunsten des einen oder anderen oben erwähnten

---

12 Ein instruktives Schaubild über die Grundsätze des „fiscal federalism" findet sich bei Zimmermann 1995, S. 67-80.

13 Junkernheinrich 1992a, S. 328-336. Dabei sollte nicht unerwähnt bleiben, daß ein zu großes Maß an Ungleichheit seinerseits Wachstumseinbußen zur Folge hat, was für ein nicht näher bestimmtes Maß an redistributiven Maßnahmen spricht. Persson/Tabellini 1994, S. 600-621.

14 Vgl. Junkernheinrich 1992a, S. 328ff.

15 Ein schönes Indiz hierfür ist die nur hälftige Anrechnung der Gemeindesteuereinnahmen im Länderfinanzausgleich, die nur politisch aber nicht sachlich zu erklären ist. Sie zeigt die Unentschlossenheit, sich für ein Leitbild zu entscheiden. Renzsch 1991, S. 142f.; Färber 1992, S. 85-122.

Leitbildes aus[16]; dieses mit erheblichen Folgen für die gesamtwirtschaftliche und soziale Lage in unserem Land. Die Investitionstätigkeit der Kommunen ist von beträchtlicher Bedeutung für den gesamtwirtschaftlichen Ablauf und, als Folge davon, für die soziale Integrationskraft. Auch hier steht die Frage im Raum, ob Allokations- oder Distributionspolitik ein besseres Ergebnis erzielt.

Zweckgebundene Investitionszuweisungen sind in den letzten Jahren verstärkt in die Kritik geraten. Dazu haben mehrere Faktoren beigetragen: zum einen die Hinwendung der Politik zu ordnungspolitischen Vorstellungen mit der verstärkten Betonung allokativer Zielsetzungen, zum anderen die Zwänge hoch verschuldeter Gebietskörperschaften, die kaum noch eine expansive Staatstätigkeit erlauben und die Akteure nach Möglichkeiten suchen lassen, mit den vorhandenen Ressourcen bessere Ergebnisse zu erzielen.

Weil aber die Pauschalierung von Investitionsmitteln die Regelungskompetenz der übergeordneten Gebietskörperschaften erheblich beeinträchtigt, setzen diese solchen Bestrebungen oftmals Widerstand entgegen. Die Gründe für die Pauschalierung sind aber schwerwiegend genug, um solchen Widerständen zu begegnen und Eckpunkte für die Ausgestaltung eines pauschalierten Zuweisungssystems zu nennen.

Wie die Erfahrung zeigt, ist die normative Kraft des Faktischen so stark geworden, daß einige Länder dazu übergegangen sind, ihre Investitionsmittel zu pauschalieren. Diese Beispiele sind ein weiteres Indiz für die Richtigkeit der hier erhobenen Forderungen. Das gleiche gilt für das Investitionsförderprogramm „Aufbau Ost“, das ein ermutigendes Reformanzeichen ist.

3. Die finanzielle Dimension

Die Ausgaben des öffentlichen Gesamthaushalts (Bund, Länder und Gemeinden, einschließlich EU, Sondervermögen, Sonderfonds) beliefen sich 1995 (geschätzt) auf 1226,5 Mrd. DM, je Einwohner auf 15.545 DM. Die Quote erreichte damit 35,1 vH des Bruttosozialproduktes (ohne Sozialversicherung).

Die einzelnen Ebenen der öffentlichen Hand waren an den Gesamtausgaben in unterschiedlicher Weise beteiligt. Größenordnungsmäßig tätigten 1995[17]

---

16 Hier wäre der Einwand denkbar, es sei unerheblich, ob eine Zuweisung zweckgebunden ist oder nicht. Solange es sich um eine Zuweisung handele, könne man nicht von „fiscal federalism“ sprechen. Diesem Einwand sei entgegnet, daß in der anglo-amerikanischen Diskussion der „block grant“ als im Einklang mit der Theorie des „fiscal federalism“ stehend verstanden wird. In diesem Sinne wäre die Pauschalierung ein „block grant“.

17 Schätzungen in Bundesministerium der Finanzen 1996, S. 92ff. Bei Addition der einzelnen Werte kommt man auf mehr als 100 vH, weil z.B. Ausgaben des Landeshaushalts als Einnahmen des Kommunalhaushalts auftauchen und somit doppelt gezählt werden.

- der Bund (einschl. Lastenausgleichsfonds, ERP-Sondervermögen, Kreditabwicklungsfonds Erblastentilgungsfonds etc.) 38,9 vH,
- die Länder mit 39,9 vH und
- die Gemeinden und Gemeindeverbände mit 27,8 vH der öffentlichen Ausgaben.

Für öffentliche Investitionen wandten die Gemeinden/Gemeindeverbände 1994 rund 59,2 Mrd. DM, das sind fast zwei Drittel der Gesamtinvestitionen der öffentlichen Hand[18]. Die Hälfte der dafür benötigten Mittel bestritten sie aus eigenen Einnahmen, der Rest wurde vom Bund, von den Ländern und der EU kofinanziert.

In Ostdeutschland liegen die Werte wegen des Nachholbedarfs deutlich höher. Für 1995 wird das Investitionsniveau der ostdeutschen Gemeinden, bezogen auf den Einwohner, auf 206,9 vH der westdeutschen Gemeinden geschätzt[19]. Stellt man zudem in Rechnung, daß die Gemeinden in den neuen Bundesländern im Durchschnitt erheblich kleiner sind und daß ihre Verwaltungshaushalte wegen der geringen genuinen Steuerkraft zu großen Teilen aus zugewiesenen Mitteln bestritten werden müssen[20], ist die Ausgestaltung der Investitionsaufwendungen entweder als zweckgebundene oder als pauschalierte Mittel von entsprechend großer Bedeutung.

Aufgrund ihrer Aufgaben und ihrer Stellung im öffentlichen Finanzsystem haben die Gemeinden durch ihre Investitionen einen erheblichen Einfluß sowohl auf die Gestaltung der Lebensverhältnisse in ihrem Bereich wie auch auf die Wirtschaftsentwicklung und den Arbeitsmarkt: Wirtschaftliches Wachstum und soziale Integration sind in erheblicher Weise von kommunalen (Investitions-)Entscheidungen abhängig. Von dem Einsatz öffentlicher Mittel, auch im Interesse des Anwerbens privater Investitionen, hängt in einem erheblichen Maß die Konkurrenzfähigkeit einer Region im Wettbewerb um private Investoren ab. Auf gemeindlicher Ebene werden damit die Zusammenhänge von Verwaltungseffizienz, Investitionsniveau und Arbeitsplatzbeschaffung mit steigenden Steuererträgen als Folge einerseits sowie sozialen Lasten (z.B. Sozialhilfe für Langzeitarbeitslose[21]) und Verbrauch der Infrastruktur andererseits unmittelbar deutlich[22]. Aus dieser Perspektive ist die Kritik an den hergebrachten Formen der pauschalierten Investitionszuweisung berechtigt.

---

18 Bundesministerium der Finanzen 1996, S. 132, 138, 140; eigene Berechnungen.

19 Karrenberg/Münstermann 1995, S. 118.

20 Die Steuereinanhmen liegen bei 40,7 vH, die Gebühreneinnahmen bei 66,0 vH, die laufenden Zuweisungen bei 186,1 vH, die Investitionzuweisungen bei 336,1 vH (geschätzt) des Westniveaus (Karrenberg/Münstermann 1995, S. 118).

21 Hierzu ist natürlich zu sagen, daß gemäß der Theorie des „fiscal federalism“ flächendeckende Sozialleistungen nicht der örtlichen Ebene zuzuordnen sind sondern der zentralen.

22 K.-B. Roy 1995, S. 113.

4. Kritik an hergebrachten Formen der Zuweisung von Investitionsmitteln, insbesondere an Zweckbindungen

Die üblicherweise praktizierte Form der Zweckzuweisungen[23] zur Förderung kommunaler Investitionen durch die Länder (den Bund und die EU) erfolgt nach dem Verfahren:

1. Definition der zu fördernden Aufgabe,
2. Erstellung der Förderrichtlinien,
3. Antragstellung,
4. Bearbeitung der Anträge,
5. Zuwendungsbescheid,
6. Auszahlung,
7. Umsetzung,
8. Verwendungsnachweis,
9. Rechnungsprüfung,
10. ggf. Beanstandungen und Rückforderungen.

Sie ist – wie jede andere Form der Mischfinanzierung auch – heftig umstritten, denn sie ist verwaltungsaufwendig, innovations- und autonomiefeindlich[24]. Ineffizienter Einsatz öffentlicher Mittel wird anstelle einer wirtschaftlichen Verwendung gefördert, kommunale Präferenzstrukturen werden verändert, die Selbstverwaltung wird untergraben[25], Zielvorgaben der übergeordneten Ebene trotz hohen Aufwandes verfehlt. Stichwortartig lautet die Kritik:

- Die Vergabeverfahren aufgrund von Anträgen, Prüfungen, Bewilligungsbescheiden, Kontrollen, Verwendungsnachweisen und ggf. Rückforderungen sind kompliziert, kosten- und zeitaufwendig, personal- und verwaltungsintensiv;
- die praktizierten Verfahren haben vielfach wegen ihrer Bindung an das Haushaltsjahr die Tendenz, zu Beginn des Haushaltsjahres einen Investitionsstau, gegen Ende das „Dezemberfieber“ zu verursachen[26];
- eine an landespolitischen Gesichtspunkten orientierte Mittelvergabe verändert die kommunalen Prioritäten („Goldener Zügel“)[27];

---

23 Katz 1985², S. 311f; Kirchhof 1985², S. 25.

24 Henneke 1995, S. 121 und Marcus 1987, S. 31ff.

25 Blümel 1981, S. 254; M. Junkernheinrich 1994, S. 74.

26 Will man von dieser haushaltsrechtlichen Regelung nicht lassen, sollte das Prinzip der „Jährlichkeit“ zumindest für Investionen abgeschafft werden.

27 Der Sachverständigenrat zur Begutachtung der gesamtwirtschaftlichen Entwicklung hat in seinem Jahresgutachten 1986/87 „Weiter auf Wachstumskurs“ unter Ziff. 304 festgestellt, es seien die zweckgebundenen Mittel, „mit denen die Kommunen zu Investitionen veranlaßt werden, die sie bei freier Verfügung über die entsprechenden Mittel nicht durchführen würden.“

- es besteht die Gefahr, daß Investitionen nicht wegen eines bestehenden Bedarfs und unter der Beachtung ökonomischer Gesichtspunkte, insbesondere der Folgekosten, vorgenommen werden, sondern lediglich, weil eine Kofinanzierung besteht;
- durch Dotationsauflagen werden kommunale Finanzmittel gebunden, Auflagen, Standards und Bindungen können zu unnötigen Kostensteigerungen führen;
- können die Kommunen Komplementärmittel nicht aufbringen, verfallen nicht-abgerufene Mittel, oder die Kommunen werden veranlaßt, sich zu überschulden, um bloß nicht auf Zuweisungen verzichten zu müssen;
- durch Mitnahmeeffekte wird die Effizienz der eingesetzten Mittel zum Teil erheblich beschränkt;
- anstelle innovativer oder „intelligenter" Lösungen neigen Verwaltungen vielfach dazu, an hergebrachten Rezepten festzuhalten, vor allem, wenn die höheren Kosten externalisiert, daß heißt auf einem Dritten überwälzt werden können;
- durch eine Vielzahl der „Töpfchen" (ca. 800 für Ostdeutschland) besteht *einerseits* die Gefahr, daß die Steuerungsabsichten des Landes leerlaufen und die Ziele der Zweckbindung nicht mehr erreicht werden;
- *andererseits* sind die mit der „Töpfchenwirtschaft" verbundenen Koordinierungsaufgaben kaum zu bewältigen. Überschneidungen der Förderungen der einzelnen Ressorts werden sich kaum vermeiden lassen. Das hat zur Folge, daß Investitionsprojekte aus verschiedenen konkurrierenden Haushaltstiteln gefördert werden können (z.B. durch die Kultusministerien der Denkmalschutz sowie die Altstadtsanierung und durch die Bauministerien der städtebauliche Denkmalschutz; Energiesparmaßnahmen aus Mitteln der Wirtschaftsministerien, der Umwelt- oder der Bauministerien).

Diese Kritik fordert die Suche nach alternativen Modellen, mit deren Hilfe die bekannten Effizienznachteile bei Finanzierung über mehrere Ebenen vermindert werden können, heraus. In der Reformdiskussion sind einerseits Forderungen nach der Vereinfachung der Verwaltungsverfahren im Gespräch, wodurch die Möglichkeiten der politischen Steuerung durch den „größeren Etat" (Popitz) eingeschränkt werden. Andererseits wird diskutiert, die Förderung von Einzelinvestitionen mittels zweckgebundener finanzieller Beteiligung des Landes durch die Vergabe von pauschalierten Investitionsmittel nach allgemeinen (Einwohner, Fläche[28]) oder spezifischen Schlüsseln (Arbeitslose, Schüler), auch mit globaler oder fachlicher Zweckbindung, oder durch Festbeträge für bestimmte Investitionen zu ersetzen.

---

28 Dabei zeigen die Ergebnisse einer Regressionsanalyse zu den Investitionspauschalen für den Abwasserbereich in Nordrhein-Westfalen, daß Kommunen mit „großer Gemeindefläche ... – gleiche Einwohnerzahl und und gleiches Leistungsniveau unterstellt – einen geringeren Zuschußbedarf als eine Gemeinde mit kleinerer Gemeindefläche" hat. Siehe Münstermann 1996, S. 9.

Diese Diskussion hat in den alten Bundesländern schon einige Zeit vor der Wiedervereinigung eingesetzt[29]. Diese haben dabei jeweils unterschiedliche Lösungswege beschritten; abgeschlossen ist der Reformprozeß in noch keinem Land. Den Lösungen ist gemeinsam, daß neuerdings ein Teil der Investitionsmittel nicht mehr zweckgebunden, sondern in pauschalierter Form gezahlt wird.

Demgegenüber steht die Diskussion in den neuen Ländern noch vergleichsweise am Anfang, aber auch hier haben bereits einige der neuen Länder begonnen, Investitionsmittel pauschal an die Kommunen auszureichen.

Trotz aller unleugbaren Fortschritte bleibt aber die Frage, wie groß der Anteil der Mittel sein soll, der zweckgebunden ist, und wie groß derjenige, der pauschal weitergereicht werden soll. Dies ist beileibe nicht allein eine rationale ökonomische Entscheidung, sondern eine brisante politische Frage. Mit der Pauschalierung von Investitionsmitteln verzichtet die Landesebene nämlich auf ein wichtiges Steuerungsinstrument. Nötig wäre aber zumindest eine Umkehrung der Beweislast. Wollen Land oder Bund einen Entscheidungsvorbehalt geltend machen, müssen sie fortan darlegen, welcher Vorteil damit verbunden ist. Umgekehrt müßten die Kommunen nicht länger begründen, warum ein Entscheidungsvorbehalt überflüssig sei[30].

5. Argumente für pauschalierte Investitionsmittel

Wegen der unverkennbaren Bedeutung kommunaler Investitionen und privater Folgeinvestitionen für die Gesamtwirtschaft besteht ein zentrales Interesse an einem effizienten, zielgerichteten und raschen Einsatz der öffentlichen Investitionsmittel. Pauschalierte Zuweisungen werden dieser Forderung besser gerecht als zweckgebundene. Unter dem Gesichtspunkt der regionalen Konkurrenz hat diejenige Region Vorteile, die in der Lage ist, rasch zu entscheiden und rasch zu investieren.

Derartige Zuweisungen können unabhängig von ihrer Ausgestaltung als Anteils- oder Festbetragsfinanzierung eingesetzt werden[31]. Dabei ist die Festbetragsfinanzierung zu favorisieren, weil es entsprechende Anreize zu Kostenersparnis bietet.

Diese Vorschläge stehen in Einklang mit der Einschätzung, daß der kommunalen Autonomie soweit wie möglich Priorität einräumt werden sollte, weil dies zu verbesserten Ergebnissen führt. Im Grundsatz sollte von der (im Einzel-

---

29 Vgl. beispielsweise Nordrhein-Westfalen: Effizienzsteigerung in der öffentlichen Verwaltung – Pauschalierung von Zuwendungen an die Kommunen –, Bericht des Innenministeriums, Dezember 1993 (hektograph.) und: Abbau von kommunalen Standards. Vereinfachung von Förderverfahren. Stand der Umsetzung, gemeinsamer Bericht des Innenministeriums und des Finanzministeriums Nordrhein-Westfalen (hektograph.).

30 Vgl. Rehm 1991, S. 140.

31 Vgl. Sarrazin 1995, S. 21.

fall widerlegbaren)[32] Vermutung zugunsten einer pauschalierten Mittelvergabe ausgegangen werden. Vor dem Hintergrund sinkender Finanzkraft und schrumpfender Einnahmen- und Ausgabenspielräume ist das ein ökonomisch sinnvoller Weg. Er entlastet die Verwaltungen, wegen der Kleinräumigkeit der Entscheidungseinheiten kann flexibler reagiert werden, er ermöglicht Bürgernähe, und er verläßt sich nicht auf die „Weisheit" einer hohen Behörde[33], sondern gibt Anreize zum ökonomischen Umgang mit den zur Verfügung gestellten Mitteln. Dezentralisierung erlaubt eine Konkurrenz verschiedener Lösungsmodelle und Lernen aus den Erfahrungen anderer[34]. Dabei wird das Gebot nach der „Herstellung gleichwertiger Lebensverhältnisse" nicht zwingend verletzt, wenn man unter „gleichwertig" nicht „gleich" verstehen will und ein hier nicht näher bestimmtes Maß an Gefälle zuläßt, ohne sich an anglo-amerikanischen Vorbildern[35] orientieren zu wollen, die eine unbestreitbare Schwäche des Leitbildes vom Wettbewerb der Regionen/ Kommunen aufzeigen (z.B. adverse Selektion). Darum sei hier nochmals betont, daß wegen dieser Erscheinungen nicht der vorbehaltosen Wertschätzung der Theorie des „fiscal federalism" das Wort geredet, sondern sie lediglich bei der bevorstehenden Umgestaltung des Gemeindefinanzsystem in die Überlegungen einbezogen werden soll[36].

Als Orientierung für die Ausgestaltung einer Pauschalierung von Investitionsmitteln kann gelten: Ein allgemeiner Schlüssel bietet sich primär für Investitionen an, die längerfristig oder zumindest für eine bestimmte Zeit relativ gleichmäßig und flächendeckend im Land anfallen (z.B. Sanierung von Schulgebäuden oder Kindergärten). Solche Investitionen streuen zum einen – bezogen auf einen objektivierbaren Schlüssel (Einwohner, Fläche) – gleichmäßig und über ihre Bedeutung besteht weitgehend Konsens und kein spezielles landespolitisches Steuerungsinteresse. Zum anderen bietet sich die Pauschalierung auch für Aufgaben von genau gegensätzlichem Charakter an, nämlich für solche, die von der Gemeinde selbst bestimmt werden können, die jedoch zur Aufrechterhaltung eines gleichwertigen Versorgungsniveaus nicht erforderlich sind und daher ausschließlich nach Präferenzkriterien, wie sie vor Ort gelten, be-

---

32 Siehe hierzu unten Abschnitt 6.

33 Für den Bereich des Planungsrechts weist Haverkampf 1978, S. 89-97, diesen Zusammenhang nach.

34 Vgl. Napp 1994, S. 23f.

35 Vgl. Thornley 1993².

36 K.A. Konrad kommt in seiner modellhaften Betrachtung u.a. zu dem (vorläufigen) Ergebnis, daß der „fiscal federalism" für den von ihm untersuchten Fall der intergenerativen Umverteilung bei gegebenen Sozialbeiträgen Anreize bietet, Ineffizienzen des sozialen Systems zu begegnen, zugleich aber die Gefahr der Unterinvestition in öffentlich bereitgestellter Bildung und immobiler Infrastruktur in sich birgt, weswegen sich die Kooperation der Gebietskörperschaften und die Festlegung von Minmalstandards anbiete. Dieses Ergebnis läßt sich als Leitlinie unserer Argumentation verstehen. Siehe Konrad 1995, S. 166-181.

schlossen werden können (Schwimmbäder, das örtliche Heimatmuseum, das Vereinshaus des Karnevalsvereins, die öffentliche Bibliothek etc.)[37].

Für singuläre Aufgaben und Aufgaben, bei denen die Kosten besonders hoch sind und zudem ungleichmäßig streuen (Bau von U-Bahnen, Theatern und Kläranlagen), sind Pauschalen eher ungeeignet. Hiermit werden die entscheidenden Grenzen der Pauschalierung schon angedeutet.

6. Zu den Grenzen der Pauschalierung

Erstens bedeutet der Verzicht auf Zweckbindung einen Verlust an Steuerungsfähigkeit und Einflußmöglichkeiten. Das Land (und der Bund) als Mitfinancier geben durch die Pauschalierung der Mittel grundsätzlich Kompetenzen an die kommunale Ebene ab und stellen dadurch ihre Ziele hintan. In Schlüsselbereichen landespolitischer Prioritätensetzung (Arbeit, Wohnen, Verkehr) wird das nur begrenzt möglich sein.

Zweitens wäre es bedenklich zu behaupten, Zweckzuweisungen hätten nicht im Einzelfall ihre Berechtigung. Sie dienen dazu – der Name legt es schon nahe – einen bestimmten Zweck zu erreichen. Die Kommune wird durch die gebundene Zuweisung verpflichtet und in die Lage versetzt, eine bestimmte Aufgabe zu erfüllen. Unter Wohlfahrtsgesichtspunkten ist eine begrenzte Beschneidung der kommunalen Autonomie durchaus sinnvoll, sofern die mit der Zuweisung erreichten Ergebnisse auch den ökonomischen Mindesterfordernissen gerecht werden[38] und unabweisbare Zielsetzungen des Landes ein solches Vorgehen nahelegen.

Im Rahmen einer Aufgabenkritik wäre zu fragen,

- bei welchen kommunalen Aufgaben ist das landespolitische Steuerungsinteresse in einem Maße vorrangig, daß sich die Finanzierung einer Pauschalierung entzieht;
- welche Aufgaben singulärer und kurzfristiger Art sind, daß sie einer Pauschalierung nicht zugänglich sind.

Zugleich wäre auch zu prüfen,

- in welchem Ausmaß singuläre, aber langfristige Investitionsausgaben (z.B. Förderung von Messeplätzen) in differenzierte Pauschalierungssysteme integriert werden können;

---

37 Hierzu ist natürlich zu sagen, daß es nach der Theorie des „fiscal federalism" noch besser wäre, derartige Aufgaben ausschließlich mit Mitteln aus dem örtlichem Aufkommen zu finanzieren. Doch ist, wie eingangs erwähnt, die Neugestaltung des Gemeindefinanzsystems nicht Gegenstand dieses Artikels.

38 Napp1994, S. 267ff.

- ob durch die Kombination verschiedener Förderprogramme erreicht werden kann, daß auch Programme, die sich weniger für Pauschalierungen eignen, zusammengenommen pauschaliert werden können.

Bei der Ausgestaltung von Zweckbindungen geht es weniger um ein „ob“ oder „ob nicht“, als um ein graduelles Maß der Bindung. Die Spanne reicht von detaillierten Auflagen bis hin zur freien Verfügung von Investitionszuweisungen im Vermögenshaushalt. Eine sachgerechte Lösung, die sicherlich differenzierter sein wird als ein einfaches „Entweder – Oder“, wird daher unterscheiden müssen zwischen Aufgaben, deren Erfüllung durch Pauschalierung der Mittel hinreichend gesichert ist und solchen, bei denen dies nicht der Fall ist.

Die pauschalierte Vergabe von Investitionsmitteln erlaubt aufgrund des damit verbundenen vereinfachten Antrags- und Abwicklungsverfahren eine erhebliche Verminderung des Verwaltungsaufwandes. Diese Verfahrensbeschleunigung hat wiederum positive Effekte auf die Wirtschaftsentwicklung und den Arbeitsmarkt[39]. Die Übertragbarkeit der Mittel in die Folgejahre (die z.B. im Investitionsförderungsgesetz „Aufbau Ost“, § 5 Abs. 3 vorgesehen ist[40]) würde den Investitionsstau zu Beginn und das oftmals überstürzte Ausgabeverhalten gegen Ende des Haushaltsjahres vermeiden helfen. Außerdem ließe sich von den Entscheidungen über die Mittelverwendung „vor Ort“ nach lokalen Prioritäten ein verantwortlicherer und effizienterer Umgang mit öffentlichen Mittel erhoffen

So kann nicht unbedingt davon ausgegangen werden, daß beim Straßenbau kommunale Verkehrsinteressen mit denen des Landes oder des Bundes in Einklang stehen. Beim Wohnungsbau rivalisieren gesamtstaatliche Interessen an einer ausreichenden Wohnraumversorgung für sozial schwächere Bürger tendenziell mit kommunalen Interessen an einer steuerstarken Einwohnerschaft. Generell wird das kommunale Interesse an Investitionen, die die Steuerkraft stärken, Vorrang haben vor Investitionen, die auf Dauer eher Kosten (Sozialeinrichtungen) als Steuererträge hervorrufen. Interessenkonflikte zwischen landespolitischer Steuerung und kommunaler Autonomie sind auch denkbar, wenn Standorte von Infrastruktureinrichtungen festgelegt werden müssen: Bei Häfen, Güterverkehrsanlagen, Müllentsorgungseinrichtungen usw. kann eine Identität der Interessen von Land und Kommune nicht unterstellt werden, insbesondere dann, wenn mit solchen Einrichtungen auch Belastungen verbunden sind. Die Landespolitik wird für eine Balance sorgen müssen.

Lösungen, die sowohl dem kommunalen Autonomieanspruch, den landespolitischen Prioritäten und auch dem Erfordernis eines effizienten Mitteleinsatzes gerecht werden sollen, müssen sich der Komplexität der Probleme anpassen und sachlich differenziertes Handeln ermöglichen. Dabei ist Forderung berechtigt, daß *„kommunale Sonderbedarfe stärker gemeindescharf und*

---

39 Bundesministerium für Wirtschaft (Hrsg.), 1994, S. 35f.

40 Siehe unten Abschnitt 8.

nicht mehr vorwiegend gemeindegrößenklassenscharf erfaßt werden“[41]. Eine vornehmlich auf den Einwohner bezogene Verteilung der Investitionsmittel benachteiligt Gemeinden mit Sonderlasten und besonderen Aufgaben, gerade in den neuen Länder mit deren dünner Siedlungsstruktur (Siedlungsdichte 1991, alte Länder: 259 Einwohner/km²; neue Länder einschl. Berlin-Ost: 146 Einwohner/km²; Mecklenburg-Vorpommern 80 Einwohner/km²; Brandenburg 88 Einwohner/km²; Sachsen-Anhalt 138 Einwohner/km²)[42]. Was Düsseldorf „kann“, „kann“ Potsdam noch lange nicht.

Hinzu kommen temporäre Problemlagen (Altlasten, „Altschulden“ auf kommunale Einrichtungen, Wohnung, Verkehr). Es erscheint daher geboten, zentralen Aufgaben, die in den alten Ländern als weitgehend erledigt gelten können, Vorrang einzuräumen, um eine Investitionssteuerung nach partikularen kommunalen Interessen zu vermeiden.

Verfahrensmäßig wäre es im Interesse der Transparenz, alle staatlichen (und EU-) Finanzzuweisungen an die Gemeinden vollständig in einem Gemeindefinanzierungsgesetz oder Finanzausgleichsgesetz des Landes zusammenzufassen. Da die Gemeinden als Teile der Länder keine direkten Beziehungen zum Bund (oder der EU) unterhalten, werden alle Finanzzuweisungen an die Gemeinden mit Ausnahme von Leistungen nach Art. 106 Abs. 8 GG (Ausgleich für durch den Bund veranlaßte besondere Einrichtungen), unabhängig von ihrer Herkunft (Bund, Land, EU), in den Landeshaushalten ausgewiesen. Die Verteilung von ressortbezogenen „Fördertöpfchen“ (ca. 800!) auf die Einzeletats eines Landeshaushalts schafft nicht nur Unübersichtlichkeit und erschwert die Finanzkontrolle, sondern eröffnet den vertikalen „Fachbruderschaften“ zusätzlichen Einfluß und unterminiert damit tendenziell die kommunale Autonomie.

7. Praktizierte Lösungsversuche der Länder

Wegen der von verschiedenen Seiten vorgetragen Kritik an der Zweckbindung von kommunalen Investitionsmitteln sind die meisten alten Länder dazu übergegangen, den Gemeinden einen – unterschiedlichen großen – Teil der Investitionszuweisungen in Form von Pauschalen zu überweisen. Die neuen Länder haben ebenfalls begonnen, kommunale Investitionsmittel zu pauschalieren, jedoch haben die bisher entwickelten Verfahren noch nicht das Differenzierungsniveau einiger alter Länder erreicht. Gemeinsam ist allen, daß als Investitionspauschalen gewährte Mittel meist nach einem Einwohnerschlüssel, teils einem gewichteten, teils ungewichteten, der in Einzelfällen noch durch andere

41 Junkernheinrich 1992, S. 237 (Hervorh. im Original).
42 Statistisches Bundesamt (Hrsg) 1994, S. 24f.

Ansätze (Straßenkilometer, Fläche usw.) ergänzt wird, verteilt werden. Im einzelnen praktizieren einige ausgewählte Länder folgende Verfahren[43]:

- *Hessen* (§§ 29ff FAG i.d.F. v. 4.3.1996, GVBl. S. 100) vergibt neben zweckgebundenen Projektförderungen (§ 33) eine allgemeine Investitionspauschale, die eine Straßenbau- und eine Schulbaupauschale einschließt, sowie pauschale Zuweisungen für kommunale Abwasseranlagen. Die Höhe und Verteilung der Investitionspauschale ist durch Rechtsverordnung (Investitionszuweisungsverordnung vom 21.7.1992, GVBl. I, 363) geregelt. Bei überdurchschnittlicher Arbeitslosigkeit sind Zuschläge bei der Pauschale vorgesehen. (§ 3).
- *Nordrhein-Westfalen* (Entwurf des GFG 1996 vom 15.11.1995, LT-Drucksache 12/402) stellt im Rahmen des allgemeinen Steuerverbundes die pauschalierte Förderung von Investitionsmaßnahmen einem Katalog von zweckgebundenen Zuweisungen gegenüber. Zweckgebunden sind z.B. Mittel für die Stadterneuerung und Denkmalpflege (§ 21 und 22; 330,7 Mio. DM bzw. 13,3 Mio. DM), Schulbaumaßnahmen (§ 23; 386,7 Mio. DM), , Zuweisungen für kommunale Museumsbauten (§ 24; 16,1 Mio. DM), für den Sportstättenbau (§ 25; 33 Mio. DM), für die ökologische Gestaltung im Emscher-Lippe-Raum (§ 27; 30 Mio. DM) und Zuweisungen für Investitionen an kommunalen Krankenhäusern (§ 28; 211,1 Mio. DM).

Den zweckgebundenen Mitteln von insgesamt rund 1,1 Mrd. DM steht 1996 eine kommunale Investitionspauschale in Höhe von 853,7 Mio. DM (§ 30 Abs. 1) gegenüber. Im Vorjahr hatte die Pauschale nur 654,8 Mio. DM betragen. Diese ist differenziert in Teile ohne Bindung und Teile mit fachlicher Bindung an bestimmte Aufgaben. Im einzelnen werden 1996 539,2 Mio. DM ohne nähere Spezifizierung zu fünf Sechsteln nach Einwohnern, zu einem Sechstel nach Gebietsfläche verteilt (§ 30 Abs. 2). Das sind fast 200 Mio. DM mehr als im Vorjahr. Die Steigerung gegenüber dem Vorjahr geht ausschließlich zugunsten der freien Mittel.[44] Weitere 59,5 Mio. DM unterliegen einer fachbezogenen Bindung: Sie werden nach der Zahl der Einwohner über 65 Jahre zugewiesen und sind „in erster Linie für Maßnahmen zur Verbesserung der Altenhilfe und -pflege einzusetzen." (§ 30 Abs. 3) Ein ebenfalls zweckgebundener Betrag von weiteren 255 Mio. DM „soll" für Maßnahmen im Abwasserbereich verwandt werden. Dieser Betrag wird zu einem Drittel

---

43 Bei Abschluß des Manuskripts hatten noch nicht alle Länder ein Finanzausgleichsgesetz für das laufende Jahr 1996 verabschiedet. Für diesen Fall wird das Finanzausgleichsgesetz für 1995 dargestellt.

44 Innenminister Kniola (SPD) hob in seiner Rede zur Einbringung des Regierungsentwurfs zum Gemeindefinanzierungsgesetz auf LT-Drucksache 12/402 ausdrücklich auf die Anhebung der freien Mittel hin und sagte, daß angesichts dieser Zahlen „die Mär vom ‚Goldenen Zügel' des Landes als erledigt angesehen werden kann", aus: Landtag intern vom 5. Dezember 1995, S. 4.

nach Einwohnern und zu zwei Dritteln nach der Gebietsfläche verteilt (§ 30 Abs. 4).

Zweckgebunden sind darüber hinaus weitere Zuweisungen des Landes außerhalb des allgemeinen Steuerverbundes, so z.B. zum Abbau der Fehlsubventionierung im Wohnungswesen (§ 32).

- *Schleswig-Holstein* (FAG i.d.F. v. 12.12.1995, GVOBl. 484) kennt keine Investitionspauschale in dem hier diskutierten Sinn. Das Land beteiligt – wie die anderen Länder auch – die Gemeinden an den Steuereinnahmen des Landes im Rahmen des kommunalen Finanzausgleichs (§§ 5f FAG). 1995 wurde der Verbundanteil von 18,84 vH auf 19,0 vH erhöht. Aus der Finanzausgleichsmasse werden zweckgebundene und Sonderlastzuweisungen die Gemeinden finanziert (§ 7 Abs. 1 FAG). Der danach verbleibende Teil fließt den Gemeinden in Form von Schlüsselzuweisungen zu; hiervon sind 8,5 vH für Investitionen zu verwenden (§ 7 Abs. 2 FAG).

In den *neuen Ländern* sind die Verhältnisse z.Zt. noch mehr „im Fluß" als in den alten Ländern und in keiner Weise abgeschlossen[45]:

- *Brandenburg* versucht mit dem Gemeindefinanzierungsgesetz 1995 (GFG 1995 vom 30.3.1995, GVBl. 1995 S. 65 – 74) die kommunalen Zweckzuweisungen zugunsten einer kommunalen Investitionspauschale abzubauen. Schrittweise sollen zweckgebundene Einzeltitel in die Pauschale überführt werden. Dazu wurde der Investititionsfonds von 136 auf 94 Mio. DM abgeschmolzen. Verteilungskriterium ist der Einwohner. 1995 will das Land seinen Gemeinden eine Investitionspauschale in Höhe von 534 Mio. DM zukommen lassen, und es sollen ca. 20 vH von Brandenburgs Anteil am Investitionsföderungsgesetz „Aufbau Ost" (180 von 940 Mio. DM) pauschal an die Kommunen weitergereicht werden, die nach der Maßgabe dieses Gesetzes zu verwenden sind. Gleichzietig ist festgelegt worden, daß die Mittel aus diesen beiden Quellen bis 1999 auf mindestens 1 Mrd. DM anwachsen sollen.[46]
- *Sachsen* hat im Finanzausgleichsgesetz 1996 (FAG 1996 vom 28.12.1995, GVBl. S. 399) das Volumen der investiven Schlüsselzuweisungen um 105 Mio. auf 500 Mio. DM angehoben. Rechtlich ist sichergestellt worden, daß die Mittel von den Gemeinden als Pflichtzuführung zum Vermögenshaushalt abzuführen, also für investive Zwecke zu verwenden. Diese Mittel können zur Komplementärfinanzierung von Landes- oder Bundesmitteln eingesetzt werden. Zudem sieht der Staatshaushalt weitere Mittel für kommunale Investitionen außerhalb des kommunalen Finanzausgleichs vor.[47]

---

45 Vgl. Karrenberg/Münstermann 1995, S. 158ff.
46 Vgl. Flömer 1995, S. 175ff.
47 Vgl. Jacob 1996, S. 53.

- Sachsen-Anhalt (FAG vom 31.1.1995, GVBl., 41) gibt an seine Landkreise für die Erfüllung ihrer Aufgaben als Träger der Straßenbaulast jährlich 14.500 DM je Straßenkilometer (§ 11). Pauschale Zuweisungen verteilt das Land aus den Mitteln des Investitionsförderungsgesetzes „Aufbau Ost" im Umfang von 459 Mio. DM jährlich. Damit wird etwa die Hälfte des sachsen-anhaltinischen Anteils an dieser Investitionshilfe an die Gemeinden weitergereicht. Davon fließen den kreisangehörigen Gemeinden 65 vH, den kreisfreien 25 vH und den Landkreisen 10 vH zu. Die Verteilung erfolgt zu 75 vH nach der Einwohnerzahl, zu 25 vH nach der Fläche (§§ 14f).
- Thüringen (Thüringer FAG vom 15.3.1995, GVBl. 149) verteilt unter seinen Gemeinden und Landkreisen Investitionspauschalen „nach Maßgabe des Landeshaushalts" (§ 26 Abs. 1). Soweit im Landeshaushalt keine anderen Kriterien vorgesehen sind, werden die Mittel nach der Einwohnerzahl verteilt (Abs. 2). Nach dem Haushaltsplan für 1995 erhalten die kreisfreien Städte 1995 eine Investitionspauschale von 98 DM je Einwohner, die kreisangehörigen Gemeinden und Landkreise von jeweils 49 DM je Einwohner. Zur Schulsanierung soll eine Pauschale eingeführt werden, die zu 75 vH nach der Schülerzahl und zu 25 vH nach der Fläche vergeben wird. Darüber hinaus sieht das FAG (§ 27) investive Zweckzuweisungen für den Straßenbau, für Wasserversorgungs- und Abwasserentsorunganlangen, Abfallentsorgung und Rekultivierung, Schulbauten, diverse Sozialeinrichtungen und Sportstätten, Theater, Orchester, Museen und den öffentlichen Personennahverkehr vor.

8. Reformanzeichen: Das Investitionsförderungsgesetz „Aufbau Ost"

Diskussionswürdig ist, ob und in welchem Umfang die Verfahren des Investitionsförderungsgesetzes „Aufbau Ost" vom 26. Juni 1993 (Art. 35 FKPG, BGBl. I, S. 949), das sich in seiner strukturellen Anlage deutlich von älteren Regelung über die Vergabe von Investitionsmitteln nach Art. 104a Abs. 4 GG an die Länder unterscheidet, Modellcharakter für landesinterne Verfahren haben könnten.

Nicht übersehen werden darf hier allerdings ein fundamentaler Unterschied in der verfassungs- und finanzverfassungsrechtlichen Stellung von Ländern und Gemeinden, die der Übertragbarkeit des Modells Grenzen setzt[48]. Im Bund-Länder-Verhältnis genießen beide Ebenen, Bund und Länder,

48 Vgl. Frey/Renzsch 1995, S. 69ff.

„staatliche Selbständigkeit“[49]. Daraus folgt u.a., daß der Bund zu einer Gleichbehandlung der Länder verpflichtet ist[50]. Die Gemeinden besitzen dem gegenüber nur einen minderen Status. Sie bilden keine weitere, dritte staatliche Ebene im Bundesstaat, sondern sind lediglich Selbstverwaltungseinrichtungen, die „alle Angelegenheiten der örtlichen Gemeinschaft im Rahmen der Gesetze in eigener Verantwortung“ regeln (Art. 28 Abs. 2 Satz 1 GG) und der staatlichen Rechtsaufsicht unterliegen[51]. Die Länder haben das Recht zu und die Verantwortung für die Landesentwicklung mit der Maßgabe, Schwerpunkte zu setzen. Die Grenzen des IFG „Aufbau Ost“ als Modell für das Länder-Gemeinde-Verhältnis finden sich dort, wo landespolitische Prioritätensetzung Vorrang vor kommunaler Autonomie besitzt. Diese Abgrenzung ist und bleibt letztlich eine politische Frage.

Durch das Investitionsföderungsgesetz „Aufbau Ost“ (IFG) steht den neuen Ländern ab 1995 für zehn Jahre eine investive Finanzhilfe des Bundes in Höhe von 6,6 Mrd. DM pro Jahr zur Verfügung. Damit können Investitionen oder Investitionsfördermaßnahmen des Landes oder seiner Gemeinden mit bis zu 90 vH kofinanziert werden (§ 5 Abs. 1 IFG). Ein Teil dieser Summe (700 Mio. DM p.a.) ist reserviert für das Krankenhausinvestitionsprogramm (§ 2 Abs. 2 IFG) und unterliegt damit einer straffen Kontrolle. Die restlichen 5,9 Mrd. DM p.a. unterliegen zwar ebenfalls einer Zweckbindung, jedoch ist der Katalog der förderungswürdigen Maßnahmen (§ 3 Ziff. 1-6 IFG) auf Drängen der neuen Länder so umfangreich gestaltet worden, daß nahezu jede (sinnvolle) öffentliche Investition über Mittel aus diesem Gesetz gefördert werden können.

Hervorzuheben ist, daß Mittel, die in dem Haushaltsjahr, für das sie bewilligt worden sind, nicht ausgegeben werden, den Ländern nicht verloren gehen, sondern auf die Folgejahre übertragbar sind (§ 5 Abs. 3 IFG).

---

49 BVerfG, Urteil vom 24.6.1986, BVerfGE 72, 330ff., 383.

50 BVerfG, Urteil vom 4.3.1975, BVerfGE 39, 96ff., 118f.

51 Vgl. Badura 1986, 235f. Der fundamentale Unterschied in der verfassungsrechtlichen Stellung von Ländern und Gemeinden zeigt sich in der Möglichkeit zur Kreditaufnahme. Die Länder (wie auch der Bund) können im Rahmen ihrer jeweiligen verfassungsrechtlichen Vorschriften (im Falle des Bundes Art. 115 Abs. 1 GG) Kredite am Kapitalmarkt aufnehmen. Gemeinden ist dieses in vergleichbarer Form verwehrt. Deren Kreditaufnahme bedarf der Genehmigung durch die Aufsichtsbehörde (Innenministerium oder nachgeordnete Landesbehörde). Das kommunale Haushaltsrecht beschränkt zudem die gemeindliche Verschuldung eindeutig auf investive Aktivitäten und verlangt, daß die Mittel zur Schuldenbedienung aus dem Verwaltungshaushalt bereitgestellt werden. Eine Schuldenbedienung durch Neuverschuldung ist nicht möglich. Weitere Einschränkungen gibt es durch § 67 Deutsche Gemeindeordnung (DGO) von 1935, nach der sich einige Bundesländer richten und die teilweise noch verschärft worden ist. Die Bestimmung beschränkt die Befugnis der wirtschaftlichen Betätigung der Gemeinden, die ausschließlich dringenden öffentlichen Zwecken dienen dürfen. Eine kommunale Beteiligung an Großunternehmen, wie sie bei Bund und Ländern üblich ist, ist demnach in zahlreichen Ländern verboten. Vgl. Henneke 1990, Ziff. 450ff., 521ff.; Marcus 1987, S. 93.

Das Verwaltungsverfahren[52] ist gegenüber früheren Regelungen deutlich vereinfacht worden. Die Länder informieren den Bund über ihre Investitionsplanungen. Sie bewirtschaften die zur Verfügung gestellten Mittel selbst und legen nach der Durchführung der Investitionsvorhaben einen Verwendungsnachweis vor. Eine fachliche Kontrolle der Mittelverwendung findet nicht statt, sondern lediglich eine Mitteilung über die Verwendung der Mittel und eine Prüfung, ob sie entsprechend den gesetzlichen Vorgaben eingesetzt wurden. Für den Fall, daß der Bund Mittel zu Recht zurückfordern kann, gehen sie dem Land nicht verloren, sondern stehen für andere Investitionsmaßnahmen – auch in späteren Haushaltsjahren – zur Verfügung.

Globale Zweckbindungen, Übertragbarkeit der Mittel auf zukünftige Haushaltsjahre, Verzicht des Bundes auf inhaltliches Einwirken auf landespolitische Entscheidungen und Beschränkung seiner Kontrolle auf eine Rechtsaufsicht, erlaubt den neuen Länder mit den Mittel des IFG „Aufbau Ost“ so umzugehen, als wären es ihre eigenen. Diese Umstände stärken den verantwortlichen Umgang mit diesen Mitteln mehr als jede Verbesserung von Kontrollen und Aufsicht[53].

Literaturverzeichnis

Badura, P., 1986: Staatsrecht, München.

Blümel, W., 1981: Die Rechtsgrundlagen der Tätigkeit der kommunalen Selbstverwaltungskörperschaft. In: G. Püttner (Hrsg.), Handbuch der kommunalen Wissenschaft und Praxis, Bd. 1, Grundlagen, Berlin/Heidelberg/New York/Tokyo, S. 229-264.

Boss, A., 1993: Wettbewerb der Regionen und Finanzverfassung. Prinzipien einer Reform des Finanzausgleichs in der Bundesrepublik Deutschland. In: Probleme des Finanzausgleichs in nationaler und internationaler Sicht. Tagungsband zur Jahresversammlung der Arbeitsgemeinschaft deutscher wirtschaftswissenschaftlicher Forschungsinstitute e.V. im Mai 1993 in Bonn/Berlin, S. 79-98.

Bundesministerium der Finanzen (Hrsg.), 1996: Finanzbericht 1996, Bonn.

Bundesministerium für Wirtschaft (Hrsg.), 1994: Investitionsförderung durch flexible Genehmigungsverfahren. Bericht der Unabhängigen Expertenkommission zur Vereinfachung und Beschleunigung von Planungs- und Genehmigungsverfahren, Baden-Baden.

Bundesverfassungsgerichtes, 1951ff.: Entscheidungssammlung, Bde. 39 und 72, Karlsruhe.

Färber, G., 1991: Länderfinanzausgleich und Gemeindefinanzen – Anmerkungen zu einigen häufig übersehenen Tatsachen. In: K. Bohr (Hrsg.), Föderalismus. Demokratische Struktur für Deutschland und Europa, München, S. 85-122.

52 Verwaltungsvereinbarung zwischen dem Bund und den neuen Ländern vom 9.6.1994, unveröffentlicht.

53 Renzsch 1996, S. 79-86.

Flömer, V., 1995: Das Gemeindefinanzierungsgesetz 1995 des Landes Brandenburg II. In: Finanzwirtschaft. Zeitschrift zum Haushalts-, Finanz- und Steuerrecht der öffentlichen Verwaltung, .

Frey, D./Renzsch,W., 1995: Die Finanzverfassung der Bundesrepublik Deutschland, Hagen.

Haverkampf, H.-E., 1978: Die kommunale Perspektive. Staatliche Regulative der kommunalen Entwicklungspolitik und -planung. In: J. J. Hesse (Hg.), Politikverflechtung im föderativen Staat. Studien zum Planungs- und Finanzierungsverbund zwischen, Bund, Ländern und Gemeinden, Baden-Baden, S. 89-97.

Henneke, H.-G., 1990: Öffentliches Finanzwesen, Finanzverfassung. Eine systematische Darstellung, Heidelberg 1990.

Henneke, H.-G., 1994: Der kommunale Finanzausgleich. Einer der verfassungsgerichtlich am sorgfältigsten behauenen Ecksteine der Grundlagen der kommunalen Selbstverwaltung. In: Die öffentliche Verwaltung, S. 1-12.

Henneke, H.-G., 1995: Probleme des kommunalen Finanzausgleichs. In: J. Ipsen (Hrsg.), Kommunale Aufgabenerfüllung im Zeichen der Finanzkrise, Baden-Baden, S. 81-123.

Henneke, H.-G., 1996: Finanzierungsverantwortung im Bundesstaat. In: Die öffentliche Verwaltung 49, S. 713-723.

Hohmann, H., 1991: Der Verfassungsgrundsatz der Herstellung einheitlicher Lebensverhältnisse im Bundesgebiet. Erläutert anhand der fünf neuen Bundesländer. In: Die öffentliche Verwaltung, S. 191-198.

Innenministerium des Landes Nordrhein-Westfalen (Hrsg.), 1993: Effizienzsteigerung in der öffentlichen Verwaltung – Pauschalierung von Zuwendungen an die Kommunen, Düsseldorf (hektograph.).

Innenministerium und Finanzministerium des Landes Nordrhein-Westfalen (Hrsg.), 1993: Abbau von kommunalen Standards. Vereinfachung von Förderverfahren. Stand der Umsetzung, gemeinsamer Bericht, Düsseldorf (hektograph.).

Isensee, J., 1995: Der Rechtsanspruch auf einen Kindergartenplatz. Ein Verfahrensproblem des Bundesstaates und der kommunalen Selbstverwaltung. In: Deutsches Verwaltungsblatt, S. 1-9.

Jacob, A., 1996: Der kommunale Finanzausgleich in der Bewährung. Das Sächsische Finanzausgleichsgesetz 1996. In: Finanzwirtschaft. Zeitschrift zum Haushalts-, Finanz- und Steuerrecht der öffentlichen Verwaltung, S.

Junkernheinrich, M., 1992: Finanzwissenschaftliches Gutachten. Ortsgröße, Kommunale Sonderbedarfe und Schlüsselzuweisungssystem. In: Städte- und Gemeinderat, S. 237-260.

Junkernheinrich, M., 1992a: Bedarfsgerechtigkeit im kommunalen Finanzausgleich. Methodische Überlegungen zur Verteilungsproblematik im kommunalen Finanzausgleich des Landes Nordrhein-Westfalen. In: Städte- und Gemeinderat, S. 328-336.

Junkernheinrich, M., 1994: Konstruktionsmängel des Gemeindefinanzsystems. In: Zeitschrift für Kommunalfinanzen, S. 74-79.

Karrenberg, H./Münstermann, E., 1995: Gemeindefinanzbericht 1995. Städtische Finanzen '95 – unter staatlichem Druck. In: der städtetag, S. 115-193.

Katz, A., 1985: Der kommunale Finanzausgleich. In: G. Püttner (Hrsg.), Handbuch der kommunalen Wissenschaft und Praxis, Bd. 6, Kommunale Finanzen, Berlin/ Heidelberg/New York/Tokyo, S.

Kirchhof, F., 1995: Gemeinden und Kreise in der bundesstaatlichen Finanzverfassung. In: J. Ipsen (Hrsg.), Kommunale Aufgabenerfüllung im Zeichen der Finanzkrise, Baden-Baden, S. 53-66.

Kirchhof, P., 1985²: Die kommunale Finanzhoheit. In: G. Püttner (Hrsg.), Handbuch der kommunalen Wissenschaft und Praxis, Bd. 6, Kommunale Finanzen, Berlin/Heidelberg/New York/Tokyo, S. 53-66.

Konrad, K. A., 1995: Fiscal Federalism and Intergenerational Redistribution. In: FinanzArchiv, S. 166-181.

Marcus, P., 1987: Das kommunale Finanzsystem der Bundesrepublik Deutschland, Darmstadt.

Münstermann, E., 1996: Der nordrheinwestfälische Finanzausgleich auf dem Prüfstand. Zum Finanzausgleichsgutachten des ifo-Institutes. In: Zeitschrift für Kommunalfinanzen.

Napp, H.-G., 1994. Kommunale Finanzautonomie und ihre Bedeutung für eine effiziente lokale Finanzwirtschaft, Frankfurt/Main.

Persson, T./Tabellini, G., 1994: Is Inequality Harmful for Growth? In: The American Economic Review, S. 600-621.

Rehm, H., 1991: Zur Zukunft der Kommunalfinanzen. In: B. Blanke (Hrsg.), Staat und Stadt. Systematische, vergleichende und problemorientierte Analysen „dezentraler" Politik, Opladen.

Renzsch, W., 1991: Finanzverfassung und Finanzausgleich. Die Auseinandersetzung um ihre politische Gestaltung in der Bundesrepublik Deutschland zwischen Währungsreform und deutscher Vereinigung (1948 bis 1990), Bonn.

Renzsch, W., 1996: Finanzpolitische Rahmenbedingungen des Regierungshandelns in den neuen Ländern. Das Beispiel des Landes Brandenburg. In: Axel Murswieck (Hrsg.), Regieren in den neuen Bundesländern. Institutionen und Politik, Opladen, S. 79-86.

Ridley, N., 1988: The Local right. Enabling not providing, Centre for Policy Studies, London.

Roy, K.-B., 1995: Regionalisierung – ein Reformansatz für sozialintegrative Politik? In: Perspektiven ds, S. 107-120.

Sachverständigenrat zur Begutachtung der gesamtwirtschaftlichen Entwicklung, 1986: „Weiter auf Wachstumskurs". Jahresgutachten 1986/87, Bonn.

Sarrazin, Th., 1995: Kommunale Aufgaben und kommunaler Finanzstatus. In: J. Ipsen (Hrsg.), Kommunale Aufgabenerfüllung im Zeichen der Finanzkrise, Baden-Baden, S. 11-24.

Statistisches Bundesamt (Hrsg), 1994: Datenreport, München.

Thornley, A., 1993²: Urban Planning under Thatcherism. The Challenge of the Market, London/New York.

Zimmermann, H., 1995: Kommunale Einnahmequellen aus finanzwissenschaftlicher Sicht. In: J. Ipsen (Hrsg.), Kommunale Aufgabenerfüllung im Zeichen der Finanzkrise, Baden-Baden, S. 67-80.

3. Sparpolitik und Haushaltskonsolidierung

Heinrich Mäding

Kommunale Haushaltskonsolidierung in Deutschland – die 80er und 90er Jahre im Vergleich

1. Einführung

Seit vielen Jahren führt das Deutsche Institut für Urbanistik eine Umfrage in den Kommunalverwaltungen zu den drängendsten Problemen der Städte durch (zuletzt: Bretschneider 1995) Seit 1981 ist darin auch das Thema „Haushaltskonsolidierung" identifizierbar, das 1982 den zweiten Rangplatz erreichte, dann zurückfiel und seit 1993 – verquickt mit dem Thema „Verwaltungsmodernisierung" – mit großem Abstand den ersten Rangplatz innehat. Die Themenkonjunktur hat eine eindeutige finanzwirtschaftliche Basis: Die Parallelität in der Entwicklung von kommunalem Finanzierungssaldo und Themenpriorität ist jedenfalls augenfällig (vgl. Abb. 1).

Abbildung 1

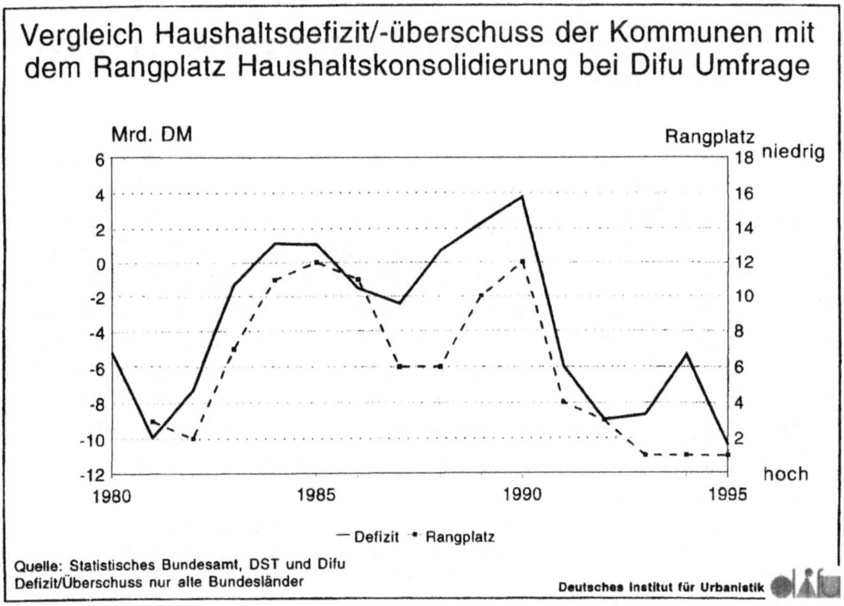

1992 und wahrscheinlich 1995 belief sich der Finanzierungssaldo der westdeutschen Kommunen (ohne Krankenhäuser) auf über -9 Mrd. DM, nicht zum ersten Mal, denn schon 1975 und 1981 war er über -9 Mrd. DM gewesen. Vor allem die Finanzkrise von 1981 verdient vergleichende Aufmerksamkeit (vgl. Abb. 1). Damals war der Finanzierungssaldo binnen drei Jahren (über 1982: -7,3 und 1983 -1,3) in einem Überschuß von 1984 1,1 Mrd. verwandelt worden[1]. Allerdings hat es nie eine systematische finanz- oder politik- und verwaltungswissenschaftliche Forschung zu dieser Haushaltskonsolidierung gegeben. Der folgende Beitrag gliedert sich in drei Abschnitte:

- In Teil 1 wird kurz die Literatur der 80er Jahre zur kommunalen Haushaltskonsolidierung resümiert[2].
- In Teil 2 werden zwei quantitative Zugänge zum Problem der materiellen Haushaltskonsolidierung dargestellt: die Erhebungen des Deutschen Städtetags zu den Sparmaßnahmen der Städte und ein eigener sekundärstatistischer Vergleich von finanzstatistischen Aggregatdaten für Kommunen zwischen den 80er und 90er Jahren.
- In Teil 3 wird die Verzahnung zwischen Haushaltskonsolidierung und Verwaltungsreform in den 90er Jahren betont, werden prozedurale Reformansätze in ihrem Einfluß auf die administrativen und politischen Machtstrukturen skizziert[3].

2. Kommunale Haushaltskonsolidierung in der Literatur der 80er Jahre

Ein Beispiel für statistische Analysen liefert eine Untersuchung aus dem „Institut für Weltwirtschaft“ (Kiel) von Boss/Bothe über „Ausgabenkürzungen im öffentlichen Sektor“ (1987). Es ist das Ziel der Autoren, Einsparpotentiale empirisch zu ermitteln. Neben einem internationalen Vergleich (Bundesrepublik Deutschland-Schweiz) führen sie Vergleiche der Länder- und Gemeindeausgaben durch. Für letztere werden ökonomische Ausgabenbestimmungsfaktoren mit Hilfe der Regressionsanalyse für die Jahre 1980 bis 1983 geschätzt (vgl. auch Bothe 1989), und es wird argumentiert: „Unterschiedliche Werte für ökonomische Faktoren können Ausgabenunterschiede zwischen Gebietskörperschaften begründen. Verbleibende Ausgabenunterschiede sind auf politisch-institutionelle Gründe zurückzuführen, wie beispielsweise

1 Zahlen hier nach H. Karrenberg/E. Münstermann: Gemeindefinanzbericht 1995. „Städtische Finanzen ’95 – unter staatlichem Druck“, Der Städtetag 3/1995, S. 115-193 und Deutscher Städtetag, Aktuelle Finanzlage der Städte, Schnellbrief vom 22.1.1996.

2 Dieser Teil basiert auf Mäding (1994b).

3 Dieser Teil folgt weitgehend Mäding (1996).

selbstgewählte Aufgaben, Unterschiede in der Effizienz der Leistungserstellung oder im Ausmaß der Bürokratie. Aus ökonomischer Sicht begründen sie Potentiale für Ausgabenkürzungen" (S. 188). Das derart berechnete „Einsparpotential" von 12,5 Prozent der Gemeindeausgaben (S. 193), in dem jede „selbstgewählte Aufgabe" enthalten ist, wird aber aus politikwissenschaftlicher Perspektive eher als Alarmsignal für einen nur noch minimalen Restbestand kommunaler Handlungsfreiheit eingeschätzt werden.

Derartige statistische Aggregatdatenanalysen lassen die konkreten Abläufe außer acht, die aus politik- und verwaltungswissenschaftlicher Sicht besonderes Interesse verdienen. Die sparpolitischen Veröffentlichungen der 80er Jahre können vier großen Kategorien zugeordnet werden:

1. Eine erste Gruppe befaßt sich mit rechtlich-politischen Ursachen der Konsolidierungsprobleme. Der Einfluß der Kommunalverfassung auf das Ausgabengebaren zählt zu den kontrovers diskutierten Themen der 80er Jahre vor allem durch eine Serie von Aufsätzen, die Gerhard Banner, damals Vorstand der Kommunalen Gemeinschaftsstelle für Verwaltungsvereinfachung in Köln, publizierte (1984, 1985). Ausgangspunkt seiner Überlegungen ist die Frage, warum Gemeinden mit ihren Finanzproblemen unterschiedlich gut fertigwerden. Seine undokumentierten, quantitativen Recherchen führen ihn zu der These, daß die unterschiedlichen Gemeindeordnungen einen wesentlichen Erklärungsbeitrag zu leisten vermögen.
   G. Banner: „Die Chance, den Haushalt auf 'Gleichgewichtskurs' zu halten, ist um so günstiger, je mehr die führungsorganisatorischen Regelungen der jeweiligen Gemeindeordnung dazu beitragen, die Durchschlagskraft der Fachpolitik und die parteipolitische Aufladung von Entscheidungen gering zu halten bzw. das Eigengewicht des zentralen Politikers zu erhöhen" (Banner 1994, S. 366). Die süddeutsche Ratsverfassung (z.B. Baden-Württemberg) erweist sich als der norddeutschen Ratsverfassung (z.B. Nordrhein-Westfalen) überlegen. Erstere gibt den sogenannten „Steuerungspolitikern" (vor allem dem Oberbürgermeister) ein höheres Gewicht verglichen mit den „Fachpolitikern": Der Oberbürgermeister wird direkt gewählt, er ist gleichzeitig Hauptverwaltungsbeamter und Vorsitzender des Rates sowie der Ausschüsse, die zahlenmäßig begrenzt sind. Die norddeutsche Ratsverfassung dagegen kennt den Dualismus von Oberbürgermeister und Oberstadtdirektor. Der Oberbürgermeister ist weder Hauptverwaltungsbeamter noch Vorsitzender der Ausschüsse, die zudem zahlreicher sind. Diese und weitere institutionelle Arrangements und entscheidungsstrukturelle Charakteristika (geringere Bedeutung der „Basis-Fach-Koalitionen" und der Parteipolitik) stärken in der süddeutschen Ratsverfassung den Oberbürgermeister und damit den Generalisten und geben dem „öffentlichen Gut Ausgabenreduktion" eine Chance.

Der empirischen Prüfung der Banner-These war zunächst eine Konstanzer Diplomarbeit gewidmet: U. Winkler-Haupt (1988, 1989) versucht, anhand von vier Fallstudien über Mittelstädte, je zwei aus Nordrhein-Westfalen (Gladbeck, Lünen) und Baden-Württemberg (Göppingen, Konstanz) die These zu testen und kommt zu dem Ergebnis, daß sie sich im Kern bewährt, wenn auch gewisse Modifikationen angebracht sind, und daß die Unterschiedlichkeit verfassungsstruktureller Faktoren im Prozeß der Sparpolitik stärker zum Tragen kommt als im Durchschnitt der kommunalen Entscheidungsprozesse.
Später haben dann V. Kunz und Th. Zapf-Schramm (1989) anhand einer Querschnittsuntersuchung von 87 kreisfreien Städten in den Flächenländern (außer Saarland) für das Jahr 1986 in der m.W. ersten quantitativ-vergleichenden Studie, die direkt die Policy-Effekte unterschiedlicher Kommunalverfassungen zum Gegenstand hat, die These erneut geprüft und keine Bestätigung gefunden. Sie bilden aus 20 Indikatoren drei Indikatorenkomplexe (1. Finanzierungsspielraum, z.B. Freie Spitze pro Kopf; 2. Schuldenlast, z.B. Schulden pro Kopf; 3. Investitionen, z.B. Sachinvestitionsquote) und können in einer Varianzanalyse nachweisen: „An keinem der gewählten Indikatorenkomplexe bestätigt sich Banners These über den Einfluß der Gemeindeverfassung auf die finanzielle Situation der Gemeinden überzeugend" (S. 181). Die unterschiedliche Finanzlage der Städte muß daher als primär durch sozioökonomische Faktoren (Bedarfe, Ressourcen) erklärt angesehen werden (z.B. durch das Süd-Nord-Gefälle); politische Faktoren (Stärke bestimmter Parteien im Gemeinderat) treten evtl. verstärkend hinzu. Die geringe empirische Bestätigung der Banner-These hat allerdings nicht verhindert, daß diese das Meinungsklima zugunsten der süddeutschen Ratsverfassung und ihrer Elemente nachhaltig beeiflußt hat, und insofern als („wissenschaftliche") Stütze der Reformprozesse in den alten und der Konstitutionsprozesse in den neuen Bundesländern gelten kann.

2. Eine zweite Gruppe befaßt sich – ausgehend von der Notwendigkeit – mit den alternativen Möglichkeiten und Restriktionen des Sparens. Unter Einarbeitung vor allem US-amerikanischer, aber auch britischer Erfahrungen mit der dort schon länger währenden „urban fiscal crisis" werden alternative Konsolidierungsstrategien bewertet oder nach der Reihenfolge ihrer wahrscheinlichen Anwendung gerecht (Hoberg 1982; Mäding 1983 a; Mäding 1983 b; Zimmermann 1982). Die Basisinstitutionen des politisch-administrativen Systems (Föderalismus, Parlamentarismus, Bürokratie) werden als zentrale Hemmfaktoren für zielgerechte Konsolidierungsbemühungen identifiziert (Mäding 1983a). Während diese Gruppe von Autoren noch nicht auf empirische Erfahrungen mit Sparprogrammen deutscher Kommunen zurückgreifen konnte, analysiert Fürst (1987) auf der Basis solcher Erfahrungen qualitativ die Konsequenzen,

die die Haushaltskrise und die von ihr induzierte Sparpolitik fürdie Budgetierungsprozesse der deutschen Gemeinden hatten und sieht diese vor allem in zwei Bereichen: Unter den institutionellen Veränderungen betont er die zentralisierenden Wirkungen, also die Stärkung des Kämmerers, der Dezernentenrunde und des für Haushaltsfragen zuständigen fachübergreifenden Ausschusses des Gemeinderats gegenüber den „Fachpolitikern". Hinsichtlich des Haushaltsplans wird insofern ein ambivalentes Ergebnis konstatiert, als Fürst von dessen „Aufwertung ... als politisches Steuerungsinstrument" (S. 116) spricht und zugleich feststellt, daß die „Budgetgestaltung" verstärkt erst im Vollzug geschieht (S. 118), sei es durch Dezentralisierung von Entscheidungen an Fachämter oder einzelne Einrichtungen (vgl. auch Milbradt 1987), sei es durch zentralisierende Elemente wie Ausgabensperren. Im Unterschied zu diesen institutionellen und verfahrensmäßigen Veränderungen sind hinsichtlich der Methoden „kaum nennenswerte Neuerungen zu verzeichnen" (S. 120). Eine umfassende Auswertung der Erfahrungen steht aber noch aus.

3. Was die sozioökonomischen Wirkungen der kommunalen Haushaltskonsolidierung angeht, ist gefragt worden, wen dieser Ausgabenabbau vor allem betroffen hat. Es gibt wichtige Hinweise darauf, daß die Einsparungen bei den (Ersatz-)Investitionen gerade von späteren Generationen spürbare Mehrausgaben verlangen werden (Reidenbach/Kühn 1989), und daß die Einsparungen bei (freiwilligen) sozialen Ausgaben die sozial Schwachen überproportional betrafen (Windhoff-Héritier 1983, 1984). Schließlich wird der Haushaltskonsolidierung der öffentlichen Hände insgesamt von einigen Autoren vorgeworfen, daß sie die Chancen zum Abbau der Massenarbeitslosigkeit vermindert habe.
4. Die letzte Gruppe von Publikationen ist konkreten prozeduralen Veränderungsvorschlägen verpflichtet. Hierzu zählt auf der pragmatischen Ebene vor allem das Konzept der „Aufgabenkritik", das in der ersten Hälfte der 70er Jahre entwickelt worden war (E. Mäding 1974, 1978, KGSt 1974) und nun in der Zeit der Konsolidierung von vielen Kommunen aufgegriffen wurde (Hack 1987, H. Mäding 1990). Daneben wurden – ohne Wirkung – das amerikanische Zero-Base Budgeting als „Niveaubudgetierung" empfohlen (Hoberg 1982, Mäding 1983a) oder die Programmbudgetierung als angemessene Antwort auf die Haushaltskrise der Gemeinden neu belebt (Engelhardt 1987). Derartige aufwendigere, „rationale" planungsorientierte Budgetierungsverfahren stoßen vor allem wegen ihrer unrealistischen Informationsanforderungen auf keine Gegenliebe in der kommunalpolitischen Praxis.

Zusammenfassend kann man resümieren, daß die Literatur der 80er Jahre weder die Ursachen der Finanzkrise zureichend identifiziert und qualifiziert, noch die materiellen und prozeduralen Konsolidierungsmaßnahmen bestimmt und erklärt oder die fiskalischen, fachpolitischen und sonstigen Effekte aufgeklärt und beurteilt hätte. In bzw. kurz nach der Krise gab es zwar eine intensive Debatte, doch ging man anschließend nicht nur in der Praxis, sondern auch in der Wissenschaft bald zur Tagungsordnung über, so daß die Kommunen 1992 relativ unvorbereitet in die nächste Konsolidierungsphase gerieten.

3. Materielle Konsolidierungspolitik – empirische Befunde

Die Untersuchungen der 80er enthalten wenig. Informationen über die Frage wo und in welchem Umfang tatsächlich die kommunalen Haushalte durch Ausgabensenkung und Einnahmesteigerung konsolidiert wurden. Eine Ausnahme stellen Sparlisten dar, die der Deutsche Städtetag im Jahre 1983 auf der Basis einer Umfrage unter seinen Mitgliedsstädten in seinem Gemeindefinanzbericht (der städtetag, H. 2/83) publizierte (vgl. Abb. 2). Diese Listen benennen die Zahl der Städte (N = 80), die bestimmte Maßnahmen 1982 durchgeführt haben bzw. für 1983 planen. 9 Maßnahmen erreichen 1982 mehr als 50 Nennungen:

1. Aufgabenbereichsübergreifende Maßnahmen
   a) Personalbezogene Maßnahmen
      - zeitweise Nichtbesetzung freiwerdender Stellen (66)
      - Wegfall von Stellen (53)

   b) Gebäudebezogene Maßnahmen
      - Kürzungen bei der Unterhaltung (58)
      - Einsparungen beider Gebäudereinigung (52)
      - Reduzierung des Energieverbrauchs (50)

2. Aufgabenbereichsspezifische Maßnahmen

- Schulen (Ausstattung mit Lehrmitteln) (58)
- Bibliotheken (Kürzung der Anschaffungsetats) (54)
- Sport (Abbau von Zuschüssen an Sportvereine) (55)
- Verkehr (Einsparungen bei der Straßenunterhaltung (55).

In der Krise der 90er Jahre wurden diese Umfragen wieder aufgenommen und in den Gemeindefinanzberichten 1994 (Der Städtetag, H. 3/94) und 1995 (Der Städtetag, H. 3/95) dokumentiert. Dabei wurden die Gliederung der Maßnahmekategorien weitgehend beibehalten. Die „Hit-Liste“ 1995 zeigt mit den drei erstplazierten alte Bekannte aus den 80er Jahren (N = 97):

- Wegfall von Stellen (82)
- zeitweise Nichtbesetzung freiwerdender Stellen (78)
- Einsparungen bei der Gebäudereinigung (69).

Schwerpunkte beim Zuwachs der Nennungen 1995 gegenüber 1994 liegen weiterhin eindeutig beim Sparen auf der Ausgabenseite, allerdings finden auch einzelne Einnahmeverbesserungen Verbreitung (z.B. Einführung/Erhöhung von Entgelten für Schulraumnutzung (von 19 auf 31 Nennungen). Außerdem werden traditionelle organisatorische Maßnahmen (wie: Zusammenlegung von Ämtern) weiterhin häufiger genannt als „moderne" ausdem Umfeld des Neuen Steuerungsmodells (wie: Einbindung in die dezentrale Ressourcenverantwortung, z.B. bei Theatern oder Volkshochschulen).

Der Informationsgehalt dieses Materials leidet vor allem unter den folgenden Eigenschaften:

1. Die Umfrage beschränkt sich auf die unmittelbaren Mitgliedstädte des Deutschen Städtetages (ohne Stadtstaaten) und ist somit nicht repräsentativ für die Kommunen insgesamt.
2. Die Zahlen der Nennung enthalten keine Informationen über das finanzwirtschaftliche Ausmaß der Einsparung oder Einnahmesteigerung, weder bezogen auf einzelne Städte, noch daher auf die Städte insgesamt.
3. Die Aussagen über geplante Maßnahmen für ein bestimmtes Haushaltsjahr zeigen teilweise deutliche Abweichungen von den ein Jahr späteren Aussagen über durchgeführte Maßnahmen. Sie sind daher als besonders unsicher einzuschätzen.

Insgesamt geben diese Listen daher nur ein diffuses „Stimmungsbild". Es ist verständlich, daß sie weder vom Deutschen Städtetag noch m.W. von Dritten weiter analysiert worden sind.

Um das finanzwirtschaftliche Ausmaß von kommunalen Haushaltskonsolidierungsbedarfen und -maßnahmen im Vergleich der 80er und 90er Jahre abzuschätzen, wurde eine eigene unaufwendige statistische Untersuchung auf der Basis einiger Aggregatdaten durchgeführt. Als Indikator zur Krisenmessung wird der Finanzierungssaldo verwendet. Er mißt relativ objektiv den kommunalen Handlungsbedarf im Bereich der Haushaltskonsolidierung. Als Indikatoren zur Reaktionsmessung werden Veränderungsraten von Ausgabe- und Einnahmearten nach dem Gruppierungsplan verwendet. Der methodische Ansatz besteht darin, die Finanzkrisen- bzw. Konsolidierungsverläufe dadurch vergleichbar zu machen, daß die beiden Perioden „übereinandergelegt" werden. Als Kriterium wurde der (erste) Tiefpunkt der Finanzierungssalden gewählt, der in der Finanzkrise der 80er 1981 und der 90er 1992 war. Auch die 90er Daten beziehen sich zur besseren Vergleichbarkeit nur auf die alten Bundesländer (vgl. Abb. 3). Deutlich wird

- eine große Ähnlichkeit im Vorfeld der Tiefpunkte mit Finanzierungssalden zwischen etwa -4 und -6 Mrd. DM,
- ein großer Unterschied in den Konsolidierungsabläufen, die in den 90er Jahren weit weniger erfolgreich erscheinen.

Abbildung 2

Einsparungen im Haushalt 1982 und beabsichtigte Sparmaßnahmen im Haushalt 1983
– Ergebnisse einer Umfrage bei Mitgliedstädten des Deutschen Städtetages[1] –

Maßnahme / Aufgabenbereich	Häufigkeit der Nennung[2]	
	Haushalt 1982	Haushalt 1983[a]
I. Aufgabenbereichsübergreifende Maßnahmen		
1. Personalwirtschaftliche Maßnahmen		
Zeitweise Nichtbesetzung freiwerdender Stellen	66	57
Wegfall von Stellen	53	45
Überprüfung von Überstunden bzw. Mehrarbeit	48	40
Kürzungen bei der Fortbildung	29	21
Einschränkungen bei der Vergabe von Arbeitgeberdarlehen	27	19
Kürzungen bei Zuwendungen für Betriebsausflüge und sonstige Gemeinschaftsveranstaltungen	25	15
Kürzungen von Zuschüssen bzw. Preisanhebungen bei der Gemeinschaftsverpflegung	24	17
Einstellungssperre (ohne für Nachwuchskräfte)	20	19
Beförderungssperren	18	13
Umbewertung von Stellen	14	11
Kürzungen im Ausbildungsbereich	14	8
2. *Sonstige Maßnahmen*		
Kürzungen bei der Unterhaltung von Grundstücken, Gebäuden und des sonstigen unbeweglichen Vermögens	58	44
Einsparungen bei der Gebäudereinigung	52	37
Reduzierung des Energieverbrauchs in städtischen Gebäuden/Einrichtungen (ohne Bäder)	50	33
Einsparungen bei Geschäftsausgaben	49	39
Einsparungen bei der Anschaffung von Fahrzeugen	43	35
Einsparungen durch zentrale Beschaffung von Bürobedarf, Büchern und Zeitschriften	31	26
Einsparungen bei der Haltung von Fahrzeugen	30	24
Überprüfung von Versicherungen	26	22
II. Aufgabenbereichsspezifische Maßnahmen		
Einzelplan 0: Allgemeine Verwaltung		
Reduzierung von Verfügungs- und Repräsentationsmitteln	47	32
Einsparungen bei Presse und Information, allg. Öffentlichkeitsarbeit u. ä.	44	24
Reduzierung von Aufwendungen für Städtepartnerschaften	41	31
Zusammenlegung von Ämtern und Dienststellen	13	11
Mehreinnahmen aus der Nutzung der Datenverarbeitung durch Dritte	11	7
Einzelplan 1: Öffentliche Sicherheit und Ordnung		
Einsparungen bei Dienst- und Schutzkleidung, persönlichen Ausrüstungsgegenständen		
– im Feuerschutz	38	28
– im Rettungsdienst	13	10
Einsparungen bei sonstigen Ausrüstungen		
– im Feuerschutz	34	26
– im Rettungsdienst	13	8
Kürzung von Zuschüssen an freiwillige Feuerwehren	22	16
Einzelplan 2: Schulen		
Einsparungen bei der Ausstattung mit Lehrmitteln und Medien		
– im Verwaltungshaushalt	58	43
– im Vermögenshaushalt	49	36
Abbau freiwilliger Leistungen und von Zuschüssen im Schulbereich (Schulfahrten, Schullandheimaufenthalte u. ä.)	45	36
Einsparungen bei Lernmitteln	38	25
Einsparungen bei der Schülerbeförderung	33	17
Reduzierung der Schulbau- und Ausstattungsstandards	24	16
Zuschüsse an freie Träger	16	11
Einzelplan 3: Kultur		
Museen		
Kürzungen der Anschaffungsetats von Museen und Sammlungen	43	25
Einsparungen bei Ausstellungen, Vorträgen, Führungen u. ä. in Museen und Sammlungen	31	21
Theater, Konzerte		
Reduzierung des Angebots (z. B. Zahl der Neuinszenierungen, Aufführungen, Veranstaltungen) bei		
– Sprech- und Musiktheatern	25	22
– Konzerten	17	16
Kürzung von Zuschüssen an nichtstädtische Träger von		
– Sprech- u./o. Musiktheatern (z. B. Staatstheater, Privatbühnen u. ä.)	21	15
– Konzertveranstaltungen (z. B. Vereine)	27	23
Einsparungen bei Gagen und Honoraren bei		
– Sprech- und Musiktheatern (z. B. für Gäste)	11	9
– Konzertveranstaltungen (z. B. für Gastdirigenten)	8	8
Reduzierung der Ausgaben zur Förderung kultureller Bestrebungen, für kulturelle Sonderveranstaltungen, internationale Begegnungen, Gastspiele fremder Ensembles	12	●
Musikschulen		
Einsparungen bei Instrumenten, Lehr- und Lernmitteln u. ä.	30	23
Reduzierung des Angebots (z. B. Zahl der Kurse, Gruppenunterricht, -größe) der Musikschulen	12	11
Volkshochschulen		
Reduzierung des Angebots der Volkshochschulen (z. B. Wegfall von Kursen, Studienfahrten, Seminaren u. ä.)	31	24
Einsparungen bei Dozentenhonoraren	29	21
Einsparungen bei Lehrmitteln u. ä.	27	21
Einsparungen bei Werbung, Information u. ä.	27	22
Einsparungen durch Festlegung von Mindestteilnehmerzahlen, Zusammenlegung von Kursen u. ä.	22	20
Bibliotheken		
Kürzung der Anschaffungsetats der Bibliotheken und öffentlichen Büchereien	54	37
Schließung von Stadtteil- u./o. Fahrbüchereien	10	9

[1] Die „Umfrage zu Einsparungen und Einnahmeverbesserungen im Haushalt 1982 und z[illegible] den Absichten für 1983" wurde in der Zeit von Anfang August bis Mitte November 1982 b[illegible] den unmittelbaren Mitgliedstädten des Deutschen Städtetages durchgeführt. – [2] Zahl d[illegible] auswertbaren Fragebogen zum Fragenkomplex „Einsparungen" insgesamt: 80. – [a] B[illegible] den im Vergleich zum Haushalt 1982 weniger häufigen Nennungen der 1983 beabsich[illegible] tigten Maßnahmen ist zu berücksichtigen, daß die Beantwortung durch einen großen Te[illegible] der Städte in einem sehr frühen Planungsstadium erfolgte; etwa die Hälfte der Frageboge[illegible] wurde bis Ende September 1982 beantwortet.

Abbildung 2 (Fortsetzung)

noch: Einsparungen im Haushalt 1982 und beabsichtigte Sparmaßnahmen im Haushalt 1983

Maßnahme / Aufgabenbereich	Häufigkeit der Nennung[2]	
	Haushalt 1982	Haushalt 1983*
Einzelplan 4: Soziales		
Reduzierung der Zuschüsse an freie Träger der		
– Wohlfahrtspflege	42	35
– Jugendhilfe	37	38
Abbau von Leistungen, die nicht auf gesetzlichen Verpflichtungen beruhen		
– in der Sozialhilfe	37	32
darunter u. a.:		
Einsparungen in der Altenhilfe, -erholung, -pflege, bei Altenkuren und -veranstaltungen	11	•
– in der Jugendhilfe	34	28
darunter u. a.:		
Einsparungen bei Kinder- und Jugenderholungs- und Ferien- und Freizeitmaßnahmen, bei internationalen Begegnungen	11	•
Ausschöpfung aller Möglichkeiten der Kostenerstattung durch Dritte und der Heranziehung Unterhaltspflichtiger einschließlich der Durchsetzung kostendeckender Pflegesätze	29	25
Einsparungen durch Reduzierung der Ausstattungsstandards bei Einrichtungen der Sozial- und Jugendhilfe	27	19
Anlegung schärferer Maßstäbe bei der Ermessensausübung in der Sozialhilfe	21	19
Schließung von Einrichtungen der Jugendhilfe (z. B. Kinder- und Jugendzentrum, Betriebskindertagesstätte, Jugendwohnheim, Schullandheim, Kinderkurheim, Kinderheim, Wohngemeinschaft, Drogenberatungsstelle, pädagogischer Spielplatz)	14	12
Einzelplan 5: Gesundheit, Sport, Erholung		
Krankenhäuser		
Maßnahmen zur Reduzierung der von der Stadt abzudeckenden Betriebsverluste der Krankenhäuser (z. B. Reduzierung der Bettenzahl, Zusammenlegung der Wirtschaftseinrichtungen, innerbetriebliche Organisationsmaßnahmen, Chefarztabrechnung)	18	16
Sport		
Abbau von Zuschüssen an Sportvereine	55	41
Erhöhung der Benutzungsgebühren/Mieten bei z. Z. noch kostenloser oder verbilligter Nutzung eigener Sportstätten	36	28
Zeitweise Schließung von Badeanstalten (z. B. Hallenbäder in der Freibadesaison; witterungsabhängige Verkürzung der Freibadesaison)	37	32
Energieeinsparung in Bädern (z. B. durch Absenkung der Wassertemperaturen)	36	31
Einsparungen durch veränderte Öffnungszeiten der Bäder	35	27
Einsparungen durch Übertragung der Schlüsselgewalt über Sportstätten an Sportvereine	33	28
Einsparungen bei der Ausstattung mit Sportgeräten	22	16
Einsparungen durch Reduzierung der Ausstattungsstandards bei eigenen Sportstätten	21	19
Schließung von Sportstätten und Badeanstalten (auch Teileinrichtungen, z. B. Reinigungsbäder)	21	17
Erholung		
Einsparungen bei der Unterhaltung der Park- und Gartenanlagen	46	37
Einzelplan 6: Bau- und Wohnungswesen, Verkehr		
Einsparungen bei der Straßenunterhaltung	55	41
Einschränkung der Straßenbeleuchtung auf das gemäß Verkehrssicherungspflicht notwendige Maß	47	35
Einsparungen durch verminderten Pflegeaufwand bei Grünflächen an Straßen	41	35
Reduzierung der Anzahl der Gutachten, Planentwürfe und der Wettbewerbe	40	31
Senkung der Wartungskosten der Straßenbeleuchtung	35	23
Strengere Ausschöpfung eigener Kapazitäten statt Vergabe von Planungs- und Bauleitungsaufgaben an Dritte	32	25
Einsparungen bei Ausstellungen, der Anfertigung von Vervielfältigungen von Plänen, von Modellen und bildnerischen Darstellungen	27	21
Einsparungen durch Reduzierung der Ausstattungsstandards von Straßen	27	23
Volle Ausschöpfung der gesetzlichen Möglichkeiten zur Umlage der Kosten der Straßenreinigung einschl. des Winterdienstes; ggf. Beschränkung des städtischen Anteils auf den gesetzlichen Mindestanteil	24	19
Einsparungen durch Neuordnung und Anpassung der Hoch- und Tiefbauverwaltung usw. an rückläufigen Auftragsbestand	19	14
Anpassung der Ablösungsbeträge für Stellplätze an die tatsächlichen Herstellungskosten; volle Ausschöpfung der Ablösungspflicht	14	12
Einzelplan 7: Öffentliche Einrichtungen, Wirtschaftsförderung		
Kürzung von Ausgaben für Werbung	37	30
Einsparungen bei der Unterhaltung im Bestattungswesen	30	21
Einsparungen bei der Abfallbeseitigung durch Einführung größerer Müllbehälter	19	14
Einzelplan 8: Wirtschaftliche Unternehmen		
Maßnahmen zur Reduzierung der von der Stadt abzudeckenden Betriebsverluste der wirtschaftlichen Unternehmen *(ohne Krankenhäuser)*	23	16
Einzelplan 9: Allgemeine Finanzwirtschaft		
Einführung/Erhöhung der Vergnügungssteuer für Spielautomaten	37	17
Sonstige Einführungen/Erhöhungen weiterer Steuern *(ohne Realsteuern)* oder steuerähnlicher Einnahmen (z. B. Hundesteuer, Getränkesteuer u. a.)	34	21

Abbildung 3

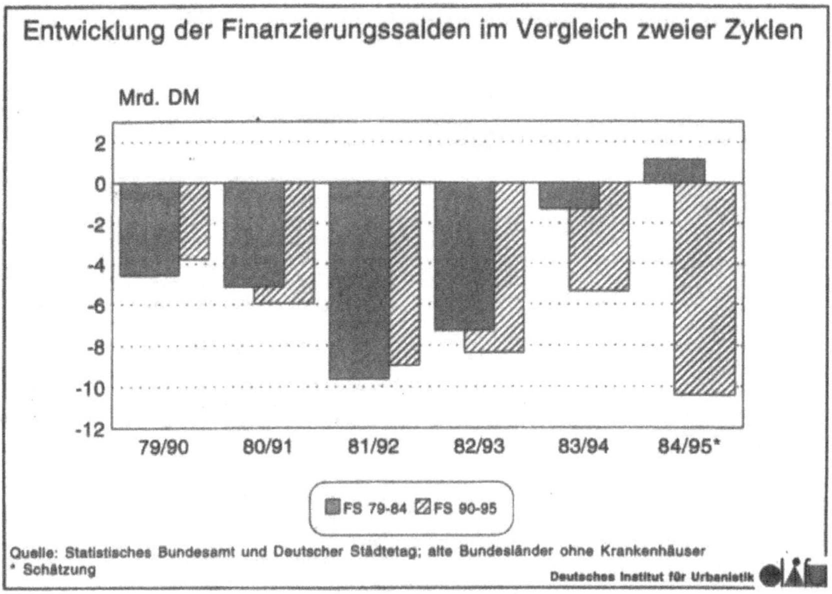

Während im 80er-Konsolidierungszyklus das Defizit binnen drei Jahren in einen Überschuß verwandelt wurde, ist dies im 90er-Zyklus bis 1995 nicht gelungen und besteht nach realistischen Prognosen dazu auch mittelfristig wenig Wahrscheinlichkeit. Vielmehr zeigen die neuesten Schätzungen für den Abschluß 1995 ein Rekorddefizit von ca. 10,4 Mrd. DM an (Deutscher Städtetag, Aktuelle Finanzlage der Städte, Schnellbrief vom 22.1.1996).

Zur Einschätzung der Salden drei kurze Kommentare:

1. Wegen des Wachstums des realen BIP und wegen der Inflation ist ein Finanzierungssaldo von -9 Mrd. DM 1992 quantitativ weniger bedeutsam als 1981.
2. Andererseits erhalten die Defizite auch der kommunalen Ebene wegen der Maastrichter Kriterien für die Währungsunion (das öffentliche Defizit darf 3 Prozent des BIP nicht überschreiten) neue politische Bedeutung.
3. Schließlich ist beim Vergleich der Salden über die drei Ebenen des föderativen Staates zunehmend zu beobachten, daß Dezifitabbau als Signal für Finanzkraft gewertet wird und daher politisch weniger erstrebenswert erscheint (vgl. Mäding 1995, S. 108).

Die wichtigsten Ursachen für die schleppende Konsolidierung auf der kommunalen Ebene liegen in

1. der wirtschaftlichen Entwicklung,
2. den finanziellen Folgen der deutschen Einigung,
3. zusätzlichen Ausgabelasten durch neue staatliche Normen und
4. der Steuerpolitik des Bundes.

Abbildung 4

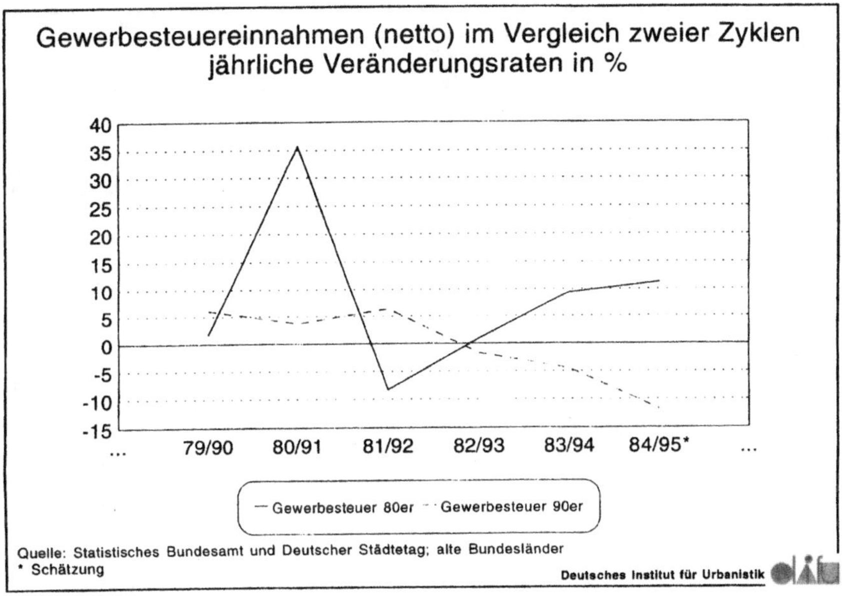

Die unterschiedliche wirtschaftliche Entwicklung und die Finanzpolitik des Bundes spiegeln sich deutlich im Verlauf der Gewerbesteuereinnahmen (netto) wider (Abb. 4). Der 80er-Zyklus begann mit einem Einbruch der Veränderungsrate auf -8,3 Prozent (1981), dem ein zügiger Neuanstieg auf 9,4 Prozent (1983) und 11,3 Prozent (1984) folgte. Der 90er-Zyklus zeigt geradezu einen spiegelbildlichen Verlauf: nach Einnahmewachstum im Tiefpunkt 1992 (als Folge des Vereinigungsbooms) und dann eine sukzessive Verschlechterung auf -11,8 Prozent im letzten Jahr. Im letzten Jahr klaffen die Veränderungsraten über 23 Prozentpunkte auseinander. Abgeschwächt zeigt sich dasselbe Erscheinungsbild bei den Steuereinnahmen (netto) insgesamt (Abb. 5).

Mit ihrer Hebesatzpolitik können Gemeinden einen begrenzen Einfluß auf die Steuereinnahmen nehmen. Abb. 6 zeigt, daß in den 80er jahren in den beiden Konsolidierungsjahren 1982 und 1983 die Gwerbesteuer- und Grundsteuerhebesätze etwa parallel angehoben wurden:

	1982	1983
Gewerbesteuer	6 Punkte	10 Punkte
Grundsteuer	5 Punkte	10 Punkte

In den 90er Jahren liegt die Veränderungsrate der Grundsteuerhebesätze über der der 80er und die der Gewerbesteuer unter der der 80er.

	1993	1994
Gewerbesteuer	2 Punkte	3 Punkte
Grundsteuer	10 Punkte	12 Punkte

Abbildung 5

Steuereinnahmen (netto) im Vergleich zweier Zyklen
jährliche Veränderungsraten in %

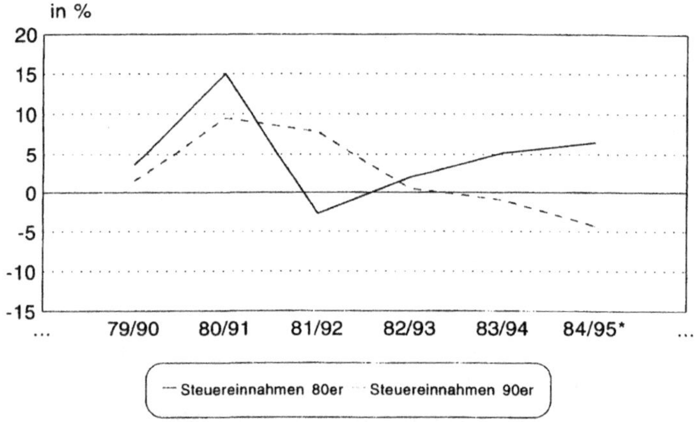

Quelle: Statistisches Bundesamt und Deutscher Städtetag; alte Bundesländer
* Schätzung

Deutsches Institut für Urbanistik

Besonders eine neu realistische Einschätzung von (internationalem) Wettbewerb läßt die Gemeinden heute mit dem Einsatz der Gewerbesteuerhebesätze als Konsolidierungsinstrument sehr zögern. Zusammenfassend kann man feststellen, daß die Haushaltskonsolidierung der 90er Jahre im Unterschied zu den 80er Jahren bei den Steuereinnahmen keine Entlastung, sondern eine permanente Verschärfung erfährt und daß insofern die Sparnotwendigkeiten auf der Ausgabenseite größer ausfallen als früher. Abb. 7 gibt einen Gesamtüberblick über die Veränderungsraten auf der Ausgabenseite. Beim Vergleich zwischen Ausgabearten läßt sich feststellen:

1. Die Sachinvestitionen als der gestaltbarste große Ausgabenblock reagieren mit ihren Tiefpunkten am ausgeprägtesten auf die Finanzkrisen, im 80er-Zyklus mit einem time-lag von einem Jahr und einer Schrumpfung um -12,9 Prozent, im 90er-Zyklus mit einem time-lag von zwei Jahren und einer Schrumpfung um -7,4 Prozent. Jeweils über mehrere Jahre haben sie die höchsten negativen Veränderungsraten.
2. Die Personalausgaben, mit ca. 30 Prozent der gewichtigste Ausgabenblock, reagieren ebenfalls aber deutlich gedämpfter. Die Veränderungsraten bleiben stets positiv, nur 1994 erreichen sie fast die 0-Prozent-Linie. Die höchsten Zuwachsraten während des Vereinigungsbooms (1991: 9,3 Prozent, 1992: 6,8 Prozent) entsprechen auffällig den zeitgleichen Zuwachsraten der Steuereinnahmen (vgl. Abb. 5: 1991: 9,5 Prozent, 1992: 7,8 Prozent). Einnahmen drängen zur Ausgabe, ohne daß diese Personalausgaben mit der Schrumpfung der Steuereinnahmen dann parallel zurückgeführt werden könnten.
3. Fast permanent liegen die Veränderungsraten der Sozialausgaben oberhalb der Veränderungsraten der Personalausgaben (Ausnahme: 1991). Sie müssen als ein quantitativ sehr bedeutsames und – weitgehend bundesgesetzlich bestimmt – instrumentell für die Kommunen sehr unzugängliches Konsolidieurngsthema eingeschätzt werden.

Beim Vergleich zwischen den Konsolidierungsphasen läßt sich feststellen:

1. Die Sachinvestitionen, die sich weiterhin stark „im Schlepptau" staatlicher Zuweisungen für investive Zwecke bewegen, zeigen etwas unterschiedliche Startniveaus und Verlaufsbilder (vgl. Abb. 8). Daß der Einbruch im 80er-Zyklus tiefer ist als im 90er-Zyklus (vgl. die Flächen unter der 0-Prozent-Linie) hängt einerseits von den hohen Ausgangsniveaus als Folge des Zukunftsinvestitionsprogramms (1979-1981) ab, andererseits von den heute inzwischen geringen realen Volumina, die weitere Einsparungen immer schwerer machen.
2. Die Personalausgaben zeigen vergleichbare hohe Startniveaus und parallele Verlaufsbilder (vgl. Abb. 9), wobei allerdings der Spareffekt in den 90er Jahren etwas ausgeprägter ist.
3. Abb. 10 belegt deutlich den konsolidierungshemmenden Effekt der Sozialausgaben im 90er-Zyklus durch die zunächst noch steigenden Wachstumsraten und ihren dauerhaften Verlauf oberhalb der 80er-Linie, ein Zeichen dafür, daß die Haushaltskonsolidierung heute durch die Folgen des „jobless growth" auf die Kommunalfinanzen deutlich erschwert wird.

Insgesamt läßt sich feststellen, daß eine quantitative aggregatstatistische Analyse der materiellen Haushaltskonsolidierungspolitik keine gravierenden Unterschiede zwischen den 80er und 90er Jahren zeigt.

Abbildung 6

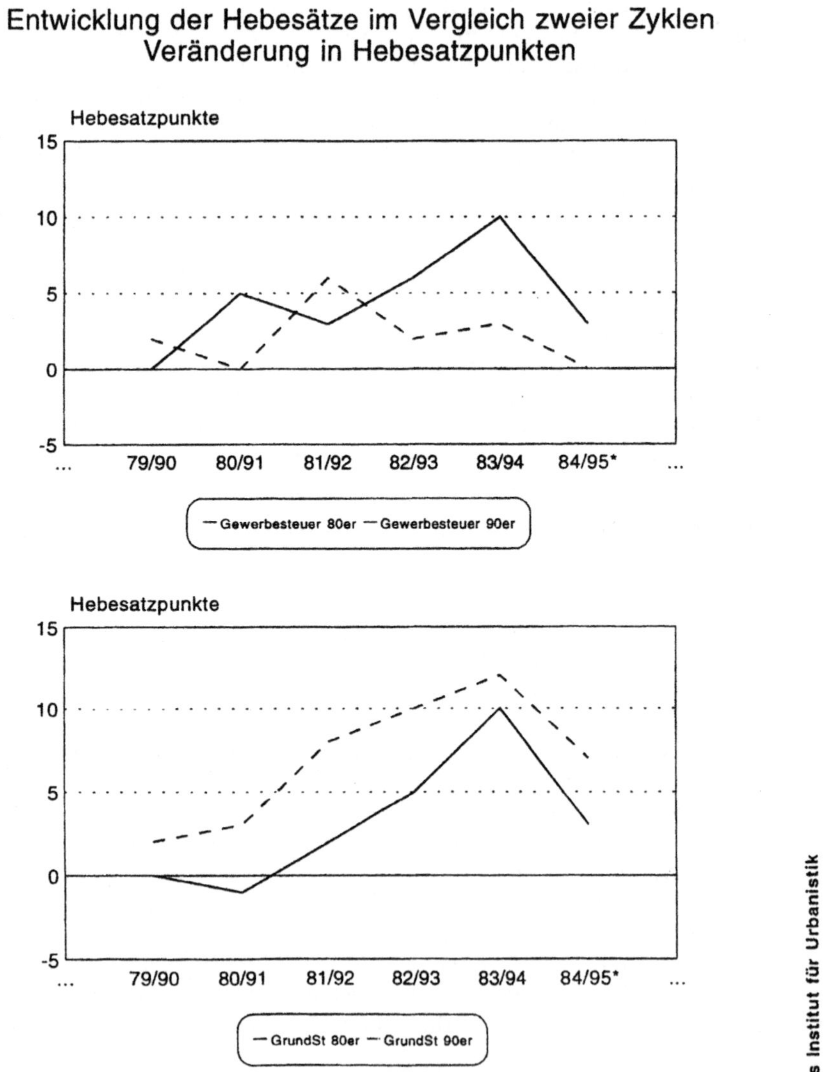

Quelle: Statistisches Bundesamt und DSt; alte Bundesländer
* Schätzung

Abbildung 7

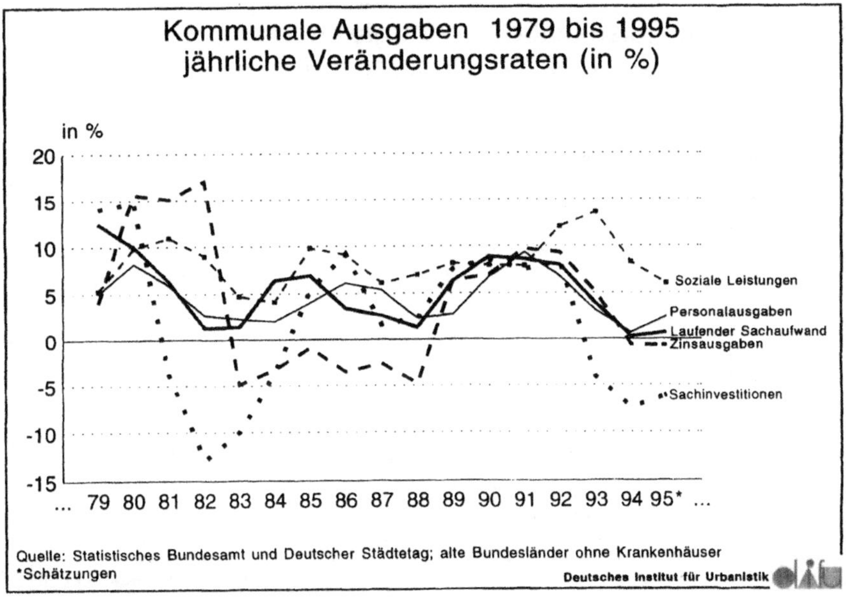

Abbildung 8

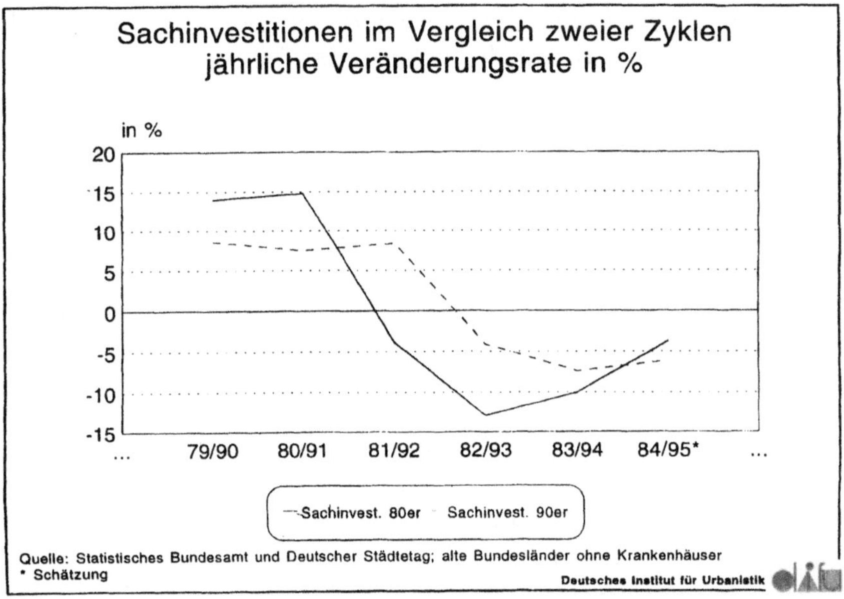

Abbildung 9

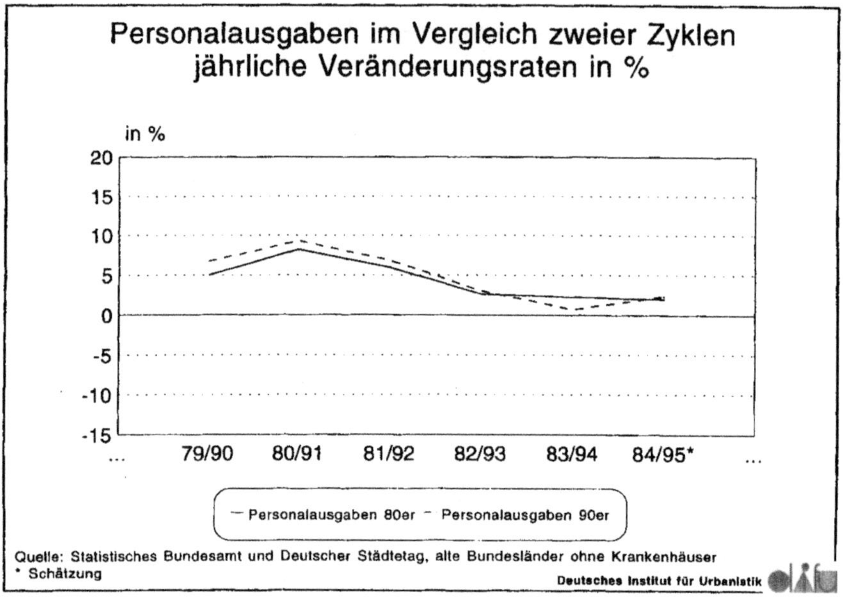

Abbildung 10

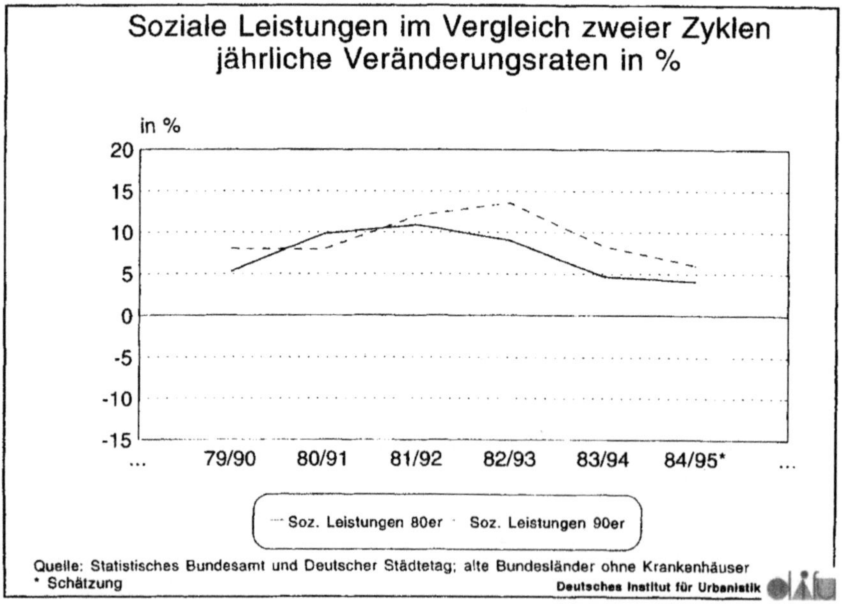

Methodisch kann der hier eingeschlagene Weg nicht voll befriedigen:

- In den Ausgabe- und Einnahmeverläufen mischen sich je unterschiedlich sozioökonomische Faktoren (Wirtschaftsentwicklung, Entwicklung der Zahl der Sozialhilfeempfänger), staatliche Entscheidungen (Steuerpolitik, ausgabewirksame Gesetze, Zuweisungspolitik) und „autonome" kommunale Entscheidungen in unerkennbarer Form. Die Veränderungsraten der Steuereinnahmen sind beispielsweise – im Gegensatz etwa zu denen der Hebesätzen – für sich keine Indikatoren für Konsolidierungshandeln der Kommunen.
- Mit dem Ansatz an Ausgabearten kann vor allem auch die unterschiedliche Betroffenheit der verschiedenen Politikfelder bzw. Aufgabenbereiche nicht in den Blick kommen.

Hier besteht also noch ein weites Feld für differenzierende Analysen.

4. Haushaltskonsolidierung und Verwaltungsreform

Der entscheidende Unterschied zwischen den beiden Konsolidierungsverläufen besteht darin, daß die Haushaltskonsolidierung in den 90er Jahren eng mit dem Prozeß der Verwaltungsmodernisierung verknüpft ist, also in den prozeduralen Aspekten. Denn etwa seit 1990 streben erstmalig seit dem Zweiten Weltkrieg viele Städte, Gemeinden und Kreise eine umfassende Strukturreform ihrer Verwaltung an (vgl. u.a. die Umfragen bei Schöneich/ Grömig 1995 und Frischmuth 1996). Dieses „Umdenken im Rathaus" (Reichard 1994), das weitgehend dem Mainstream der internationalen New Public Management-Bewegung (wenn auch mit Zeitverzug) folgt, wurde wesentlich durch die Promotorenrolle der KGSt unter G. Banner angestoßen. Ihr „Neues Steuerungsmodell" ist Orientierungspunkt der meisten Reformaktivitäten, aber auch mancher Kritik.

Haushaltskonsolidierung und Verwaltungsmodernisierung sind zwei verschiedene strategische Aufgabenstellungen der Städte, allerdings gibt es zwischen ihnen viele Zusammenhänge, am besten veranschaulicht im Bild von zwei sich überlappenden Kreisen, in deren Schnittmenge solche zentralen Begriffe wie „dezentrale Ressourcenverantwortung", „Budgetierung" oder „Kosten-Leistungs-Rechnung" vorkommen. Langfristig erwartet man von der Verwaltungsmodernisierung nicht nur große Beiträge zur Kundenorientierung und Mitarbeiterzufriedenheit, sondern auch zur Haushaltskonsolidierung. Sie wird von vielen als notwendige, wenn auch nicht hinreichende Bedingung der Konsolidierung angesehen. Doch kurzfristig bringt sie keine nennenswerten Haushaltskonsolidierungsbeiträge. Würden Verwaltungsmodernisierung und speziell der Weg des „Neuen Steuerungsmodells" der KGSt (vgl. KGSt-Bericht 5/1993) als Haushaltskonsolidierung mißverstanden, dann könnte wegen der fehlenden kurzfristigen Effekte eine gewichtige motivationale Behinderung im Prozeß der Verwaltungsmodernisierung eintreten (H. Janning, 1995).

Die Städte, die sich – meist durch unerwartete Einnahmeausfälle bei gleichzeitiger „Explosion" der Soziallasten, oft in mehrstelliger Millionenhöhe – in den letzten Jahren zu Haushaltskonsolidierungsschritten von ganz neuer Tragweite gezwungen sahen, haben zumeist mit Budgetierung begonnen (H. Mäding, 1994a). Darunter versteht man in der Regel die Vorgabe von Budgetvolumina an Teilverwaltungen vor der Aufstellung von Haushaltsplänen im einzelnen. Es gibt kein Verfahren neben einer flächendeckenden Budgetierung, das ebenso eindeutig auf Haushaltskonsolidierung ausgerichtet ist und das Haushaltskonsolidierung so direkt und unmittelbar angeht und mit so großer Wahrscheinlichkeit erreichen kann. Auf verfahrenstechnische Details soll hier nicht eingegangen werden, obwohl diese wichtig sind:

- die Aggregationstiefe (Dezernatsbudgets, Ämterbudgets oder Produktbudgets) und wie detailliert dann solche Produkte definiert werden sollten;
- die Unterscheidung zwischen Ausgabebudgets und Zuschußbudgets;
- mit oder ohne Klassifizierung nach Disponibilitätsstufen; mit oder ohne politische „Tabubereiche";
- mit oder ohne verwaltungsinterne Stäbe, Ämter oder Arbeitsgruppen;
- mit oder ohne Ratsbeschlüsse (über Budgets oder „Tabubereiche") im Haushaltsentwurfsverfahren.

Jedes Verfahren, das man anwendet, wird seine Vor- und Nachteile haben. Die gemeinsamen Vorteile der Budgetierung werden vor allem in vier Punkten gesehen:

- daß bei diesem Vorgehen die tatsächliche Konsolidierung wahrscheinlicher wird als beim klassischen Haushaltsaufstellungsverfahren „von unten nach oben";
- daß es eine größere Eigenverantwortlichkeit der Fachbereiche (Dezernate, Ämter) schafft;
- daß die Verwaltungsführung durch das Verfahren entlastet wird und
- daß insgesamt die Effizienz der Entscheidungsprozesse steigt.

Von den methodisch-technischen Problemen sei hier auf drei hingewiesen:

- Wo ist die optimale Disaggregation erreicht? Sollten Budgets für Dezernate, Ämter oder Produkte gebildet werden? Läßt sich eine Kongruenz von Organisation und Aufgabe herstellen, also sicherstellen, daß es für jedes Produkt nur einen letzten Produktverantwortlichen gibt?
- So, wie sie bisher beschrieben wurde, ist die Budgetierung noch eine reine Deckelungsbudgetierung bei der Haushaltsaufstellung. Ausgeklam-

mert bleibt, wie auch schon bei der Aufgabenkritik, eine Antwort auf die alte Frage, wie man überhaupt vernünftig zwischen Bedarfsdringlichkeiten in verschiedenen Aufgabenfeldern auswählen kann. Die heute praktizierten Ansätze zur Bestimmung der Budgets werden daher meist mit mehr oder weniger schlechtem Gewissen angewandt. Sie sind überwiegend zu stark vergangenheitsorientiert, zu stark inputorientiert, zu stark an der rechtlichen Verbindlichkeit orientiert.
– Budgetierung im Rahmen des neuen Steuerungsmodells setzt außerdem eine funktionstüchtige Kosten-Leistungs-Rechnung voraus.

Abschließend sollen daneben zwei zentrale politisch-administrative Probleme angesprochen werden:

a. Verwaltungsintern

Konsolidierungspolitik ist Politik der Zentrale gegen die Ausgabenwünsche der Fachverwaltungen. Erfolgreiche Konsolidierung setzt eine starke Zentrale als Promotor voraus. Zur Erfüllung dieser Bedingung können verschiedene Einzelaspekte beitragen, die in den Städten unterschiedlich gut vorhanden sind:

– Regelungen der Gemeindeordnung,
– eine starke Person an der Verwaltungsspitze, die nicht gleich morgen pensioniert wird,
– Homogenität oder Korpsgeist in der Dezernentenkonferenz,
– Professionalität bei den leitenden Mitarbeitern der Querschnittsämter.

Man sieht sofort, daß wir es überwiegend mit Bedingungen zu tun haben, die konsolidierungsrelevant, aber nur schwer gestaltbar sind. Die Gleichzeitigkeit von Haushaltskonsolidierung und Verwaltungsmodernisierung in Richtung auf ein Neues Steuerungsmodell zeichnet sich daher durch ein internes Spannungsverhältnis in dieser Machtfrage aus: Konsolidierung braucht eine starke Zentrale, Verwaltungsmodernisierung zielt ab auf Entscheidungsdezentralisierung. Vor allem während der nicht zu kurzen Übergangsfristen, bevor ein solches Steuerungsmodell steht, haben die Querschnittsämter noch formale Verantwortung, ohne jedoch den Ressourceneinsatz weiterhin detailliert steuern zu können.

Haushaltskonsolidierung unter der Nebenbedingung zeitgleicher Modernisierung stellt damit besondere Führungs- und Motivationsaufgaben. Reine Top-Down-Strategien werden am Widerstand der Mitarbeiter, vor allem am Widerstand des mittleren Managements scheitern. In allen erfolgreichen Städten hat eine frühzeitige Einbeziehung nicht nur des Personalrats, sondern der Mitarbeiterinnen und Mitarbeiter selbst stattgefunden. In einzelnen Städten werden Konzepte der Reorganisation hin zu „Lean Management" verfolgt, durch die zum Teil eine ganze Führungsebene entfallen soll. Das ist zwar konsolidierungspositiv, wirkt aber leicht motivationsnegativ wegen der dadurch entfallenden Beförderungschancen.

Bei vielen besteht die Erwartung, der wesentliche Beitrag des Neuen Steuerungsmodells zur Haushaltskonsolidierung liege in der veränderten Motivation der Mitarbeiterinnen und Mitarbeiter. Diese zu sichern ist eine Daueraufgabe. Das Problem besteht darin, über den Mobilisierungseffekt jeder Neuerung hinaus („Hawthorne-Effekt") die Anreize so zu setzen und zu erhalten, daß die Möglichkeiten der Effizienzsteigerung von möglichst vielen Mitarbeitern dauerhaft immer wieder neu genutzt werden. Welche Änderungen im Personal- und Tarifrecht sind dazu erforderlich, um adäquate Anreizstrukturen zu schaffen? In welchem Verhältnis sollten dabei materielle und immaterielle Anreize stehen? Wie ist die sogenannte Abschöpfungsproblematik, ein Uraltthema der Aufgabenkritik, zu lösen? Also: Was bleibt dem sparenden Amt für seine Sparbemühungen, dem Mitarbeiter für seinen Sparvorschlag? Wie sind extern verursachte Mehr- oder Mindereinnahmen und -ausgaben von intern verursachten, „managementbedingten" zu unterscheiden, also die Managementleistung als solche zu isolieren, um sie dann adäquat zu honorieren. Das ist nicht nur theoretisch schwierig, sondern das wird als ein öffentliches Geschehen auch neue Verschleierungen und Rivalitäten provozieren und, was schlimmer sein könnte, ein neues Insel- oder Kästchendenken hervorrufen, bei dem man externe Nutzen des eigenen Tuns nicht mehr beachtet und externe Lasten ungerührt hervorruft. Es ist unwahrscheinlich, daß die Zentrale diese Effekte über Controlling-Prozesse identifizieren und weitgehend unterbinden kann.

b. Verwaltungsextern

Schon die Aufgabenkritik der 70er Jahre ist u.a. daran gescheitert, daß die Politik nicht mitgespielt hat. Es ist daher erforderlich, daß in einem neuen Anlauf der Haushaltskonsolidierung dieses Mitspielen der Politik von Anfang an in die Konzepte integriert wird. Daraus folgt als eine entscheidende Erfolgsbedingung, daß Rat und Verwaltung ein gemeinsames Konsolidierungsprogramm erstellen. Dazu muß aber die Rolle der Kommunalpolitiker für diese akzeptabel definiert werden und faire Kooperation an die Stelle des heute noch weit verbreiteten Schwarzer-Peter-Spieles treten.

Hinter der Frage nach dem Verhältnis von Rat und Verwaltung im Konsolidierungsprozeß liegt ein tieferliegendes Problem. Durch Verfahren der Budgetierung mit dezentraler Ressourcenverantwortung wird die traditionelle Rolle des Rates tendenziell in Frage gestellt. Ihm werden Handlungsmöglichkeiten genommen, die er vorher besaß. Heute wird er in der Regel damit getröstet, daß er sich nur so auf seine „wahre“ Rolle konzentrieren könne, die in den Richtungsentscheidungen liege. Viele Verwaltungspraktiker halten aber die Vorstellung von einer nur „globalen Steuerung“ durch den Rat für irreal. Eines der am meisten zitierten Reformziele lautet, der Rat solle über das Was und die Verwaltung über das Wie entscheiden. Mit dieser Formel wird nur eine scheinbare Zielklarheit suggeriert. Viel zu wenig ist bisher darüber zu hören oder zu lesen, wie man das Was vom Wie denn trennen kann. Die Haushaltskonsolidierung mag als eine Krise aufgefaßt werden, in der der Rat sich bereitwillig der „exekutiven Führerschaft“ (P. Kevenhörster, 1977). unterwirft und seinem „Detailsteuerungstrieb“ abschwört. Aber danach unter dem Normalregime des Neuen Steuerungsmodells wird sich diese Frage nach der Rollenverteilung zwischen Rat und Verwaltung neu stellen. Die mit Variationen wiederholt gehörte Formel, das Controlling sei die Voraussetzung dafür, daß die Politik die Verwaltung „losläßt“ und so die Verwaltung selbstverantwortlich arbeiten könne, diese Formel bezeichnet etwas, das faktisch unwahrscheinlich und normativ nicht anstrebenswert ist.

Doch der Konsens von Rat und Verwaltung wird sich nur schwer finden und durchhalten lassen, wenn der Bürger nicht mitspielt. Viele Millionen DM lassen sich nicht sparen, ohne daß der Bürger es merkt. Vor allem die Ratsmitglieder und die direkt gewählten Bürgermeister haben die Aufgabe, aufklärend zu wirken und darzustellen, daß Haushaltskonsolidierung heute notwendig ist, um die kommunalen Dienstleistungen langfristig anbieten zu können.

Mit dem Aufbau eines externen Controlling, also eines verläßlichen Informationskreislaufes zwischen Verwaltung, Rat und Bürgern stellen sich vor allem folgende Fragen: Wie groß ist die Wahrscheinlichkeit, daß die aufgabenkritischen Suchprozesse tatsächlich an den vielfältigen und teilweise widersprüchlichen Interessen der Bürger orientiert werden können? Wie erhöhen wir deren Beteiligungsgrad? Wie schafft man es, daß sich viele Bürger neben individuellen Zufriedenheiten für die Gesamtheit städtischer Leistungen interessieren, daß soziale Ausgewogenheit, stadtregionale Fairneß und umweltbezogene Nachhaltigkeit in den Blick kommen? Wie findet man politisch-administrative Entscheidungsprozeduren, die einen Mittelweg zwischen „Rundum-Erfüllungspolitik“ (OB Böhme, FR 1993) und elitärer Besserwisserei zeigen.

Der gemeinsame Abschied von den Verheißungen der Wachstumswirtschaft (H. Mäding, 1984) ist offenbar eine der wichtigsten Bedingungen erfolgreicher Konsolidierungspolitik.

Literaturverzeichnis

Banner, Gerhard, 1984: Kommunale Steuerung zwischen Gemeindeordnung und Parteipolitik – am Beispiel der Haushaltspolitik. In: Die Öffentliche Verwaltung 9, S. 364ff.

Banner, Gerhard, 1985: Haushaltspolitik und Haushaltskonsolidierung. In: *Püttner*, Günter (Hg.): Handbuch der kommunalen Wissenschaft und Praxis. Berlin etc., S. 423ff.

Boss, Alfred/Bothe, Adrian, 1987: Ausgabenkürzungen im öffentlichen Sektor. Tübingen.

Bothe, Adria, 1989: Die Gemeindeausgaben in der Bundesrepublik. Ein nachfrageorientierter Erklärungsansatz. Tübingen.

Bretschneider, Michael, 1995: Aktuelle Probleme der Stadtentwicklung und der Kommunalpolitik. Umfrageergebnisse 1995. In: Difu-Materialien 16/95, Berlin.

Engelhardt, Gunter, 1987: Programmbudgetierung als Antwort auf die Haushaltskrise. In: *Mäding*, Heinrich (Hg.): Haushaltsplanung – Haushaltsvollzug – Haushaltskontrolle. Baden-Baden, S. 132ff.

Frischmuth, Birgit, 1996: Budgetierung in deutschen Städten. Stand der Einführung: Ergebnisse einer repräsentativen Umfrage. In: Aktuelle Information des Deutschen Instituts für Urbanistik. Berlin.

Fürst, Dietrich, 1987: Faktische Änderungen der Budgetierungsprozesse im Gefolge der Haushaltskrise. In: Mäding, Heinrich (Hg.): Haushaltsplanung – Haushaltsvollzug – Haushaltskontrolle. Baden-Baden, S. 113ff.

Hack, Hans, 1987: Bedingungen erfolgreicher kommunaler Sparstrategien. In: Mäding, Heinrich (Hg.): Haushaltsplanung – Haushaltsvollzug – Haushaltskontrolle. Baden-Baden, S. 125ff.

Hoberg, Rolf, 1982: Ansätze für planvolles Sparen auf der kommunalen Ebene. Archiv für Kommunalwissenschaften 21, Bd. 1, S. 97ff.

Janning, Hermann, 1995: Pro und Contra. Modernisierung der öffentlichen Verwaltung. In: Die innovative Verwaltung 1 Jg., H. 1, S. 18ff.

Karrenberg, Hans/Münstermann, Engelbert, 1995: Gemeindefinanzbericht 1995. Städtische Finanzen '95 – unter staatl. Druck. In: der städtetag, Nr. 3, S. 115ff.

Kevenhörster, Paul, (Hg.) 1977: Lokale Politik unter exekutiver Führerschaft. Sozialwissenschaftliche Studien zur Stadt- und Regionalpolitik. Bd. 1. Meisenheim.

Kommunale Gemeinschaftsstelle für Verwaltungsvereinfachung (KGSt) 1974: Aufgabenkritik, Bericht 21/1974.

Kommunale Gemeinschaftsstelle für Verwaltungsvereinfachung (KGSt) 1993:Das Neue Steuerungsmodell – Begründung, Konturen, Umsetzung. In: KGSt-Bericht 5/1993, Köln.

Kunz, Volker/Zapf-Schramm, Thomas, 1989: Ergebnisse der Haushaltsentscheidungsprozesse in den kreisfreien Städten der Bundesrepublik. In: Schimanke, Dieter (Hg.): Stadtdirektor oder Bürgermeister. Basel etc., S. 161ff.

Mäding, Erhard, 1974: Aufgabenkritik. In: *Bauer*, Helfriede/Knöpfle, Franz/Mäding, Erhard (Hg.): Aufgabenplanung und Finanzplanung. Wien, S. 27ff.

Mäding, Erhard, 1978: Aufgabenkritik. In: Institut für Kommunalwissenschaften der Konrad-Adenauer-Stiftung (Hg.): Reform kommunaler Aufgaben. Bonn, S. 196ff.

Mäding, Heinrich, 1984: Brauchen wir Wachstum? In: Aus Politik und Zeitgeschichte. Bd. 19/84, S. 3ff.

Mäding, Heinrich, 1983a: Sparpolitik: theoretische Forderungen und politische Praxis. In: *Mäding*, Heinrich (Hg.): Sparpolitik. Ökonomische Zwänge und politische Spielräume. Opladen, S. 11.

Mäding, Heinrich, 1983b: Budgetierungsprozesse im Zeichen der Finanzknappheit. In: Hartwich, Hans-Hermann (Hg.): Gesellschaftliche Probleme als Anstoß und Folge von Politik. Opladen, S. 396ff.

Mäding, Heinrich, 1990: Aufgabenkritik – Mehr als nur Kürzungs-Management. In: Goller, Jost/Maack, Klaus/Müller-Hedrich, Bernd W. (Hg.): Verwaltungsmanagement. Handbuch für öffentliche Verwaltungen und Betriebe. Stuttgart 1989ff., S. 1ff.

Mäding, Heinrich, 1994b: Kommunalfinanzen: Schwierigkeiten der Konsolidierung. In: Gabriel, O.W./Voigt, R. (Hg.): Kommunalwissenschaftliche Analysen, S. 107ff., Bochum.

Mäding, Heinrich, 1994a: Optionen Kommunaler Haushaltskonsolidierung. In: Frischmuth, Birgit (Hg.): Haushaltskonsolidierung, in: Difu-Materialien 4/94, S. 37ff.

Mäding, Heinrich, 1996: Bedingungen einer erfolgreichen Konsolidierungspolitik der Kommunen. In: Archiv für Kommunalwissenschaften Bd. I.

Milbradt, Georg, 1987: Flexible Vollzugssteuerung auf der kommunalen Ebene – am Beispiel der Stadt Münster. In: Mäding, Heinrich (Hg.): Haushaltsplanung – Haushaltsvollzug – Haushaltskontrolle. Baden-Baden, S. 189ff.

Reichard, Christoph, 1994: Umdenken im Rathaus. Neue Steuerungsmodelle in der deutschen Kommunalverwaltung, Berlin.

Reidenbach, Michael/Kühn, Gerd, 1989: Die Erhaltung der städtischen Infrastruktur: Analysen – Finanzbedarf – Strategien. Stuttgart u.a.

Schöneich, Michael/Grömig, Erko, 1995: Zum Stand der Modernisierung in den NW-Städten. In: Eil-Dienst, Städtetag NW, Heft vom 4.9.1995.

Windhoff-Héritier, Adrienne, 1983: Sozialpolitik der mageren Jahre. In: Mäding, Heinrich (Hg.): Sparpolitik. Opladen, S. 77ff.

Winkler-Haupt, Uwe, 1988: Gemeindeordnung und Politikfolgen. München.

Winkler-Haupt, Uwe, 1989: Die Auswirkungen unterschiedlicher kommunaler Führungsorganisationstypen auf den Policy-Output. In: Schimanke, Dieter (Hg.): Stadtdirektor und Bürgermeister. Basel etc., S. 143ff.

Zimmermann, Horst, 1982: Kürzungs-Management: Eine neue kommunalpolitische Aufgabe. In: Wirtschaftsdienst 6, S. 296ff.

Jürgen Barthel

Kommunale Haushaltskonsolidierungsstrategien – dargestellt am Beispiel der Stadt Kassel

1. Wachsende Defizite auf allen kommunalen Ebenen

Seit Mitte der 90er Jahre verschärfen sich die Haushaltsprobleme in fast allen Kommunen dramatisch. Als Folge der Finanzierungslasten der deutschen Einheit, der wachsenden Arbeitslosigkeit und der Verlagerung der Kosten der Arbeitslosigkeit in die Sozialhilfe der Kommunen und der Aushöhlung der kommunalen Einnahmen, insbesondere bei der Gewerbesteuer, geraten immer mehr kommunale Gebietskörperschaften in die „roten Zahlen". Viele Landkreise, Mittelstädte, aber auch kleinere Gemeinden weisen erstmals defizitäre Haushalte aus. Selbst in reichen Großstädten, wie z.B. Frankfurt, spitzt sich die Haushaltssituation zu. In den strukturschwachen Großstädten, die zum Teil mehrere Konsolidierungsrunden hinter sich haben, wachsen die Defizite auf deutlich über 10% des laufenden Haushaltsvolumens.

Diese unterschiedliche Ausgangslage ist für die Erfolgschancen alternativer Konsolidierungsstrategien von herausragender Bedeutung. In den finanziell strukturschwachen Großstädten des Nordens und des Westens der Bundesrepublik sind die Reserven kommunaler Haushaltspolitik bereits in den vorausgegangenen Konsolidierungsrunden systematisch ausgequetscht worden. In finanzstärkeren Großstädten können dagegen bereits mit konventionellen Maßnahmen beachtliche Erfolge erwirtschaftet werden.

Die Stadt Kassel gehört zu den Großstädten mit langjährigen Konsolidierungserfahrungen, weil der industrielle Umstrukturierungsprozeß und die Randlage nahe der innerdeutschen Grenze seit den 70er Jahren die Arbeitslosigkeit auf hohem und die kommunalen Einnahmen auf niedrigem Niveau gehalten haben. Der Stadt ist es dennoch bis Mitte der 90er Jahre gelungen, die Defizite im Verwaltungshaushalt zu begrenzen und immer wieder auszugleichen. Diese sparsame Haushaltsführung hat – auch bestätigt durch den Bund Deutscher Steuerzahler – zu außerordentlich niedrigen Personal- und Sachausgaben geführt. Seit 1993 sind die Defizite im Verwaltungshaushalt der Stadt sprunghaft angestiegen. Nach Einschätzung externer Gutachter liegt das strukturelle Defizit im Verwaltungshaushalt zwischen 80 und 120 Mill. DM bei einem Haushaltsvolumen von rd. 1 Mrd. DM.

2. Konsolidierungsstrategien

2.1 Konventionelle Kürzungsstrategien

Wachsenden Haushaltsdefiziten muß die Finanzpolitik möglichst schnell mit kurzfristig wirksamen Maßnahmen entgegentreten, um die Zinsfolgen aufgelaufener Defizite und eine Gewöhnung an defizitäre Haushaltsführung zu vermeiden. Sehr kurzfristig wirkt die konventionelle Haushaltsbewirtschaftung. Sie setzt an den Sach- und Personalausgaben an. Dabei werden die Sachausgaben in der Regel mit einer prozentualen Sperre belegt. In reichen Städten, in denen die Sachausgaben in den vorausgegangenen Jahren kräftig gewachsen sind, kann diese Sperre durchaus ein Drittel der laufenden Ausgaben erfassen. In Städten mit engen Finanzbudgets, in denen das Instrument der Haushaltsbewirtschaftung regelmäßig angewandt wurde, ist dagegen eher an eine Sperrung von 10% der Sachausgaben zu denken. Im Extremfall kann auch eine vollständige Sperrung aller Sachausgaben durch den Stadtkämmerer verfügt werden. Dieses Instrument wird häufig im 4. Quartal des Haushaltsjahres angewandt, um das sogenannte „Dezember-Fieber" zu verhindern. Die vollständige Sperrung widerspricht jedoch modernen Budgetierungsansätzen. Die Ämter, die mit ihren Haushaltsmitteln sorgfältig und sparsam umgegangen sind, werden gegenüber Ämtern, die ihre Mittel frühzeitig verausgabt haben, strukturell benachteiligt. Wird die totale Sachausgabensperre regelmäßig angewandt, werden die Ämter „lernen", ihre Ausgaben frühzeitig zu disponieren. Alle Sachausgabensperren bedürfen zudem einer Ausnahmeregelung. Die Freigabe von Sachausgaben über die Haushaltssperre hinaus belastet die Kämmerei in erheblichem Umfang und entmündigt die Fachämter.

Die Personalausgaben können über Wiederbesetzungssperren und vollständige Einstellungssperren beeinflußt werden. Angesichts der relativ geringen Personalfluktuation in der öffentlichen Verwaltung sind die finanziellen Auswirkungen, bezogen auf die gesamten Personalausgaben, gering. Bei einer sechsmonatigen Wiederbesetzungssperre und einer mit 5% sehr hoch angesetzten Fluktuationsrate liegt die Einsparung bei ca. 2,5% des Personalbudgets. Bei einem Personalkostenanteil von 25% am gesamten Haushaltsvolumen kann über diese Maßnahme eine Reduzierung des Gesamtausgabevolumens um 0,6% erreicht werden.

Auch die Personalkostenbewirtschaftung braucht Ausnahmeregelungen. So macht es wenig Sinn, auf die Wiederbesetzung einer Stelle zu verzichten, die einen Überschuß erwirtschaftet, sofern sie nicht über den internen Arbeitsmarkt besetzt werden kann. Auch kann eine Wiederbesetzungssperre nicht durchgehalten werden, wenn aufgrund fixierter oder gesetzlich vorgeschriebener Personalschlüssel die Schließung von Einrichtungen, wie z.B.

Kindergärten, droht. Auch hier gilt wieder, daß Personalbewirtschaftung in finanzstärkeren Städten zu größeren Erfolgen führt und länger durchgehalten werden kann, weil die Personalkörper über entsprechende Reserven verfügen. In Städten mit angespannten Personalbudgets führen diese Maßnahmen schnell zu strukturellen Verwerfungen und bedrohen die Leistungsfähigkeit der Kommunalverwaltung. Sie müssen deshalb von Organisationsänderungen und Aufgabenkritik begleitet werden.

2.2 Einnahmeverbesserungen

Sehr kurzfristig werden auch Maßnahmen zur Einnahmeverbesserung wirksam. Dies gilt insbesondere für die Hebesätze der Realsteuern, die mit nur wenigen Wochen Vorlauf per Satzungsbeschluß zum Jahreswechsel erhöht werden können. Grenzen setzen jedoch die politische Akzeptanz derartiger Steuererhöhungen und die relative Höhe im Vergleich zu Nachbargemeinden und vergleichbar großen Städten. Gewerbesteuererhöhungen sind aus diesen Gründen – wenn überhaupt – nur noch im äußerst begrenzten Umfang möglich. Angesichts der Aushöhlung der Gewerbesteuer durch die bundesgesetzlichen Änderungen und die Abschaffung der Gewerbekapitalsteuer verliert die Gewerbesteuer immer mehr an Gewicht. In der Stadt Kassel würde eine Erhöhung des Hebesatzes von 440 Punkten um 20 Punkte auf 460 Mehreinnahmen von knapp 5 Mill. DM erbringen, also 0,5% des Verwaltungshaushaltes.

Bei der Grundsteuer sind die finanzpolitischen Auswirkungen noch geringer. Politisch wird gegen die Grundsteuer ins Feld geführt, daß sie als Bestandteil der sogenannten zweiten Miete auch Bezieher niedriger Einkommen mit zusätzlichen Nebenkosten belaste. Tatsächlich kann die Grundsteuer auf die Mieter weitergewälzt werden; allerdings belegen Beispielsrechnungen eindeutig, daß die Grundsteuer eine der wenigen progressiven Steuern darstellt. In Kassel würde eine Erhöhung der Grundsteuer (440 Punkte) um 20 Punkte Mehreinnahmen von rd. 0,2% des Verwaltungshaushaltes bewirken.

In einigen Bundesländern haben die Gemeinden ein sogenanntes Steuerfindungsrecht für kleine Gemeindesteuern. Hierunter fällt die Getränkesteuer, aber auch die Verpackungsteuer und die Zweitwohnungsteuer. Die Getränkesteuer ist fiskalisch ergiebig – in Kassel wurden pro Jahr rd. 7,5 Mill. DM bei einem Steuersatz von 10% realisiert –, sie ist allerdings auch politisch heftig umstritten. In Kassel wurde die Getränkesteuer zum 01.01.1992 wieder eingeführt und nach dramatischen Mehrheitsverschiebungen bei der Kommunalwahl 1993 wieder abgeschafft. Angesichts der hohen Belastung auch mittlerer Einkommen mit Steuern und Sozialabgaben werden zusätzliche fiskalische Belastungen von einer breiten Mehrheit der Bevölkerung nicht mehr akzeptiert. Daran ändert auch der Hinweis auf politisch breit gestützte Projekte und Angebotsverbesserungen – wie z.B. bei Kindertagesstätten, die aus dem höheren Steueraufkommen finanziert werden – kaum noch etwas.

Die Verpackungsteuer zielt primär auf ökologische Verhaltensänderungen und hat für die Konsolidierung städtischer Finanzen nur eine untergeordnete Bedeutung. Die Zweitwohnungsteuer kommt nur für wenige Orte mit einem hohen Besatz an Zweitwohnungen in Betracht. Haushaltspolitisch macht sie nur Sinn, wenn sie Bürger mit Zweitwohnsitz dazu bewegt, ihren ersten Wohnsitz in die Stadt zu verlagern und damit der Stadt höhere Einkommensteueranteile zufließen. Der Stadtstaat Hamburg hat offensichtlich erste finanzpolitische Erfolge erzielt. Bei allen kleinen Gemeindesteuern muß die Verhältnismäßigkeit von steuerlicher Ergiebigkeit und Verwaltungsaufwand einer äußerst kritischen Prüfung unterzogen werden. Bei der steuerlichen Ausgestaltung ist darauf zu achten, daß der Verwaltungsaufwand in engen Grenzen gehalten wird.

Bei den Einkommensteueranteilen hat die Gemeinde nur sehr langfristig wirkende Einflußmöglichkeiten. Von der Ausweisung neuer Baugebiete und deren Beplanung bis zum Zuzug zusätzlicher Einkommensteuerzahler vergehen in der Regel viele Jahre. Dennoch sollte jede Stadt ihre Stadtentwicklungspolitik auch unter fiskalischen Gesichtspunkten steuern.

Neben den Steuern können die kommunalen Gebühren und Beiträge zur Verbesserung der Haushaltslage herangezogen werden. Als selbstverständlich wird dabei unterstellt, daß für die Abwasserbeseitigung und die Stadtreinigung/Müllabfuhr kostendeckende Gebühren erhoben werden. Aber auch in vielen anderen Bereichen können höhere Kostendeckungsgrade angestrebt und erreicht werden. So können z.B. einkommensabhängige Kindertagesstättenentgelte die wachsenden Belastungen aus dem Rechtsanspruch auf einen Kindertagesstättenplatz zumindest teilweise finanzieren. Und auch in der Kultur und im Sport können Eintrittsgelder und Nutzungsgebühren zusätzliche Einnahmen bringen. So wurden in der Stadt Kassel für die städtischen Museen Eintrittsgelder eingeführt. Bei den Sportstätten und insbesondere Sporthallen wird seit Jahren eine Nutzungsgebühr diskutiert. Für diese Nutzungsgebühr spricht, daß sie die Sportvereine im stärkeren Umfange dazu bewegen würde, knappe Hallenzeiten nur zu belegen, wenn sie auch tatsächlich benötigt werden. Solange die Hallen völlig kostenlos zur Verfügung gestellt werden, wird die bisherige Nutzungsstruktur verfestigt. Neue Interessenten haben kaum eine Chance, Hallenzeiten zu erhalten, weil die bisherigen Nutzer auch bei sinkenden Teilnehmerzahlen die Hallen nicht freigeben. Gegen die Hallennutzungsgebühr spricht, daß sie die sporttreibenden Vereine belastet, die wichtige soziale und jugendpolitische Aufgaben wahrnehmen.

Auch die Verwaltungsgebühren und Entgelte müssen auf ihre Kostendeckung überprüft werden. Allerdings sind viele Gebühren gesetzlich festgelegt, so daß die Kommunen hier keine Steuerungsmöglichkeiten haben. Besonders ärgerlich ist dies, wenn die Gebühren deutlich unter den tatsächlichen Kosten liegen. Bei der Ausstellung von Personalausweisen war die Gebühr bis vor kurzem auf 10,-- DM durch Bundesgesetz festgesetzt, obwohl die Bezugskosten für den Personalausweis bei der Bundesdruckerei bei 11,90 DM liegen. Neuerdings beträgt die Gebühr 15,-- DM, wobei die Selbstkosten der Stadt – einschl. anteiliger Personal- und Sachkosten – etwa 60,-- DM betragen. Die Kommunen werden hierdurch zu einer Subventionierung einer öffentlichen Dienstleistung gezwungen.

2.3 Quotierung des Zuschußbedarfes

Wenn die kurzfristigen Konsolidierungsstrategien mit Kürzungen und Einnahmeverbesserungen ausgereizt sind, muß ein dezentralisierter Konsolidierungsprozeß über Zielvorgaben einsetzen. Eine Vielzahl von Städten hat dabei mit unterschiedlich ausgestalteten Quotierungsverfahren gearbeitet. Dabei wird ein Konsolidierungsziel für den Gesamthaushalt festgeschrieben und auf die Dezernate und Ämter verteilt. Heftig umstritten sind regelmäßig die Verteilungsmaßstäbe. Auch bei noch so ausgeklügelten Verteilungsverfahren werden sich einige Ämter und Dezernate immer benachteiligt fühlen. Ebenso wie es keine von allen als gerecht empfundene Steuer gibt, gibt es auch bei der Konsolidierung keine von allen akzeptierte Lastenverteilung. In der Stadt Kassel haben wir uns auf die Quotierung des Zuschußbedarfes der auf Ämterebene aggregierten Unterabschnitte verständigt. Dabei haben wir nur wenige Bereinigungen für unabweisbare Ausgaben vorgenommen, so z.B. die gesamte Sozialhilfe. Diese Bereinigungen können erheblich differenziert und ausgeweitet werden. Im Extremfall erfolgt die Quotierung nur noch über den Zuschußbedarf für die sogenannten freiwilligen Aufgaben. Da in stark defizitären Städten die Defizite die freiwilligen Ausgaben deutlich übersteigen, würde dies Kürzungsquoten von über 100% und damit die Aufgabe aller freiwilligen Aufgaben bedeuten. Insbesondere in der Kulturpolitik wäre ein Einstellen aller Aktivitäten unvermeidbar. Es ist deshalb notwendig, das angestrebte Kürzungsvolumen breiter zu verteilen. Dies ist gerechtfertigt, weil es auch bei vielen dem Grunde nach gesetzlichen Aufgaben Rationalisierungs- und Kürzungspotentiale gibt.

In der Stadt Kassel wurde deshalb ein Kürzungsvolumen von 60 Mill. DM innerhalb von vier Jahren auf die Zuschußbedarfe verteilt. Wenn dies von der Verwaltungsspitze und der Politik konsequent vertreten und durchgesetzt wird, werden die Fachämter und Dezernate ihre Fach- und Sachkenntnis einbringen und vorhandene Konsolidierungsmöglichkeiten ausschöpfen. Gefördert wird dieser Prozeß, wenn erfolgreiche Ämter und Dezernate über dezentrale Ressourcenverantwortung eine größere finanzwirtschaftliche Autonomie erhalten und bei der Wiederbesetzung frei gewordener Stellen bevorzugt bedient werden. Andererseits ist das Quotierungsverfahren zum Scheitern verurteilt, wenn es einzelnen Bereichen gelingt, aus der Konsolidierung herausgenommen zu werden. Alle anderen Ämter und Dezernate werden dann ihre Anstrengungen nur noch darauf konzentrieren, ebenfalls von der Konsolidierungspflicht entbunden zu werden.

2.4 Aufgabenkritik

Die Konsolidierung der kommunalen Haushalte ist langfristig nur über eine systematische Aufgabenkritik denkbar. Hier sind Bund und Länder gefordert, weil der große Teil der kommunalen Aufgaben inzwischen gesetzlich geregelt ist. So hat das neue Kinder- und Jugendhilferecht den größten Teil der bisher von der Kommune freiwillig wahrgenommenen Aufgaben zu gesetzlichen Pflichtaufgaben zumindest dem Grunde nach gemacht. Aber auch die Kommunen haben in erheblichem Umfang dazu beigetragen, daß die kommunalen Aufgaben nicht nur immer vielfältiger, sondern auch immer komplizierter wurden. Kommunale Satzungen werden immer umfangreicher, weil auch der unbedeutendste Tatbestand noch im einzelnen geregelt werden muß. Diese Satzungen sind nicht nur für die Bürger, sondern auch für die Verwaltung nur noch schwer nachvollziehbar und umsetzbar. Ähnlich ist es bei den Standards kommunaler Einrichtungen. Auch hier fordern alle kommunalen Verbände regelmäßig die Aufhebung oder Reduzierung der durch Landes- oder Bundesrecht vorgeschriebenen Standards, obwohl die Kommunen in vielen Fällen die vorgegebenen Standards freiwillig sogar noch überschreiten. So läßt das hessische Landesrecht Kindertagesstättengruppen mit 25 Kindern zu, ohne daß auch finanziell schwache Städte diese Möglichkeit ausschöpfen.

Qualitative und quantitative Aufgabenkritik ist schwierig durchzusetzen. Nur die Mitarbeiter in den Fachämtern haben in der Regel die Information, auf welche Aufgaben ganz oder teilweise verzichtet werden kann. Auch wenn der öffentliche Sektor faktisch kein Arbeitsplatzrisiko hat, wird mit der Aufgabenkritik dennoch die bisherige Arbeit und der konkrete Arbeitsplatz in Frage gestellt. Außerdem werden fast immer politische Pressure-groups auftreten, die gerade diese kommunale Aufgabe als besonders wichtig „verteidigen“. Bisher waren deshalb die Ergebnisse aufgabenkritischer Untersuchungen in fast allen Städten ernüchternd.

Auch in Kassel sind deutlich weniger als 10% aller inzwischen beschlossenen Konsolidierungsmaßnahmen aufgabenkritisch. Mancher aufgabenkritische Ansatz endete als Farce. So wurde aus dem Konsolidierungsvorschlag, die Baumschutzsatzung abzuschaffen, nach über einjähriger Diskussion letztendlich der Kompromiß des Kompromisses beschlossen, nämlich, die Erhöhung des Baumumfanges von 60 auf 80 cm, ab dem Bäume unter die Baumschutzsatzung fallen.

2.5 Rationalisierungen

Erfolgreicher ist die Rationalisierungsstrategie. Im Rahmen der Quotierungsvorgaben erarbeiten die Fachämter vielfältige Rationalisierungsvorschläge. An erster Stelle sind hier produktivitätssteigernde Investitionen in die Technikausstattung zu nennen. Fast alle Kommunen haben bei der dezentralen Arbeitsplatzausstattung erheblichen Nachholbedarf. Gemessen am privaten Dienstleistungssektor hinken sie um Jahre hinterher. Die hier ruhenden Produktivitätsreserven können allerdings nur ausgeschöpft werden, wenn die Ablauforganisation parallel geändert wird. Die Kommunen müssen die Arbeitszersplitterung aufheben und die Bearbeitung fallbezogen am Arbeitsplatz konzentrieren. Der Sachbearbeiter muß zu einer umfassenden Fallbearbeitung befähigt werden; Korrespondenz und Buchungen können direkt vom Sachbearbeiter online erledigt werden.

Ablauforganisatorisch müssen die vielfältigen Mitzeichnungen der Hierarchien gestrafft und Beteiligungen anderer Ämter auf das unbedingt notwendige Maß reduziert werden. Die Entscheidungskompetenz der Sachbearbeitungsebene muß gestärkt werden. Und das, was der Sachbearbeiter entscheidet, soll er auch unterschreiben.

In der Stadt Kassel haben wir Pilotämter völlig neu strukturiert. Während bisher ein Verkaufsvorgang im Liegenschaftsamt von der Beratung über die Vertragsabfassung bis zur Vertragsabwicklung bei verschiedenen Sachbearbeitern lag, ist heute ein Kundenbetreuer für die komplette Abwicklung eines Immobiliengeschäftes in seinem Marktgebiet zuständig. Den Vorteilen für unsere Kunden, wie ein einziger Ansprechpartner und die Verfahrensbeschleunigung, stehen Vorteile für die Stadt in Form erheblicher Kostenreduzierungen gegenüber.

Die tradierten Hierarchieebenen des öffentlichen Dienstes können und müssen entschlackt werden. Die notwendige Kontrolle kann auch ohne die Mitzeichnung von drei oder vier Hierarchiestufen erreicht werden. Nicht nur die Dezernenten, sondern auch die Amtsleiter und in großen Ämtern die Abteilungsleiter müssen sich auf ihre Steuerungsaufgaben konzentrieren und die Einzelfallentscheidung auf den Sachbearbeiter delegieren.

In der Stadt Kassel wurden deshalb in den vergangenen Jahren vielfältige Entscheidungskompetenzen zum Teil über mehrere Hierarchiestufen „nach unten" delegiert. Auch die Stadtverordnetenversammlung hat z.B. die Entscheidungskompetenz für Grundstücksgeschäfte bis zu DM 50.000 zur endgültigen Entscheidung auf den Liegenschaftsdezernenten übertragen. Da hiervon rd. ein Drittel aller Grundstücksgeschäfte erfaßt wird, konnten Bearbeitungsdauer und Bearbeitungsaufwand deutlich reduziert werden. Die Kompetenz für überplanmäßige und außerplanmäßige Bewilligungen wurde bis zu einem Betrag von DM 30.000 auf den jeweiligen Fachdezernenten, bis zu DM 50.000 auf den Stadtkämmerer und bis zu DM 100.000 auf den Magistrat übertragen. Auch hiermit konnte eine erhebliche Verfahrensbeschleunigung und kostenmäßige Entlastung erreicht werden.

Die Systematisierung dieser Restrukturierung der kommunalen Verwaltung erfolgt in Kassel über die Einführung des neuen Steuerungsmodells. Die umfassende Definition von Produkten und Dienstleistungen zwingt die Ämter zu einer systematischen Erfassung ihrer Arbeitsabläufe. Die bisherige Erfahrung zeigt, daß dabei bereits erhebliche organisatorische Verbesserungen zu erreichen sind. Die Einführung einer leistungsfähigen Kostenrechnung schafft ökonomische Transparenz und die dezentrale Ressourcenverantwortung stärkt die wirtschaftliche Effizienz.

2.6 Outsourcing

Nicht alle kommunalen Leistungen müssen durch die Stadt selber erstellt werden. Nicht für alle kommunalen Leistungen ist die Ämterorganisation und die kameralistische Haushaltswirtschaft die optimale Betriebsform. Es muß deshalb systematisch geprüft werden, welche Leistungen von Privaten günstiger erbracht werden können und welche Leistungen in Eigenbetriebe oder private Rechtsformen mit oder ohne private Beteiligung überführt werden sollten.

Für Outsourcing gibt es im kommunalen Bereich vielfältige Ansatzpunkte. Klassisches Beispiel für nahezu alle deutschen Großstädte ist die Vergabe der Gebäudereinigung an private Unternehmen. Selbst wenn die Stadt die privaten Anbieter verpflichtet, nur sozialversicherungspflichtige Beschäftigungsverhältnisse einzugehen, liegen die Reinigungskosten je Quadratmeter im Schnitt um 30% günstiger. Die Stadt Kassel hat sich deshalb schon vor Jahren entschlossen, die Eigenreinigung im Zuge der natürlichen Fluktuation sukzessive durch Fremdreinigung mit sozialversicherungspflichtigen Beschäftigungsverhältnissen zu ersetzen.

Ein sofortiger Übergang zur vollständigen Fremdreinigung scheitert daran, daß für die vorhandenen Arbeitskräfte ein angemessener Einsatz innerhalb der Stadtverwaltung nicht möglich ist. Betriebsbedingte Kündigungen hat die Stadt durch eine Betriebsvereinbarung mit dem Personalrat zur Sicherung des sozialen Friedens innerhalb der Verwaltung und zur Unterstützung des Konsolidierungskurses durch die Personalvertretungen ausgeschlossen.

Aber auch viele andere Leistungen können an Private vergeben werden, so z.B. Druckaufträge, Grünflächenpflege und viele Planungs- und Steuerungsaufgaben. Über die Vergabe oder Eigenproduktion darf allerdings nicht nach ideologischen Kriterien entschieden werden. Ausschlaggebend muß sein, ob die Leistung durch Private oder die eigene Verwaltung günstiger erbracht werden kann. Dazu bedarf es innerhalb der kommunalen Verwaltung einer differenzierten Kosten- und Leistungsrechnung, die auch alle kalkulatorischen und Overheadkosten berücksichtigt. Bei der Vergabe muß auch berücksichtigt werden, welche Steuerungskosten bei der Stadt verbleiben. So wird die Stadt bei der Gebäudereinigung von Steuerungs- und Koordinationskosten befreit, während bei der Vergabe von Planungs- und Projektsteuerungsaufträgen Steuerungs- und Kontrollkosten im erheblichen Umfang bei der Kommune zusätzlich entstehen. Um so mehr sich die bauverwaltenden Ämter auf die Übernahme der Bauherrenfunktion konzentrieren, um so höher muß ihre prozeßbegleitende Steuerungskompetenz sein. Keinesfalls darf sich die Stadt soweit auf eine auftragvergebende Einheit reduzieren, daß sie aufgrund verlorengehenden Know-hows nicht mehr in der Lage ist, die beauftragten Büros zu steuern und zu kontrollieren. Letztendlich werden Politik und Verwaltung für Fehlleistungen und Fehlsteuerungen verantwortlich gemacht, auch wenn die Planung und Ausführung weitgehend bei Privaten lag.

Auch soziale und kulturelle Leistungen können an Private vergeben werden. Die Bereitstellung von Kindertagesstättenplätzen durch Kirchen und freie Träger ist für die Kommune regelmäßig günstiger als die Einrichtung kommunaler Kindertagesstätten. Aber auch Kulturzentren, Jugendhäuser, Bibliotheken und Archive können auf der Basis eines vertraglich fixierten Zuschusses durch Private betrieben werden. Die Stadt kauft quasi gegen den Preis des öffentlichen Zuschusses die dem Allgemeinwohl dienende Leistung ein. Vorteilhaft kann hierbei sein, daß die privaten Organisationen näher an den Bedürfnissen der Zielgruppe sind und effizienter und zielgenauer arbeiten. Problematisch ist die öffentliche Kontrolle und die kommunale Steuerung. Insbesondere muß immer wieder überprüft werden, ob der öffentliche Zweck die Bezuschussung der Einrichtung noch rechtfertigt.

Eine besondere Form des Outsourcing ist die Verlagerung kompletter Aktivitäten und Ämter in Eigenbetriebe oder Gesellschaften privaten Rechts. Die Stadt Kassel hat inzwischen nahezu alle Möglichkeiten derartiger Ausgliederungen ausgeschöpft. So werden die Energieversorgung und der öffentliche Nahverkehr seit Jahrzehnten privatrechtlich betrieben, aber auch die Städtischen Kliniken, die Altenheime, die Wirtschaftsförderung, der Tourismus, die Parkhäuser und der Flughafen werden in Gesellschaften mit beschränkter Haftung geführt. Die Stadtreinigung und die Stadtentwässerung wurden zur Vermeidung der Umsatzsteuerpflicht in Eigenbetriebe umgewandelt. Diese Rechtsformen haben die Vorteile einer klaren ökonomischen Steuerung und einer eindeutig zuzuordnenden Verantwortung der Geschäftsführung bzw. Betriebsleitung.

Für die Konsolidierung ist es unverzichtbar, auch die ausgegliederten Bereiche mit einzubeziehen. Auch den Gesellschaften wurden deshalb Konsolidierungsziele vorgegeben. Mit dem Energie- und Verkehrskonzern wurde ein Konsolidierungsvertrag abgeschlossen, der für den Verkehrssektor nicht nur einen absoluten Konsolidierungsbeitrag in Höhe von 5 Mill. DM vorsieht – rd. 10% des bisherigen Verlustes –, sondern auch eine neue ökonomische

Steuerung für den Konzern. Während bisher die Gewinne des Energiesektors mit den Verlusten des Verkehrsbereiches in der Konzern-Holding konsolidiert und der verbleibende Fehlbetrag durch die Stadt Kassel ausgeglichen wurde, wird nach dem Konsolidierungsvertrag der Verlust des Verkehrsunternehmens mit der Lohn- und Preissteigerungsrate dynamisiert und um 5 Mill. DM gekürzt plafondiert. Unabhängig vom tatsächlichen Ergebnis erhält das Verkehrsunternehmen den so berechneten Zuschußbetrag. Bleiben die Verluste unter dem Plafond, kann die Differenz zur Eigenkapitalstärkung des Unternehmens herangezogen werden, während bei einer Überschreitung des Plafonds die nicht abgedeckten Verluste zu einem Eigenkapitalverzehr führen. Mit dem Energieunternehmen wurde eine Dividendenvereinbarung abgeschlossen. Über die Dividende hinausgehende Gewinne werden dem Unternehmen als Eigenkapital wieder zugeführt. Bis zum Erreichen einer Eigenkapitalquote von 30% wird das zusätzliche Eigenkapital nur mit 40% in die Dividendenpflicht einbezogen. Wirtschaftlich führt dies zu einem kontinuierlichen Anstieg der Dividendenzahlung an die Stadt, bis bei konstanten Gewinnen der gesamte Gewinn als Dividende an die Stadt abgeführt werden muß. Beide Unternehmen haben damit erstmals einen wirtschaftlichen Anreiz, effizient und erfolgreich zu wirtschaften und die Konsolidierungsvorgaben zu erfüllen.

Eine Sonderform von Outsourcing und städtischer Beteiligungspolitik sind Public-Private-Partnership-Modelle. Sie sind häufig besonders geeignet, das öffentliche Interesse an einer Aufgabenerfüllung mit privatwirtschaftlicher Effizienz zu verbinden. Die Stadt Kassel hat vielfältige Erfahrungen mit PPP-Modellen. Im Rahmen der Konsolidierung haben sie sich bewährt, weil Leistungsverbesserungen mit einem geringeren kommunalen Aufwand erreicht werden konnten. So konnten bei der Flughafen GmbH durch die Hereinnahme eines privaten Beteiligten, der Marketing- und Projektentwicklungserfahrungen einbrachte, die kommunalen Zuschüsse deutlich reduziert werden.

In einem anderen PPP-Modell wurde eine marode Markthalle über eine Leasing-Gesellschaft renoviert und modernisiert und zu den Leasingkonditionen an eine Marktbeschicker GmbH verpachtet. Die Marktbeschicker konnten ihre Vorgaben und Marketing-Vorstellungen in das Renovierungskonzept einbringen und haben inzwischen die historische Markthalle wieder zu einem attraktiven, von der Bevölkerung hochgeschätzten Einkaufsplatz entwickelt. Für die Stadt Kassel wurde dabei eine Reduzierung des Zuschußbedarfes auf Null erreicht.

Das städtische Amt Tourismus- und Kurzentrale wurde in eine GmbH umgewandelt, an der sich die städtische Sparkasse und der Verkehrsverein mehrheitlich beteiligt haben. Gesellschaftsvertraglich hat sich die Stadt Kassel verpflichtet, einen festen Zuschuß an die Service GmbH in Höhe des bisherigen Zuschußbedarfes abzüglich der Konsolidierungsvorgabe zu zahlen.

Der Zuschuß ist auf 4 Jahre begrenzt und wird dann mit einer festen Rate abgeschmolzen. Nach gut zweijähriger Erfahrung kann heute festgestellt werden, daß die GmbH in deutlich höherem Umfang eigene Einnahmen erwirtschaftet, sich dienstleistungsorientiert umstrukturiert hat und mit den geringeren öffentlichen Mitteln ein breiteres Leistungspaket effizienter anbietet.

In die Parkhaus GmbH wurde ein privater Gesellschafter mit 50% aufgenommen. Die Erfahrungen weniger Monate zeigen, daß der Private seine Vermarktungsstrategie und seine Bewirtschaftung professioneller und effizienter als die bisher rein städtische GmbH anlegt und umsetzt. Bei geringeren Kosten wird eine höhere Auslastung der Parkkapazitäten erreicht. Wir sehen gute Chancen, auch mit diesem Projekt einen erheblichen Konsolidierungsbeitrag leisten zu können.

2.7 Verwertung von Vermögen

Trotz aller Konsolidierungsanstrengungen bauen insbesondere die strukturschwachen Großstädte wachsende Altdefizite auf, die bei realistischer Einschätzung nicht aus den laufenden Verwaltungshaushalten wieder ausgeglichen werden können. Die Stadt Kassel hat inzwischen kumulierte Altdefizite in Höhe von rd. 500 Mill. DM. Da diese Mittel in der Regel kurzfristig aufgenommen werden, liegt hier angesichts des z.Z. historisch außerordentlich niedrigen Zinsniveaus ein haushaltspolitisches Risiko in Millionenhöhe. Ziel der Konsolidierungpolitik muß es deshalb sein, diese Altdefizite durch Sondermaßnahmen abzubauen. Hierfür kommen entweder Landeshilfen oder die Veräußerung von größeren Vermögenswerten in Frage. In Städten wie Frankfurt, Stuttgart oder München, die über Immobilienbesitz in den zentralen Lagen verfügen, kann die Grundstückspolitik als Vermögensveräußerung hierzu einen Beitrag leisten.

In einer Stadt wie Kassel betragen die Nettoüberschüsse aus Grundstücksgeschäften pro Jahr maximal 20 bis 25 Mill. DM. Zum Abbau der Altdefizite müssen deshalb andere Vermögenswerte herangezogen werden. In der Stadt Kassel käme hierfür lediglich der Verkauf des Energieversorgungsunternehmens in Betracht. Dies ist aus energiepolitischen Gründen jedoch höchst umstritten und wurde bisher nicht umgesetzt.

2.8 Externe Hilfen

In den strukturschwachen Großstädten wird es unter den gegebenen Rahmenbedingungen und ohne Veränderung wesentlicher gesetzlicher Grundlagen nicht gelingen, die laufenden Haushalte auszugleichen. Diese Großstädte sind auf eine Änderung der Finanzverteilung angewiesen. Die Kosten der Arbeitslosigkeit müssen wieder aus der Sozialhilfe in eine Bundesfinanzierung übernommen werden. Die zentralörtliche Funktion der Großstädte ist im kommunalen Finanzausgleich stärker zu berücksichtigen. Die „Speckgürtelgemeinden und -städte" im Umfeld der Metropolen werden in stärkerem Maße zur Finanzierung der kommunalen Infrastruktur für die Großregion herangezogen werden müssen. Dies gilt um so mehr, weil insbesondere in den Umlandgemeinden die einkommensstärkeren Bevölkerungsschichten leben, während die Städte in wachsendem Maße Sozialhilfelasten zu tragen haben. Wenn man nicht zum Instrument der Gebietsreform zurückkehren will, müssen große Infrastruktureinrichtungen für die Region, wie z.B. Staatstheater, in überregionale Zweckverbünde eingebracht werden.

3. Ausblick

Die kommunalen Finanzen stehen nicht vor einer konjunkturellen, sondern vor einer strukturellen Krise für die kommenden Jahrzehnte. Es gibt keine Einzelmaßnahme, die das Problem der kommunalen Finanzen allein lösen könnte, vielmehr ist eine umfassende Strategie erforderlich, die sowohl die Streichung von Aufgaben, die Reduzierung der Qualitätsstandards, Rationalisierung und Entbürokratisierung, Outsourcing, Privatisierung und Public-Private-Partnership-Modelle ebenso wie eine Neugestaltung der Stadt-Umland-Beziehungen und des kommunalen Finanzausgleiches einbeziehen muß. Dieser radikale Ansatz braucht eine mutige Politik, die gegen Widerstände in der Bevölkerung und insbesondere den betroffenen Interessengruppen unvermeidbare Einschnitte durchsetzt. Ohne diesen Mut zum Unpopulären wird die Krise nicht zu meistern sein. Die Institutionen der kommunalen Demokratie haben sich in den meisten Städten und Gemeinden dieser Aufgabe bisher nicht gewachsen gezeigt. Ein populistisches Verschieben der notwendigen Maßnahmen wird über die Zinslasten die zukünftigen Schmerzen weiter steigern.

Andererseits könnte eine radikale Reform der kommunalen Leistungserstellung den öffentlichen Sektor wieder attraktiver und mit der kostengünstigeren Produktion der kommunalen Infrastruktur den Standort Deutschland wettbewerbsfähiger machen.

4. Kommunalfinanzen an der Schwelle des Jahres 2000

Robert C. Rickards

Policy Output-Studien, Finanzen und die deutschen Kommunen an der Schwelle des Jahres 2000

1. Einführung

An der Schwelle des Jahres 2000 fordern eine Reihe von Problemen die deutschen Kommunen heraus. Als Folge der Globalisierung der Wirtschaft findet eine volkswirtschaftliche Umstrukturierung statt, die zu einer industriellen Evakuierung der deutschen Großstädte führt. Daraus entspringt die Armut einer Zweidrittelgesellschaft, geprägt von Dauerarbeitslosigkeit und Abhängigkeit von der Sozialhilfe. Da seit längerem die Institution Familie zerfällt und die Leistungen im Bildungsbereich zurückgehen, gibt es Tendenzen einer Verweiblichung dieser Armut und eine Zunahme der Jugendarbeitslosigkeit. Verbrechen und Drogensucht weiten sich aus. Während viele frühere Stadtbewohner in die Vororte umziehen, versuchen die Kommunen beachtliche Zahlen von Aussiedlern und Ausländern einzugliedern. Weil sie solchen Problemen an vorderster Front gegenüberstehen, müssen die Städte sich trotz fiskalischer Krise mit ihnen auseinandersetzen. In Westdeutschland muß das gleichzeitig mit der Durchführung neuer, von höheren Regierungsinstanzen bestimmten Aufgaben (z.B. Ausbau des Kindergartensystems) und enormen Transferleistungen an Ostdeutschland geschehen. In Ostdeutschland muß das geschehen, obwohl es den Städten dort an mancher öffentlichen Einrichtung mangelt, die als Selbstverständlichkeit in Westdeutschland gilt. Welche Flexibilität haben die deutschen Kommunen in ihren Haushalten, um mit ihren Problemen fertigzuwerden?

Da die Haushaltsflexibilität auf der Grundlage beweglicher Prioritäten beruht, stellen die Ergebnisse von Policy Output-Studien kommunaler Finanzen eine mögliche Basis spekulativer Antworten auf diese Frage dar. Die betreffenden Untersuchungen basieren auf der Systemtheorie, die dem politischen System die Aufgabe zuschreibt, Impulse aus der Umwelt aufzunehmen und sie im Rahmen systeminterner Prozesse in autoritative Entscheidungen umzuwandeln.[1] Insofern ist sie gut geeignet, eine Verbindung zwischen der traditionellen struktur- und prozeßbezogenen Kommunalwissenschaft und den in letzter Zeit rasch expandierenden, politikfeldbezogenen Analysen her-

1 Easton 1965.

zustellen. Allerdings wenden Politikwissenschaftler von wenigen Ausnahmen abgesehen den Ansatz der Policy Output-Studien selten auf Analysen der kommunalen Finanzen in Deutschland an. Darüber hinaus beschränken sich die angewandten Analysen meistens auf absolute Ausgabengrößen.[2] So vorzugehen hat zwei große Nachteile. Erstens führt diese Forschungsrichtung fast ausnahmslos zu dem nicht gerade überraschendem Ergebnis, daß Regierungseinheiten mit mehr Mitteln größere absolute Ausgaben haben, deren Höhe parteipolitische Variablen kaum beeinflussen. Zweitens bleiben dabei die Einnahmeseite des Haushalts und Verschiebungen der *relativen* Bedeutung konkurrierender Politikfelder weitgehend außer Betracht.[3]

Dieser Beitrag beginnt mit einer kurzen Beschreibung der Hauptmerkmale kommunaler Haushaltsprozesse. Dann schildert er eine alternative Weise, Haushaltsprioritäten zu betrachten. Anschließend berichtet er über die Ergebnisse mehrerer Untersuchungen der Prioritätenverschiebungen in den Haushalten einer Vielzahl verschiedener Regierungen. Die analysierten Verschiebungen befinden sich sowohl auf der Einnahme- als auch auf der Ausgabenseite des Haushalts. Neben westdeutschen Kommunen und der Bundesregierung umfassen die untersuchten Regierungseinheiten südkoreanische und japanische Städte, japanische Präfekturen und schweizerische Kantone sowie die nationale Regierung Japans. Aufgrund der berichteten Forschungsergebnisse spekuliert der Artikel letztlich über die Auswirkungen, die gegenwärtige Veränderungen in der Umwelt und Struktur deutscher Kommunen auf ihre Haushaltsflexibilität haben werden.[4]

2. Kommunale Haushaltsprozesse

Die institutionellen Strukturen für die Formulierung von Haushaltsplänen sind auf allen untersuchten Regierungsebenen ähnlich, insbesondere aber auf der kommunalen Ebene in Deutschland, Südkorea und Japan. In diesen drei Staaten haben alle Kommunen Gemeinderäte, einen Oberbürgermeister bzw. Oberstadtdirektor, der als Chef der Verwaltung fungiert, und einen Stadt-

---

2 Rakoff und Schäfer 1973; Fried 1974, in Clark (Hg.) S. 313-350, und 1976, S. 11-24; Schwarting 1979; Grüner, Jaedicke und Ruhland 1988, S. 42-57; Bothe 1989; Kunz und Zapf-Schramm 1989, in Schimanke (Hg.), S. 161-189; und Gabriel, Kunz und Zapf-Schramm 1990.

3 Meines Wissens ist die einzige Untersuchung der relativen Bedeutung kommunaler Haushaltsprioritäten in Deutschland immer noch meine Doktorarbeit: Rickards 1980. Ihr Inhalt ist in folgende Veröffentlichungen eingegangen: Rickards 1984, „Ursachen" 1985, und „Guidelines" 1991.

4 Rickards 1982, „Prefectures" 1985, 1988, 1990, „Administrative Devolution" 1991, „Japanese Mayors" 1992, und „Korean Municipal Finance" 1992.

kämmerer, der den städtischen Haushaltsplan vorbereitet. Jede Kommune hat auch eine gewisse Zahl an Ämtern und Einrichtungen, die diverse Programme verwalten und Leistungen erbringen.

Die Kommunen organisieren ihre Ämter und Einrichtungen in einer für den jeweiligen Staat weitgehend einheitliche Gruppierung von Dezernaten oder funktionalen Bereichen. Weil das Format der Haushaltspläne die städtischen Verwaltungsstrukturen wiederspiegelt, sind jene Pläne innerhalb eines Staats miteinander gut vergleichbar. Deswegen diskutieren in einem bestimmten Staat alle Oberbürgermeister bzw. Oberstadtdirektoren, Stadtkämmerer, Dezernenten und Ratsmitglieder ihre Haushalte an Hand gleichlautender Fachausdrücke. Diese gute Vergleichbarkeit der Verwaltungsstrukturen, der Haushaltspläne und der Fachausdrücke ermöglicht die Untersuchung von Verschiebungen in den Haushaltsprioritäten großer Zahlen von Kommunen.

Alle Kommunen stehen bei der Aufstellung ihres Haushaltsplans konzeptuell dem gleichen Problem gegenüber: Wie soll man die geschätzten Einnahmen über verschiedene Ausgabenkategorien verteilen? Jedes Jahr muß jede Stadt eine Antwort auf diese Frage formulieren. Viele Sozialwissenschaftler halten das inkrementale Modell für nützlich bei der Erklärung, wie die Verantwortlichen annehmbare Lösungen für ihre Probleme tatsächlich aufarbeiten.[5] Diese Sozialwissenschaftler glauben, daß es eine rationelle Strategie darstellt, um die sich wiederholenden, komplexen Entscheidungen, die mit der Formulierung des jährlichen Haushaltsplans zusammenhängen, und die Tausende an einzelnen Posten einbeziehen, zu treffen. Das inkrementale Modell nimmt an, daß die Exekutive den Prozeß der Aufstellung des Haushaltsplans dominiert. Die dominante Rolle der Exekutive hat wichtige Konsequenzen für den Inhalt der meisten Entscheidungen über die Mittelverteilung. Nur wenige der Amtsinhaber der Exekutive werden vom Volk gewählt. So sind sie besser von externen Einflüssen isoliert als die Mitglieder der Legislative. Angeblich führt das dazu, daß die Amtsinhaber der Exekutive sich wenig um Veränderungen in der Umwelt kümmern. Stattdessen verlassen sie sich auf einfache Regeln als Entscheidungshilfen bei der Mittelverteilung.[6]

Vier weitere Annahmen bilden die Basis des inkrementalen Modells. Erstens akzeptiert der Stadtkämmerer nach Einschätzung der Einnahmen „historische Präzedenzen“ als Hinweis für seine Empfehlungen, wie man Mittel verteilen soll. Deswegen projiziert der Stadtkämmerer die Ausgaben einer Verwaltungseinheit als die gleiche Summe ins nächste Jahr, die man ihr zur Ausgabe im laufenden Jahr autorisierte.

Zweitens paßt er jede projizierte Ausgabe um einen fixen Prozentsatz an. Dadurch „satisfiziert“[7] er die Nachfrage der Verwaltungseinheiten nach Mit-

---

5 Hayes 1992.

6 Crecine 1969; Wildavsky 1975, S. 114-135.

7 Auf Englisch heißt das „satisfice“, ein Fachausdruck den man durch Zusammensetzung der beiden Worte „satisfy“ und „suffice“ bildet. Inhaltlich bedeutet der Ausdruck, daß der

teln, während er sich gleichzeitig versichert, daß ein ausgeglichener Haushalt erreichbar ist. Mit der Garantie eines „fairen" Anteils der vorhandenen Mittel, kann jede Verwaltungseinheit ihre Aktivitäten weiterführen und, in guten Zeiten, ein wenig ausdehnen. Aufgrund der inkrementalen Mittelverteilung vermeidet der Stadtkämmerer auch die Schaffung von „Gewinnern" und „Verlierern". Das minimiert wiederum die Unzufriedenheit unter den am Haushaltsbildungsprozeß beteiligten Personen.

Drittens verwendet der Stadtkämmerer nach Konversion der Ausgabenvorschläge der Verwaltungseinheiten in etwas, was einem ausgeglichenen Haushalt nahekommt, eine der folgenden Techniken, um Einnahmen und Ausgaben gleichzusetzen. Binnen gewisser Grenzen kann er eine Steuer- bzw. Gebührenerhöhung empfehlen, um ein erwartetes Defizit aufzufangen oder er kann Streichungen bei Ausgabenkategorien mit niedrigerer Priorität (Instandhaltung, Ausrüstung bzw. Ausstattung) anraten. Alternativ kann er erwägen, einigen Bitten der Verwaltungseinheiten um Ausgabe zusätzlicher Mittel zuzustimmen, um einen erwarteten Überschuß zu reduzieren. Oder er kann auf eine Senkung der Steuern bzw. Gebühren drängen, um die Einnahmen und Ausgaben auszugleichen. Egal welche Alternative er aber wählt, er beabsichtigt bloß eine marginale Wirkung auf entweder die Einnahme- oder die Ausgabeseite des Haushalts.

Viertens reicht der Stadtkämmerer den inkremental angepaßten, ausgeglichenen Haushaltsvorschlag an den Oberbürgermeister bzw. den Oberstadtdirektor, der ihn formell dem Gemeinderat unterbreitet. Da die Ratsmitglieder vom Volk gewählt werden, sind sie direkter den Einflüssen der Umwelt ausgesetzt als die meisten Mitglieder der Exekutive. Trotzdem haben diese Einflüsse wegen der minimalen Einwirkung des Gemeinderats auf den exekutiven Haushaltsvorschlag kaum Effekt auf Entscheidungen über die Mittelverteilung.

Es fehlt den Ratsmitgliedern einfach an Expertise, Zeit und der Unterstützung eines Beraterstabs, um viel mehr zu tun, als den Haushaltsvorschlag der Exekutive auf offenkundige Fehler und Auslassungen zu überprüfen.

Wenn das Haushaltsverhalten von Regierungen gänzlich mit den Annahmen des inkrementalen Modells übereinstimmte, dann würde sich die proportionale Zusammensetzung der Einnahmen und Ausgaben über Zeit kaum verändern. Aber Haushaltsprioritäten ändern sich doch jedes Jahr zumindest ein wenig. Um solche Veränderungen zu berücksichtigen, haben die Inkrementalisten eine spieltheoretische, verhandelnde Komponente in das Modell eingebaut. Diese Komponente „erklärt" jährliche Verschiebungen im Einnahmen- bzw. Ausgabenmuster *ex post facto*. Sie führt sie auf die Wirkung folgender Variablen zurück: Persönlichkeiten, die Parteienpolitik, Re-

---

Stadtkämmerer den Mittelbedarf der Verwaltungseinheit gerade noch befriedigt, indem er ihr eine ausreichende Summe zur Verfügung stellt. Nur in seltenen Fällen ist die ausreichende Summe so groß wie die Summe, nach der die Verwaltungseinheit fragt.

gierungswechsel, Wahlzyklen der Legislative, und strategisches Verhandeln zwischen den am Haushaltsprozeß beteiligten Personen.[8] Deswegen hängt die Nützlichkeit des inkrementalen Modells weitgehend von der Größe der Verschiebungen im Einnahmen- bzw. Ausgabenmuster einer Regierung ab. Mäßige Variabilität im Muster der Teile des Haushaltskuchens wäre im Einklang mit den Aussagen des inkrementalen Modells, größere Variabilität aber nicht.

3. Eine alternative Betrachtungsweise von Haushalts-Prioritäten

Die Spitzenentscheidungsträger im Prozeß der Aufstellung des kommunalen Haushaltsplans erhalten Informationen über Einnahme- und Ausgabeprioritäten in verschiedenen Formen. Eine Form sind die Zahlenangaben über die *absoluten* Geldbeträge, die für spezifische Ausgaben- bzw. Einnahmenposten budgetiert wurden. Bisherige Policy Output-Studien sind von dieser Datenform ausgegangen. Kuchendiagramme, die man typischerweise am Anfang eines Haushaltsplans findet, stellen eine alternative Informationsform dar. Sie zeigen bildhaft, wie eine Gemeinde plant, Mittel aus diversen Quellen aufzubringen und über ihre verschiedenen Funktionen zu verteilen. So spiegelt das Muster der proportional geschnittenen Teile im Haushaltskuchen die *relativen* Einnahme- und Ausgabeprioritäten der Regierung wieder. Im Gegensatz zu den bisherigen Studien geht die jetzige Analyse von jenen relativen Haushaltspriortiäten aus.

Abbildung 1 zeigt drei hypothetische Kuchendiagramme. Der Kuchen für Jahr T ist 50 Mill. DM größer als der für Jahr T-1, weil Haushalte mit der Zeit zu wachsen tendieren. Ausgenommen des Unterschieds von 10% in ihrer absoluten Größe sind diese Diagramme aber identisch. Beide Haushaltskuchen bestehen aus Teilen, die man für acht funktionale Dezernate geschnitten hat. Darüber hinaus ist der Anteil jedes Dezernats an beiden Kuchen proportional gleich groß. Wenn man z.B. den Teil des Dezernats 1 an beiden Kuchen vergleicht, sieht man, daß mit 110 Mill. DM der Teil im Jahr T absolut 10 Mill. DM größer ist als der jeweilige Kuchenteil im Vorjahr T-1. Aber die proportionale Größe des Anteils des Dezernats 1 an beiden Kuchen ist mit 20% gleich groß. Das bedeutet, daß es keine Veränderung im Muster der relativen Ausgabeprioritäten der Regierung zwischen Vorjahr T-1 und Jahr T gegeben hat.

---

8 Wildavsky *op. cit.*, S. 203-219.

Abbildung 1: Aufeinanderfolgende jährliche Kuchendiagramme: T-1 bis T ohne, und T bis T+1 mit Veränderungen der Haushaltsprioritäten

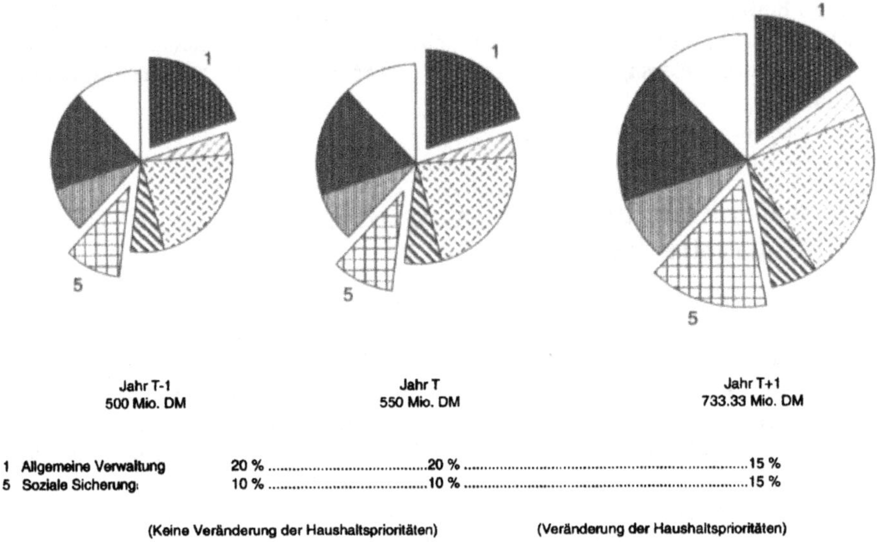

Wenn man die Lagen in den Jahren T und T+1 vergleicht, sieht man, daß der Haushalt um 33,3% von 550 Mill. DM auf 733,33 Mill. DM gewachsen ist. Doch hier ereignet sich eine Veränderung in der proportionalen Größe der zwei Haushaltsteile. Der Betrag, der Dezernat 1 im Folgejahr T+1 zugewiesen wird, ist immer noch 110 Mill. DM. So erhält es absolut so viele Mittel wie im Jahr T. Trotzdem ist die relative Größe des Kuchenteils von Dezernat 1 von 20% auf 15% geschrumpft.

Selbstverständlich muß die Summe aller proportionalen Haushaltskuchenteile 100% betragen. Deswegen muß die Abnahme in der proportionalen Größe des Haushaltsanteils des Dezernats 1 durch eine proportionale Zunahme der Größe des Haushaltsanteils mindestens eines anderen Dezernats ausgeglichen werden. In der Abbildung wächst der Kuchenteil von Dezernat 5 zwischen Jahr T und dem Folgejahr T+1 um 55 Mill. DM. Die Zunahme stellt eine Vergrößerung des proportionalen Kuchenteils des Dezernats 5 von 10% auf 15% des Haushalts dar. So gleicht dieser Zuwachs um 5% die Abnahme im Haushaltsanteil des Dezernats 1 genau aus. Darüber hinaus bringt er eine Verschiebung der Prioritäten der Regierung zum Vorschein. Zwischen Jahr T und Folgejahr T+1 ist Dezernat 5 relativ wichtiger geworden, während Dezernat 1 relativ weniger wichtig geworden ist.

4. Beobachtete Verschiebungen in kommunalen Haushaltsprioritäten

Die Statistiken in Tabelle 1 fassen die ersten Ergebnisse einer Analyse der Veränderungen in den jährlichen Ausgabenmustern von 105 westdeutschen Gemeinden (alle Städte mit einer Bevölkerungzahl von mindestens 50.000 Einwohnern im Jahre 1970) zwischen 1963 und 1972 zusammen. Die Daten für die Analyse kamen aus dem *Statistischen Jahrbuch Deutscher Gemeinden*. Damals unterschied das Jahrbuch zwischen zwei Datenarten: Zuschußbedarf im ordentlichen Haushalt und die Gesamtausgaben. Der Gesamthaushalt setzte sich aus mehreren Geldtöpfen zusammen, wobei der ordentliche Haushalt der größte und wichtigste war. In den untersuchten Städten machte der Zuschußbedarf im ordentlichen Haushalt im Durchschnitt 38% des Gesamthaushalts aus. Er bestand aus allgemeinen Steuermitteln und Zuweisungen höherer Regierungsebenen. Die Städte benutzten die Zuschüsse im ordentlichen Haushalt hauptsächlich, um die meisten ihrer alltäglichen Ausgaben zu bestreiten. Darüber hinaus deckte der Gesamthaushalt die alltäglichen Ausgaben, die man nicht mit allgemeinen Mitteln bezahlen durfte, sowie Ausrüstungen, Ausstattungen und Kapitalmaßnahmen. Die Einnahmen für die Bezahlung jener Güter und Dienstleistungen kamen aus Gebühren, zweckgebundenen Zuweisungen höherer Regierungsebenen und dem Verkauf öffentlicher Schulden.

Um das inkrementale Modell mit westdeutschen Daten zu testen, war es nützlich, die Trennung zwischen dem Zuschußbedarf im ordentlichen Haushalt und dem Gesamthaushalt beizubehalten. Die Städte waren weitgehend frei, die Zuschüsse im ordentlichen Haushalt so zu verteilen, wie sie es für richtig hielten. Im Gegensatz war die Verwendung anderer Mittel im Gesamthaushalt begrenzt auf bestimmte Aktivitäten. Deswegen hätte man erwarten können, daß eine Stadt das Muster ihrer Zuschüsse im ordentlichen Haushalt leichter als im Gesamthaushalt hätte ändern können.

Die Statistiken in Tabelle 1 beschreiben für die 105 untersuchten Städte den Kuchenanteil jedes funktionalen Bereichs sowohl am Zuschußbedarf im ordentlichen Haushalt als auch am Gesamthaushalt.[9] Sie zeigen, daß über die zehn Jahre der Untersuchungsperiode die Städte sich untereinander bezüglich des Musters, das sie in ihren Haushaltskuchen einschnitten, beachtlich unterschieden. Z.B. widmete im Durchschnittsjahr die Durchschnittsstadt Schulen und Bildungswesen, dem größten der Funktionalbereiche im ordentlichen Haushalt, 21,7% ihrer allgemeinen Mittel. Aber über Städte und Jahre vari-

9 Das *Statistische Jahrbuch Deutscher Gemeinden* wies den Zuschußbedarf im ordentlichen Haushalt des funktionalen Bereichs öffentliche Sicherheit getrennt aus, aber faßte seine Ausgaben im Gesamthaushalt mit den Ausgaben der allgemeinen Verwaltung und Finanzen zusammen.

Tabelle 1: Jährliche Haushaltsanteile für acht Verwaltungszweige in 105 bundesdeutschen Städten (1963 -1972)*

Anteil	Mittelwert (%)	Standard-abweichung (%)	Minimum (%)	Maximum (%)
am Gesamtzuschußbedarf im ordentlichen Haushalt:				
Allgemeine Verwaltung	13,53	4,34	1,18	46,73
Öffentliche Sicherheit und Ordnung	4,08	3,66	0,01	17,73
Schulen	21,74	5,34	9,87	50,84
Wissenschaft, Forschung und Kultur	6,16	2,93	1,03	19,51
Soziale Sicherung	13,93	4,57	1,32	24,61
Gesundheit, Sport und Erholung	8,14	4,26	0,46	31,64
Bau- und Wohnungswesen, Verkehr	18,54	5,16	1,83	34,73
Öffentliche Einrichtungen und Wirtschaftsförderung	13,89	3,17	4,62	29,13
an den Ausgaben des Gesamthaushalts:				
Allgemeine Verwaltung, Öffentliche Sicherheit und Ordnung	24,81	6,77	10,90	52,25
Schulen	13,57	3,90	6,06	29,82
Wissenschaft, Forschung und Kultur	3,40	2,05	0,64	14,50
Soziale Sicherung	12,71	4,56	0,36	26,72
Gesundheit, Sport und Erholung	9,85	6,76	0,29	31,96
Bau- und Wohnungswesen, Verkehr	18,77	5,16	4,95	52,38
Öffentliche Einrichtungen und Wirtschaftsförderung	16,89	3,39	8,28	31,05

*Quelle: Eigene Berechnungen mit Daten aus: *Statistisches Jahrbuch Deutscher Gemeinden.*

ierte der Anteil des Bereiches Schulen und Bildungswesen am ordentlichen Haushalt stark: Zwischen einem so geringen Wert wie 9,9% und einem so hohen wie 50,8%. Diese große Variation war genausogut auch im kleinsten Funktionalbereich, nämlich Kultur, zu finden. Im Durchschnittsjahr gab die Durchschnittsstadt 3,4% ihres Gesamthaushalts für diesen Zweck aus. Aber über Städte und Jahre variierte der Anteil des Bereiches Kultur am Gesamthaushalt zwischen 0,6% und 14,5%.

Diese Unterschiede zwischen Städten in den Kuchenanteilen funktionaler Haushaltsbereiche ist nicht unbedingt unvereinbar mit dem inkrementalen Modell. Das Modell trifft keine Aussage hinsichtlich der Variationen des

Haushaltsanteils eines funktionalen Bereichs in Städten zu einem bestimmten Zeitpunkt. Stattdessen deutet es an, daß das Muster, das eine beliebige Stadt in ihren Kuchen einschneidet, stabil von einem Jahr zum nächsten bleibt. Um also die Plausibilität des inkrementalen Models zu testen, muß man die Variabilität im Ausgabenmuster einer Stadt über eine bestimmte Zeit messen.

Die Statistiken im oberen Teil der Tabelle 2 beschreiben die Ergebnisse der Berechnung von Punktzahlen für Verschiebungen der Prioritäten sowohl im ordentlichen Haushalt als auch im Gesamthaushalt.[10] Mit 105 Städten und 9 jährlichen Veränderungen während der zehnjährigen Untersuchungsperiode gibt es jeweils 945 Beobachtungen. Aus den Statistiken gehen zwei Hauptergebnisse hervor. Erstens war die durchschnittliche Veränderung im Ausgabenmuster einer westdeutschen Gemeinde zwischen einem und dem nächsten Jahr verhältnismäßig klein. Sowohl für den Zuschußbedarf im ordentlichen Haushalt als auch für den Gesamthaushalt betrug die durchschnittliche jährliche Veränderung 6,8%.[11] Diese verhältnismäßig niedrige Zahl offenbart eine starke Tendenz zu stabilen Ausgabenprioritäten, die nicht allzusehr von den Vorhersagen des inkrementalen Modells abweichen.

Zweitens aber waren die Punktzahlen für einige Städte in einigen Jahren recht groß. Z.B. betrug die Veränderung des Ausgabenmusters im ordentlichen Haushalt der Stadt Rüsselsheim zwischen 1967 und 1968 37,4%. In ähnlicher Weise betrug die Variabilität im Ausgabenmuster für den Gesamthaushalt der Stadt Rheydt zwischen 1963 und 1964 21,0%.

Die Statistiken im unteren Teil der Tabelle 2 fassen die Streuung einer Durchschnittspunktzahl zusammen. Sie wurde von den neun Beobachtungen der jährlichen Veränderung im jeweiligen Haushalt jeder Stadt berechnet. Die Statistiken zeigen, daß die Durchschnittsvariabilität im Ausgabenmuster des ordentlichen Haushalts von Rüsselsheim 18,3% betrug. Die vergleichbare Veränderung im Ausgabenmuster des Wolfsburger Gesamthaushalts war 11,2%. Offensichtlich erlebten einige Städte dauernd große jährliche Veränderungen ihrer Ausgabenmuster. Deswegen war die Tendenz zu stabilen Haushaltsprioritäten für einige Regierungen bedeutend schwächer als für andere Regierungen.

---

10 Interessierte Leser können eine Beschreibung des Verfahrens zur Berechnung der Punktzahlen, sowie die genauen Ergebnisse der weiter unten im Text erwähnten, diversen statistischen Tests in Rickards 1980, 1985 „Ursachen“ und 1991 „Guidelines“ finden.

11 Unter der Annahme, daß die Ergebnisse im direkten Verhältnis zu der Zahl der Funktionalbereiche stehen, über die man die Mittel verteilte, wurde bei der Berechnung der angegebenen Größen der Prioritätenverschiebungen im Gesamthaushalt mit einem Faktor von 8/7 multipliziert, um sie mit denen des ordentlichen Haushalts vergleichbar zu machen.

Tabelle 2: Messungen der alljährlichen Variabilität in den Haushaltsanteilen der Verwaltungszweige westdeutscher Gemeinden (1963-1972)*

Beobachtete Fälle	Mittelwert (%)	Standard-abweichung (%)	Minimum (%)	Maximum (%)
945 beobachtete Fälle:				
105 Städte mit je 9 alljährlichen Verschiebungen:				
Y_{1ik} = Jährliche Variabilität im Zuschußbedarf des ordentlichen Haushalts	6,77	4,05	1,30	37,47
Y_{2ik} = Jährliche Variabilität in den Ausgaben des Gesamthaushalts	6,79	3,42	1,21	21,03
105 beobachtete Fälle:				
Mittelwerte der 9 alljährlichen Verschiebungen in 105 Städten:				
$øY_{1i}$ = Mittlere Variabilität im Zuschußbedarf des ordentlichen Haushalts	6,77	2,61	3,29	18,34
$øY_{2i}$ = Mittlere Variabilität in den Ausgaben des Gesamthaushalts	6,79	1,77	3,53	11,17

*Quelle: Eigene Berechnungen mit Daten aus: *Statistisches Jahrbuch Deutscher Gemeinden.*

Tabelle 3: Messungen der alljährlichen Variabilität (Y_{ijk}) in den Haushaltsmustern verschiedener Regierungseinheiten*

Haushaltsmuster	Zahl	Mittelwert (%)	Standard-abweichung (%)	Minimum (%)	Maximum (%)
Gesamteinnahmen südkoreanischer Städte	356	13,8	8,1	0,9	53,5
Gesamtausgaben südkoreanischer Städte	356	12,9	7,6	2,1	41,4
Gesamteinnahmen japanischer Städte	479	7,5	4,7	1,2	43,7
Gesamtausgaben japanischer Städte	479	6,6	4,3	1,5	43,0
ordentliche Ausgaben japanischer Präfekturen	506	2,8	1,4	0,4	9,0
Gesamtausgaben der nationalen Regierung Japans	11	3,0	1,5	1,1	7,0
Gesamtausgaben westdeutscher Gemeinden	945	6,8	4,1	1,3	37,5
Gesamtausgaben der westdeutschen Bundesregierung	11	3,3	1,5	1,4	5,9
ordentliche Ausgaben schweizerischer Kantone	250	5,8	3,2	1,1	19,0

*Quelle: Eigene Berechnungen mit Daten aus jeweiligen statistischen Jahrbüchern.

Tabellen 3 und 4 präsentieren Ergebnisse aus einer Reihe ähnlicher Analysen. In Tabelle 3 fällt auf, daß ausgenommen in den südkoreanischen Städten die durchschnittliche Größe jährlicher Verschiebungen in den Haushaltsprioritäten der untersuchten Regierungen gering waren. Doch waren die Haushaltsmuster höherer Instanzen stabiler als die der Städte. Unter den Städten waren die Haushaltsprioritäten deutscher und japanischer Kommunen stabiler als die der südkoreanischen Gemeinden. Und sowohl in Japan als auch in Südkorea, wo neben den Ausgabenmustern die Einnahmenmuster untersucht wurden, entpuppten sich beide Musterarten als etwa gleich stabil.

Tabelle 4: Messungen der Mittelwerte der alljährlichen Variabilität ($øY_{ij}$) in den Haushaltsmustern verschiedener Regierungseinheiten*

Haushalts-muster	Zahl	Mittelwert (%)	Standard-abweichung (%)	Minimum (%)	Maximum (%)
Gesamteinnahmen südkoreanischer Städte	36	13,8	3,7	4,6	21,0
Gesamtausgaben südkoreanischer Städte	36	12,9	2,9	8,1	19,0
Gesamteinnahmen japanischer Städte	40	7,5	3,1	5,1	14,9
Gesamtausgaben japanischer Städte	40	6,6	4,3	3,0	11,6
Gesamtausgaben westdeutscher Gemeinden	105	6,8	2,6	3,3	18,3

*Quelle: Eigene Berechnungen mit Daten aus jeweiligen statistischen Jahrbüchern.

Aus Tabelle 4 geht hervor, daß es unter den japanischen und südkoreanischen Städten die gleiche Tendenz wie bei den deutschen Gemeinden gibt: Einige zeigten dauernd größere Flexibilität bei der Setzung von Haushaltsprioritäten. Darüber hinaus enthüllte die statistische Analyse der 40 (36) Paare der Durchschnittspunktzahlen für die Verschiebungen in den Einnahmen- und Ausgabenprioritäten im Falle Japans (Südkoreas) ein weiteres interessantes Verhältnis: Offensichtlich ist die Tendenz zu flexibleren Prioritäten ungefähr gleich stark auf beiden Seiten eines beliebigen städtischen Haushalts.

5. Entscheidungsinhalte bei Veränderungen der Haushaltsmuster

Nach Messung der Variabilität der Ausgabenmuster westdeutscher Gemeinden folgt natürlich die Frage nach den Inhalten der Entscheidungen, die die beobachteten Verschiebungen der Haushaltsprioritäten verursachten. Um diese Frage zu beantworten, wurden die Stadtkämmerer bzw. die Leiter der Kämmerei in 22 der untersuchten 105 Städte interviewt. Jeder Gesprächspartner wurde gebeten zu überprüfen, ob bestimmte große, durch die statistische Analyse aufgedeckte Veränderungen des Ausgabenmusters in seiner Stadt tatsächlich stattgefunden hatten. Insgesamt wurde nach 62 größeren, in der vorausgegangenen Analyse identifizierten Verschiebungen der Ausgabenmuster gefragt. Durch Rückgriff auf Haushaltsdokumente und Projektunterlagen bestätigten die Gesprächspartner das Ereignis jeder einzelnen dieser Verschiebungen. Das deutete auf die hohe Qualität der gesammelten Daten und die Genauigkeit des zur Messung der Variabilität der Ausgabenmuster angewandten Verfahrens.

Die Gesprächspartner diskutierten auch die Ursachen jeder der 62 größeren Verschiebungen in den Ausgabenmustern. Insgesamt erwähnten sie 148 verschiedene Faktoren, wovon man 40 auf Veränderungen in der lokalen Umwelt zurückführen konnte. Weitere 23 waren Reaktionen auf Probleme, die die Einführung neuer Programme erforderten. Finanzielle Zuweisungen höherer Regierungsinstanzen wurden 24mal zitiert, und die Erschließung zusätzlicher Einnahmen aus lokalen Quellen zehnmal. Die Gesprächspartner wiesen auf eine erhöhte Nachfrage für bestehende Leistungen in 16 Fällen hin und auf den Transfer einer Aufgabe zwischen Regierungsebenen in 10 weiteren Fällen. Alternative Ursachen wie z.B. Katastrophen, den Transfer von Aufgaben zwischen Funktionalbereichen und Veränderungen im Rechnungswesen kamen nur zweimal in den Gesprächen auf.[12] Offensichtlich entstammten die beobachteten Verschiebungen in den Ausgabenmustern hauptsächlich überlegten politischen Entscheidungen.

In den Diskussionen der 62 größeren Verschiebungen in den Ausgabenmustern sprachen die Gesprächspartner 53mal von außergewöhnlichen, verhältnismäßig teueren Kapitalinvestitionen. Dagegen erwähnten sie Personalausgaben und Ausgaben für alltägliche Leistungen oder Instandhaltungsmaßnahmen jeweils nur sechs- bzw. dreimal. Daraus kann man schlußfolgern,

12 Die restlichen zitierten Ursachen waren: der Transfer einer Aktivität zu einem halböffentlichen (z.B. den Kirchen) oder privaten Träger bzw. die Beendigung der Aktivität (3), die Amtsaufnahme eines neuen Verwaltungschefs oder einer neuen Stadtratsmehrheit mit anderen Prioritäten (4), die Folgewirkungen vorausgegangener Entscheidungen über Kapitalinvestitionen (8), nichtbeeinflußbare Kosten (4) und die Vermeidung der Eingemeindung durch eine benachbarte Stadt (3).

daß die überlegten politischen Entscheidungen, die Haushaltsprioritäten verändern, am wahrscheinlichsten einmalige, große Kapitalmaßnahmen betreffen.

Bis zu diesem Punkt schienen die Ergebnisse widersprüchlich und bedurften deswegen einer klärenden Abstimmung miteinander. Im allgemeinen stimmte das Haushaltsverhalten westdeutscher Gemeinden mit dem inkrementalen Modell überein. Trotzdem ereigneten sich oft jährliche Abweichungen von einer Formulierung der Haushaltspläne aufgrund stabiler, „fairer" Kuchenanteile, worauf das inkrementale Modell basiert. Diese Abweichungen resultierten hauptsächlich aus überlegten politischen Entscheidungen bezüglich Kapitalinvestitionsmaßnahmen. Darüber hinaus tendierten einige Städte dazu, solche Entscheidungen regelmäßig über längere Zeiträume hinweg zu treffen. Das gleiche galt auch für südkoreanische Städte, japanische Städte und Präfekturen sowie für schweizerische Kantone. Allein eine einzige Schlußfolgerung kann diese anscheinend widersprüchlichen Ergebnisse miteinander in Einklang bringen: Das inkrementale Modell ist nur unter bestimmten Bedingungen aussagekräftig.

6. Erklärungen unterschiedlicher Variabilität in den Ausgabenmustern westdeutscher Gemeinden

Um Erklärungen für die beobachtete unterschiedliche Variabilität in den Ausgabenmustern westdeutscher Gemeinden zu entwickeln und zu prüfen, wurde ein statistisches Regressionsmodell aufgestellt. Dann wurde das Modell in zwei verschiedenen Weisen getestet. In der ersten Weise war die abhängige Variable die Punktzahl für die jährliche Variabilität, während in der zweiten Weise die Durchschnittspunktzahl die abhängige Variable war.

Das Regressionsmodell hatte die übliche additive Form und umfasste folgende erklärende Variablen: die städtische Bevölkerungsgröße, die Bevölkerungszuwachsrate, die Realsteuerkraft pro Kopf (in DM von 1970), der Prozentsatz erhaltener zweckgebundener Zuweisungen im Verhältnis zum städtischen Gesamthaushalt und das Ausmaß der parteipolitischen Konkurrenz bei der letzten Kommunalwahl.[13] Tabelle 5 zeigt Statistiken, die die Daten für die fünf erklärenden Variablen beschreiben.

---

13 Dieses Maß ist hier der absolute Wert des Unterschieds zwischen 50% und %SPD. Es zeigt, wie dicht ein Wahlergebnis an einer Verteilung der Stimmen von 50% für die SPD und 50% für alle anderen Parteien herangekommen ist. Daher bedeutete 0% perfekte Konkurrenz unter den Parteien, während 50% ein Machtmonopol entweder für oder gegen die SPD bedeuten würde. Die Wahl der SPD war vollkommen willkürlich. Ähnliche Zahlen hätten durch die Substituierung von %CDU/CSU für %SPD errechnet werden können.

Tabelle 5: Summarische Statistik für die Beobachtungen an fünf Erklärungsvariablen*

Variable	N	Mittelwert	Standard-abweichung	Minimum	Maximum
Größe der Stadtbevölkerung (natürlicher Logarithmus)	945	11,73	0,76	10,73	14,11
Bevölkerungszuwachsrate (in %)	945	0,76	5,36	-8,30	124,68
Pro-Kopf-Realsteuerkraft (im Wert der DM von 1970)	945	299,84	141,55	97,77	1.301,69
Abhängigkeit von zweckgebundenen Zuweisungen (in %)	945	12,37	4,44	0,87	26,59
Parteienkonkurrenz	945	6,90	5,62	0,10	27,10

*Quelle: Eigene Berechnungen mit Daten aus: *Statistisches Jahrbuch Deutscher Gemeinden.*

Die Testergebnisse ergaben, daß die Veränderungen in den Ausgabenmustern zusammen mit allen fünf erklärenden Variablen variierten. Große Veränderungen hingen mit einer großen Realsteuerkraft und einer hohen Bevölkerungszuwachsrate zusammen. Sie waren auch mit einer kleinen Bevölkerungsgröße, einer verhältnismäßig geringen Finanzierung durch zweckgebundene Zuweisungen und wenig politischer Konkurrenz assoziiert. Darüber hinaus hing die relative Bedeutung der erklärenden Variablen davon ab, ob die Punktzahlen sich auf den ordentlichen Haushalt oder den Gesamthaushalt bezogen.

Die städtische Bevölkerungsgröße war eine Schlüsselvariable für die Erklärung der Variabilität in den Haushaltsprioritäten. Es war anzunehmen, daß der große Einfluß dieser Variablen auf die Haushaltsflexibilität auf einem direkten Zusammenhang zwischen der Bevölkerungsgröße einer Stadt und der Komplexität ihrer Umwelt beruhte. Denn eine bevölkerungsreichere Stadt tendierte dazu, mehr Interessengruppen zu haben, die eine größere Bandbreite öffentlicher Güter und Dienstleistungen forderten. Um diesen Anforderungen gerecht zu werden, richteten die einzelnen Verwaltungszweige mehr Ämter und Programme ein, die dann im Kampf um die verfügbaren Mittel miteinander konkurrierten. Das bedeutete, daß Entscheidungsträger bevölkerungsreicherer Städte bei der Erstellung des Etats ein breiteres Spektrum nicht vergleichbarer Programme auszuwerten hatten. Eine Möglichkeit, mit dieser sie überfordernden Informationsfülle fertigzuwerden, wäre, sich stärker auf Verteilungs- und Entscheidungsregeln zu stützen, die einen „fairen", d.h. proportional stabilen Anteil eines jeden Verwaltungszweiges an den Haushaltsmitteln gewährleisten.[14] Die weitgehende Anwendung dieser Entscheidungsregeln erklärte den

14 Crecine glaubte, daß die einfacheren Probleme von Städten mit geringerer Bevölkerung durch ihre kleinere Kapazität, Daten zu sammeln und auszuwerten, ausgeglichen wurden. Deshalb sah er keinen Unterschied bei Entscheidungsträgern in kleinen und großen Städten sowohl in Bezug auf ihre Unsicherheit über die Verteilung der verfügbaren Mittel un-

negativen Zusammenhang zwischen der Bevölkerungsgröße und der Variabilität der Haushaltsprioritäten sowohl im Zuschußbedarf des ordentlichen Haushalts als auch in den Ausgaben des Gesamthaushalts.

Der Einfluß der Zuwachsrate der Bevölkerung einer Stadt auf die Variabilität ihrer Haushaltsprioritäten erklärte sich aus dem Zusammenhang zwischen jener Zuwachsrate und der Dynamik des städtischen Umfelds. In einer sich ändernden Umwelt schlugen bestehende Programme häufiger fehl als in einer stabilen. Das wiederum war ein Impuls für die Suche nach neuen, innovativen Programmen, die die bestehenden Probleme eher lösten.[15] Entsprechend diesen sich ständig wandelnden Bedingungen in Städten mit größerer Wachstumsrate der Bevölkerung tendierten Entscheidungsträger dazu, neue Programme aufzubauen, was meistens eine Neuaufteilung der Mittel unter den Verwaltungszweigen zur Folge hatte.

Differenzen in der Pro-Kopf-Realsteuerkraft zwischen den Städten trugen ebenfalls in bedeutendem Maße zur Erklärung von Unterschieden in den Haushaltsprioritäten im Zuschußbedarf des ordentlichen Haushalts bei. Der Zusammenhang zwischen den beiden Variablen erklärte sich aller Wahrscheinlichkeit nach aus den Einkommensengpässen, denen die meisten der untersuchten Städte im Zeitraum von 1963 bis 1972 unterlagen. In diesen Städten beliefen sich die Ausgaben der Regierung auf das Maximum der politisch durchsetzbaren und gesetzlich gewährten Besteuerung. Allgemein wird angenommen, daß Entscheidungsträger im Fall knapper Einkünfte sich kaum mit alternativen Nutzungsmöglichkeiten der vorhandenen Ressourcen auseinandersetzen, eben weil nur geringe frei verfügbare Mittel zu verteilen sind. Das bedeutete, der Budgetprozeß wurde in der Hauptsache darauf reduziert, die Ausgaben innerhalb des gesetzlichen Rahmens zu halten, wobei lediglich die Aufrechterhaltung bestehender Programme unter akzeptablen Bedingungen Vorrang hatte.[16] Es war unwahrscheinlich, daß Städte in solchen Finanzengpässen neue Ausgabeninitiativen ergriffen, und daher war es ebenfalls unwahrscheinlich, daß sie bestehende Haushaltsprioritäten sehr veränderten. Umgekehrt hatten Städte mit einer starken Pro-Kopf-Realsteuerkraft größere Einnahmequellen und daher die Möglichkeit, bereits bestehende Verpflichtungen zu decken und außerdem die Ausgabe ihrer größeren verbleibenden Mittel nach freiem Ermessen zu gestalten. Sie konnten also ihre Haushaltsprioritäten mit größerer Flexibililität setzen als Städte, die bereits um die Aufrechterhaltung bestehender Programme bangen mußten.[17]

---

ter den Verwaltungszweigen als auch auf ihre Neigung, einfache Entscheidungsregeln anzuwenden. Siehe Crecine *op. cit.*, S. 221-224.

15 Eine Organisation beginnt erst dann mit der Suche nach neuen Lösungsmöglichkeiten, wenn sie auf ein Problem stößt, das mit bisher angewandten Methoden nicht gelöst werden kann. Siehe Cyert und March 1963, S. 100-113.

16 Crecine, *op.cit.*, S. 69-98; und Wildavsky, *op. cit.*, S. 114-135.

17 Das Argument, daß Organisationen bei finanziellen Engpässen auf Druck aus der Umwelt kaum mit Innovationen reagieren, erscheint in Cyert und March, *op. cit.*, S. 279. Am Beispiel

Die Pro-Kopf-Realsteuerkraft einer Stadt hatte jedoch einen schwächeren Einfluß auf das Ausgabenmuster im Gesamthaushalt, da ein Teil der Einkünfte in dieser Rechnungskategorie aus zweckgebundenen Zuweisungen von Bund und Land bestand, die nur im beschränktem Maße neu verteilt werden konnten. Die Abhängigkeit von solchen Zuweisungen schwächte daher den Einfluß, den die Realsteuerkraft auf die einer Stadt zur Verfügung stehenden Ressourcen hatte, und daher auch den Zusammenhang zwischen der Realsteuerkraft einer Stadt und der Variabilität im Ausgabenmuster des Gesamthaushalts. Im allgemeinen begrüßten Städte die zweckgebundenen Zuweisungen von Bund und Land, weil sie ihre finanziellen Engpässe milderten. Trotzdem hatten zweckgebundene Zuweisungen von Bund und Land den Nachteil, daß sie von Instanzen verteilt wurden, die mit den örtlichen Problemen weniger vertraut waren. Daher wurde die Höhe der Zuweisungen für festgelegte Zwecke oft beibehalten, auch wenn sich die lokalen Bedürfnisse veränderten. Entsprechend konnten Städte, die in hohem Maße auf solche Zuweisungen angewiesen waren, ihre Ausgabenverteilung den sich ändernden Wünschen der Bevölkerung weniger gut anpassen.

Das Ausmaß der Konkurrenz zwischen politischen Parteien war schließlich die letzte der untersuchten Variablen, die die Haushaltsprioritäten einer Stadt beeinflußten. Mehrere Analysen kamen zu dem Ergebnis, daß das Ausmaß der Parteienkonkurrenz innerhalb der Legislative die Flexibilität in den Haushaltsprioritäten einer Regierung beeinflußte.[18] In Legislaturen mit hoher Parteienkonkurrenz, so die weitläufige Annahme, reagierten die Parteien mit größerer Sensibilität auf die Bedürfnisse der Wechselwähler und versuchten, deren Stimmen durch Versprechungen zu gewinnen, die Haushaltsprioritäten zu ihren Gunsten zu verändern.

Diese Studien beschäftigten sich ausschließlich mit dem Zweiparteiensystem der USA, von dem sich die politische Lage in der Bundesrepublik mit ihrem Mehrparteiensystem in fundamentaler Weise unterscheidet. Im Gegensatz zu der Praxis auf Bundes- und Länderebene gingen die deutschen politischen Parteien auf der Gemeindeebene selten formelle Koalitionen ein. In Situationen hoher Parteienkonkurrenz hatte also vermutlich keine der drei bis fünf Parteien die absolute Mehrheit. Dies erschwerte es, im Stadtrat bereits etablierte Ausgabenmuster zu verändern. Wenn dagegen eine einzige Partei dominierte, konnte sie sich auf ein ausreichend großes Wählerpotential ver-

---

amerikanischer öffentlicher Gesundheitsämter läßt sich zeigen, daß sich ein Ressourcenpolster positiv auf Innovationen auswirkt. Siehe Mohr 1969, S. 111-126. Die Schaffung solcher Ressourcenpolster wird als einer der Gründe aufgeführt, weshalb eine nationale Regierung kommunale Regierungen bezuschussen sollte. Siehe Weimer 1980, S. 93-116.

18 Die Hypothese einer solchen Beziehung erschien zum ersten Mal in Key 1949, S. 307-308. Unter anderen Analysen dieser Beziehung sind zu nennen: Lockard 1959, S. 320-340; Dawson und Robinson 1963, S. 265-289; Dye, 1966, S. 142-143; Fenton 1966, S. 31-49; Cnudde und McCrone 1969, S. 858-866; Strouse und Williams 1972, S. 648-660; Broach 1973, S. 737-743; und Wright 1975, S. 796-803.

lassen, um das Muster der Haushaltsprioritäten nach eigenem Ermessen umgestalten zu können. Deshalb wiesen Städte mit geringerer Parteienkonkurrenz eine höhere Tendenz zu größerer Haushaltsflexibilität auf. Jene Tendenz aber war stärker hinsichtlich des Zuschußbedarfs im ordentlichen Haushalt – da die Bezuschussung der Verwaltungszweige gänzlich der Kontrolle des Stadtrates unterlag – und schwächer hinsichtlich der Ausgaben im Gesamthaushalt.

Die Ergebnisse der Regressionsanalyse indizierten eine verhältnismäßig aussagekräftige statistische Erklärung für die Unterschiede in der Budgetflexibilität im Zuschußbedarf des ordentlichen Haushalts und in den Ausgaben des Gesamthaushalts zwischen den einzelnen Städten. Allerdings weisen die Regressionsmodelle stärkere Erklärungen für die 105 Durchschnittspunktzahlen als für 945 Werte auf, die die alljährliche Variabilität angaben. Die schwächeren Ergebnisse für die alljährliche Variabilität waren vermutlich darauf zurückzuführen, daß manche regionalen und ortstypischen Einflußfaktoren in dem Modell nicht berücksichtigt werden konnten. Die stärkeren Ergebnisse für die Durchschnittspunktzahlen deuteten aber an, daß die Wirkungen solcher Faktoren langfristig oft nicht systematisch waren. Da sich diese Wirkungen über Jahre hinweg teilweise ausglichen, hatten die Erklärungsvariablen im Modell einen beträchtlichen Einfluß auf die langfristige Variabilität der Ausgabenmuster.

Andere Varianten des Regressionsmodells wurden mit alternativen Erklärungsvariablen durchgeführt, z.B.: Wahlbeteiligung; Linkstendenzen; Veränderungen im Parteienspektrum des Stadtrats; der Anteil des außerordentlichen Haushalts am Gesamthaushalt; die Verteilungsstruktur der Mittel unter den Verwaltungsszweigen; städtische Pro-Kopf-Verschuldung; die Zuwachsrate der städtischen Pro-Kopf-Verschuldung; die Form der Exekutive; und Kreisfreiheit oder Kreisangehörigkeit. Keine dieser Erklärungsvariablen zeigte einen signifikanten Zusammenhang mit der Flexibilität der Haushaltsprioritäten.

Regressionsanalysen von Veränderungen in der Aufteilung der Haushalte japanischer Städte und Präfekturen, südkoreanischer Städte und schweizerischer Kantone führen zu ähnlichen Ergebnissen. Darüber hinaus aber gab es die folgenden zwei wichtigen, ergänzenden Resultate. Erstens nahm in allen drei Ländern die Größe der Prioritätenverschiebungen mit der Zeit ab. In Südkorea war das möglicherweise eine Folge der Demokratisierung, die zur Regularisierung von Verwaltungsabläufen und Akzeptanz von standardisierten Entscheidungsregeln führte. In Japan und der Schweiz dagegen könnte ein Rückgang des Anteils der Investitionen an den Gesamtausgaben diese Entwicklung verursacht haben. Jedenfalls wurde die Zusammensetzung der Einnahmenströme sowohl in Japan als auch in Südkorea stabiler. Da Verschiebungen im Einnahmenmuster aufgrund erforderlicher Finanzierungsmaßnahmen für Investitionen recht oft mit Neuverteilungen des Ausgabenkuchens zusammenhingen, scheint diese eine plausible Erklärung zu sein.

Zweitens spielten drei weitere politische Variablen eine Rolle. Neben der soeben erwähnten Einführung der Demokratie in Südkorea hatten die Praxis der direkten Demokratie in den schweizerischen Kantonen und die Wahl unparteiischer und progressiver Oberbürgermeister in japanischen Städten ihren Einfluß auf die Stabilität der Haushaltsprioritäten. In den Kantonen, in denen das Volk direkt an der Gesetzgebung mitwirkte und der Haushaltsprozeß deswegen weniger gut von der Umwelt isoliert war, neigten die Prioritäten dazu, weniger stabil zu sein. In Japan lösten unparteiische bzw. progressive, direktgewählte Oberbürgermeister ihre konservativen Amtsvorgänger einen nach dem anderen ab, so daß am Ende der Beobachtungsperiode keine der 40 untersuchten Städte mehr von einem konservativen Oberbürgermeister regiert wurde. Offensichtlich waren die unparteiischen und progressiven Oberbürgermeister flexibler bei der Gestaltung ihrer Haushaltsprioritäten als die oft Jahrzehnte lang amtierenden Konservativen. Die Übertragung von sich ändernden Umwelteinflüssen in den Haushaltsprozeß durch die neuen Oberbürgermeister wäre eine mögliche Erklärung dieses Phänomens.

7. Die Bildung neuer Haushaltsprioritäten

Das inkrementale Modell impliziert, daß jede Veränderung in den Ausgabenmustern einer Regierung nur in eingeschränktem Maße vor sich gehen kann. Des weiteren basiert es auf der Annahme, daß Entscheidungsträger, wenn sie ihre Ausgabenprioritäten verändern, sich auf einfache Entscheidungsregeln verlassen, die die Berücksichtigung spezifischer Ausgabealternativen weitgehend ausschließt. Und letztlich spielt die Legislative gemäß dem inkrementalen Modell nur eine kleine Rolle im Budgetprozeß. Die eben dargestellte Regressionsanalyse identifizierte dagegen einige Bedingungen, unter denen das inkrementale Modell empirisch beobachtetes Budgetverhalten nicht angemessern erklärte. Es stellte sich die Frage, ob Entscheidungsträger unter diesen bestimmten Bedingungen nicht doch spezifische Ausgabenalternativen berücksichtigten, und ob die Legislative nicht doch eine größere Rolle in der Entscheidung über die Ausgabenprioritäten spielte.

Um die Rolle der Stadträte und das Ausmaß der Berücksichtigung alternativer Ausgabemöglichkeiten besser einschätzen zu können, wurden auf der Basis der Regressionsergebnisse vier Hypothesen entwickelt:

1) Wenn die Rolle der Stadträte in der Formulierung des Haushalts durch die Höhe frei verfügbarer Ressourcen beeinflußt wurde, sollte sie in Städten mit größerer Pro-Kopf-Realsteuerkraft größer sein, vorausgesetzt, die anderen Bedingungen blieben gleich.

2) In gleicher Weise sollte der Einfluß der Stadträte, wenn ihre Rolle durch zweckgebundene Zuweisungen eingeschränkt wurde, in solchen Städten bedeutender sein, die von diesen Zuweisungungen weniger abhängig waren.
3) Wenn die Komplexität des Budgetprozesses die Rolle des Stadtrats in bevölkerungsstarken Städten einengt, sollte umgekehrt ihre Rolle in kleineren Städten bedeutender sein.
4) Und wenn schließlich die Umweltkomplexität die Haushaltsplaner dazu zwingt, sich auf einfache Entscheidungsregeln zu stützen und die Abwägung spezifischer Ausgabealternativen zu ignorieren, sollten diese in Städten mit geringerer Umweltkomplexität eher berücksichtigt werden.

Diese Hypothesen wurden auch durch die oben erwähnten Interviews mit Stadtkämmerern in 22 der 105 Städte getestet. Wie bereits beschrieben, wurden in einem Teil des Interviews die Betroffenen gebeten, eine oder zwei besonders große Verschiebungen detailliert zu erklären. Anschließend wurden ihre Antworten in einer Serie von statistischen Testmodi klassifiziert.

Elf der 25 Veränderungen, die dabei berücksichtigt wurden, ergaben sich in Städten mit einer Pro-Kopf-Realsteuerkraft, die über dem Bundesdurchschnitt lag. In sieben dieser Fälle wurde über beträchtlichen Einfluß der Stadträte bei der Entscheidung über die Veränderung der Haushaltsprioritäten berichtet. In den anderen vier Fällen wurde eine solche Beteiligung nicht erwähnt. In Städten mit unterdurchschnittlicher Pro-Kopf-Realsteuerkraft waren gegenteilige Ergebnisse zu verzeichnen: Bei den 14 Ausgabeverschiebungen, die dort festzustellen waren, hatte der Stadtrat nach den Angaben der Befragten in nur zwei Fällen einen wesentlichen Einfluß. Offensichtlich war die Mitsprache der Legislative im Budgetprozeß in Städten mit größereren Ressourcen bedeutender.

Wenn die beobachteten Fälle nach ihrer Abhängigkeit von zweckgebundenen Zuweisungen klassifiziert wurden, zeigten sich 18 Veränderungen der Ausgabenprioritäten in Städten, deren Abhängigkeit unter dem bundesdeutschen Durchschnitt lag. In Städten mit überdurchschnittlicher Abhängigkeit waren sieben Haushaltsverschiebungen zu beobachten. Zudem verwiesen die Stadtkämmerer in diesen sieben Fällen nicht auf einen Einfluß des Stadtrats, während man ihm in neun der 18 Städte mit unterdurchschnittlicher Abhänigigkeit eine wesentliche Rolle im Entscheidungsprozeß zumaß. Daraus läßt sich schließen, daß der Stadtrat einen größeren Einfluß auf die Verteilung der Mittel in Städten hat, die für den größten Teil ihrer Mittel selbst aufkommen.

Bei einer Anordnung der Städte nach ihrer Bevölkerungsgröße ergaben sich in zehn Städten mit überdurchschnittlicher Bevölkerungszahl Ausgabeverschiebungen, wobei in einem Fall auf die Wirkung des Stadtrats verwiesen wurde. Dagegen nahm der Stadtrat in Gemeinden mit unterdurchschnittlicher Bevölkerungsgröße nach den Angaben der Befragten in acht von 15 Fällen wesentlicheren Einfluß auf den Entscheidungsprozeß. Bei geringerer Umweltkomplexität war die Mitsprache der Legislative bei der Neuverteilung der Mittel also erheblicher. Um zu analysieren, inwieweit die Umweltkomplexität die Entscheidungsträger in der Berücksichtigung spezifischer alternativer Ausgabemöglichkeiten beeinflußte, wurden die beobachteten Verschiebungen in den Ausgabemustern nochmals nach der Bevölkerungsgröße der Städte angeordnet. In den zehn Verschiebungen der Städte mit überdurchschnittlich großer Bevölkerung berücksichtigte man in einem Fall spezifische Ausgabenalternativen. Diese wurden jedoch nach den Angaben der Befragten in acht der 25 Städte mit unterdurchschnittlich großer Bevölkerung in die Überlegungen mi einbezogen. Es schien also, daß kleinere Städte spezifische, konkurrierende Ausgabenalternativen sorgfältiger gegeneinander abwogen als größere.

8. Schlußfolgerungen und Spekulationen

Zusammengefaßt bedeuteten diese Ergebnisse, daß das inkrementale Modell insofern bestätigt wurde, als die Einnahmen- und Ausgabenmuster vieler Städte, Präfekturen und Kantone tatsächlich und empirisch feststellbar sehr stabil waren. In diesen Fällen hatte die Legislative nur einen begrenzten Einfluß auf den Entscheidungsprozeß, und spezifische Ausgabenalternativen wurden kaum berücksichtigt.

Andererseits war die Variabilität der Einnahmen- und Ausgabenmuster in solchen Regierungseinheiten allgemein beträchtlich, die sich durch größere Pro-Kopf-Realsteuerkraft, höhere Bevölkerungszuwachsrate, niedrigere Bevölkerungszahl, geringere Abhängigkeit von zweckgebundenen Zuweisungen und weniger Parteienkonkurrenz auszeichneten. In jenen Fällen, in denen sich ein hohes Maß an Haushaltsflexibilität beobachten ließ, hatte die Legislative größeren Spielraum im Entscheidungsprozeß über die Verteilung der Mittel, und auch spezifische Ausgabealternativen wurden sorgfältiger gegeneinander abgewogen. Unter diesen Bedingungen war eher eine Entscheidungsfindung anzunehmen, die sowohl den Anforderungen politischer Demokratie als auch denen wirtschaftlicher Effizienz gerecht wurde.

Seit Abschluß der obigen Studie westdeutscher Gemeinden sind bereits 20 Jahre verstrichen. Auch die neueste der Untersuchungen, die über die südkoreanischen Städte, ist inzwischen fünf Jahre alt. In der Zwischenzeit herrschen in Japan, Südkorea und der Schweiz andere Bedingungen als zum Untersuchungszeitpunkt. Allein in Westdeutschland gab es während der 1970er Jahre eine Gebietsreform und die Beteiligung der Kommunen am Einkommensteueraufkommen. Während der 1980er und wieder während der 1990er Jahre kamen dann Zyklen der Haushaltskonsolidierung.[19] Über die

19 Mäding 1996.

Wirkung solcher Ereignisse auf die Stabilität städtischer Haushaltsprioritäten scheint nichts Empirisches veröffentlicht worden zu sein. Deswegen kann man höchstens auf die Ergebnisse der älteren Studien zurückgreifen und als Denkübung versuchen, neue Entwicklungen in ihrem Licht zu beurteilen. Zwar führt das nicht zu Schlußfolgerungen, die als Grundlage für politische Maßnahmen dienen könnten. Aber fundierte Spekulationen dieser Art können mindestens als Ausgangspunkt für neue Forschungsvorhaben dienen.

Zu den gegenwärtig wichtigsten Entwicklungen muß man wohl die allgemeine Verknappung der Finanzen, die rückläufige Quote der städtischen Investitionen, Experimente mit neuen Steuerungsmodellen und eine Reihe von politischen Maßnahmen auf der kommunalen Ebene zählen. Die relative Verknappung der Finanzmittel ist eine Folge der Kosten der Wiedervereinigung, des anhaltenden wirtschaftlichen Strukturwandels und der damit verbundenen Massenarbeitslosigkeit. Da solche Ereignisse die Pro-Kopf-Realsteuerkraft schwächen, müssen mehr Städte sich um die bloße Aufrechterhaltung bestehender Programme bemühen. Sie befinden sich in keiner günstigen Lage, neue Ausgabeninitiativen zu starten. So müßte man *ceteris paribus* mit einer Erstarrung existierender Haushaltsprioritäten rechnen.

Ein eventueller Wegfall der Gewerbesteuer sowie die Schuldenbegrenzung durch die Bedingungen für die Einführung der Eurowährung würden diese Erstarrung verstärken. Das Gleiche gilt für den gestiegenen Anteil der Sozialleistungen und der Personalausgaben am Zuschußbedarf im Verwaltungs- bzw. am Gesamthaushalt. Da jene Ausgabenarten dazu tendieren, die Finanzmasse einer Stadt mittel- bis langfristig in einem gegebenen Muster zu binden, führten sie zwangsläufig zu geringerer Flexibilität bei der Bildung jährlicher Haushaltsprioritäten.

Darüber hinaus fehlen die für solche laufenden Maßnahmen verausgabten Mittel den kommunalen Investitionen. Überhaupt ist der Anteil der Investitionen an den kommunalen Gesamtausgaben zwischen 1964 und 1990 von 40% auf 20% stark zurückgegangen.[20] Wie oben erklärt steckten größere Investitionsprojekte hinter dem Löwenanteil aller beobachteten Prioritätenverschiebungen. Eine Reduzierung der Investitionen würde dann vermutlich auch in einer Senkung der Flexibilität der Haushaltprioritäten münden.

Von den neuen Steuerungsmodellen ist ebenfalls keine Steigerung jener Flexibilität zu erwarten. Das ist teilweise auf die Tatsache zurückzuführen, daß bis jetzt nur erste Pilotprojekte angelaufen sind. Während der Projektphase wird man eher Erfahrung mit diversen Steuerungsinstrumenten kumulieren müssen als große Kostensenkungen realisieren, die man zur Setzung neuer Haushaltsprioritäten umverteilen könnte. Deswegen soll niemand hoffen, daß kurzfristig Kostenersparnisse entstehen werden, die zu erhöhten Investitionen und damit zu flexiblerer Prioritätenbildung führen würden.

20 Gabriel *et al.*, *op. cit.*, S. 78.

Längerfristig sind erhebliche Einsparungen durch gesenkten Personalbedarf und größere Wirtschaftlichkeit durchaus vorstellbar. Doch die Steuerungsmodelle sehen vor, daß eingesparte Mittel weitgehend in dem Bereich bleiben sollen, wo sie erwirtschaftet werden. Das kann der Bildung neuer Schwerpunkte in den Funktionalbereichen nur hinderlich sein.

Ferner findet im Zusammenhang mit der Einführung neuer Steuerungsmodelle eine Umstrukturierung der kommunalen Verwaltung statt. Als Ergebnis werden Ämter, Behörden und Teilverwaltungen in optimierte Regiebetriebe, Eigenbetriebe und Eigengesellschaften verwandelt. Letztere sind organisatorisch, wirtschaftlich und z.T. auch rechtlich selbständige öffentliche Unternehmen. Weil sie sich weitgehend über einen eigenen Gebührenhaushalt finanzieren, werden sie im kommunalen Haushaltsplan bloß mit einem Nettogewinn- bzw. -verlustbetrag vermerkt. Viele kommunale Einrichtungen wie Flughäfen, Krankenhäuser, Müllentsorgungsbetriebe und Rettungsdienste sind bereits so organisiert und finanziert. Weitere Einrichtungen wie Altenheime, Hausdruckereien, Kantinen, Kindergärten, Reparaturwerkstätten und Stadtgärtnereien, sofern sie nicht gänzlich privatisiert werden, werden künftig als Eigenbetriebe bzw. -gesellschaften geführt. Es ist anzunehmen, daß die dadurch dezentralisierte Ressourcenverantwortung und Gebührenfinanzierung zu höheren Investitionen in solche Unternehmen führen werden. Da diese Unternehmen weniger direkt als die klassiche Verwaltung dem Rat unterstehen, wird aber der demokratische Einfluß auf Entscheidungen über jene Investitionen denkbar geringer ausfallen. Und seit solche Entscheidungen betriebsintern getroffen werden, werden die Kosten und Nutzen alternativer Maßnahmen in verschiedenen Funktionalbereichen seltener als bisher gegeneinander abgewogen. Das läuft auf sowohl weniger demokratischen Inhalt als auch weniger wirtschaftliche Effizienz bei Investitionsentscheidungen hinaus.

Obendrein wird in den Kommunen nur eine Kernverwaltung mit reduzierten Funktionen übrigbleiben. Die verbliebenen Funktionen werden die Aufgaben der zentralen Verwaltung sein, ebenso diejenigen, die sich schlecht über Gebührenhaushalte finanzieren lassen (z.B. die Sozialhilfe). Wegen der Beschäftigungsregeln im öffentlichen Dienst wird die Kernverwaltung noch lange von einem aufgeblähten Personalstand und daher einer geringeren Investitionskapazität gekennzeichnet sein. Im Gegensatz zu den Eigenbetrieben und -gesellschaften spiegelt der kommunale Haushaltsplan den Personalbestand der Kernverwaltung voll wieder. Die Ausgliederung der dynamischeren, investitionsintensiveren Aufgaben in die Eigenbetriebe und -gesellschaften, unter Beibehaltung finanziell unbeweglicher Posten, wird mutmaßlich eine weitere Verhärtung existierender Haushaltsprioritäten zur Folge haben.

Eine Gebietsreform auf der kommunalen Ebene in den neuen Ländern würde viele kleine Gemeinden zu leistungsfähigeren Regierungs- und Verwaltungseinheiten zusammenbündeln. Je größer aber die Einheit, desto schwieriger ist es für die Regierenden bzw. die Verwaltenden, den Überblick zu behalten. Deswegen neigen die Verantwortlichen in größeren Einheiten stärker dazu, sich auf einfache Faustregeln zu verlassen. Das resultiert nachweislich in Haushaltsentscheidungen, die die „fairen" Kuchenanteile der Funktionalbereiche stabilisieren. So besteht die Gefahr, daß die aus einer Gebietsreform entstehenden leistungsfähigeren Einheiten es trotzdem nicht einfacher finden werden, rechtzeitig auf Veränderungen in ihrer Umwelt zu reagieren.

Die Analyse westdeutscher Daten ergab, daß die Verfassungsform keinen Einfluß auf die Flexibilität kommunaler Haushaltsprioritäten hatte. Unter den 105 untersuchten Gemeinden wählten zwar 24 badenwürttembergische und bayerische Städte ihre Oberbürgermeister direkt. Doch die Beobachtungsperiode von zehn Jahren war verhältnismäßig kurz im Vergleich zu der 18jährigen Beobachtungsperiode in der japanischen Studie. In der letzteren Untersuchung hatten alle 40 Städte direktgewählte Oberbürgermeister. Vielleicht war die Zahl der westdeutschen Fälle (24 Städte x 10 Jahre = 240 Beobachtungen) zu klein, um den Einfluß der Parteizugehörigkeit direktgewählter Oberbürgermeister auf der Stabilität der Haushaltsprioritäten wie in Japan (40 Städte x 18 Jahre = 720 Beobachtungen) aufzuspüren. Wenn die in dieser Hinsicht unterschiedlichen Ergebnisse auf die Zahl der Fälle und nicht auf einen kulturellen Einfluß zurückzuführen ist, hätte die Einführung direkter Wahlen der Oberbürgermeister in Nordrhein-Westfalen und einigen Kommunen der neuen Bundesländer Konsequenzen für die Bildung von Haushaltsprioritäten in jenen Gemeinden. So oft Wahlen zu einem parteipolitischen Wechsel im OB-Amt führten, könnte man sich dann eine Neuordnung der Haushaltsprioritäten erhoffen.

Ähnliches würde bei der Vereinfachung der Regeln für Bürgerentscheide gelten. In den schweizerischen Kantonen, wo das Volk direkt an der Gesetzgebung mitwirkte, war der Haushaltsprozeß weniger von Umwelteinflüssen isoliert. Da die Entscheidungen in diesem Prozeß weniger von einfachen Faustregeln bestimmt wurden, waren die Ausgabenprioritäten dort über die Zeit auch flexibler. Je größer deswegen die Möglichkeiten für deutsche Bürger sind, im Haushaltsprozeß direkt mitzuentscheiden, um so flexibler sollte sich die Prioritätensetzung einer Gemeinde erweisen.

Zusammenfassend kann man feststellen, daß in nächster Zeit finanzielle und organisatorische Einflüsse die Flexibilität deutscher Gemeinden bei der Bildung ihrer Haushaltsprioritäten wahrscheinlich reduzieren werden. Der Einfluß einiger politischen Faktoren wird dagegen wirken. Trotzdem wird die Gesamtwirkung doch ein Rückgang der Flexibilität sein, weil die hier diskutierten Regressionsanalysen zeigen, daß der Einfluß politischer Variablen schwächer als der finanzieller und organisatorischer Variablen ist. Sofern sie Ressourcen innerhalb von Funktionalbereichen umverteilen können, um ihre Aktivitäten an sich verändernde Bedingungen anzupassen, braucht das die deutschen Städte nicht zu stören. Aber wo Umverteilungen über die Grenzen der funktionalen Bereichen hinweg erforderlich sind, werden die Gemeinden merken, daß sie damit größere Schwierigkeiten als in der Vergangenheit haben werden. Praktisch bedeutet das, daß sie weniger gut neuen Bedürfnissen ihrer Einwohner nachkommen können werden.

Literaturverzeichnis

Bothe, Adrian, 1989: Die Gemeindeausgaben in der Bundesrepublik. Ein nachfrageorientierter Erklärungsansatz. Tübingen.

Broach, Glenn T., 1973: „Interparty Competition, State Welfare Policies, and Non-Linear Regression", *Journal of Politics* 35, S. 737-743.

Cnudde, Charles F. und Donald J. McCrone, 1969: „Party Competition and Welfare Politics in the American States", *American Political Science Review* 63, S. 858-866.

Crecine, John P., 1969: Governmental Problem-Solving: A Computer Simulation of Municipal Budgeting. Chicago, S. 69-98.

Cyert, Richard M. und James C. March, 1963: *A Behavioral Theory of the Firm*. Englewood Cliffs, NJ, S. 100-113.

Dawson, Richard, und James A. Robinson, 1963: „Interparty Competition, Economic Variables and Welfare Politics in the American States", *Journal of Politics* 25, S. 265-289.

Dye, Thomas R., 1966: *Politics, Economics, and the Public*. Chicago, S. 142-143.

Easton, David, 1965: A Systems Analysis of Political Life. New York.

Fenton, John, 1966: *People, Parties and Politics*. Glenview, IL, S. 31-49.

Fried, Robert C., 1974: „Politics, Economics and Federalism: Aspects of Urban Government in Austria, Germany and Switzerland", in: Clark, Terry N., (Hg.): *Comparative Community Politics*. New York, S. 313-350.

Robert. C. Fried, 1976 „Party and Policy in West-German Cities", in: *American Political Science Review* 70, S. 11-24.

Gabriel, Oscar W., Volker Kunz und Thomas Zapf-Schramm, 1990: *Bestimmungsfaktoren kommunaler Investitionsausgaben*. München.

Grüner, Hans, Wolfgang Jaedicke und Kurt Ruhland, 1988: „Rote Politik im schwarzen Rathaus: Bestimmungsfaktoren der wohnungspolitischen Ausgaben bundesdeutscher Großstädte", *Politische Vierteljahresschrift* 29, S. 42-57.

Hayes, M.T., 1992: *Incrementalism and Public Policy*. New York.

Key, V. O., Jr., 1949: *Southern Politics*. New York, S. 307-308.

Kunz, Volker und Thomas Zapf-Schramm, 1989: „Ergebnisse der Haushaltsentscheidungsprozesse in den kreisfreien Städten der Bundesrepublik", in: Dieter Schimanke (Hg.): *Stadtdirektor und Bürgermeister*. Basel, S. 161-189.

Lockard, Duane 1959: *New England Politics*. Princeton, NJ, S. 320-340.

Mäding, Heinrich 1996: „Kommunale Haushaltskonsolidierung in Deutschland – die 80er und 90er Jahre im Vergleich", (Beitrag zur Arbeitstagung „Lokale Politikforschung", der DVPW, Heidelberg).

Mohr, Lawrence B., 1969: „Determinants of Innovation in Organizations," *American Political Science Review* 63, S. 111-126.

Rakoff, Stuart und Günther Schäfer, 1973: „Policy Responsiveness of German and American Cities: A Time Series Analysis of Municipal Expenditures," (Vortrag auf der Tagung der American Political Science Association).

Rickards, Robert C., Non-Routine Decision-Making: A Study of Demonstrated Flexibility in West German Municipalities' Budgetary Priority-Setting, [University of Michigan, 1980; University Microfilms #AAD80-25753.].

Rickards, Robert C., 1982: „Consociational Democracy and Budgetary Stability in Switzerland," (Vortrag auf der Tagung der Northeast Political Science Association, New Haven, CT).

Rickards, Robert C., 1984: „How the Spending Patterns of Cities Change: Budgetary Incrementalism Reexamined," *Journal of Policy Analysis and Management* 4, S. 56-74.

Rickards, Robert C., 1985: „Setting New Spending Priorities: Local Government Politicization and Fair-Share Budgeting in Japanese Prefectures", *Comparative Political Studies* 18, S. 373-391.

Rickards, Robert C., 1985: „Ursachen für die nichtinkrementale Bildung von Haushaltsprioritäten in bundesdeutschen Städten," *Archiv für Kommunalwissenschaften* 24, S. 295-309.

Rickards, Robert C., 1988: „Governmental Spending Priorities in West Germany and the Kohl Administration's Budgetary Policies at Mid-Term", (Vortrag auf der Tagung der International Studies Association/ South, Atlanta, GA).

Rickards, Robert C., 1990: „Progressive Mayors, Interparty Competition, and Revenue Pattern Change in Japanese Cities, 1971-1983", *Asian Perspective* 14, S. 93-125.

Rickards, Robert C., 1991: „Administrative Devolution, Partisan Control of City Hall and Expenditure Pattern Change in Japanese Municipalities," *ORIGU* 28, S. 1-22.

Rickards, Robert C., 1991: „Guidelines for Cutting Budget Pies in West Germany: Incrementalist Rules-of-Thumb vs. Politically-Determined Policy Priorities", in: Ursula Hoffmann-Lange (Hg.), *Social and Political Structures in West Germany: From Authoritarianism to Postindustrial Democracy*. Boulder, S. 217-239.

Rickards, Robert C., 1992: „Japanese Mayors and Municipal Budgetary Priorities: When a Partisan Difference Makes a Policy Difference", *Current Politics and Economics of Japan* 2, S. 49-70.

Rickards, Robert C. and Seung-Cheol Yi, 1992: „Korean Municipal Finance and the New World Order", *Asian Perspective* 16, S. 109-140.

Schwarting, Gunnar, 1979: Kommunale Investitonen. Theoretische und empirische Untersuchungen der Bestimmungsgründe kommunaler Investitionstätigkeit in NRW 1965-72. Bern.

Strouse, James C., und J. Oliver Williams, 1972: „A Non-Additive Model for State Policy Research", *Journal of Politics* 34, S. 648-660.

Weimer, David L., 1980: „Federal Intervention in the Process of Innovation in Local Public Agencies: A Focus on Organizational Incentives", *Public Policy* 29, S. 93-116.

Wildavsky, Aaron, 1975: *A Comparative Theory of the Budgetary Process*. Boston, S. 114-135.

Wright, Gerald C., Jr., 1975: „Interparty Competition and State Social Welfare Policy: When a Difference Makes a Difference", *Journal of Politics* 37, S. 796-803.

Volker Kunz

Die Hebesatzpolitik der kreisfreien Städte in den 80er Jahren

1. Fragestellungen der Untersuchung*

Die kommunalen Gebietskörperschaften spielen in Deutschland traditionell eine Schlüsselrolle als Träger der öffentlichen Daseinsvorsorge. Die Infrastrukturausstattung der Bundesrepublik hängt nicht zuletzt von den Entscheidungen der kommunalen Organe ab. Die Gemeinden sind die Hauptinvestoren der öffentlichen Hand und nehmen damit eine wichtige wirtschafts- und konjunkturpolitische Funktion wahr. Als Träger der örtlichen Planungshoheit wirken die kommunalen Gebietskörperschaften mittelbar oder unmittelbar an sämtlichen raumbezogenen Planungen des Staates mit. Dadurch beeinflussen sie maßgeblich die räumliche Verteilung der von öffentlichen Trägern erstellten wirtschaftlichen, sozialen und kulturellen Infrastruktur. Darüber hinaus verfügen sie über einen mittelbaren Einfluß auf die Verteilung privater Infrastruktureinrichtungen, da die Standortentscheidungen der Privatwirtschaft nicht zuletzt von der bereits vorhandenen örtlichen Infrastruktur abhängen. Für die Lebensqualität der Bundesrepublik maßgebliche Entscheidungen fallen insofern in den Gemeinderäten und Kreistagen.

Die ökonomischen, demographischen und ökologischen Entwicklungen stellen die Gemeinden vor weitreichende Herausforderungen. Die Fülle der zu bewältigenden Aufgaben ist durch die Vereinigung Deutschlands noch gestiegen. Ohne eine ausreichende finanzielle Ausstattung der kommunalen Gebietskörperschaften sind die anstehenden Aufgaben nicht zu erledigen. Nur bei einem genügend großen finanziellen Handlungsspielraum können die Gemeinden ein bedarfsgerechtes, leistungsfähiges und regional ausgewogenes Angebot an öffentlicher Infrastruktur und Dienstleistungen erstellen und unterhalten. Grundpfeiler ihrer finanziellen Leistungsfähigkeit sind die verfügbaren Steuereinnahmen. Diese können sie über die Variation der Hebesätze auf die Gewerbe- und Grundsteuern (A und B) zum Teil selbst beeinflussen und damit eine Anpassung ihrer Einnahmen an den örtlichen Ressourcenbedarf und politische Gestaltungswünsche vornehmen. Insofern ist das

* Die Untersuchung wurde im Oktober 1996 abgeschlossen. Nachfolgende Änderungen in den steuerrechtlichen Grundlagen sind daher nicht berücksichtigt.

Hebesatzrecht von großer Bedeutung für die Eigenständigkeit und finanzpolitische Eigenverantwortlichkeit der kommunalen Ebene.

Allerdings liegen bisher kaum Untersuchungen vor, die sich mit den einzelnen Bestimmungsgründen der gemeindlichen Hebesatzpolitik auseinandersetzen. Überhaupt gibt es nur wenige Studien, die sich auf quantitativ-vergleichender Basis mit kommunalen Allokationsentscheidungen beschäftigen.[1] So ist die Frage nach den Bestimmungsfaktoren kommunaler Aufgaben, Ausgaben und Einnahmen empirisch weitgehend ungeklärt. Dies gilt auch und insbesondere für die kommunale ‚Steuerpolitik'. Empirische Informationen wären aber gerade vor dem Hintergrund der aktuellen Standortdebatte und der Auseinandersetzungen um eine Reform des kommunalen Finanzsystems von großem Nutzen. Seit einiger Zeit liegen zahlreiche Reformvorschläge zur Neugestaltung des Gemeindesteuersystems vor, die allerdings auch auf eine Abschaffung des Hebesatzrechts zielen. Eine solche Reform würde die kommunale Handlungsfähigkeit in einem wichtigen finanzpolitischen Punkt beschränken. Aber wie nutzen die Kommunen eigenlich ihren Handlungspielraum? Und wovon hängt der Ausschöpfungsgrad der vorhandenen Steuerquellen ab? Gibt es überhaupt eine bemerkenswerte Variation und welche Faktoren sind dafür verantwortlich? Werden hohe Hebesätze in erster Linie implementiert, wenn es die Standortqualität vor Ort erlaubt, oder nur dann, wenn ein dringlicher Ausgaben- und Finanzbedarf oder eine geringe eigene finanzielle Leistungsfähigkeit vorliegt? Inwiefern wird die Hebesatzpolitik der Gemeinden von der doppelten Herausforderung – Einschränkung der finanziellen Ressourcen bei zugleich steigenden Ausgabenbelastungen vor allem im Sozialbereich – geprägt?

Diese Fragestellungen stehen im Mittelpunkt der empirischen Analysen dieser Untersuchung.[2] Nach einer knappen Einführung in die wichtigsten Grundlagen des kommunalen Finanz- und Steuereinnahmesystems werde ich einen konzeptionellen Rahmen für die Analyse der sozio-ökonomischen Bestimmungsfaktoren kommunaler Hebesatzpolitik vorstellen. Auf dieser Grundlage lassen sich einige wichtige und empirisch prüfbare Determinanten kommunaler Hebesatzpolitik diskutieren. Zu diesen Größen gehören Variablen der Siedlungs- und Wirtschaftsstruktur, des sozialen Problemdrucks, der Bevölkerungsentwicklung, der bürokratischen Struktur in einer Gemeinde

1 Vgl. v.a. Bothe 1989; Deubel 1984; Gabriel, Kunz, Zapf-Schramm 1990, 1994; Grüner, Jaedicke, Ruhland 1988; Kunz, Gabriel 1992; Kunz, Zapf-Schramm 1989; Reissert 1984; Rickards 1985. Vgl. zum Überblick bes. Mäding 1994. Für eine aktuelle Analyse der Ausgaben- und Aufgabenpräferenzen kommunaler Mandatsträger vgl. Ahlstich, Kunz 1994.

2 Darüber hinaus kann die Hebesatzanspannung als ein Indikator des Ausgabenbedarfs angesehen werden: Aufgrund der zunehmenden Ausgliederung einzelner Sachbereiche aus dem Kommunalhaushalt sind die vorhandenen Ausgabendaten immer schwieriger zu analysieren. Dies ist insbesondere für die empirisch gestützte Bedarfsbestimmung im kommunalen Finanzausgleich von Nachteil. Die Analyse der Hebesätze kann solche Untersuchungen ergänzen.

sowie des finanziellen Handlungsspielraums. Ihre empirische Wirkung überprüfe ich am Beispiel der Hebesatzpolitik der kreisfreien Städte in den 80er Jahren. Im Mittelpunkt stehen die Hebesätze für die Gewerbesteuer und Grundsteuer B. Die Analysen beziehen sich auf die Variation der Hebesätze in den Haushaltsjahren 1988/1989 und auf ihre Entwicklung in den Jahren 1980 bis 1989.

2. Grundlagen der kommunalen Hebesatzpolitik

2.1 Der Kommunalhaushalt

Zentrale Grundlage jeder finanzpolitischen Entscheidung auf kommunaler Ebene und damit auch der gemeindlichen Hebesatzpolitik ist der Haushaltsplan. Er ist nach den Vorschriften der Gemeindeordnungen und Gemeindehaushaltsverordnungen und im Unterschied zum Bundes- oder Landeshaushalt in einen Verwaltungshaushalt und einen Vermögenshaushalt gegliedert. Beide Teilhaushalte stehen miteinander in Wechselwirkung. Im Verwaltungshaushalt werden die für die laufende Verwaltung erforderlichen Ausgaben und ihre Deckungsmittel verbucht. Auf der Ausgabenseite fallen darunter insbesondere die Personalaufwendungen, die üblichen Verwaltungs- und Betriebskosten sowie die Sozialleistungen. Die Einnahmen werden hier in erster Linie aus Steuern, den allgemeinen Zuweisungen des Staates und den Gebühren der Leistungsempfänger erzielt. Im Vermögenshaushalt finden sich alle vermögenswirksamen Einnahmen und Ausgaben. Auf der Ausgabenseite sind dies insbesondere die Investitionen; reguläre Einnahmen ergeben sich durch Überschüsse im Verwaltungshaushalt und (staatliche) Investitionszuweisungen.

Die Festsetzung der Hebesätze für die Grundsteuern (A und B) durch die Gemeinde erfolgt zusammen mit der Feststellung des Hebesatzes für die Gewerbesteuer im Rahmen der Verabschiedung der Haushaltssatzung für ein oder mehrere Kalenderjahre. Eine besondere Steuersatzung ist möglich. Beschließt der Gemeinderat eine Änderung der Hebesätze bis zum 30. Juni, ist diese vom Beginn des Jahres an wirksam. Ein späterer Beschluß über die Festsetzung der Hebesätze im laufenden Kalenderjahr kann in der Regel nur erfolgen, wenn die Höhe der Vorjahreswerte nicht überschritten wird. Dabei bedarf jeder Beschluß über die Festsetzung der Hebesätze der Genehmigung durch die Aufsichtsbehörde. Die Genehmigung darf allerdings nur dann versagt werden, wenn „... bei der Hebesatzfestsetzung ein wirtschaftlich in keinem Fall mehr vertretbarer Verbrauch öffentlicher Mittel festzustellen ist oder wenn der Hebesatz Erdrosselungswirkung hat.“[3]

---

3 Voigt 1980, S. 38.

Darüber hinaus sind Einschränkungen des kommunalen Hebesatzrechts durch landesrechtliche Regelungen erlaubt. Allerdings sind die früher geltenden Bestimmungen, nach denen den Gemeinden ein Höchstbetrag für die Hebesätze und ein Kopplungsverhältnis – ein bestimmtes Verhältnis der Hebesätze für die Grundsteuern und die Gewerbesteuer – vorgegeben war, zu Anfang der 80er Jahre in den Ländern, in denen solche Regelungen existierten, aufgehoben worden.[4]

2.2 Finanzverfassungsrechtliche Grundlagen

Das kommunale Einnahmesystem mit der Möglichkeit einer eigenständigen gemeindlichen Hebesatzpolitik findet seine Grundlage in der Finanzverfassung der Bundesrepublik. Seit 1949 kann man im wesentlichen drei Abschnitte in der Entwicklung unterscheiden:[5] Zunächst blieb es den Ländern überlassen, die Finanzausstattung der Gemeinden zu ordnen. Das Grundgesetz regelte lediglich die Finanzbeziehungen zwischen Bund und Ländern; die Frage nach Grad und Umfang der Finanzautonomie der Gemeinden im Hinblick auf die Selbstverwaltungsgarantie des Art. 28 GG ließ der parlamentarische Rat unbeantwortet.

Durch eine Grundgesetzänderung wurde 1956 den Gemeinden in Art. 106 Abs. 6 das Aufkommen von Grund- und Gewerbesteuern, mit der Möglichkeit eigene Hebesätze zu implementieren, zugesprochen (sog. Realsteuergarantie). Dazu kam die Bestimmung, daß den Gemeinden über den kommunalen Finanzausgleich ein von der Landesgesetzgebung festzusetzender Anteil an den Gemeinschaftssteuern zuzuweisen ist (obligatorischer Steuerverbund). Weiterhin wurde die Möglichkeit vorgesehen, sie an den Steuereinnahmen der Länder zu beteiligen (fakultativer Steuerverbund nach Art. 107 Abs. 7 GG). Zudem wurden erstmals direkte finanzverfassungsmäßige Beziehungen zwischen Bund und Gemeinden insofern hergestellt, indem sich der Bund zu einem Sonderlastenausgleich gegenüber Ländern und Kommunen verpflichtete.

Mit der Gemeindefinanzreform von 1969 wurde die gegenwärtige Stellung der Gemeinden im Finanzverfassungssystem des Grundgesetzes festgelegt. Die wichtigsten Änderungen betreffen die kommunalen Steuereinnahmen, auf die der nachfolgende Abschnitt eingeht. Mit dem Beitritt der neuen Länder gilt die Finanzverfassung des Grundgesetzes auch in Ostdeutschland. Die Grundzüge des kommunalen Finanz- und Einnahmesystems sind daher in den alten und neuen Ländern gleichartig ausgestaltet.

---

4 Vgl. Fuchs 1983, S. 9; Milbradt 1985, S. 124. Im übrigen sollen die einschränkenden Regelungen keine Anwendung gefunden haben oder immer wieder durch Sonderregelungen umgangen worden sein.

5 Zu der historischen Entwicklung vgl. mit Einzelheiten die Darstellung bei Elsner 1979, S. 42ff. oder Voigt 1975, S. 133ff.

2.3 Die Einnahmen der Gemeinden durch Steuern

Seit Bestehen der Bundesrepublik sind die wichtigsten kommunalen Einnahmequellen die Steuereinnahmen, die insbesondere von staatlicher Seite gewährten Finanzzuweisungen, die kommunalen Leistungsentgelte (Gebühren und Beiträge) sowie die Kreditaufnahme.[6] Daran hat sich auch im Verlauf der 80er und 90er Jahre nichts geändert.[7] Weil im Mittelpunkt der Untersuchung die kommunale Hebesatzpolitik auf die Realsteuern steht, gehe ich auf das System der kommunalen Steuereinnahmen etwas ausführlicher ein.

Im Rahmen der Realsteuergarantie besitzen die Gemeinden die Ertragshoheit und das Recht, im Rahmen der Gesetze Hebesätze festzulegen. Das Recht zur Gesetzgebung über die Realsteuern ist Bestandteil der konkurrierenden Gesetzgebung nach Art. 105 Abs. 2 GG und damit heute Angelegenheit des Bundes. Grund- und Gewerbesteuern heißen Realsteuern, weil ein Realobjekt Gegenstand der Besteuerung ist. Je nach Steuerart sind die Realobjekte Grundstücke oder gewerbliche Betriebe.

Grundsteuern werden für jeglichen Grundbesitz im Sinne des Bewertungsgesetzes erhoben.[8] Die Grundsteuer A erfaßt die zu einem land- und forstwirtschaftlichen Betrieb gehörenden Grundstücke. Die Grundsteuer B bezieht sich auf alle übrigen Grundstücke, also auf Betriebs-, Miets- und Wohngrundstücke. Zwar unterscheiden sich die Bewertungskriterien für die beiden Arten der Grundsteuer. Für die Berechnungs- und Veranlagungsverfahren gelten aber einheitliche Regelungen: Die Grundstücke werden durch die Finanzämter mit einem Promillesatz, der sogenannten Steuermeßzahl, ihres vom Verkehrswert unabhängigen, gesetzlich festgelegten Einheitswertes (von 1964) bewertet. Auf diese Weise ergibt sich der Steuermeßbetrag, den die Finanzämter den Gemeinden mitteilen. Die Kommunen wenden auf den Meßbetrag ihren in der Haushaltssatzung festgelegten und gegebenenfalls für die Grundsteuer A und B unterschiedlichen Hebesatz an und ermitteln so die konkrete Steuerschuld. Jede Gemeinde kann damit bestimmen, mit welchem Hundertsatz des Steuermeßbetrages – dies ist der Hebesatz – die Grundsteuer zu erheben ist. Unabhängig vom Hebesatz führt ein hohes Niveau der Miet- und Grundstückspreise in einer Gemeinde zu hohen Einnahmen aus der – im Vergleich zur Grundsteuer A wesentlich ergiebigeren – Grundsteuer B (dies ist v.a. in zentralen Städten in verdichteten Regionen der Fall).

Die Berechnung der Gewerbesteuer erfolgt in ähnlicher Weise wie bei den Grundsteuern. Unter Berücksichtigung von Hinzurechnungen, Kürzungen und Freibeträgen wird aus den Besteuerungsgrundlagen durch Multiplikation mit der jeweiligen Steuermeßzahl der Steuermeßbetrag für den Ge-

---

6 Vgl. mit einem detaillierten Überblick Kunz 1989, S. 66ff.

7 Vgl. die jährlich vom Deutschen Städtetag herausgegebenen Gemeindefinanzberichte (in: ‚Der Städtetag‘).

8 Vgl. mit weiteren Einzelheiten z.B. die Darstellung bei Haverkamp 1985.

werbeertrag und das Gewerbekapital gebildet. Diese im einzelnen kompliziert zu errechnenden Grundbeträge werden zu einem einheitlichen Meßbetrag zusammengefaßt, aus dem sich wiederum mittels Multiplikation mit dem gemeindlichen Hebesatz die eigentliche Steuer ergibt.[9] Auch hier hängt also die fiskalische Ergiebigkeit einer Hebesatzanhebung ceteris paribus (d.h. unter sonst gleichen Bedingungen) von der Summe der Bemessungsgrundlagen ab.[10] Steuerobjekte sind, wie der Name schon sagt, die Gewerbebetriebe. Dazu gehören stehende und Reisegewerbebetriebe, nicht aber freie Berufstätigkeiten oder Vermögensverwaltungen, sofern sie nicht aufgrund ihrer Rechtsform steuerpflichtig werden (z.B. als Kapitalgesellschaften).

Die Bemessungsgrundlage für den Gewerbeertrag richtet sich in erster Linie nach dem entsprechend den Einkommens- und körperschaftlichen Regelungen ermittelten Gewinn der Betriebe. Die steuerpflichtigen Gewerbeerträge in einer Gemeinde fallen damit um so höher aus, je größer die Zahl der Gewerbebetriebe in dieser Gemeinde und je höher der durchschnittliche Gewinn je Betrieb ist.[11] Die unternehmerische Ertragslage hängt neben branchenspezifischen und konjunkturellen Faktoren von einer Vielzahl einzelbetrieblicher Größen und lokaler Bedingungen, wie z.B. dem örtlichen Verdichtungsgrad, ab.

Die zweite Bemessungsgrundlage der Gewerbesteuer, das Gewerbekapital, errechnet sich primär nach dem Einheitswert des jeweiligen Gewerbebetriebes. Dieser setzt sich aus dem Rohbetriebsvermögen abzüglich der Schulden des Betriebes zusammen. Die wesentlichen Bestimmungsgründe für die Höhe der Gewerbekapitalsteuer ergeben sich damit aus dem Umfang des eingesetzten Realkapitals und dem Alter des Kapitalstocks. Kapitalintensive Produktionen in einer Gemeinde wirken sich demnach günstig auf die Gewerbesteuereinnahmen in dieser Gemeinde aus. Allerdings geht die Bemessungsgrundlage der Gewerbekapitalsteuer mit zunehmenden Alter des Realkapitals zurück. Je höher der Anteil des abgeschriebenen Kapitals ist, desto niedriger ist der Einheitswert.

Die früher neben der Gewerbeertrags- und Kapitalsteuer fakultativ bestehende Lohnsummensteuer wurde im Rahmen des Steueränderungsgesetzes von 1979 mit Wirkung für 1980 abgeschafft.[12] Ihre Bemessungsgrundlage lag in der Summe der Arbeitslöhne, die an die Arbeitnehmer der in einer Gemeinde gelegenen Betriebsstätte gezahlt wurden. Vor allem altindustrialisierte Städte mit einem vergleichsweise hohen Anteil von ertragsschwachen

---

9 Vgl. z.B. Milbradt 1985.

10 Geht man z.B. von einem hebesatzunabhängigen Grundbetrag von 120 DM je Einwohner aus, erhöhen sich die Bruttoeinnahmen bei einer Hebesatzerhöhung von 320% auf 340% von 384 DM auf 408 DM je Einwohner. Dies entspricht einer Einnahmensteigerung von 6,3%.

11 Vgl. Postlep 1985, S. 161ff.

12 Vgl. hierzu Fürst, Hesse, Richter 1983, S. 265ff.; Karrenberg 1985, S. 57ff.

Unternehmen bei zugleich weitgehend abgeschriebenem Kapital und damit unterdurchschnittlichen Gewerbesteuereinnahmen hatten von dieser Einnahmequelle profitiert. Zum Ausgleich der Einnahmeausfälle wurden von den Ländern mit lohnsummensteuererhebenden Gemeinden Überbrückungsmaßnahmen eingeleitet. Die bis in das Jahr 1983 reichenden Ausgleichszahlungen konnten die Mindereinnahmen allerdings nicht ausgleichen. Daher kam es schon zu Anfang der 80er Jahre in einigen der lohnsummensteuererhebenden Städten zu massiven Erhöhungen der Hebesätze, vor allem der Gewerbesteuerhebesätze. Allerdings lagen diese in den Vorjahren auf Grund der zusätzlichen Lohnsummensteuereinnahmen weit unter den Hebesätzen der nicht-lohnsummensteuererhebenden Städte.

Steuereinnahmen beziehen die Gemeinden nicht nur aus den Realsteuern. Aufgrund struktureller Defizite im Gemeindefinanzsystem der 60er Jahre wurde den Gemeinden mit der Gemeindefinanzreform von 1969 ein bestimmter Anteil (derzeit 15 Prozent) an der Einkommensteuer zugesprochen (Art. 106 Abs. 5 GG). Gegenstand der Einkommensteuer ist das Einkommen natürlicher Personen. Das Verteilungsverfahren knüpft (im Rahmen bestimmter Sockelbeträge) an die Einkommensteuerleistungen der Einwohner an.[13] Das im Grundgesetz vorgesehene Hebesatzrecht für die Einkommensteuer ist bisher nicht verwirklicht worden.[14]

Im Gegenzug zur Einkommensteuerbeteiligung haben die Gemeinden einen Teil ihrer Gewerbesteuereinnahmen an Bund und Länder abzuführen. Diese Umlage berechnet sich aus dem Istaufkommen der Gewerbesteuer, das durch den von der Gemeinde für das betreffende Jahr festgesetzten Hebesatz dividiert und schließlich mit einem Multiplikator vervielfältigt wird. Dieser Verfielfältiger wurde seit 1980 als Ausgleich für verschiedene gesetzgeberische Eingriffe in die Gewerbesteuer schrittweise abgesenkt. Die Einnahmeausfälle bei den Gemeinden konnten dadurch aber nicht ausgeglichen werden. Hebesatzerhöhungen kommen auf Grund des Berechnungsverfahrens ausschließlich den Kommunen zugute (und führen damit zu einer relativen Verminderung der Umlage).

Neben den bisher genannten Steuereinnahmen gibt es nach Art. 106 Abs. 6 GG eine Reihe weiterer Kommunalsteuern, die örtlichen Aufwand- und

---

13 Im Rahmen der Sockelbetragsregelung finden die Einkommensteuerleistungen der Einwohner nur bis zu bestimmten Höchstbeträgen, den sog. Sockelgrenzen, Berücksichtigung. Diese Praxis soll zu große Aufkommensunterschiede zwischen den Gemeinden vermeiden. Sie würden entstehen, wenn der jeweilige Gemeindeanteil nach dem tatsächlichen Aufkommen bemessen würde: Auf Grund der Sockelbetragsregelung werden Einkommensspitzen abgeschnitten. Sie nehmen damit auf die Verteilung des Gemeindeanteils keinen Einfluß mehr. Je niedriger die Sockelgrenzen liegen, desto größer ist der Nivellierungseffekt, da auf diese Weise ein immer größerer Anteil des örtlichen Steueraufkommens unberücksichtigt bleibt.

14 Vgl. zur Diskussion Hansmeyer, Zimmermann 1993; Hickel 1988; Reissert 1986; Scharpf 1984.

Verbrauchssteuern (wie Vergnügungs-, Hunde-, Getränke-, Schankerlaubnis-, Zweitwohnungs-, sowie Jagd- und Fischereisteuern). Für diese ‚kleinen Gemeindesteuern' oder ‚Bagatellsteuern' steht den Gemeinden das Recht der Erschließung zu. Fiskalisch sind sie allerdings weitgehend bedeutungslos. Weil auch die Basis der Gewerbe- und Grundsteuern von den Gemeinden nur in sehr geringem Maße beeinflußt werden kann, sind damit die Möglichkeiten der Kommunen, auf die steuerlichen Bemessungsgrundlagen direkt einzuwirken, weitgehend eingeschränkt. Von steuerpolitischer Bedeutung ist lediglich die gemeindliche Hebesatzpolitik, also das Recht der Kommunen, die bundeseinheitlichen Steuersätze zu vervielfältigen.[15]

Man kann sogar feststellen, daß die Gemeinden im Rahmen der Hebesatzpolitik die größten einnahmepolitischen Handlungsmöglichkeiten besitzen, die auch einer empirischen Analyse zugänglich sind: Allgemeine Zuweisungen sind in ihrem Umfang als gemeindliche Finanzmittel nicht in die Entscheidung der Kommunen gestellt. Spezielle Zuweisungen, insbesondere die Investitionszuweisungen, sind in ihrer Wirkung zwar umstritten, doch hat hier die einzelne Gemeinde selbst keinen Einfluß auf das Angebot der Transferleistungen.[16] Erhebliche rechtliche Auflagen bestehen schließlich für die kommunale Schuldenpolitik, da sie nur zur Investitionsfinanzierung eingesetzt werden darf und die Kommunalaufsichtsbehörde in der Regel die beabsichtigte Schuldenaufnahme von der finanziellen Leistungsfähigkeit der Gemeinden abhängig machen muß. Auch bei den Gebühren und Beiträgen schränken staatliche Vorschriften oder Richtlinien die Handlungsmöglichkeiten beispielsweise im Bereich der Verwaltungsgebühren ein. Zudem ist durch die Festlegung einer hundertprozentigen Kostendeckung eine obere Grenze vorgegeben. Zusammenfassend ist also festzuhalten, daß die Kommunen, insbesondere im Vergleich zum Bund, im Rahmen der finanzverfassungs- und haushaltsrechtlichen Bestimmungen nur über geringe einnahmepolitische Handlungsspielräume verfügen. Und soweit diese vorhanden sind, lassen sie sich vor allem im Bereich der Hebesatzgestaltung verorten.

Für die kommunalen Einnahmen ist die Gewerbesteuer die weitaus wichtigere Realsteuer.[17] Daher stützt besonders ihr Hebesatzrecht die vorhandene finanzpolitische Autonomie der kommunalen Ebene. Aber es ist gerade die Gewerbesteuer, über deren Abschaffung in der politischen Diskussion verhandelt wird, ohne daß immer eine entsprechende Kompensation der kommunalen Gestaltungsmöglichkeiten in Betracht gezogen wird: Die zahlreichen Interventionen des Bundesgesetzgebers in das Regelwerk der Gewer-

---

15 Vgl. auch Hardt 1988, S. 111.

16 Vgl. hierzu Gabriel, Kunz, Zapf-Schramm 1990, S. 55ff.

17 Der Anteil der Gewerbesteuer an den kommunalen Steuereinnahmen insgesamt beträgt in den alten Ländern ca. 40%, der Anteil der Grundsteuern ca. 12% (11% umfaßt allein die Grundsteuer B). Die Verhältnisse in den neuen Ländern sind aufgrund der hohen Zuweisungsquoten für den (Wieder-) Aufbau nicht vergleichbar.

besteuer seit Mitte der 70er Jahre hat sie aber zu einer Art Großbetriebssteuer mit ausgeprägter Gewinnabhängigkeit werden lassen. Damit erhöhte sich die Konjunkturreagibilität der kommunalen Einnahmen bei zugleich wachsenden Handlungsverpflichtungen der Gemeinden insbesondere durch die zunehmende Zahl an Sozialhilfeempfängern. Die Folge sind verstärkte Steuerkraftunterschiede zwischen Gemeinden in strukturschwachen und strukturstarken Regionen.[18] Damit haben die Vielzahl an staatlichen Eingriffen in die Ausgestaltung der Gewerbesteuer die ursprünglich positiven Effekte der Gemeindefinanzreform von 1969 konterkariert.

Insofern ist es nicht verwunderlich, daß seit einiger Zeit von verschiedenen Seiten Vorschläge für eine Gemeindefinanzreform vorliegen. Die Vereinigung Deutschlands, der europäische Integrationsprozeß und die neuerliche Standortdebatte haben die Diskussion nochmals verschärft. Zu beachten sind die unterschiedlichen Interessen der zentralen Akteure an einer Reform: Der Deutsche Industrie- und Handelstag (DIHT), der Bundesverband der Deutschen Industrie (BDI) u.a. bestehen als Vertreter der Wirtschaft auf einer Fortsetzung der Politik der Steuerentlastung auch im Bereich der kommunalen Finanzen. Mit der Abschaffung der Gewerbesteuer soll die internationale Wettbewerbsfähigkeit der Industrie erhöht und eine verstärkte Investitionstätigkeit angeregt werden. Kommunal- oder regionalpolitische Zielsetzungen sind dagegen sekundär.

Die kommunale Ebene, hier insbesondere die Städte, treten für eine stärkere Orientierung des kommunalen Steuereinnahmesystems auf die unterschiedlichen Bedarfs- und Problemlagen vor Ort ein. Die Anforderungen, die sich aus dem gesellschaftlichen Problemdruck (Arbeitslosigkeit, Umweltstandards, Energieversorgung, etc.) ergeben, sind ihrer Meinung nach mit der derzeitigen Ausgestaltung des kommunalen Finanzsystems nicht mehr zu bewältigen. Gefordert wird eine Reform des Gemeindefinanzsystems nach den Kriterien Bedarfsgerechtigkeit, Stetigkeit und autonomer Gestaltbarkeit. Als eine besondere Einschränkung der Interessenvertretung muß allerdings die außerordentlich hohe Heterogenität der Finanzsituation der Kommunen und der große Differenzierungsgrad der lokalen Problembearbeitung betrachtet werden. Die sich daraus ergebenden Interessengegensätze können eine auf interne Blockierung der kommunalen Motivbindung hinauslaufen.

Bund und Länder verfolgen keine gemeinsame Strategie zur Gemeindefinanzreform. Gemeinsamkeiten gibt es allein schon auf Grund der unterschiedlichen Positionen der Parteien zur Gewerbesteuerfrage nur wenige.[19] F.D.P., CSU und CDU treten für weitere Gewerbesteuerentlastungen der Wirtschaft ein; SPD und GRÜNE unterstützen dagegen eine Revitalisierung der Gewerbesteuer, wie sie insbesondere auch von städtischer Seite präferiert wird.

---

18 Vgl. mit empirischen Belegen die Arbeit von Kunz 1991a.
19 Vgl. Karrenberg 1990, S. 3f.

Die Diskussion um eine neuerliche Gemeindefinanzreform, wird also beherrscht von Vorschlägen zu einer Abschaffung bzw. Umgestaltung der Gewerbesteuer. Als zentrale Offerten haben sich herausgestellt:[20]

1. Kompensations-, Anrechnungs- und Kombinationsmodelle. Sie laufen darauf hinaus, die Gewerbesteuer durch eine Gemeindebeteiligung an der Umsatzsteuer mehr oder weniger zu ersetzen. Diese wirtschaftsfreundlichen Vorschläge implizieren die faktische Beseitigung einer eigenen Gemeindesteuer. Die Kommunalsteuern würden bei vollständiger Ersetzung der Gewerbesteuer durch die Umsatzsteuer zu ca. 90 Prozent aus dem Steuerverbund kommen. Damit wird die kommunale Autonomie wesentlich beschnitten; den Kommunen geht ihr Hebesatzrecht verloren.
2. Substitutionsmodelle. Auch diese Konzepte führen zu einer Abschaffung der Gewerbesteuer, aber sie sehen mit der Einführung der Wertschöpfungsteuer eine neue Gemeindesteuer vor. Ein breiter Kreis von Steuerpflichtigen, relativ große Ertragsunabhängigkeit und die mögliche Bewahrung der gemeindlichen (Hebesatz-) Autonomie sind hier aus kommunaler Sicht wesentliche Vorzüge.
3. Revitalisierungsmodelle. Sie zielen auf die Beibehaltung der Gewerbesteuer, wobei Steuerpflicht und Bemessungsgrundlagen ausgeweitet werden sollen.

Andere Varianten kombinieren in unterschiedlicher Weise diese Reformelemente.[21] Letztlich besteht die entscheidende Frage im Hinblick auf eine Gemeindefinanzreform darin, ob man eher kommunal- und regionalpolitischen oder eher wirtschaftspolitischen Zielsetzungen den Vorzug geben will. Eine Bewertung der Reformvorstellungen wird sich immer danach richten, welche Funktion einem kommunalen Steuereinnahmesystem zugeschrieben wird bzw. welche wirtschaftspolitischen Ordnungsvorstellung mit diesem verbunden werden. Empirische Untersuchungen können aber zur Rationalisierung der politischen Diskussion beitragen.

3. Sozio-ökonomische Bestimmungsfaktoren der kommunalen Hebesatzpolitik: Der konzeptionelle Rahmen

Vor allem aus kommunaler Sicht ist die autonome Gestaltbarkeit der eigenen Einnahmen wünschenswert. Dezentrale Handlungsautonomie impliziert zu-

---

20 Vgl. Kunz 1991b, S. 298ff.

21 Vgl. zu einem solchen Kompromißvorschlag Karrenberg, Münstermann 1993.

mindest ein Hebesatzrecht, mit dem das Steueraufkommen einer Gemeinde in einem gewissen Rahmen an vorübergehende Ausgabenanspannungen und örtliche Prioritätensetzungen angepaßt werden kann. Größere Einnahmeautonomie führt zudem zu einer größeren Ausgabenverantwortung. Insgesamt nimmt die „politische Erfolgshaftung"[22] zu, und eingeschränkt werden Möglichkeiten der „fiscal illusion"[23]. So wünschenswert ein kommunales Hebesatzrecht erscheint, über die Bestimmungsgründe der unterschiedlichen Hebesätze in den Gemeinden liegen kaum empirische Untersuchungen vor.[24] Quantitativ-vergleichende Analysen sind mir nicht bekannt. An dieses Defizit schließen die nachfolgenden empirischen Analysen an. Sie beschränken sich aufgrund der spezifischen Wirkungszusammenhänge und der besonderen Fallauswahl auf die Hebesatzpolitik für die Gewerbesteuer und die Grundsteuer B (und vernachlässigen damit die Variationen der Grundsteuer A). Wenn von Hebesätzen nunmehr die Rede ist, sind immer die Hebesätze für diese beiden Steuern gemeint. Aus Platzgründen gehe ich nicht detailliert auf unterschiedliche Wirkungsweisen für den Hebesatz der Gewerbesteuer und den Hebesatz der Grundsteuer B ein.

Abbildung 1: Das sozio-ökonomische Erklärungsmodell

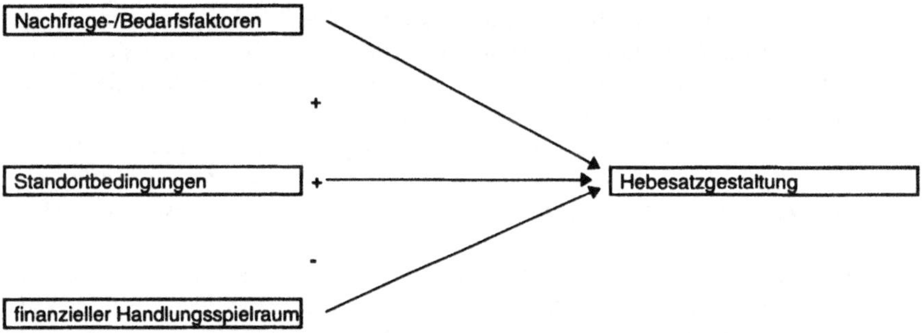

Die Analyse empirischer Wirkungszusammenhänge setzt zumindest einen konzeptionellen Rahmen voraus. Interessiert man sich für die sozio-ökonomischen Bestimmungsfaktoren der kommunalen Hebesätze, lassen sich zumindest drei Wirkungsdimensionen unterscheiden: die Nachfrage und der Bedarf nach kommunalen Leistungen, die (wirtschaftlichen) Standortbedingungen sowie der finanzielle Handlungsspielraum. Abbildung 1 faßt den ver-

22 Scharpf 1990, S. 42.
23 Cameron 1978, S. 1246.
24 Vgl. als zwei der wenigen Ausnahmen die ausgezeichneten Studien von Postlep 1985 oder Zimmermann, Hardt und Postlep 1987. Ihre empirischen Untersuchungen beruhen allerdings nur auf wenigen ausgewählten Städten. Die Autoren beschränken sich daher auf einfache tabellarische Auswertungen.

muteten Einfluß dieser Dimensionen auf die Hebesatzanspannung der Gemeinden zusammen. Die postulierten Wirkungsweisen gründen sich auf folgende Überlegungen:

(1) Ein hoher Bedarf und eine große Nachfrage nach kommunalen Leistungen führen zu einem überdurchschnittlichen Ausgabendruck. Da Ausgaben finanziert werden müssen, resultiert aus der (bedarfsinduzierten) Nachfrage die Notwendigkeit, die vorhandenen Steuerquellen in einer Gemeinde auszuschöpfen. Als Hypothese formuliert: Je größer die Bedarfe und die daraus resultierende Nachfrage nach kommunalen Leistungen in einer Gemeinde ausfallen, desto höher sind unter sonst gleichen Bedingungen die Hebesätze in dieser Gemeinde.

(2) Auch die Qualität der wirtschaftlichen Standortbedingungen kann die Höhe der kommunalen Hebesätze beeinflussen. Gute Standortbedingungen (wie die Verfügbarkeit von Infrastruktureinrichtungen und qualifizierten Arbeitskräften) erlauben den Gemeinden, höhere Forderungen an die Unternehmen zu stellen, ohne deshalb (ceteris paribus) auf Dauer massive Abwanderungen in Gemeinden mit niedrigeren Hebesätzen befürchten zu müssen. Umgekehrt müssen sich wirtschafts- und infrastrukturschwache Gemeinden hinsichtlich der Höhe der Hebesätze erheblich stärker zurückhalten als besser ausgestattete Gemeinden, wenn sie in der interkommunalen Konkurrenz um Industrie- und Gewerbeansiedlungen bestehen wollen. Von diesem Zusammenhang dürfte vor allem der Hebesatz für die Gewerbesteuer betroffen sein.

(3) Je größer sich der finanzielle Handlungsspielraum in einer Gemeinde darstellt, in desto geringerem Ausmaß ist eine Hebesatzanspannung zur Finanzierung der notwendigen und/oder gewünschten Leistungen erforderlich. Eine Gemeinde mit einem überdurchschnittlichen finanziellen Handlungsspielraum kann ihre Hebesätze ceteris paribus, also z.B. bei identischen Bedarfsstrukturen, auf einem geringeren Niveau festlegen als eine Gemeinde mit einem unterdurchschnittlich ausgeprägten finanziellen Handlungsspielraum.

4. Empirische Analysen

4.1 Fallauswahl und Untersuchungsanlage

Untersuchungseinheiten stellen für die empirische Analyse die kreisfreien Städte in den alten Ländern mit Ausnahme der Stadtstaaten dar (N = 87). Ihre Auswahl begründet vor allem dem verfügbaren Datenbestand. Darüber hinaus sollte einer empirischen Untersuchung über die Kommunalfinanzen eine

Fallauswahl zugrunde liegen, die durch einen (formal) weitgehend gleichen Aufgabenbestand und vergleichbare Entscheidungskompetenzen charakterisiert ist. Anderenfalls beziehen sich die Aussagen auf eine Gemeindeauswahl mit einer unterschiedlichen administrativ-politischen Ausgangssituation. Deshalb wird insbesondere auf den Einbezug kreisangehöriger Gemeinde in die Analysen verzichtet.

Die Untersuchung ist als Querschnitts- und Längsschnittanalyse konzipiert. Im Rahmen einer einfachen Querschnittsanalyse werden als abhängige Variablen die Hebesätze der Gewerbesteuer und der Grundsteuer B, jeweils im Mittel der Jahre 1988 und 1989, betrachtet (die Grundsteuer A wird, wie gesagt, nicht berücksichtigt; sie spielt für die Einnahmen der kreisfreien Städten kaum eine Rolle). Die Längsschnittanalyse bezieht sich auf die Entwicklung der Hebesätze für die Gewerbesteuer und die Grundsteuer B in den Jahren 1980 bis 1989.[25]

Die empirischen Daten zeigen eine zum Teil beträchtliche Variation der Hebesatzpolitik in den einzelnen Städten. Darüber hinaus liegen nach den Angaben in Tabelle 1 die Hebesätze für die Gewerbesteuer in der Regel deutlich über den Hebesätzen für die Grundsteuer B. Die offensichtlichen Unterschiede in der Hebesatzpolitik provozieren die Frage nach den Gründen für diese Differenzen. Sind Unterschiede in der sozio-ökonomischen Struktur für die Unterschiede in der Hebesatzpolitik verantwortlich? Und wenn dies der Fall ist, welchen Faktoren kommt die größe Bedeutung zu?

Tabelle 1: Die Hebesatzpolitik der kreisfreien Städte in den 80er Jahren – deskriptive Kennwerte

	Mittelwert	Standardabweichung	Minimum	Maximum
Hebesatz Gewerbesteuer (1988/89)	389	37	310	480
Hebesatz Grundsteuer B (1988/89)	340	40	250	440
Entwicklung Hebesatz Gewerbesteuer (1980-1989)	36	37	-25	124
Entwicklung Hebesatz Grundsteuer B (1980-1989)	36	36	0	155

Häufigkeitsanalyse:	Hebesatz Gewerbesteuer	Hebesatz Grundsteuer B
Entwicklung 1980 bis 1989		
Zahl der Städte mit Reduzierung	1	0
Zahl der Städte mit gleichbleibendem Hebesatz	27	28
Zahl der Städte mit Erhöhung	59	59

25 Die Quellen dieser und aller weiteren Daten sind die Statistischen Jahrbücher Deutscher Gemeinden, die Bundesforschungsanstalt für Landeskunde und Raumordnung (BfLR) sowie die Datenbanken der Statistischen Landesämter.

4.2 Indikatoren der sozio-ökonomischen Struktur

Eine direkte Umsetzung des in Abschnitt 3 skizzierten konzeptionellen Rahmens in die empirische Analyse ist nicht möglich. Die Differenzierung zwischen den Dimensionen ‚Nachfrage und Bedarf nach kommunalen Leistungen', ‚wirtschaftliche Standortbedingungen' sowie ‚finanzieller Handlungsspielraum' hat weitgehend nur heuristischen Charakter. Operationale Meßvorschriften liegen im einzelnen nicht vor. Darüber hinaus mangelt es an einschlägigen Einstellungsindikatoren zur Bedarfsermittlung. Verfügbar sind lediglich sozio-ökonomische Strukturmerkmale, die zum größten Teil als Indikatoren aller drei Dimensionen einzuschätzen sind. Sie enthalten im einzelnen Angaben zur Siedlungs- und Wirtschaftsstruktur, zum sozialen Problemdruck vor Ort, zur Bevölkerungsentwicklung, zur bürokratischen Struktur und direkt zum finanziellen Handlungsspielraum. Tabelle 2 gibt einen Überblick über die Variablen und ihre vermuteten Effekte (für die Querschnittsanalyse). Bei der Auswahl der Indikatoren wurde bewußt sparsam vorgegangen, um die Analyse nicht übermäßig zu komplizieren und (technische) Multikollinearitätsprobleme zu vermeiden.

Die in Tabelle 2 aufgeführten Variablen sind die wichtigsten Indikatoren, die zur Messung der sozio-ökonomischen Struktur der Städte verfügbar sind. Ihr Einfluß auf die kommunalen Hebesätze wird im einzelnen über die beschriebenen Bedarfs-, Nachfrage- und Standorteffekte vermittelt. Aufgrund der Anbindung des (kommunalen) Steuersystems an den privaten Wirtschafts- und Einkommenskreislauf sind mit fast allen Indikatoren immer auch finanzielle Einnahmeeffekte verbunden: Je nach Ausprägung der Variablen ist von unterschiedlichen Bemessungsgrundlagen für die Realsteuern und Sockelbeträgen für den Einkommensteueranteil auszugehen. Überdurchschnittlich ausgeprägte Bemessungsgrundlagen und Sockelbeträge erweitern den finanziellen Handlungsspielraum einer Gemeinde, so daß unter diesen Bedingungen eine vergleichsweise geringe Hebesatzanspannung in diesem Ort zu erwarten ist. Solche Wirkungen werden in Tabelle 2 über die Spalte ‚finanzielle Ressourceneffekte' abgebildet.[26]

Die Wirkungszusammenhänge sind im einzelnen sehr vielschichtig und können hier nur angedeutet werden: Die Bedarfseffekte der Indikatoren zur Siedlungs- und Wirtschaftsstruktur gründen sich auf den Ausgleich negativer Verdichtungseffekte, auf Planungs- und Interaktionsprobleme von industrialisierten und zentralen Städten in Agglomerationsräumen sowie die Wirksamkeit von interkommunalen Nutzentransfers insbesondere von Städten mit einem hohen zentralörtlichen Rang in das Umland (diese Zusammenhänge können als die aktuellen Argumente für die Wirksamkeit des Brechtschen

26 Die allgemeinen Finanzzuweisungen, die im Rahmen des kommunalen Finanzausgleichs gewährt werden, können diese Wirkungen nur etwas abschwächen und keinesfalls aufheben.

Tabelle 2: Hypothesen und Operationalisierung der Erklärungsvariablen (Querschnittsanalyse)

	Bedarfs-/ Nachfrage-effekte	wirtschaftl. Standort-effekte	finanzielle Ressourcen-effekte	⇒	Effekt auf: Hebesätze (1988, 1989)
Siedlungs- und Wirtschaftsstruktur					
Lage in einem Agglomerationsraum (Einteilung nach BfLR, 1= ja, 0 = nein)	+	+	+		++
Arbeitsmarktzentralität (Einpendlerüberschuß je 1000 Erwerbstätige) (1987)	+	+	+		++
Industrialisierungsgrad (Sozialversicherungspflichtig Beschäftige im Verarbeitenden Gewerbe je 1000 Einwohner) (im Mittel der Jahre 1983, 1985, 1987)	+	+	+		++
Sozialer Problemdruck					
Arbeitslosenquote (im Mittel der Jahre 1985 bis 1989) Sozialhilfeempfänger (a.v.E.) je 1000 Einw. (Mittel 1980 bis 1988)					
Index: Faktorwert	+		–		++
Bevölkerungsentwicklung					
Prozentuale Entwicklung der Einwohnerzahl (1980 bis 1989)	+ / –		+		–
Bürokratische Struktur					
Anteil Gemeindebeschäftigte an sv-pflichtig Beschäftigte (im Mittel 1980, 1983, 1986, 1989)	+				+
Finanzieller Handlungsspielraum					
Verhältnis Finanzkraft (Steuereinnahmen + allgemeine Zuweisungen) zu Schuldendienstbelastungen (Zinsen + Tilgungen) (im Mittel der Jahre 1980 bis 1989)			+		–

Lesehinweis (Beispiel): Die Lage in einem Agglomerationsraum führt zu einem überdurchschnittlichen Bedarf (Nachfrage) nach kommunalen Leistungen. Zugleich sind die Standortbedingungen in der Summe vergleichsweise günstig. Beide Bedingungen sollten zu vergleichsweise weit überdurchschnittlichen Hebesätzen führen. Die zugleich überdurchschnittlich günstige Einnahmesituation dürfte den Effekt abschwächen (die Effekte der übrigen Variablen sind auf ähnliche Weise zu interpretieren. Wenn keine Effekte eingetragen sind, ist keine Hypothese plausibel).

Gesetzes gelten). Positive Standorteffekte ergeben sich aus dem vorhandenen Infrastrukturbestand in solchen Orten, dem Arbeitskräfteangebot insbesondere von qualifizierten Arbeitskräften in Verdichtungsräumen sowie wirtschaftlichen Agglomerationsvorteilen, die in der Einsparung von Kommunikations-, Planungs- und Anpassungskosten begründet liegen. Diese Vorteile dürften die Wirkung negativer Standortfaktoren (z.B. Flächenengpässe) weitaus überwiegen.[27] Aufgrund der Abhängigkeit der Steuereinnahmen von den privatwirtschaftlichen Aktivitäten sind zugleich positive finanzielle Ressourceneffekte zu vermuten, die durch die Konzentration von Großbetrieben in Agglomerationsräumen noch verstärkt werden (vor allem für die Einnahmen aus der Gewerbesteuer wichtig, siehe Abschnitt 2.3).

Als ein zentrales kommunalpolitisches Problem gilt nicht erst in aktueller Zeit der enorme Anstieg des sozialen Problemdrucks. Viele Städte sahen sich bereits in den 80er Jahren infolge zunehmender Sozialhilfebedürftigkeit und steigender Arbeitslosigkeit einer explodierenden Nachfrage ihrer Einwohner nach sozialen Leistungen ausgesetzt. Der entsprechende Verlust an Einkommensteuereinnahmen verschärft zusätzlich ihre Lage. Allerdings waren (und sind) die Städte von dieser Entwicklung in ganz unterschiedlicher Weise betroffen. Es ist zu vermuten, daß diejenigen Städte mit hohen Sozialhilfeempfänger- und Arbeitslosenquoten in ihren Haushalten weit überdurchschnittliche Steuersätze implementiert haben.

Die Variable ‚Bevölkerungsentwicklung' findet traditionell in quantitativen Analysen zu den Kommunalfinanzen Berücksichtigung: Ein Bevölkerungswachstum führt zu einer steigenden Nachfrage nach kommunalen Leistungen, allerdings bei zugleich höheren Einnahmen. Bei einem Bevölkerungsrückgang treten in der Regel technisch-organisatorische Probleme hinsichtlich des notwendigen Rückbaus der Leistungen ein. Zugleich kommt es zu Einnahmeverlusten, so daß insgesamt höhere Hebesätze in Gemeinden mit einer eher negativen Bevölkerungsentwicklung als in Städten mit einer vergleichsweise positiven Bevölkerungsentwicklung zu erwarten sind.

Die Variable ‚bürokratische Struktur' ist berücksichtigt, um die Frage zu beantworten, ob die Angehörigen der kommunalen Verwaltung als Nachfrager kommunaler Güter und Dienstleistungen speziell in Erscheinung treten. Nach den Annahmen der ökonomischen Bürokratietheorie ziehen die Beschäftigten in der Verwaltung als Nachfrager und Produzenten aus dem Angebot öffentlicher Leistungen einen besonderen Nutzen.[28] Dieser ausgabenwirksame Zusammenhang zeigt sich u.U. in entsprechenden Strategien der Ressourcenmobilisierung. Sollte dieser Zusammenhang zutreffen, müßte sich herausstellen, daß mit einem zunehmenden Anteil von Beschäftigten in der Kommunalverwaltung (ceteris paribus) höhere Hebesätze einhergehen.

Die Indikatoren der Sozial-, Wirtschafts- und Siedlungsstruktur weisen nach den bisherigen Überlegungen nicht nur auf den lokalen Finanzbedarf, spezifische Nachfragewirkungen oder örtliche Standortqualitäten, sondern

---

27 Vgl. zu Einzelheiten, weiteren Nachweisen und empirischen Belegen die Untersuchung von Kunz 1991a.

28 Vgl. auch Bothe 1989, S. 83. Zu den (umstrittenen) Grundlagen der ökonomischen Theorie, die in den Politik- und Sozialwissenschaften zunehmend an Einfluß gewinnt, vgl. Druwe, Kunz (Hg.) 1994, 1996 sowie Kunz 1996, 1997.

auch auf die finanzielle Ressourcenlage einer Kommune hin. Über die *finanzielle Leistungsfähigkeit* wird damit allerdings nur unzureichend informiert. Vor allem der laufende Schuldendienst engt die Finanzierungsmöglichkeiten der Städte unmittelbar ein. Zur Abbildung des finanziellen Handlungsspielraums ist es daher sinnvoll, Schuldendienst und allgemeine Finanzkraft miteinander in Beziehung zu setzen.[29] Eine hohe finanzielle Leistungsfähigkeit macht ceteris paribus eine nur geringe Hebesatzanspannung notwendig.

4.3 Ergebnisse der empirischen Analysen

Die empirischen Analysen werden mit dem Verfahren der multivariaten Regression durchgeführt. Diese Analysetechnik liefert eine exakt quantifizierte Schätzung der Beziehung zwischen den sozio-ökonomischen Bestimmungsfaktoren auf der einen Seite und den Hebesätzen für die Gewerbesteuer und die Grundsteuer B auf der anderen Seite. Die Berechnung der einzelnen Effekte erfolgt jeweils unter Kontrolle aller anderen im Modell enthaltenen Variablen, so daß (im Rahmen des Variablensatzes) die ceteris-paribus-Klausel erfüllt ist. Der Einfluß der Erklärungsfaktoren ist um so stärker, je höher die nachfolgend präsentierten Beziehungsmaße sind.[30] Ich präsentiere zunächst die Ergebnisse der Querschnittsanalyse für die Hebesätze in den Haushaltsjahren 1988/1989.[31]

Von den beiden abhängigen Variablen lassen sich im Rahmen des vorgelegten Erklärungsmodells am besten die Hebesätze für die Gewerbesteuer erklären (vgl. Tabelle 3). Wie der R^2 von 64,21 mitteilt, können beinahe zwei Drittel der Streuung zwischen den Städten bei dieser Einnahmevariable auf die sieben einbezogenen Variablen zurückgeführt werden. Substantiell erklärungsrelevant sind allerdings nur drei Größen: Die unterschiedliche Hebesatzanspannung der Städte wird bei der Gewerbesteuer sehr weitgehend von ihrer Lage in einem Agglomerationsraum bestimmt. Der Regressionskoeffizient (ß) beträgt 0,54. Der hohe Zusammenhang bestätigt die Bedeutsamkeit der vielfach diskutierten Bedarfs-, Standort- und Ressourceneffekte, die mit

---

29 Vgl. Hoffmann 1986, S. 248.

30 Es handelt sich um standardisierte Regressionskoeffizienten. Ein Wert von 0 gibt an, daß die betreffenden Variablen voneinander unabhängig sind. Nahe bei +1 bzw. -1 liegende Werte indizieren eine sehr starke positive bzw. negative Beziehung. Koeffizienten, die den Betrag von 0,2 überschreiten sind in den nachfolgenden Tabellen hervorgehoben. Ich betrachte Effekte ab dieser Größenordnung als substantiell. Da es sich bei der Population der kreisfreien Städte nicht um eine Zufallsstichprobe handelt, sondern um eine definierte Auswahl, werden keine Angaben zu den statistischen Signifikanzen berichtet.

31 Multikollinearitätsprobleme liegen nicht vor. Die maximale Korrelation zwischen den Erklärungsvariablen liegt (in einem Fall) bei 0,52. Ansonsten liegen die Korrelationen durchweg unter dem Betrag von 0,40 (in den weitaus meisten Fällen unter dem Betrag von 0,30).

der besonderen Lage in Verdichtungsräumen verbunden sind. Von den übrigen Variablen weisen nur noch der soziale Problemdruck und – wie erwartet – der finanzielle Handlungsspielraum substantielle Effekte auf die Hebesätze der Gewerbesteuer auf. Kein bedeutsamer Einfluß ist mit den Variablen der bürokratischen Struktur, des Industrialisierungsgrades, der Arbeitsmarktzentralität und der Bevölkerungsentwicklung verbunden.

Tabelle 3: Ergebnisse der Querschnittsanalyse

	Hebesatz Gewerbesteuer (1988/89)	Hebesatz Grundsteuer B (1988/89)
Determinationskoeffizient (R-Square)	64,21	35,27
Werte der standardisierten Regressionskoeffizienten (beta):		
Lage in Agglomeration	**0,54**	**0,22**
Arbeitsmarktzentralität	-0,03	0,05
Industrialisierung	0,08	0,04
Sozialer Problemdruck	**0,31**	**0,46**
Bevölkerungsentwicklung	-0,16	-0,11
Bürokratische Struktur	-0,10	0,08
Finanzieller Handlungsspielraum	**-0,23**	-0,13

Der relativ starke Effekt des sozialen Problemdrucks (ß = 0,31) bestätigt die Vermutung, daß insbesondere Städte mit hoher Arbeitslosigkeit und hohen Sozialhilfeempfängerquoten dazu gezwungen sind, die vorhandenen Steuerquellen auszuschöpfen, um die notwendigen und pflichtigen Leistungen zu finanzieren. Die hohe Steuerbelastung wird ihrer Standortattraktivität allerdings nicht besonders zuträglich sein. Die Städte geraten damit in einen Teufelskreis von Ausgabendruck und Einnahmebedarfen, dem sie ohne eine staatliche Umstrukturierung der Sozialhilfelasten nicht entkommen dürften. Noch deutlicher zeigt sich dieser Effekt bei den städtischen Hebesätzen für die Grundsteuer B. Hier ist die Variable ‚sozialer Problemdruck' die bei weitem wichtigste Erklärungsgröße (ß = 0,46). Dieser Zusammenhang ist plausibel: Die von hoher Arbeitslosigkeit betroffenen Städte sind zwar auf Einnahmen aus Anhebungen des Hebesatzes für die Gewerbesteuer angewiesen, versuchen aber besonders starke Belastungen der Wirtschaft zu vermeiden und greifen daher vermehrt auf die Einnahmen aus der Grundsteuer B zurück. Die Agglomerationsvariable weist hier nur noch die Hälfte des Effekts auf, ist aber erklärungsrelevant (ß = 0,22). Alle anderen Variablen sind in ihrer Rolle als Bestimmungsfaktoren für die städtischen Hebesätze im Bereich der Grundsteuer B unbedeutend. Die Hypothesen mit den in Tabelle 2 skizzierten Wirkungszusammenhängen können damit für diese Variablen nicht bestätigt werden. Allerdings bedarf es noch differenzierterer Analysen, um die (Nicht-) Wirksamkeit der Bedarfs-, Standort- und Ressourceneffekte im einzelnen zu beurteilen.

Die Ergebnisse der Querschnittsanalyse zeigen sich weitgehend auch im Rahmen der Längsschnittbetrachtung (vgl. Tabelle 4). Aufgrund ihrer dynamischen Entwicklung wurden als weitere Erklärungsgrößen noch der Anstieg der Zahl der Sozialhilfeempfänger (je 1000 Einwohner) und die Entwicklung des finanziellen Handlungsspielraums berücksichtigt. Der Anstieg des sozialen Problemdrucks gehört in beiden Fällen zu den zentralen Bestimmungsfaktoren für die Entwicklung des Hebesatzniveaus in den 80er Jahren (neben den zusätzlich berücksichtigten Konrollvariablen, d.h. unter den statistisch modellierten Bedingungen gleicher Ausgangsniveaus und unabhängig der Stellung der Untersuchungseinheiten zu Ende der 70er Jahre als ‚Lohnsummensteuerstädte').[32] Darüber hinaus sind die Hebesätze für die Gewerbesteuer vor allem von Städten in Verdichtungsräumen angehoben worden; Städte mit einer hohen Arbeitsmarktzentralität haben dagegen keine oder nur unterschnittlich geringe Steigerungen im Bereich der Hebesätze der Grundsteuer B vorgenommen.[33] Ansonsten sind keine systematischen und substantiellen Zusammenhänge zu erkennen.

Tabelle 4: Ergebnisse der Längsschnittanalyse

	Hebesatz Gewerbesteuer (Entwicklung 1980-89)	Hebesatz Grundsteuer B (Entwicklung 1980-89)
Determinationskoeffizient (R-Square)	78,74	63,66
Werte der standardisierten Regressionskoeffizienten (beta):		
Hebesatz 1980	**-0,43**	**-0,29**
Lohnsummenst. 1979	**0,34**	**0,35**
Lage in Agglomeration	**0,38**	0,14
Arbeitsmarktzentralität	-0,11	**-0,24**
Industrialisierung	-0,03	0,08
Sozialer Problemdruck:		
Sozhilfeempf. 1980	0,05	0,13
Entw. 1980 bis 1988	**0,21**	**0,24**
Bevölkerungsentwicklung	-0,05	0,03
Bürokratische Struktur	-0,08	-0,07
Finanzieller Handlungsspielraum: im Jahr 1980	-0,07	0,00
Entwicklung 1980-89	-0,15	-0,08

32 Als zusätzliche Kontrollvariablen wurden das jeweilige Ausgangsniveau im Jahr 1980 sowie die Höhe der Lohnsummensteuer im Jahr 1979 (DM je Einwohner) eingeführt. Der Wegfall der Lohnsummensteuer hatte in den betroffenen Städten zu Anfang der 80er Jahre massive Hebesatzerhöhungen zur Folge (ß = 0,34 bzw. 0,35; vgl. auch Abschnitt 2.3). Der starke negative Effekt des Ausgangsniveaus entspricht dem üblichen Regressionseffekt (Städte, die bereits zu Anfang der 80er Jahre ihre Steuerquellen überdurchschnittlich ausschöpften, hatten in den folgenden Jahren weniger Spielraum für Hebesatzerhöhungen). Auf den Einbezug von Daten zur Entwicklung der Arbeitslosigkeit mußte verzichtet werden: Verläßliche Arbeitslosenzahlen stehen auf Kreisebene erst seit Mitte der 80er Jahre zur Verfügung.

33 Für die Interpretation der Effekte ist zu berücksichtigen, daß es nur in einem Fall zu einer Reduktion der Hebesätze in den 80er Jahren kam (vgl. Tabelle 1).

5. Zusammenfassung und Schlußfolgerungen

Auf die schlechte wirtschaftliche Entwicklung zu Anfang der 80er Jahre, den dramatischen Anstieg der Arbeitslosigkeit und sozialen Bedürftigkeit ihrer Einwohner sowie die vielfachen Eingriffe des Gesetzgebers in die Gewerbesteuer haben die meisten Städte mit Hebesatzerhöhungen reagiert. Während aber die Neuregelungen zur Gewerbesteuer für alle Gemeinden in gleicher Weise gelten, sind die einzelnen Städte von der Entwicklung des sozialen Problemdrucks in sehr verschiedenartiger Weise betroffen. Die Bedeutung der zunehmenden, aber lokal sehr unterschiedlichen Ausgabeverpflichtungen spiegelt sich in den Ergebnissen der empirischen Analysen: Unterschiede in den Hebesätzen der Gewerbesteuer und Grundsteuer B sind zumeist auf Unterschiede im sozialen Problemdruck zurückzuführen. Darüber hinaus trägt die Lage der Städte in Verdichtungsräumen wesentlich zur Erklärung der Steuersatzvariationen bei (und zwar unabhängig ihres Industrialisierungs- und Zentralitätsgrades). Aufgrund der vielfältigen Bedarfe nach kommunalen Leistungen und der wirtschaftlichen Standortvorteile müssen und können die Städte in diesen Gebieten ein überdurchschnittliches Hebesatzniveau implementieren.

Die Steigerung der Steuersätze in den 80er Jahren macht darauf aufmerksam, daß heute und in Zukunft nicht mehr die gleichen Spielräume existieren (werden). Die Steuer- und Abgabenbelastung hat auch auf kommunaler Ebene Grenzen der Tragbarkeit und Akzeptanz bei den Bürgern erreicht. Die Fehlentwicklungen im kommunalen Finanzsystem, die die kommunalen Handlungsmöglichkeiten immer stärker begrenzen, sind vor diesem Hintergrund zu bereinigen. Dies gilt auch und vor allem, wenn man die Problemlösungsdefizite des politisch-administrativen Zentralsystems anerkennt. Eine Aufwertung dezentraler Problemlösungsstrategien erscheint geboten. Die verstärkte Nutzung regionaler Entwicklungspotentiale erfordert aber konkrete politische Maßnahmen. Und für deren Ausgestaltung sollten zwei wesentliche Grundsätze gelten: „Erstens mehr regionalisierte und zweitens mehr dezentralisierte Politik.“[34]

Ein solcher Weg impliziert in erster Linie eine Stärkung der kommunalen Selbstverwaltung und ihres finanziellen Handlungsspielraums. Auch der Wissenschaftliche Beirat beim Bundesministerium der Finanzen stellte schon zu Anfang der 80er Jahre die allokativen Vorteile einer starken kommunalen Selbstverwaltung heraus. Er verwies ausdrücklich darauf, „daß die Kommunen eher als staatliche Behörden in der Lage sind, mit Hilfe spezifischer, auf die örtlichen Besonderheiten ausgerichteten Maßnahmen die Bedürfnisse der Bürger zu befriedigen – vorausgesetzt, die Kommunen können frei über entsprechende finanzielle Mittel verfügen, die zur Erfüllung der kommunalen

34 Gatzweiler 1985, S. 243.

Aufgaben erforderlich sind."[35] In dieser Hinsicht sollten die Gemeinden immer auch über Möglichkeiten einer aktiven Steuerpolitik, wie sie die derzeitigen Hebesätze ermöglichen, verfügen. Sie führt zu einer größeren Merklichkeit der Steuern auch auf kommunaler Ebene, die in der Regel wiederum eine stärkere Einbindung der Bürger in gemeindliche Entscheidungen bewirkt.

Solche Vorstellungen entsprechen weitgehend der regionalpolitisch motivierten Forderung nach Dezentralisierung. Sie impliziert Entbürokratisierung, Stärkung der Selbstverwaltung, Selbsthilfe, Eigenverantwortung u.ä. Vor allem die Raumordnungspolitik sollte deshalb daran interessiert sein, „die vertikale Verbundplanung zu lockern, Entscheidungen und Kompetenzen zu dezentralisieren, d.h. den Gemeinden und Regionen eigene Entscheidungsspielräume (bei der Mittelverteilung und -verwendung) zuzugestehen."[36] Zur weiteren Förderung der Aufbauleistungen in den neuen Bundesländern gewinnen diese Forderungen aktuelle Handlungsrelevanz.

Die Ziele der Regionalisierung und Dezentralisierung erfordern, soweit man sie teilt, eine Ausweitung der rechtlichen Kompetenzen und des finanziellen Handlungsspielraums der Kommunen. In dieser Perspektive ist jeder Reformansatz der Gemeindefinanzen und insbesondere der Gewerbesteuer, der das Verfügungspotential der Gemeinden und Städte über finanzielle Ressourcen begrenzt, abzulehnen, auch weil in Zeiten knapper Finanzen der Abbau der Ressourcenverflechtung und eine Stärkung der finanzpolitischen Verantwortung der einzelnen staatlich-kommunalen Handlungsebenen nur von Vorteil sein kann.[37] Die Überschneidungen dieser Überlegungen zu den Motivbindungen kommunaler Politikstrategien sind offensichtlich. Allerdings sollte die innerhalb der Diskussion zur Finanzreform auf kommunaler Seite vom Deutschen Städtetag dominierte Formulierung der Zielvorstellungen um eine stärkere Berücksichtigung des ländlichen Raums ergänzt werden. Auch gemeindefreundliche Reformvorschläge zum kommunalen Finanzsystem können sich nicht ausschließlich an städtischen Erfordernissen orientieren; dies gilt insbesondere, wenn man auf der Grundlage von Begründungszusammenhängen argumentiert, die auf die Endogenität regionaler Entwicklungschancen verweisen. Dezentrale Entscheidungskompetenzen setzen starke und handlungsfähige Akteure in allen Teilräumen der Bundesrepublik voraus.

---

35 Wissenschaftlicher Beirat 1982, S. 2.

36 Gatzweiler 1985, S. 244. Vgl. z.B. auch Spahn 1989, S. 67f.

37 Zu den bekannten Defiziten der Politikverflechtung vgl. die klassische Studie von Scharpf, Reissert und Schnabel 1976. Vgl. auch Kunz 1992.

Literaturverzeichnis

Ahlstich, Katja, Kunz, Volker, 1994: Die Entwicklung kommunaler Aufgaben in Zeiten des Wertewandels: Eine empirische Analyse der Aufgabenpräferenzen kommunaler Mandatsträger. In: Oscar W. Gabriel, Rüdiger Voigt (Hrsg.), Kommunalwissenschaftliche Analysen, Bochum, S. 167-210.

Bothe, Adrian, 1989: Die Gemeindeausgaben in der Bundesrepublik. Ein nachfrageorientierter Erklärungsansatz, Tübingen.

Cameron, David R., 1978: The Expansion of the Public Economy: A Comparative Analysis. In: American Political Science Review, Bd. 72, S. 1243-1261.

Deubel, Ingolf, 1984: Der kommunale Finanzausgleich in Nordrhein-Westfalen. Eine ökonomische und statistische Analyse, Köln u.a.

Druwe, Ulrich, Kunz, Volker (Hrsg.), 1994: Rational Choice in der Politikwissenschaft. Grundlagen und Anwendungen, Opladen.

Druwe, Ulrich, Kunz, Volker (Hrsg.), 1996: Handlungs- und Entscheidungstheorie in der Politikwissenschaft. Einführung in Konzepte und Forschungsstand, Opladen.

Elsner, Hermann, 1979: Das Gemeindefinanzsystem. Geschichte, Ideen, Grundlagen, Stuttgart u.a.

Fuchs, Manfred, 1985: Kommunales Haushaltswesen, 4. Aufl. Göttingen.

Fürst, Dietrich, Hesse, Joachim J., Richter, Hartmut, 1983: Stadt und Staat. Verdichtungsräume im Prozeß der föderalstaatlichen Problemverarbeitung, Baden-Baden.

Gabriel, Oscar W., Kunz, Volker, Zapf-Schramm, Thomas, 1990: Bestimmungsfaktoren des kommunalen Investitionsverhaltens. Eine empirische Analyse am Beispiel der Investitionsausgaben rheinland-pfälzischer Städte und Gemeinden 1978 – 1985, München.

Gabriel, Oscar W., Kunz, Volker, Zapf-Schramm, Thomas, 1994: Parteiideologien und Problemverarbeitung in der kommunalen Infrastrukturpolitik. In: Oscar W. Gabriel, Rüdiger Voigt (Hrsg.), Kommunalwissenschaftliche Analysen, Bochum, S. 139-166.

Gatzweiler, Hans-Peter, 1985: Die Entwicklung in den Regionen des Bundesgebiets. In: Friedrichs, Jürgen (Hrsg.), Die Städte in den 80er Jahren. Demographische, ökonomische und technologische Entwicklungen, Opladen.

Grüner, Hans, Jaedicke, Wolfgang, Ruhland, Kurt, 1988: Rote Politik im schwarzen Rathaus? Bestimmungsfaktoren der wohnungspolitischen Ausgaben bundesdeutscher Großstädte. In: Politische Vierteljahresschrift, Bd. 29, S. 42-57.

Hansmeyer, Karl-Heinrich, Zimmermann, Horst, 1993: Möglichkeiten der Einführung eines Hebesatzrechts beim gemeindlichen Einkommensteueranteil. In: Archiv für Kommunalwissenschaften, Bd. 32, S. 221-244.

Hardt, Ulrike, 1988: Kommunale Finanzkraft. Die Problematik einer objektiven Bestimmung kommunaler Einnahmemöglichkeiten in der gemeindlichen Haushaltsplanung und im kommunalen Finanzausgleich, Frankfurt.

Haverkamp, Franz, 1985: Grundsteuer. In: Günter Püttner (Hrsg.), Handbuch der Kommunalen Wissenschaft und Praxis, Bd. 6: Kommunale Finanzen, 2. Aufl., Berlin u.a., S. 117-127.

Hickel, Rudolf, 1988: Zum Gemeindeanteil an der Einkommensteuer als städtische Einnahmequelle – Erfahrungen und Reformvorschläge. In: Der Städtetag, Bd. 41, S. 327-330.

Hoffmann, Eberhard, 1986: Die Beurteilung der finanziellen Leistungsfähigkeit von Gemeinden anhand ausgewählter Kennzahlen – Kritische Anmerkungen zu ihrer Aussagefähigkeit –, In: Der Gemeindehaushalt, Bd. 87, S. 245-254.

Karrenberg, Hanns, 1985: Die Bedeutung der Gewerbesteuer für die Städte, Stuttgart.

Karrenberg, Hanns, 1990: Unternehmensbesteuerung und Gewerbesteuer. Zur aktuellen Reformdiskussion. In: Zeitschrift für Kommunalfinanzen, Bd. 40, S. 2-7.

Karrenberg, Hanns, Münstermann, Engelbert, 1993: Gemeindefinanzbericht 1993. In: Der Städtetag, Bd. 46, S. 60-153.

Kunz, Volker, 1989: Die Finanzierung kommunaler Aufgaben. In: Oscar W. Gabriel (Hrsg.), Kommunale Demokratie zwischen Politik und Verwaltung, München, S. 59-105.

Kunz, Volker, 1991a: Infrastruktur, Betriebsgröße und höherwertige Tertiärisierung als Bestimmungsfaktoren der regionalen Wirtschaftskraft. In: Informationen zur Raumentwicklung, S. 579-598.

Kunz, Volker, 1991b: Erneuerung des kommunalen Finanzsystems. Regionalpolitische Anmerkungen zu einer Gewerbesteuerreform. In: Raumforschung und Raumordnung, Bd. 49, S. 296-303.

Kunz, Volker, 1992: Ressourcenverteilung und Ressourcentransfer im deutschen Bundesstaat. In: Raumforschung und Raumordnung, Bd. 50, S. 112-127.

Kunz, Volker, 1996: Empirische Ökonomik. Handlungstheoretische Grundlagen der Erklärung politischer und sozialer Prozesse, Marburg.

Kunz, Volker, 1997: Die Theorie rationalen Handelns. Grundlagen und Anwendungsprobleme, Opladen.

Kunz, Volker, Gabriel, Oscar W., 1992: Determinanten der kommunalen Kulturausgaben. In: Informationen zur Raumentwicklung, S. 43-55.

Kunz, Volker, Zapf-Schramm, Thomas, 1989: Ergebnisse der Haushaltsentscheidungsprozesse in den kreisfreien Städten der Bundesrepublik. In: Dieter Schimanke (Hrsg.), Stadtdirektor und Bürgermeister. Beiträge zu einer aktuellen Kontroverse, Basel, S. 161-189.

Mäding, Heinrich, 1994: Kommunalfinanzen: Schwierigkeiten der Konsolidierung. In: Oscar W. Gabriel, Rüdiger Voigt (Hrsg.), Kommunalwissenschaftliche Analysen, Bochum, S. 107-138.

Milbradt, Georg H., 1985: Die Gewerbesteuer. In: Günter Püttner (Hrsg.), Handbuch der Kommunalen Wissenschaft und Praxis, Bd. 6: Kommunale Finanzen, 2. Aufl. Berlin u.a., S. 128-140.

Postlep, Rolf-Dieter, 1985: Wirtschaftsstruktur und großstädtische Finanzen. Einflüsse höherwertiger Dienstleistungen auf die kommunalen Steuereinnahmen in verschiedenen Großstädten, Hannover und Vincentz.

Reissert, Bernd, 1984: Staatliche Finanzzuweisungen und kommunale Investitionspolitik, Diss., Berlin.

Reissert, Bernd, 1986: Kommunales Hebesatzrecht zur Einkommensteuer. In: Demokratische Gemeinde, S. 40-45.

Rickards, Robert C., 1985: Ursachen für die nichtinkrementale Bildung von Haushaltsprioritäten in bundesdeutschen Städten. In: Archiv für Kommunalwissenschaften, Bd. 24, S. 295-309.

Scharpf, Fritz W., 1984: Plädoyer für ein kommunales Hebesatzrecht bei der Einkommensteuer. Schwedisches Modell erweitert politischen Handlungsspielraum. In: Alternative Kommunalpolitik, Sonderheft 5, S. 22-23.

Scharpf, Fritz W., 1990: Regionalisierung des europäischen Raums. Die Zukunft der Bundesländer im Spannungsfeld zwischen EG, Bund und Kommunen. In: Alemann, Ulrich von, Heinze, Rolf G., Hombach, Bodo (Hrsg.), Die Kraft der Region: Nordrhein-Westfalen in Europa, Bonn, S. 32-46.

Scharpf, Fritz W., Reissert, Bernd, Schnabel, Fritz (Hrsg.), 1976: Politikverflechtung: Theorie und Empirie im kooperativen Föderalismus in der Bundesrepublik Deutschland, Kronberg.

Spahn, Bernd P., 1989: Zur Reform der Gemeindefinanzen. In: Archiv für Kommunalwissenschaften, Bd. 28, S. 67-85.

Voigt, Rüdiger, 1975: Die Auswirkungen des Finanzausgleichs zwischen Staat und Gemeinden auf die kommunale Selbstverwaltung von 1919 bis zur Gegenwart, Berlin.

Voigt, Rüdiger, 1980: Das System des kommunalen Finanzausgleichs in der Bundesrepublik Deutschland. Grundprobleme und Reformvorschläge, Stuttgart u.a.

Wissenschaftlicher Beirat beim Bundesministerium der Finanzen, 1982: Gutachten zur Aufnahme der Gemeindesteuern in der Bundesrepublik Deutschland, Bonn.

Zimmermann, Horst, Hardt, Ulrike, Postlep, Rolf-Dieter, 1987: Bestimmungsgründe der kommunalen Finanzsituation – unter besonderer Berücksichtigung der Gemeinden in Ballungsräumen, Bonn.

5. Konsolidierung der Kommunalfinanzen – Folgen für Sozial- und Arbeitsmarktpolitik

Erhard Treutner

Kommunale Finanzen heute: Risiken für die Restrukturierung kommunaler Sozialpolitik

Die Kommunalpolitik steht im Sozialbereich schon seit einigen Jahren vor einer wachsenden Kluft zwischen Bedarf und zur Verfügung stehenden Mitteln und ist daher immer gravierenderen Einsparungszwängen unterworfen. Im Folgenden soll untersucht werden, zu welchen Problemen und Entwicklungen das für die kommunale Sozialpolitik führt. In dem Zusammenhang werde ich zu zeigen versuchen, daß die momentanen Spareinschnitte die Sozialleistungen in den Gemeinden weit über die nominalen Einsparungen hinaus treffen und bisherige Erfolge bei Umbau und Restrukturierung der kommunalen Sozialpolitik gefährden.

In meinen Ausführungen werde ich einleitend Struktur und Entwicklung der kommunalen Finanzen grob skizzieren (vgl. 1.), anschließend einige zentrale Veränderungen im lokalen Sozialbereich bis zum Beginn der 90er Jahre darstellen (vgl. 2.) und dann Folgen aktueller Sparzwänge für die sozialen Dienstleistungen in den Gemeinden untersuchen (vgl. 3.). Abschließend werde ich kurz auf die Bedeutung dieser Entwicklungen für die Funktions- und Leistungsfähigkeit der kommunalen Sozialpolitik und ihre weiteren Perspektiven eingehen (vgl. 4.).

1. Struktur und Entwicklung der kommunalen Finanzen[1]

Da gemeindliche (Steuer-)Einkünfte wesentlich auf die Gewerbesteuer und einen Anteil der Einkommenssteuer gestützt sind, gerät der kommunale Sozialbereich in Zeiten ökonomischer Krisen in eine besonders ausgeprägte Finanzklemme. Denn dem erhöhten Finanzbedarf, der den Kommunen in diesem Bereich z.B. im Zusammenhang mit der hohen Arbeitslosigkeit und als Trägern der Sozialhilfe entsteht, stehen verringerte Mittel gegenüber (vgl. zu diesem Strukturproblem Kuban 1994, S. 328ff.). Erschwerend kommt hinzu,

1 Vgl. als Überblick Karrenberg/Münstermann 1994

daß die Gewerbesteuereinnahmen insofern nicht bedarfsgerecht verteilt sind, als strukturschwache Städte, die mit besonders hohen Anforderung im Sozialbereich konfrontiert sind (und zugleich große Summen für die Förderung des wirtschaftlichen Strukturwandels aufbringen müssen), niedrigere Gewerbesteuereinnahmen erzielen.

Ähnliches ergibt sich bei der Verteilung der lokalen Einkommenssteueranteile, weil sie sich nach dem örtlichen Aufkommen und nicht nach der Zahl der Einwohner richtet. Gemeinden mit einer Einwohnerschaft mit geringem Durchschnittseinkommen oder einer hohen Zahl von Arbeitslosen haben daher – trotz entsprechend ausgeprägterer sozialer Probleme – ein geringeres Steueraufkommen.[2] Pointiert läßt sich daher formulieren: Je höher der Bedarf, desto geringer die vorhandenen kommunalen Mittel.[3]

Die Bewältigung ihrer sozialen Aufgaben ist den Kommunen in den letzten Jahren zusätzlich dadurch erschwert worden, daß ihnen ohne ausreichende finanzielle Kompensation insbesondere vom Bund mehr Aufgaben übertragen worden sind. Diese Entwicklung hat einen solchen Umfang angenommen, daß davon gesprochen wird, es hätte sich inzwischen ein „passiver Finanzausgleich“ zu Lasten der Kommunen entwicklelt (vgl. Kuban 1994, S. 329).[4] Als Beispiel kann hier auf Novellierungen des AFG verwiesen werden, die über die Reduzierung von Leistungen der Bundesanstalt für Arbeit zu einer Mehrbelastung der Gemeinden beigetragen haben. Jüngstes Beispiel hierfür ist die vorgesehene jährliche Kürzung der Arbeitslosenhilfe, die zu einem zusätzlichen Bedarf an von den Kommunen zu leistender ergänzender Sozialhilfe führen wird.

Das Problem der Langzeitarbeitslosigkeit wurde und wird auf diese Weise zu einem großen Teil auf die Kommunen abgewälzt. So sind die Kosten der Gemeinden für Sozialhilfe, die inzwischen zu rund 35% durch Arbeitslosigkeit verursacht werden, von 3,3 Mrd DM im Jahr 1970 auf gut 50 Mrd DM im Jahr 1995 gestiegen.[5] Mittlerweile stellt die steigende Sozialhilfebedürftigkeit – so eine in der Literatur vielfach verwendete Formulierung – einen „Sprengsatz“ in den städtichen Haushalten dar (vgl. Mäding, 1991, S. 129; Rehm 1991, S. 129). Letztlich führt diese Entwicklung, in deren Verlauf

---

2 Vgl. schon für die 80er Jahre Häußermann/Siebel 1986, S. 85ff. und die dort abgedruckten Tabellen 14 und 15.

3 Ein weiteres Problem insbesondere der großstädtischen Finanzen besteht darin, daß die Veranlagung zur Einkommensteuer am Wohn- und nicht am Arbeitsort erfolgt. Viele Berufstätige – häufig solche mit überdurchschnittlichen Einkommen – leben „im Grünen“ außerhalb der Stadt, in der sich ihr Arbeitsplatz befindet und die infrastrukturelle Kosten ihres Arbeitens und z.T. auch für ihr Pendeln entstehen.

4 Laut Gemeindefinanzbericht 1995 betrug der Anteil der Sozialleistungen an den Gesamtausgaben der Kommunen in diesem Jahr ca. 22%. 1961 lag er noch bei ca. 8%.

5 Im Jahr 1980 zahlten die Kommunen für die Sozialhilfe 13,3 Mrd DM, 1990 bereits 31,8 Mrd. und 1992 in Gesamtdeutschland 42,6 Mrd. Zur Entwicklung der für Sozialhilfe in den 80er Jahren aufzuwendenden Mittel vgl. Rehm 1991, S.129.

es zu einem übergroßen Gewicht der kommunalen Pflichtaufgaben insbesondere im Sozialbereich gekommen ist, zu zunehmenden Handlungsblockaden für die Kommunen. Denn für eigene Gestaltungs- und Entwicklungsaufgaben fehlen immer häufiger die nötigen Mittel.

2. Die Entwicklungen bis zum Beginn der 90er Jahre: Bemühungen um Konsolidierung und Restrukturierung der kommunalen Sozialpolitik

Es hat in der Vergangenheit nicht an Versuchen gefehlt, die Kommunen und ihre Sozialbudgets zu entlasten. Die verschiedenen Bemühungen, auf politischer und gesetzgeberischer Ebene eine direkte Verbesserung der kommunalen Finanzen zu erzielen, blieben allerdings ohne bemerkenswerte Konsequenzen (so etwa die sog. Albrecht-Initiative aus dem Jahr 1988, die vorsah, daß der Bund 50% der Sozialhilfekosten übernehmen sollte).

Den Kommunen blieb daher zu einem großen Teil nur der Weg, durch Begrenzung weiterer Aufgabenzuwächse und Einsparungen einen Ausgleich ihrer Finanzen zu betreiben.[6] Bis Anfang der 90er Jahre wurden dabei einige Erfolge erzielt, so daß von einer gewissen Konsolidierung der kommunalen Finanzen auch im Sozialbereich gesprochen werden konnte, wobei dies nicht nur durch direkte Einsparungen, sondern auch durch zum Teil neue Formen der Aufgabenbewältigung und ohne zu drastische Veränderungen in Ausmaß und Qualität der Leistungen erzielt wurde.

Einen wichtigen „Baustein" im Rahmen dieser Bemühungen um Konsolidierung und Restrukturierung der kommunalen Sozialpolitik stellen – neben direkten Einsparungen – kommunale Maßnahmen und Programme im Rahmen der (z.T. auch mit Mitteln der Bundesanstalt für Arbeit oder der Länder finanzierten) sog. Zweiten Arbeitsmärkte dar. Diese zielen darauf ab, einen Beitrag zur Schaffung befristeter zusätzlicher Arbeitsplätze sowie zur Qualifizierung und Rückkehr in den Ersten Arbeitsmarkt zu leisten. Die für die Kommunen entstandenen Kosten der Langzeitarbeitslosigkeit können auf diese Weise verringert, teilweise auf die Bundesanstalt für Arbeit zurückverlagert werden.

Solche Entlastungseffekte treten nicht nur dann ein, wenn im Rahmen dieser Maßnahmen geförderte Arbeitslose anschließend einen Arbeitsplatz im Ersten Arbeitsmarkt finden, sondern z.B. auch dann, wenn arbeitslose Sozialhilfeempfänger, die bislang keinen Anspruch auf Leistungen der Bundesanstalt für Arbeit hatten, durch eine befristete Tätigkeit im Rahmen einer

---

6 Ein Beispiel besonders rigoroser Sparpolitik stellt die Stadt Offenbach dar, wo das Personal der Stadtverwaltung innerhalb von drei Jahren um fast 50% verringert wurde (vgl. Blaschke/Plath 1994, S. 123).

kommunalen Maßnahme eine Berechtigung auf Leistungen der Bundesanstalt erwerben. Nach Modellrechnungen aus verschiedenen Städten (z.B. für die Städte München (1985), Bremen oder Düsseldorf (vgl. Lüsebrinck 1994, S. 160ff. und Trube 1994, S. 172ff.) erzielen Kommunen, die solche Maßnahmen durchführen, daher ab einem Zeitpunkt von ca. drei bis fünf Jahren nach ihrer Beendigung Netto-Einsparungseffekte im Hinblick auf die geförderten Personen. Sie haben zwar zunächst im Vergleich zur Sozialhilfe erhöhte Kosten, aber dafür entfallen später die Aufwendungen für Sozialhilfe.[7]

Einen weiteren Baustein zur Konsolidierung kommunaler Sozialbudgets stellt der Bedeutungszuwachs der Wohlfahrtsverbände und insbesondere die in den letzten 10 Jahren verstärkt entstandene Einbeziehung von Selbsthilfegruppen in das kommunale soziale Leistungsnetz dar[8] (vgl. hierzu die z.T. sehr kritische Diskussion zur „Neuen Subsidiarität"[9]). Die oft erforderliche kommunale Förderung solcher Gruppen steigerte zwar einerseits die Kosten, half aber andererseits zugleich bei der Begrenzung der Kosten*zuwächse*. Denn sie führte – ähnlich wie bei der ehrenamtlichen Tätigkeit in den Wohlfahrtsverbänden – über die Zusammenführung öffentlicher und privater (ehrenamtlicher oder selbsthilfeförmiger) Ressourcen und Aktivitäten zur Mobilisierung zusätzlicher Mittel und Problemlösungskapazitäten sowie zu teilweise auch qualitativ recht überzeugenden Ergebnissen (vgl. z.B. Asam u.a. 1989). In jüngster Zeit ist in einigen Studien auch der unmittelbare Einsparungseffekt kommunaler Selbsthilfeförderung für die Kommunen deutlich herausgearbeitet worden (vgl. Engelhardt u.a. 1995).

In vielen Fällen haben diese Gruppen einen Bedarf an öffentlicher Förderung, weil nur so ihre Funktionsfähigkeit, insbesondere auch für eine größere Zahl Betroffener und Hilfesuchender, gewährleistet werden kann. Häufig erhalten sie daher kommunale Unterstützung. Als Folge davon sind Selbsthilfeorganisationen inzwischen oft ein Stück weit in das kommunale soziale Dienstleistungsangebot integriert worden und decken bestimmte Segmente gemeindlicher Aufgabenfelder ab.

Die Einsparungseffekte, die sich dadurch für die Gemeinden ergeben, sind nicht immer offensichtlich. Denn wenn Selbsthilfegruppen zu ihrer Funktionsfähigkeit der öffentlichen Unterstützung (durch Bereitstellung von Räumen, eines Telefonanschlusses, von Mitteln für Information etc.[10]) be-

---

7 Diese Effekte werden dadurch verstärkt, daß die Zahlung von Tariflöhnen zu einer gewissen Erhöhung von Steuereinnahmen führt, da auf die Kommunen ein Teil der Lohnsteuer sowie des durch höhere Konsumausgaben verursachten höheren Gewerbesteueraufkommens entfällt.

8 Nach einer im Auftrag des BMFuS durchgeführten Untersuchung (vgl. Braun/Opielka 1992) gab es im Jahr 1992 im alten Bundesgebiet ca. 50 000 Selbsthilfegruppen. Zur Zeit wird ihre Zahl auf etwa 60 000 geschätzt.

9 Dazu z.B. Heinze (Hg.) 1986, Blessing 1987.

10 In fast allen größeren Städten der westlichen Bundesländer gibt es inzwischen auch mit Mitteln der Kommunen geförderte sog. Kontakt- und Informationsstellen für Selbsthilfe

dürfen, so entstehen den Kommunen zunächst einmal Mehrkosten. Aber letztlich überwiegen in der Regel die Einsparungseffekte (vgl. die aufgrund einer Untersuchung zur Situation in München erarbeiteten Zahlen bei Engelhardt u.a 1995, S. 77ff. (83): Danach betrugen die durch unbezahlte Arbeitsstunden erbrachten Leistungen (bzw. Einsparungseffekte) 1992 ein Äquivalent von 481 Vollzeitstellen bzw. von 36,4 Mio DM, wobei nur 199 von rund 1200 in München existierenden Selbsthilfegruppen erfaßt wurden (Engelhardt u.a. 1995, S. 109). Allein bei den Eltern-Kind-Gruppen, also den privaten Kindergarteninitiativen, standen Ausgaben der Stadt in Höhe von 4 Mio DM „Rückflüsse" in Höhe von zwischen 6,6 und 13,4 Mio DM gegenüber (a.a.O., S. 91).

Ohne eigenen Mitteleinsatz der Kommunen wären diese Einsparungen letztlich nicht zu erzielen. Die Maßnahmen zur Einrichtung Zweiter Arbeitsmärkte und die Selbsthilfeförderung sind Beispiele dafür, wie die Kommunen im Sozialbereich bei wachsenden Problemen und zugleich knappen Kassen durch Mobilisierung von Fremdressourcen und begrenzten Einsatz eigener Ressourcen ein einigermaßen befriedigendes Niveau der Problembewältigung sichern konnten. Es ist fraglich, ob dies angesichts der aktuellen Sparzwänge weiterhin möglich ist.

3. Aktuelle Sparzwänge und Versuche zu ihrer Bewältigung

Die seit etwa 1992 aufs Neue konjunkturell bedingt deutlichen Mindereinnahmen der öffentlichen Hände und das weitere Anwachsen der Arbeitslosenzahlen bis auf den höchsten Stand seit dem Zweiten Weltkrieg (bei überproportional steigender Zahl von Langzeitarbeitslosen) haben zu einer noch größeren Finanzknappheit bei den Kommunen geführt. Diese wird durch den zusätzlichen Bedarf an Transferleistungen in die neuen Bundesländer, zu dessen Finanzierung erneut gesamtstaatliche Lasten auch auf die Kommunen abgewälzt werden, verschärft. Die bisherigen Pläne (und Erfolge) zur Konsolidierung der Kommunalfinanzen bei grundsätzlicher Sicherung der gemeindlichen Leistungen auch im Sozialbereich wurden dadurch ausgehöhlt. So stiegen etwa die kommunalen Sozialhilfelasten in den Jahren 1993 bis 1995 von 42,6 auf ca. 50 Mrd. DM. Die von der Bundesanstalt für Arbeit zur Verfügung gestellten Mittel z.B. für ABM-Stellen wurden ange-

---

(Braun/Opielka registrierten sie in ihrer Studie (1992, S. 3) in 166 Städten). Die von den Kommunen für die Selbsthilfeförderung aufgewendeten Mittel haben von Stadt zu Stadt sehr unterschiedliche Größenordnungen und bewegen sich zwischen einigen zehntausend DM pro Jahr bis zu ein paar Millionen (so z.B. in Berlin oder München). Zu finanziellen Effekten der Selbsthilfeförderung für Kommunen vgl. differenzierend auch Schulz-Nieswandt 1989.

sichts der gewaltigen Arbeitsmarktprobleme in den neuen Bundesländern zwar insgesamt erhöht, aber für die alten Bundesländer sanken sie trotz auch hier deutlich steigender Zahlen von Arbeitslosen.[11]

Die Kommunen gerieten dadurch vor dem Hintergrund vorheriger Sparzwänge und schon weitgehend ausgeschöpfter Möglichkeiten zu Leistungskürzungen in eine besonders prekäre Lage. Viele Kommunen sind inzwischen überschuldet. Auf diese Situation reagieren sie in breitem Maße mit rigorosem Leistungsabbau und Personalreduzierung.

Von diesen Entwicklungen blieben die Einrichtungen der Freien Wohlfahrtspflege nicht verschont. Auch viele Landeswohlfahrtsverbände sind inzwischen deutlich verschuldet. Die Kommunen bzw. Landkreise weigerten sich z.B. in der Vergangenheit bereits, durch Erhöhung der Umlagesätze die bei den Wohlfahrtsverbänden entstandenen Lücken aufzufüllen und so die angefallenen Kosten in vollem Umfang zu finanzieren (vgl. Simon/Messinger 1995, S. 48). Seit 1993 ergaben sich für diese Einrichtungen daher bei den Zuweisungen durch die öffentlichen Hände faktisch „Minusrunden". In besonders drastischer Form wurden die öffentlichen Mittel für freiwillige Leistungen, etwa im Jugendbereich, oder für freie Beratungseinrichtungen und bislang geförderte Selbsthilfegruppen und kleine Trägervereine beschnitten. Die Maßnahmen zum Zweiten Arbeitsmarkt wurden ebenfalls häufig eingeschränkt.

Die zur Entlastung der Kommunen vorgesehenen politischen und gesetzgeberischen Maßnahmen erwiesen und erweisen sich als praktisch nicht sehr hilfreich und werden außerdem durch neue zusätzliche Belastungen der kommunalen Sozialbudgets konterkariert. So ist zwar durch die aktuelle Reform des Sozialhilferechts eine Reihe von Maßnahmen vorgesehen, die der Entlastung der gemeindlichen Sozialhaushalte dienen sollen – so die erhöhte Verpflichtung von Sozialhilfeempfängern zur Leistung gemeinnütziger Arbeit sowie die verbindliche Reduzierung der Sozialhilfe um 25% bei Verweigerung einer solchen zumutbaren Arbeit durch einen Sozialhilfeempfänger – aber entsprechende Möglichkeiten geben den Kommunen schon die existierenden Regelungen in den §§ 18ff. (insbesondere § 19 II und § 25) BSHG in die Hand. Außerdem wehren sich die Kommunen aus praktischen Gründen gegen eine generelle Verpflichtung, jedem arbeitsfähigen Sozialhilfeempfänger eine (zusätzliche und gemeinnützige) Arbeit zuweisen zu müssen: So viele Arbeitsplätze können sie nicht bereitstellen und außerdem entstehen ihnen zusätzliche Verwaltungs- und Organisationskosten.[12]

Auch andere durch die Sozialhilferechtsreform vorgesehene Maßnahmen, wie die Möglichkeit zur Zahlung von (auf längstens sechs Monate be-

---

11 Inzwischen sind weitere Einschränkungen geplant – in den neuen Bundesländern soll die Bundesanstalt für Arbeit nach Plänen der Bundesregierung zukünftig nur noch einen Teil der bisherigen ABM-Mittel bereit stellen können.

12 Die Erwartungen der Bundesregierung, daß die Kommunen hier 2,2 Mrd DM sparen können, werden sich daher kaum erfüllen.

fristeten) Zuschüssen an Sozialhilfeempfänger als Arbeitsanreiz oder die Zahlung von Zuschüssen in Höhe von bis zu 25,– DM täglich an sie für Saisonarbeiten (bis zu drei Monaten) sowie die Zahlung von Lohnkostenzuschüssen (in Höhe der eingesparten Sozialhilfeleistungen von maximal zwei Jahren) oder von Einarbeitungszuschüssen (max. für sechs Monate) an Arbeitgeber, die einen Sozialhilfeempfänger einstellen, bringen nur eine geringe faktische Entlastung für die Kommunen mit sich und/oder existierten ohne durchschlagenden Erfolg auch schon bisher.

Die im Rahmen der vorgesehenen Sozialhilferechtsreform geplante Begrenzung der Regelsätze (Anbindung ihrer Steigerungsrate an das Wachstum der Nettolöhne) oder ihre bedarfsorientierte Festsetzung durch den Bund (so soll ihre Höhe ab 1999 aufgrund einer ersten gesamtdeutschen Einkommens- und Verbrauchsstichprobe bestimmt werden) scheinen aufgrund der damit verbundenen grundsätzlichen sozialpolitischen Probleme und des zu erwartenden Widerstandes in der Gesellschaft ebenfalls kein sehr wirkungsvolles Instrument zur Minderung der kommunalen Sozialhilfelasten zu sein. Allenfalls können damit ihre Wachstumsraten etwas begrenzt werden. Entsprechendes gilt für das gleichfalls geplante Vorhaben, das Lohnabstandsgebot so zu konkretisieren, daß die Hilfe zum Lebensunterhalt ab 1999 um mindestens 15% unter den Nettoarbeitsentgelten der untersten Lohn- und Gehaltsgruppen liegt. Dadurch wurde bereits eine Diskussion um die Problematik und Vertretbarkeit dieser Lohngruppen provoziert.

Eine gewisse Entlastung erfahren die Kommunen durch die Einführung der Pflegeversicherung. Allerdings sind die Einsparungen offensichtlich nach den ersten Erfahrungen geringer als die in offiziellen Voraussagen angenommenen 7-8 Mrd. DM jährlich: So sollen nach vorläufigen Berechnungen nur Einsparungen von 14-17% der bisherigen Pflegekosten der Gemeinden zu erwarten sein, in der stationären Hilfe 10-12% (Vgl. Clasen 1995, S. 38f. mit Bezug auf die Situation in Hamburg).

Diese Entlastungen werden außerdem durch neue Belastungen wieder aufgewogen, z.B. durch zusätzlich erforderliche Ausgaben zur Deckung des Anspruchs auf einen Kindergartenplatz für alle Drei- bis Sechsjährigen.

Letztlich bleibt den Kommunen zur Sanierung ihrer Finanzen nichts anderes übrig, als noch größere Einsparungen vorzunehmen, von denen auch die für die Restrukturierung kommunaler Sozialpolitik wichtigen Instrumente wie die Förderung von Zweiten Arbeitsmärkten sowie von Selbsthilfe und Privatinitiative betroffen sind.

Dies soll am Beispiel der Stadt Düsseldorf[13] etwas erläutert werden.[14] Auch hier bedingten sinkende Einnahmen und höhere Pflichtausgaben im So-

---

13 In vielen Städten sind die Sparzwänge vergleichbar oder noch größer; in anderen – vor allem süddeutschen – Gemeinden sind sie geringer.

14 Die folgenden Angaben sind durch Auswertung folgender Unterlagen gewonnen: Haushaltspläne der Landeshauptstadt Düsseldorf für die Jahre 1991, 1995 und 1996 sowie

zialbereich – für Sozialhilfe und vergleichbare Leistungen stiegen die Aufwendungen z.B. von 299 Mio. DM im Jahr 1992 auf 399 Mio. DM im Jahr 1995 – massive Ausgabenreduzierungen an anderen Stellen des Sozialbereichs.[15]

Vor dem Hintergrund von Kürzungen in den Jahren 1993 und 1994 gehen die geplanten Einsparungen in einigen Bereichen bereits von einem relativ niedrigen Leistungsniveau aus. So lag die Höhe der Zuschüsse an freie Beratungs- und an Selbsthilfeeinrichtungen 1995 gelegentlich schon 50% unter der von 1991. Laut Haushaltskonsolidierungsplan für die Jahre 1995 bis 1999 bzw. 1996 bis 2000 sind einerseits generell Konsolidierungserfolge durch Einfrieren der Etats für diese Jahre vorgesehen, was wegen der Kostensteigerung und teilweise zu erwartenden höheren Einnahmen zu realen Einsparungen führen soll, andererseits sind auch direkte Leistungskürzungen festgelegt worden. So werden die Zuschüsse für freie Träger, Organisationen und Vereine pauschal um 20% gekürzt.[16]

An einigen konkreten Beispielen soll die zum Teil erreichte Größenordnung der erfolgten bzw. für die Jahre 1996-2000 vorgesehenen Kürzungen demonstriert werden:[17]

Bei Maßnahmen gegen Arbeitslosigkeit kommt es u.a. deshalb zu Kürzungen, weil die Zuweisungen des Landes zu einem arbeitsmarktpolitischen Sonderprogramm von 2 Mio. DM im Jahr 1996 auf 450 000 im Jahr 1997 sinken sollen. Dementsprechend wird sich die Zahl der durch die Stadt geförderten Maßnahmen im Zweiten Arbeitsmarkt verringern.[18] Soweit Mittel der Bundesanstalt für Arbeit weiterhin zur Verfügung stehen, können sie zu einem Teil nicht abberufen werden, da die Stadt die geforderten eigenen Lohnkostenanteile nur in geringerem Maße aufbringen kann. Der Zuschuß zum lokalen Arbeitslosenzentrum sank von 500 000 DM (1991) auf 288 000 DM im Jahr 1995 und soll laut Haushaltssicherungskonzept für die Jahre 1996-2000 weiter auf 168 000 DM reduziert werden.[19]

Insbesondere bei den freiwilligen Leistungen und Zuschüssen für Beratungseinrichtungen, freie Träger und Selbsthilfegruppen wird zum Teil sehr deutlich gespart. Ich greife hier einige markante Beispiele heraus: Der

---

„Haushaltskonsolidierungskonzept/Finanzplanung der Landeshauptstadt Düsseldorf" für die Jahre 1994-1999, 1995-1999 und 1996-2000 sowie „Vorbericht und Anlagen zum Haushaltsplan der Landeshauptstadt Düsseldorf" für das Haushaltsjahr 1996.

15 Insgesamt hatte der Sozialhaushalt 1995 eine Höhe von 806 Mio DM; 1996 waren 835 Mio DM für ihn veranschlagt.

16 Inzwischen ist auch eine generelle Kürzung der Zuschüsse an die freien Wohlfahrtsverbände in Höhe von 50% bis zum Jahr 2000 im Gespräch.

17 In einzelnen Fällen kann es allerdings zu Abwweichungen von der Planung kommen. Vor dem Hintergrund von Protesten von Freien Trägern, Betroffenen und Öffentlichkeit, geringeren Steuereinnahmen oder höherem Bedarf für Pflichtaufgaben (z.B. für Sozialhilfe) ist – wie die jüngere Entwicklung zeigte – sowohl ein Verzicht auf einen Teil der Leistungskürzungen möglich, als auch deren Verschärfung.

18 In der Vergangenheit waren es jährlich 1000-1500 Maßnahmen.

19 Für 1966 wurden die Zuschüsse nachträglich wieder etwas aufgestockt.

„Wohlfahrtsverband für Sozialarbeit" soll in Zukunft 40% weniger Zuschüsse erhalten (sie sollen von 1,67 Mio DM im Jahr 1996 bis 1999 auf 953 000 DM sinken), die Förderung Sozialer Initiativen zur Selbsthilfe soll von 433 000 DM (im Jahr 1991) auf nur noch 15 000 DM abgebaut werden. Die Beratungsstelle für Haftentlassene erhält laut Planung ab 1996 einen um 50% verringerten Zuschuß, für die Beratungsstelle für Schwangerschaftsprobleme sinkt er bis 1998 um 85%. Die Förderung für die Aidshilfe soll bis 1998 um ca 90% reduziert werden (von 420 000 DM auf 50 000 DM[20]), die für die Alkoholkrankenfürsorge um etwa 85% und die für Beschäftigungsprojekte für psychisch Kranke wird dann ganz gestrichen. Die Förderung von Einrichtungen zur Betreuung psychisch Kranker wird ab 1996 eingestellt.

Für die Betriebskosten der Tagesstätte für Obdachlose gibt es ebenfalls ab 1996 keine Zuschüsse mehr.Die Suchtkrankenhilfe soll ab 1996 von 580 000 auf 220 000 jährlich (um ca. 60%) gesenkt werden, die vorbeugende Gesundheitshilfe ab 1966 um 90% (von 440 000 auf 50 000) und die Überbrückungshilfe für AIDS-Infizierte und -kranke ebenfalls um 90%. Der Zuschuß für Mahlzeiten für alte Menschen wird ab 1996 ganz gestrichen (1991 standen dafür 320 000 DM zur Verfügung, 1995 noch 193 000 DM), der für den Haushaltshilfedienst soll um etwa 30% (von 681 330 auf 421 000), der für Betriebskosten für Altentagesstätten bis 1999 um 45% reduziert werden. Für Sprachheilfürsorge stehen künftig 50% weniger an kommunalen Mitteln zur Verfügung. Die Zuschüsse für Ferienerholungsmaßnahmen und Jugendlager sollen bis 1999 von 476 000 auf 270 000 (d.h. um etwa 40%) vermindert werden (1991 betrug der Haushaltsansatz hierfür noch 1,3 Mio DM). Auch die Ausgaben für den Fahrdienst für Kindergartenkinder und für den Behindertenfahrdienst sollen laut Plan bis 1999 um 50% gesenkt werden. Außerdem bringt die Schließung von Einrichtungen der Jugendsozialarbeit jährliche Einsparungen in Höhe von 6,5 Mio. DM, die durch weitere Kürzungen von Personalmitteln bei der Hilfe zur Erziehung noch erhöht werden.

Ein Überblick über die Haushaltskonsolidierungskonzepte vermittelt den Eindruck, daß Kürzungen eher unsystematisch erfolgen bzw. vor allem bei Leistungen, bei denen keine Verpflichtung oder vertragliche Bindung besteht. Zwar ist zu vermuten, daß Einschnitte möglichst dort vorgenommen werden sollen, wo sie am ehesten vertretbar erscheinen oder andere Träger vorhanden sind. Aber Sparzwänge bzw. -möglichkeiten überlagern anscheinend oft inhaltliche Gesichtspunkte.

Weitere Einsparungsmöglichkeiten erhoffen sich Kommunen durch die Einführung sog. Neuer Managementkonzepte bzw. Steuerungsmodelle sowie des Instruments der Budgetierung.[21] Dadurch soll die Verantwortlichkeit der

---

20 Die Aidshilfe erhält auch von anderer Seite Zuschüsse, so daß davon auszugehen ist, daß sie trotzdem in größerem Umfang weiter tätig sein wird.

21 Vgl. zu diesen Konzepten und Instrumenten u.a. Reichard/Wollmann 1995, Budäus 1995 und KGSt 1994.

jeweils zuständigen Verwaltungseinheit gestärkt, eine Delegation von Befugnissen – auch in finanziellen Dingen – „nach unten“ bewirkt und die Qualität der Leistungen sowie die Kundennähe der Verwaltung verbessert werden. „Budgetierung“ bedeutet, daß Verwaltungseinheiten bestimmte in der Höhe festgelegte Mittel zur Erledigung ihrer Aufgaben zur Verfügung gestellt werden, über deren Verwendung sie in gewissen Grenzen und unter Beachtung ihrer Zielvorgaben disponieren können. Sie wirtschaften also begrenzt selbständig. Dadurch soll dem Gesichtspunkt wirtschaftlicher Verwaltung mehr Rechnung getragen werden.

Unter den aktuellen Bedingungen werden diese neuen Instrumente auch im Sozialbereich wesentlich zur Rationalisierung der Verwaltung genutzt. Sie sind Grundlage für Personalkürzungen und dafür, daß Suchprozesse nach Einsparungsmöglichkeiten in die einzelnen Verwaltungseinheiten und Einrichtungen hineinverlagert und aufgrund der dort vorhandenen detaillierteren Kenntnisse gezieltere Rationalisierungsprozesse im Hinblick auf Organisations- und Arbeitsformen eingeleitet werden können (vgl. kritisch zu den Versuchen zur Umsetzung der neuen Konzepte Langnickel 1995, S. 43ff.) Dementsprechend ist die Diskussion um die höhere Qualität administrativer Leistungen und entsprechende Maßstäbe zur Zeit wesentlich auf Meßgrößen, Formen der Standardisierung, auf Kennziffern oder Fallzahlen bezogen (so etwa bei der KGSt). Die neuen Steuerungsmodelle und das Instrument der budgetären Einzelverantwortlichkeit scheinen so aktuell vor allem als Instrument der Kostenbegrenzung zu dienen, könnten aber auch zusätzlich dazu genutzt werden, die Politik teilweise von den mit Einsparungen verbundenen Legitimationsproblemen zu entlasten.[22]

Ein konkretes Beispiel dafür, wie Maßnahmen der Budgetierung zu Einsparungen führen, stellt z.B. die Novelle des § 93 II BSHG (in Kraft seit 1.7.94) dar: nach § 93 II a.F. waren die Träger der Sozialhilfe den Einrichtungen anderer Träger, soweit Vereinbarungen zur Kostenübernahme getroffen waren, zum Kostenersatz nach dem Prinzip der Selbstkostendeckung verpflichtet. Jetzt gilt das Prinzip der Budgetierung, d.h. ein Ausgleich für Über- oder Unterdeckung findet nicht mehr statt. Damit soll laut Begründung des Gesetzesentwurfs die Eigenverantwortlichkeit der Einrichtungen gestärkt und ein Anreiz zur wirtschaftlichen Betriebsführung gegeben werden (so BT-Drucksache 12/5510, S. 10f.). Leistungen von Einrichtungen im Bereich der Sozial-, Jugend- und Altenhilfe sind damit jetzt betriebswirtschaftlichen Grundsätzen unterworfen, ohne zu berücksichtigen, ob und wieweit entspre-

22 Vgl. Langnickel 1995, S.46, der auch auf die drohenden fachlichen Rückschritte hinweist, die sich ergeben können, wenn „Erfolg“ von sozialpolitischen oder -administrativen Maßnahmen nicht mehr über Evaluationsforschung, sondern über Kennziffern etc. ermittelt wird oder wenn der Begriff der Bürgernähe durch einen eher aus der Sicht der Verwaltung definierten Kundenbegriff ersetzt wird und der Bürger dabei als Akteur und Mitproduzent von Leistungen weniger in Erscheinung tritt.

chende betriebswirtschaftliche Kalkulationen sinnvoll sind und das Leistungsangebot bestimmen dürften. So sind in von relativ kontinuierlicher und gleichmäßiger Nutzung geprägten Einrichtungen der Pflege- und Altenhilfe solche Kalkulationen wegen der Überschaubarkeit der Auslastung und Kosten für Personal, Räume und Sachmittel eher möglich, als in der Sucht- und Wohnungslosenhilfe oder auch in der Jugendhilfe. Dort ist ein solcher Überblick über Bedarf und daher bereit zu haltende Ressourcen (sowie evt. Rationalisierungspotentiale) schwieriger zu erzielen. Daher entsteht hier ein besonderes Risiko dafür, daß bei Budgetierung die Versorgung Betroffener leidet (vgl. Simon/Messinger 1995, S. 49).

Die aktuelle Situation – das haben die Beispiele gezeigt – führt zu beklagenswerten Einschnitten in das soziale Dienstleistungsangebot der Kommunen. Davon sind die sozial Schwächsten mit ihren gesundheitlichen und sozialen Problemen häufig am meisten betroffen (siehe das Beispiel der Suchthilfe oder Wohnungslosenhilfe): Denn die ihnen angebotenen Leistungen haben oft freiwilligen Charakter, sind wenig institutionalisiert bzw. werden von kleineren, wenig einflußreichen Trägervereinen offeriert und sind bei Maßnahmen zur „Budgetierung" u.U. besonders stark von Einsparungen betroffen. Sie haben auch generell eine schwächere Lobby. Vor allem neuartige Hilfsangebote, die relativ bürkratiefern oder „niedrigschwellig" gestaltet sind und eher kleine unorthodoxe Träger haben, sind stärker in ihrem Bestand gefährdet.

Die Beschneidung der Mittel für Zweite Arbeitsmärkte nimmt den Kommunen Entlastungsmöglichkeiten bei den Kosten, die ihnen durch Arbeitslosigkeit entstehen (s.o. 2.). Sie trifft darüberhinaus insbesondere die Langzeitarbeitslosen und damit soziale Problemgruppen wie wenig Qualifizierte, gesundheitlich in ihrer Leistungsfähigkeit Eingeschränkte oder Alleinerziehende. Die Reduzierung von ABM-Stellen und ähnlichem beeinträchtigt außerdem aber auch das Angebot an sozialen Dienstleistungen, da diese Stellen inzwischen häufig bei den Trägern solcher Dienstleistungen eingerichtet werden.

4. Kumulative Effekte und Folgeprobleme der Finanzknappheit: Risiken für die Restrukturierung der kommunalen Sozialpolitik

Die aktuellen Entwicklungen führen im Sozialbereich im Endeffekt zu teilweise viel größeren Leistungseinschränkungen, als die Veränderungen der Haushaltsansätze für sich erkennen lassen. Denn einige Bereiche der sozialen Versorgung in den Kommunen beruhen heute auf drei „Säulen", nämlich auf den unmittelbaren kommunalen Leistungen, denen der traditionalen Wohlfahrtsverbände und denen der vielen neuen kleinen freien Träger (z.B. aus der Selbsthilfebewegung), wobei die nicht-kommunalen Träger und Gruppen ein relativ breites Maß von ehrenamtlichen und Selbsthilfe-Tätigkeiten mobilisieren können. Da die Einsparungen vor allem im Bereich der freiwilligen kommunalen Leistungen erfolgen und Zuschüsse an die extrakommunalen Träger, vor allem an solche, die weniger stark institutionalisiert sind, besonders betroffen sind, wird die Arbeits- und Funktionsfähigkeit gerade der Organisationen empfindlich berührt, die am ehesten ehrenamtliches Engagement und Selbsthilfe zu wecken und zu organisieren vermögen. Bei radikal gekürzten Zuschüssen können viele Einrichtungen und Gruppen im Sozial-, Gesundheits- und Jugendbereich nur mit sehr eingeschränktem Leistungsangebot oder evt. auch gar nicht überleben. Auch die Mittelkürzungen im Bereich der Zweiten Arbeitsmärkte erschweren den Kommunen in einem höheren Maße Entlastungen bei den durch Arbeitslosigkeit für sie entstehenden Kosten und Folgekosten, als die nominalen Kürzungen zunächst vermuten lassen. Denn sie schränken die Mobilisierung weiterer Ressourcen wie z.B. von ABM-Mitteln der Bundesanstalt für Arbeit, ein.

Die Kürzungen im Sozialbereich haben daher kumulative Wirkung, soweit dadurch zusätzlich personelle und materielle Ressourcen aus dem Privatbereich oder von anderen Institutionen entfallen. Die zum Teil in der Vergangenheit erzielten Erfolge bei der Restrukturierung der kommunalen Sozialpolitik werden dadurch teilweise zunichte gemacht. Denn sie beruhten auch auf den Bemühungen, notwendige Kostenbegrenzungen und Einsparungen durch vermehrte Mobilisierung von gesellschaftlichem und ehrenamtlichem Engagement sowie verwaltungsexternen Ressourcen soweit auszugleichen, daß eine ausreichende soziale Versorgung sichergestellt blieb. Die Überlegungen und praktizierten Ansätze, dem Sozialstaat mit Hilfe von „Neuer Subsidiarität“ bzw. Selbsthilfe partiell einen neuen Zuschnitt zu geben, die ihrerseits schon weitgehend Reaktion auf eine Verknappung öffentlicher Finanzen und Tendenzen zur Begrenzung des Sozialstaates waren und entsprechend kontrovers diskutiert wurden, konnten – das zeigen vielfältige Erfahrungen – in der Vergangenheit sehr oft nur in tatsächliche Erfolge umgesetzt werden, wenn entsprechende freie Beratungs-, Fremd- und Selbsthilfeeinrichtungen ausreichende – auch materielle – Unterstützung durch die öffentliche Hand erhielten. Dazu hatten sich die Kommunen bereit gefunden, weil sie den Nutzen erkannten, der sich daraus für die Bewältigung ihrer Aufgaben ergab. Die Kommunen bezogen entsprechende Organisationen immer stärker in ihr soziales Leistungsangebot ein und hatten auch eine gewisse Zuständigkeit für die Förderung dieses Sektors sozialer Dienstleistungen und ihrer Anbieter akzeptiert.

Die so bei der Bewältigung der Aufgaben im Sozialbereich erzielten Konsolidierungserfolge sind nun in hohem Maße gefährdet. Notwendige

Selbsthilfe und ehrenamtliches Engagement werden entmutigt bzw. z.T. drastisch in ihren Aktionsmöglichkeiten beschnitten.[23] Organisatorische Aufbauleistungen und sachliche Qualifikation von Betroffenen werden entwertet, gewachsene Vertrauensbeziehungen zwischen ihnen und Hilfeeinrichtungen gestört, neu entstandene soziale Netze für viele Hilfsbedürftige ausgedünnt oder zerrissen. Es entsteht eine Situation, in der die Kommunen in den bisher von vor allem kleinen Trägervereinen und Selbsthilfeorganisationen wahrgenommenen Aufgabenfeldern wieder verstärkt selbst tätig werden müßten, was sie aber aus finanziellen Gründen nicht tun.

Die Restrukturierung der kommunalen Sozialpolitik, die durch eine verstärkte Kombination von öffentlichen und privaten Ressourcen und Hilfeleistungen gekennzeichnet sein soll, wird so teilweise unterbrochen bzw. rückgängig gemacht, ohne daß allerdings der Staat seine frühere verantwortliche Position wieder einnähme. Die Selbsthilfekräfte der Gesellschaft und die auf eine „Neue Subsidiarität" gestützte Sozialpolitik werden geschwächt.

Letztlich werden durch diese Entwicklungen auch im kommunalen Sozialbereich Tendenzen zur ungleichen Versorgung verschiedener Klientel- und Betroffenengruppen verstärkt. Die traditionell anerkannten und von fest institutionalisierten und einflußreichen Trägern betreuten Gruppen haben größere Chancen als andere, daß ihre Belange trotz aktueller Sparzwänge gewahrt werden. Zugleich werden – insbesondere bei gesellschaftlichen Problemgruppen wie Arbeitslosen und speziell arbeitslosen Jugendlichen – gesellschaftliche Desintegrationstendenzen gefördert.

Das bisher weitgehend akzeptierte Konzept, gesellschaftliche Integration im kommunalen Bereich u.a. durch sozialstaatliche (z.T. von den Wohlfahrtsverbänden getragene) Versorgungsleistungen für die verschiedensten Bevölkerungsgruppen und insbesondere für sozial Schwächere sicherzustellen sowie durch öffentliche Unterstützung für Eigeninitiative und Selbsthilfe verliert an Gewicht. Da Tendenzen zur Desintegration an Bedeutung gewinnen, wird möglicherweise die neben der „Hilfefunktion" bestehende „Disziplinierungsfunktion" sozialstaatlichen Handelns (vgl. dazu Sachße/Tennstedt 1986, S. 11ff.) wieder deutlicher hervortreten. Darauf weist z.B. die von der Bundesregierung propagierte verstärkte Nutzung des Instruments der Sozialhilfepflichtarbeit hin. Aber – wie ein Vergleich mit anderen Ländern zeigt – werden durch soziale Probleme bedingte gesellschaftliche Desintegrationstendenzen sich auch mit stärkeren Disziplinierungsanstrengungen nicht wirklich verhindern lassen.

---

23 In einer Erklärung vom September 1996 warnte das Deutsche Rote Kreuz zusätzlich vor den Risiken der „Zerschlagung" einer wesentlich auch auf ehrenamtlicher Mitarbeit beruhenden freien Wohlfahrtspflege, die sich bei einer zunehmenden Orientierung sozialer Dienstleistungen nach wirtschaftlichen Gesichtspunkten ergeben könnte.

Literaturverzeichnis

Asam, W. H. u.a., 1989: Hilfe zur Selbsthilfe, München

Blaschke, D./Plath, H.E., 1994: Zur Evaluierung aktiver Arbeitsmarktpolitik, in: M. Schulze-Böing/N. Johrendt (Hg.), S. 123ff.

Blessing, K., 1987: Die Zukunft des Sozialstaats, Opladen

Braun, J./Opielka, M., 1992: Selbsthilfeförderung durch Selbsthilfekontaktstellen, Bd. 14 der Schriftenreihe des Bundesministeriums für Familien und Senioren, Bonn

Budäus, D., 1995: Public Management. Konzepte und Verfahren zur Modernisierung öffentlicher Verwaltungen, Berlin

Clasen, U., 1995: Ohne Moos nichts los? Einspareffekte der Pflegeversicherung und Reaktionen der Kommunen, in: AKP Heft 3/1995, S. 36ff.

Engelhardt, H. d. u.a., 1995: Was Selbsthilfe leistet ... Ökonomische Wirkungen und sozialpolitische Bewertung, Freiburg

Häußermann, H./Siebel, W., 1987: Neue Urbanität, Ffm.

Heinze, R.G. (Hg.), 1986: Neue Subsidiarität: Leitfaden für eine zukünftige Sozialpolitik? Opladen

Karrenberg, H./Münstermann, E., 1994: Kommunale Finanzen, in: R. Roth/H. Wollmann (Hg.), Kommunalpolitik, Opladen, S. 194ff.

Kommunale Gemeinschaftsstelle für Verwaltungsvereinfachung (KGSt), 1994: Das neue Steuerungsmodell: Definition und Beschreibung von Produkten (Bericht Nr. 8/1994)

Kuban, M., 1994: Kommunale Haushaltspolitik, in: R. Roth/H. Wollmann (Hg.), Kommunalpolitik, Opladen, S. 328ff.

Langnickel, H., 1995: „König Kunde“, Etikettenschwindel bringt fachlichen Rückschritt in der Sozialpolitik, in: AKP Heft 5/1995, S. 43ff.

Lüsebrinck, K., 1994: Bewertung fiskalischer Effekte kommunaler Arbeitsmarktpolitik – das Instrument der Kosten-Refinanzierungsrechnung, in: M. Schulze-Böing/N. Johrendt (Hg.), S. 155ff.

Mäding, H., 1991: Finanzielle Restriktionen kommunalen Handelns, in: H. Heinelt/H. Wollmann (Hg.), Brennpunkt Stadt, Basel, S. 92-108

Rehm, H., 1991: Zur Zukunft der Kommunalfinanzen, in: B. Blanke (Hg.), Staat und Stadt, Sonderheft Nr. 22 der Politischen Vierteljahresschrift, Opladen, S. 126-150

Reichard, Ch./Wollmann, H., 1995: Kommunalverwaltung im Modernisierungsprozeß, Basel

Sachße, Ch./Tennstedt, F., 1986: Sicherheit und Disziplin, in: Dies. (Hg.), Soziale Sicherheit und soziale Disziplinierung, Ffm., S. 11ff.

Schulz-Nieswandt, F., 1989: Wirkungen von Selbsthilfe und freiwilliger Fremdhilfe auf öffentliche Leistungssysteme, München

Schulze-Böing, M./Johrendt, N. (Hg.), 1994: Wirkungen kommunaler Beschäftigungsprogramme, Basel

Simon, T./Messinger, B., 1995: Perspektiven prospektiver Pflegesätze, in: AKP Heft 6/1995, S. 47ff.

Trube, A., 1994: Fiskalische und soziale Aspekte kommunaler Arbeitsmarktpolitik„ in: M. Schulze-Böing/N. Johrendt (Hg.), S. 167ff.

Bernd Reissert

Arbeitslosigkeit, Arbeitslosenversicherung und Sozialhilfebelastung der Kommunen

1. Befund: Sozialhilfebelastung und Arbeitslosigkeit

Seit den siebziger Jahren sind die Ausgaben für Sozialhilfe in den Haushalten der Kommunen wesentlich stärker gestiegen als die übrigen Ausgaben der Kommunen. Allein von 1985 bis 1993 ist der Nettoaufwand der Kommunen für die Sozialhilfe mit einer jahresdurchschnittlichen Rate von 9,2% gewachsen, während die übrigen kommunalen Ausgaben nur mit einer Rate von 5,3% zunahmen.[1] Die von den Kommunen zu finanzierende Sozialhilfe, die bei der Verabschiedung des Bundessozialhilfegesetzes 1961 ursprünglich nur „als letztes Auffangnetz für einzelne individuelle Notlagen konzipiert" worden war und deren Einsatz nur bei „Verkettung ungünstiger Umstände im Einzelfall" für erforderlich gehalten wurde[2], ist in den zurückliegenden 25 Jahren zu einem wichtigen Instrument sozialer Sicherung geworden. Ihre Kosten beanspruchen einen wachsenden Teil der kommunalen Haushalte und engen den kommunalen Spielraum für die Wahrnehmung anderer Aufgaben ein; aus der Sicht des Deutschen Städtetages sind sie zum „Sprengsatz in den städtischen Verwaltungshaushalten" geworden.[3]

Eine wesentliche Ursache für die zunehmende Soxialhilfebelastung der Kommunen ist die Arbeitslosigkeit. Wie Tabelle 1 zeigt, hat sich in den alten Bundesländern der Anteil der Erwerbslosen, die Sozialhilfe in Anspruch nehmen, gegenüber den siebziger und frühen achtziger Jahren deutlich erhöht, und die Sozialhilfe ist in rasch zunehmendem Maße zur Finanzierung der Arbeitslosigkeit herangezogen worden. In rund einem Drittel der westdeutschen Haushalte von Sozialhilfeempfängern[4] (und in mehr als der Hälfte der ostdeutschen Sozialhilfeempfängerhaushalte) ist Arbeitslosigkeit die Hauptursache der Hilfegewährung. Für die Abhängigkeit von Sozialhilfe ist Arbeitslosigkeit in West- und Ostdeutschland die wichtigste Ursache (Tabelle 2).

---

1 Deutsche Bundesbank 1996, S. 37
2 Bundesregierung 1995, S. 58
3 Karrenberg/Münstermann 1996, S. 156
4 Genauer gesagt: Empfängern laufender Hilfe zum Lebensunterhalt außerhalb von Einrichtungen

Tabelle 1: Arbeitslosigkeit und Sozialhilfe – Indikatoren zum Zusammenhang in Westdeutschland

Jahr	Haushalte von Sozialhilfeempfängern (HLU)[1] mit Arbeitslosigkeit als Hauptursache der Hilfegewährung		Anteil der Kommunen an den gesamtfiskalischen Kosten der Arbeitslosigkeit (%)	Anteil der Erwerbslosen mit Sozialhilfebezug an allen Erwerbslosen (nach Mikrozensus, %)
	in Tausend	% aller Haushalte von HLU-Empfängern[1]		
1976				10,0
1977				5,9
1978			3,3	
1979				7,7
1980				10,3
1981				7,3
1982			4,9	7,6
1983			5,3	
1984			5,0	
1985			6,7	9,3
1986	416	32,7		10,5
1987	437	32,7	7,3	12,7
1988	476	33,9		12,2
1989	513	33,6	7,0	13,1
1990				13,0
1991	462	29,7	8,3	13,1
1992	493	28,8		12,9
1993	550	30,3	8,5	12,2

1 Empfänger laufender Hilfe zum Lebensunterhalt außerhalb von Einrichtungen

Quelle: Statistisches Bundesamt 1988-1995; Bruche/Reissert 1985, S. 89; ANBA 1994, S. 45; und eigene Berechnungen

Tabelle 2: Haushalte von Sozialhilfeempfängern (Empfängern laufender Hilfe zum Lebensunterhalt außerhalb von Einrichtungen) nach der Hauptursache der Hilfegewährung 1993 (Anteile in %)

	Westdeutschland	Ostdeutschland
Arbeitslosigkeit	30	54
Unzureichende Altersversicherungs- oder Versorgungsansprüche	10	3
Tod oder Ausfall des Ernährers	10	1
Unzureichendes Erwerbseinkommen	7	6
Krankheit	5	2
Sonstige Gründe	38	34

Quelle: Statistisches Bundesamt 1995

Der Zusammenhang zwischen Arbeitslosigkeit und Armut wird auch dann deutlich, wenn man nicht „bekämpfte Armut" im Sinne der Abhängigkeit von Sozialhilfe, sondern relative Einkommensarmut im Sinne eines verfügbaren Pro-Kopf-Haushaltseinkommens von weniger als 50% des Durchschnittseinkommens betrachtet (vgl. Tabelle 3): Arbeitslose sind mehr als dreimal so häufig von Einkommensarmut betroffen wie andere Menschen; umgekehrt sind Menschen, die in Einkommensarmut leben, mehr als doppelt so häufig (in Westdeutschland sogar fast dreimal so häufig) arbeitslos wie andere Menschen.

Tabelle 3: Einkommensarmut und Arbeitslosigkeit 1992

	Westdeutschland	Ostdeutschland	Deutschland insgesamt
Anteile (%) von Menschen in Einkommensarmut 1)			
– an allen Menschen	6,5	12,7	7,8
– an den Arbeitslosen	24,6	28,9	27,0
Anteile (%) von Arbeitslosen			
– an allen Menschen	3,9	17,6	6,7
– an allen Menschen in Einkommensarmut 1)	11,1	31,3	17,8

1) Menschen in Haushalten mit einem verfügbaren Pro-Kopf-Einkommen von weniger als 50 % des gesamtdeutschen Durchschnittseinkommens

Quelle: Hanesch u.a. 1994, S. 181-182, nach Daten des sozio-ökonomischen Panels

2. Folgen: Verlust regionaler Stabilisierungswirkungen

Die zentralstaatliche Arbeitslosenversicherung ist – wie diese Zahlen andeuten – seit den siebziger Jahren offenbar zunehmend weniger in der Lage gewesen, Arbeitslose und ihre Angehörigen vor Armut (im Sinne der Abhängigkeit von Sozialhilfe) zu bewahren. Ein Hauptproblem der Verlagerung sozialer Sicherungsfunktionen von der zentralstaatlichen Arbeitslosenversicherung auf die von den Kommunen finanzierte Sozialhilfe besteht darin, daß der regionale Stabilisierungs- und Ausgleichseffekt gefährdet wird, der die bundesweit finanzierte Arbeitslosenversicherung in besonderem Maße auszeichnet: In Regionen mit hoher Erwerbslosigkeit sind die Ausgaben für Unterstützungsleistungen üblicherweise hoch und die Einnahmen aus Abgaben der Beschäftigten relativ gering, während in Regionen mit geringer Arbeitslosigkeit nur wenige Unterstützungszahlungen anfallen und dafür umso mehr Abgaben gezahlt werden. Eine zentralstaatlich organisierte Arbeitslosenversicherung verteilt auf diese Weise Ressourcen in diejenigen Regionen um, die von Arbeitslosigkeit besonders betroffen sind; sie kompensiert damit zumindest teilweise den durch Arbeitslosigkeit drohenden regional konzentrierten Kaufkraftverlust und verhindert so möglicherweise sich selbst verstärkende Effekte regionaler Arbeitslosigkeit. Das Volumen des auf diese Weise erzielten Ausgleichs- und Stabilisierungseffekts war bereits in den achtziger Jahren zwischen den alten Bundesländern größer als der Effekt des Länderfinanzausgleichs;[5] es ist durch den massiven (vor allem mit Beitragseinnahmen aus dem Westen finanzierten) Einsatz der Arbeitsmarktpolitik in den neuen Bundesländern zu Beginn der neunziger Jahre noch einmal erheblich angestiegen.[6]

Der regionale Ausgleichs- und Stabilisierungseffekt der bundesweit finanzierten Arbeitslosenversicherung geht nun tendenziell in dem Maße verloren, in dem die soziale Sicherung bei Arbeitslosigkeit auf die Sozialhilfe und damit auf die Kommunen übergeht. Leistungen zur Existenzsicherung bei Arbeitslosigkeit müssen dann in der Regel von den betroffenen Gebietskörperschaften allein finanziert werden. Dies bedeutet tendenziell, daß diejenigen Regionen und Kommunen, in denen die Arbeitslosigkeit am höchsten ist, auch die größten finanziellen Belastungen zu tragen haben. Statt regionaler Stabilisierung deutet sich dann für arbeitsmarktpolitische Problemregionen ein Teufelskreis an, der vereinfacht so beschrieben werden kann: Hohe Arbeitslosigkeit führt zu hohen Sozialhilfeausgaben und niedrigen Steuereinnahmen und damit zu erheblichen Engpässen in den kommunalen Haushalten; diese Haushaltsengpässe veranlassen die Kommunen, ihre Investitionsausgaben (die am leichtesten zu variierenden Posten ihrer Haushalte) einzuschränken; Einschränkungen der öffentlichen Investitionen behindern die regionale Beschäftigungsentwicklung und führen damit tendenziell zu noch höherer regionaler Arbeitslosigkeit. Daß dieser Teufelskreis nicht nur Theorie ist, zeigt eine Untersuchung zu den Kreisen der alten Bundesrepublik (Schaubild 1). Ihr Ergebnis: Je höher die regionale Arbeitslosigkeit (insbesondere die Langzeitarbeitslosigkeit), desto höher die Sozialhilfebelastung; je höher die Sozialhilfebelastung, desto geringer die öffentlichen Investitionen; je geringer die öffentlichen Investitionen, desto höher die Arbeitslosigkeit.

5 Reissert 1988, S. 123-128
6 Kühl 1994

Schaubild 1: Der Teufelskreis zwischen Arbeitslosigkeit, Sozialhilfeausgaben und kommunalem Investitionsverhalten Ergebnisse einer Querschnitts-Korrelationsanalyse der 238 Kreise der Bundesrepublik für 1985

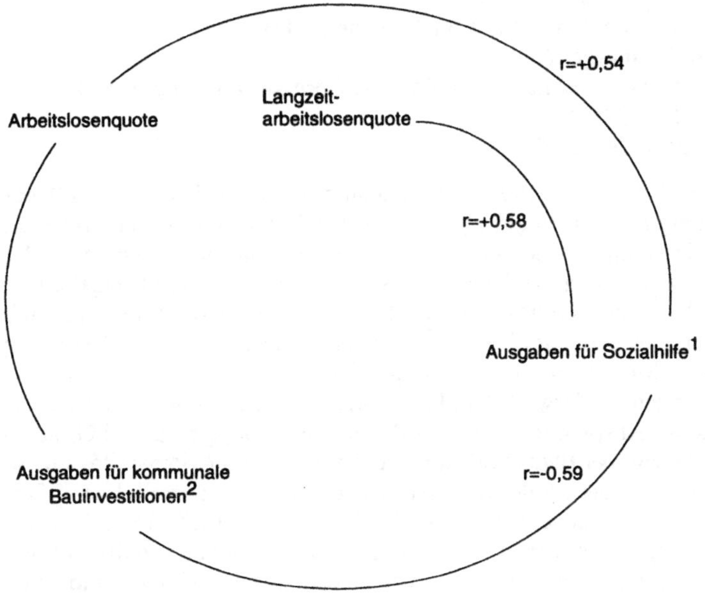

1 Ausgaben der Kommunen für laufende Hilfe zum Lebensunterhalt außerhalb von Einrichtungen in DM je Einwohner
2 Ausgaben in DM je Einwohner

Quelle: nach Hotz 1987

3. Ursachen: Prinzipien und Lücken des Arbeitslosen-Versicherungssystems

Erste Anhaltspunkte für Defizite der Arbeitslosenversicherung, die zur (zunehmenden) Inanspruchnahme von Sozialhilfe durch Arbeitslose führen, liefern Erhebungen zur Struktur arbeitsloser Sozialhilfeempfänger (Tabelle 4). Daten für 1989 (neuere, ähnlich detaillierte Angaben liegen leider nicht vor) zeigen u.a., daß unter den arbeitslosen Sozialhilfeempfängern (im Vergleich zu allen Arbeitslosen) vor allem folgende Gruppen überrepräsentiert sind:

- Arbeitslose ohne Ansprüche auf Arbeitslosengeld oder Arbeitslosenhilfe (63%),
- Menschen, die sich nach einer Unterbrechung der Erwerbstätigkeit arbeitslos melden (28%),
- bisher nicht erwerbstätige Personen (18%),
- Selbständige (6%),
- Arbeitslose ohne abgeschlossene Berufsausbildung (60%),
- Arbeiter (50%),
- Ausländer (17%).

Während für die drei zuletzt genannten Gruppen kein unmittelbarer Zusammenhang mit den Regelungen der Arbeitslosenversicherung erkennbar ist, läßt sich die Dominanz der anderen Gruppen durchaus mit Regelungen der Arbeitslosenversicherung erklären: Der Anspruch auf Unterstützungsleistungen nach dem Arbeitsförderungsgesetz (Arbeitslosengeld und Arbeitslosenhilfe) ist eng an vorausgegangene Zeiten sozialversicherungspflichtiger Beschäftigung gebunden; Menschen ohne vorherige Erwerbstätigkeit oder mit längeren Unterbrechungen der Erwerbstätigkeit sowie Selbständige haben deshalb in der Regel keine Ansprüche nach dem Arbeitsförderungsgesetz (AFG, ab 1998 SGB III) und sind bei Bedürftigkeit ausschließlich auf die Sozialhilfe angewiesen.

Obwohl die große Mehrheit der arbeitslosen Sozialhilfeempfänger keine Leistungsansprüche nach dem AFG besitzt, darf nicht übersehen werden, daß auch Empfänger von Arbeitslosengeld und Arbeitslosenhilfe auf ergänzende Sozialhilfe angewiesen sind; Arbeitslosenhilfeempfänger sind unter den arbeitslosen Sozialhilfeempfängern sogar kaum unterrepräsentiert (Tabelle 4). Insgesamt beziehen von allen Arbeitslosenhilfeempfängern 13% zugleich Sozialhilfe; bei den Arbeitslosengeldempfängern sind es 3% (und bei den Arbeitslosen ohne Leistungen nach dem AFG 38%). Offenbar reicht in vielen Fällen die Arbeitslosenhilfe nicht zur Bestreitung des Lebensunterhaltes auf dem Sozialhilfeniveau aus.[7]

Im internationalen Vergleich (der EU-Länder) werden die Besonderheiten des deutschen Arbeitslosenversicherungssystems, die zumindest teilweise für den Zusammenhang von Arbeitslosigkeit und Armut verantwortlich gemacht werden können, besonders deutlich.[8] Das deutsche Arbeitslosenversicherungssystem ist – ähnlich wie das französische und das spanische – stark vom Versicherungsprinzip geprägt: Höhe und Bezugsdauer der Leistungen (auch der Arbeitslosenhilfe) sind eng an vorherige Beschäftigungszeiten, Löhne und Beitragsleistungen gebunden. Andere Länder verfügen eher über

---

7 Vgl. auch Bundesregierung 1995, S. 33-35

8 Vgl. zum Folgenden Schmid/Reissert 1996

Tabelle 4: Merkmale von arbeitslosen Sozialhilfeempfängern[1)] und von allen Arbeitslosen im Vergleich (September 1989)

	Anteile der Merkmalsgruppen (%) an den arbeitslosen Sozialhilfeempfängern	allen Arbeitslosen
Geschlecht		
– Männer	59,2	50,6
– Frauen	40,8	49,4
Nationalität		
– Deutsche	83,3	88,4
– Ausländer	16,7	11,6
Ausbildung		
– Abgeschlossenes Fachhoch- oder Hochschulstudium	2,8	6,8
– Abgeschlossene Berufsausbildung	37,3	46,0
– Keine abgeschlossene Berufsausbildung	59,9	47,2
Grund der Arbeitssuche		
– Verlust des Arbeitsplatzes	56,3	60,3
– Wiederaufnahme der Arbeitsuche nach einer Unterbrechung der Erwerbstätigkeit	27,8	23,0
Letzte Stellung im Beruf vor der Arbeitslosigkeit		
– Selbständig	6,1	1,8
– Abhängige Beschäftigung	68,1	60,3
darunter Arbeiter	50,0	36,2
– Bisher nicht erwerbstätig	17,5	12,6
Leistungen nach dem Arbeitsförderungsgesetz		
– Arbeitslosengeld (Alg)	7,8	43,4
– Arbeitslosenhilfe (Alhi)	21,0	25,2
– Antrag auf Alg oder Alhi	8,1	} 31,4
– Keine Leistung	63,1	

1) Arbeitslose in Haushalten, die laufende Hilfe zum Lebensunterhalt bezogen.

Quelle: Brinkmann u.a. 1991, S. 166

vom Fürsorgeprinzip geprägte Systeme, in denen im wesentlichen ein bedürftigkeitsabhängiges Mindesteinkommen unabhängig von vorherigen Erwerbszeiten und Beitragsleistungen gewährt wird (Großbritannien, Irland), oder über Mischsysteme (z.B. Niederlande, Belgien, Dänemark). Die starke Prägung durch das Versicherungsprinzip führt dazu, daß in Deutschland – ähnlich wie in anderen vom Versicherungsprinzip geprägten Ländern – jüngere Arbeitslose weniger gut geschützt sind als ältere Arbeitslose (Schaubild 2) und Langzeitarbeitslose weniger gut geschützt sind als Arbeitslose, die zwischen 3 und 12 Monaten ohne Arbeit sind (Schaubild 3). Beide Zusammenhänge führen dazu, daß die Leistungsempfängerquoten – die Anteile der Leistungsempfänger an allen Arbeitslosen – in Ländern mit strikten Versicherungsprinzipien tendenziell niedriger sind als in anderen Ländern (Schaubild 4).[9] Hier wirkt sich aus, daß Versicherungssysteme ihre Leistungen eng an vorausgegangene Beschäftigungen koppeln und damit nur relativ geringen Schutz für diejenigen bieten, die (im Verhältnis zur Dauer ihrer Arbeitslosigkeit) keine ausreichenden Versicherungszeiten nachweisen können. Fürsorgesysteme behandeln dagegen die meisten Arbeitslosen (auch die „schlechten Risiken“) gleich.

Schaubild 2:
Anteil der Empfänger von Arbeitslosenunterstützung an den Arbeitslosen nach Altersgruppen in der EG, 1993

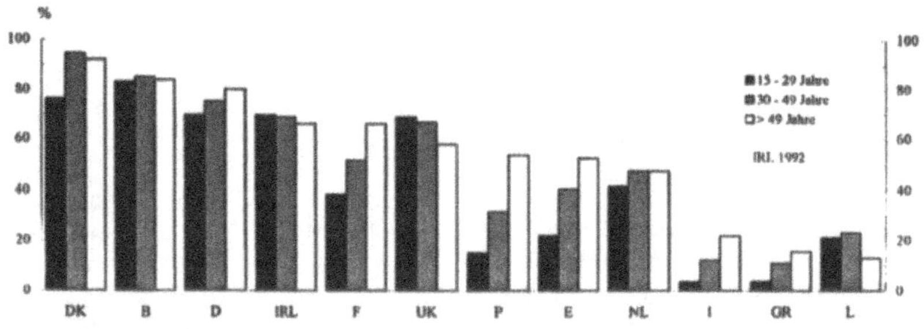

Quelle: Schmid / Reissert 1996

Schaubild 3:
Anteil der Empfänger von Arbeitslosenunterstützung an den Arbeitslosen nach der Dauer der Arbeitslosigkeit in der EG, 1993

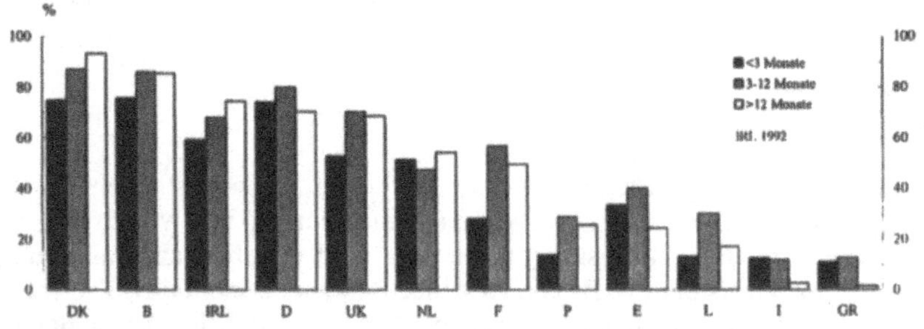

Quelle: Schmid / Reissert 1996

---

9 Der rasche Anstieg der Leistungsempfängerquote in Deutschland zwischen 1990 und 1993 ist auf den Sonderfall der Integration Ostdeutschlands zurückzuführen. Aufgrund der sehr hohen Erwerbsquote besaßen dort zu Beginn der neunziger Jahre fast alle Arbeitslosen Leistungsansprüche.

Der Nachteil der Fürsorgesysteme wird deutlich, wenn man die Lohnersatzraten – das Verhältnis der erhaltenen Leistungen zum vorherigen Erwerbseinkommen – betrachtet: In Ländern, die dem Fürsorgeprinzip am nächsten kommen (Großbritannien und Irland), sind die Leistungen je Leistungsempfänger – dem Fürsorgeprinzip entsprechend – am niedrigsten und im Gegensatz zu fast allen anderen Ländern vom Beginn der Arbeitslosigkeit an nach Bedürftigkeitskriterien differenziert (Tabelle 5). Die höchsten Leistungen für alle Arbeitslosen gewähren bei langanhaltender Arbeitslosigkeit allerdings nicht die Versicherungssysteme (wie Deutschland), sondern die Mischsysteme (Dänemark, Niederlande, Belgien; Tabelle 5). Offenbar sind Systeme, die Versicherungsprinzipien weniger strikt anwenden, am ehesten dazu angetan, den größten Teil der Arbeitslosen finanziell zu schützen und gleichzeitig ein nah am vorherigen Lebensstandard orientiertes Leistungsniveau zu sichern. Das hat allerdings auch seinen Preis: In diesen Ländern sind die Ausgaben für Arbeitslosenunterstützung je Arbeitslosen am höchsten (Schaubild 5). Allerdings sind Ausgaben, die dadurch entstehen, daß bei fehlenden oder nicht ausreichenden Leistungen nachrangige Sicherungsyssteme – z.B. die Sozialhilfe – einspringen müssen, nicht enthalten.

Tabelle 5: Bruttolohnersatzraten der Arbeitslosenunterstützung in europäischen Ländern sowie Japan und den USA, 1991

	Arbeitslosenunterstützung in % des vorherigen Lohnes							
	zu Beginn der Arbeitslosigkeit				nach zweijähriger Arbeitslosigkeit			
	Alle Leistungsempfänger	Ledige	Verheiratete mit erwerbstätigen Ehegatten	Verheiratete mit finanziell abhängigen Ehegatten	Alle Leistungsempfänger	Ledige	Verheiratete mit erwerbstätigen Ehegatten	Verheiratete mit finanziell abhängigen Ehegatten
S	83				22			
NL	70					34	34	39
E	66					0	0	25
P	65					30	0	34
DK	61				61			
GR		50	50	60	0			
SF	58					24	0	24
F	57				23			
J	49				0			
D	45					40	0	40
B		43	39	43		30	25	43
A	43					39	0	42
IRL		25	25	36		20	0	30
USA	34					4	0	8
UK		15	15	25		14	0	22

Quelle: Schmid/Reissert 1996, S. 251

Schaubild 4: Anteile der Empfänger von Arbeitslosenunterstützung an den Arbeitslosen in den EG-Mitgliedstaaten, 1983-1993 (in %)

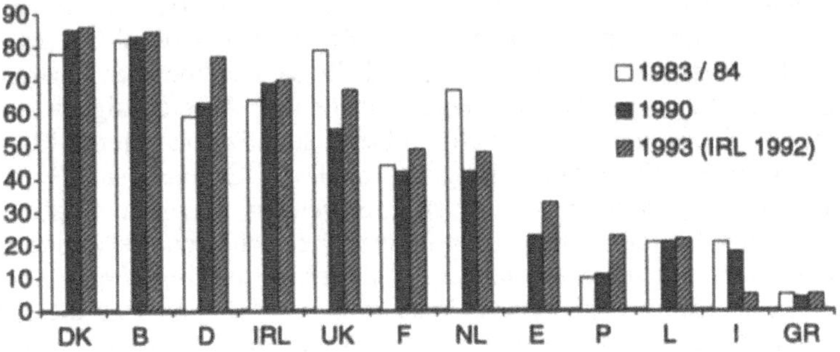

Quelle: Schmidt / Reissert 1996

Schaubild 5: Ausgaben für Arbeitslosenunterstützung je 1% Arbeitslosenquote in europäischen Ländern sowie Japan und den USA 1975 und 1992

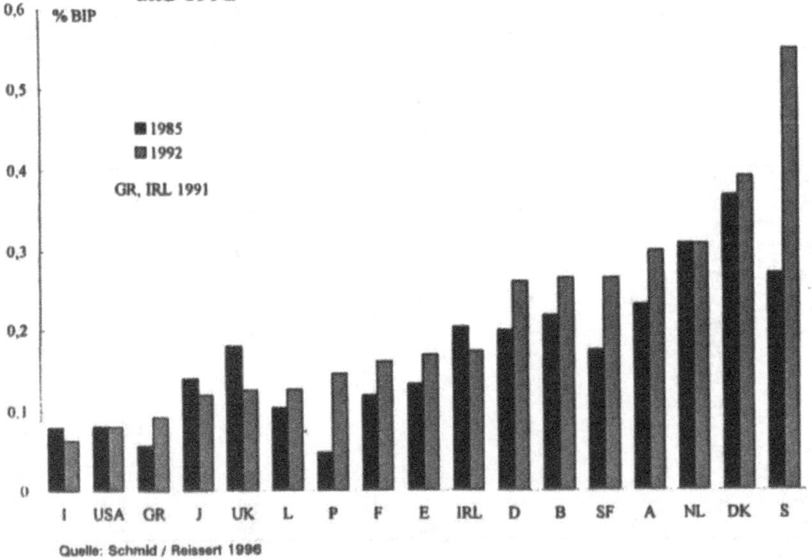

Insgesamt deutet der internationale Vergleich darauf hin, daß das deutsche System vor allem bei der Sicherung von jüngeren Arbeitslosen und Langzeitarbeitslosen hinter anderen europäischen Systemen zurückbleibt. Das liegt in der Logik des Versicherungssystems, das „schlechte Risiken“ (d.h. Personen mit einem ungünstigen Verhältnis von Beitrags- zu Leistungszeiten) tendenziell ausgrenzt. Die Entwicklung des deutschen Sicherungssystems seit 1974 bestätigt diese Tendenz: Regeländerungen bei der Arbeitslosenversicherung haben sich fast immer darauf konzentriert, das Versicherungsprinzip (d.h. die Bindung von Leistungen an vorausgegangene Beitragsleistungen und Erwerbszeiten) zu stärken; zu nennen sind vor allem folgende Schritte:

- 1982: Verlängerung der Anwartschaftszeiten bei Arbeitslosengeld und -hilfe,
- 1983: Verlängerung der geforderten vorherigen Beitragszeiten im Verhältnis zur Bezugsdauer des Arbeitslosengelds (allerdings 1987 rückgängig gemacht),
- 1985/1986/1987: Stärkere Differenzierung der Bezugsdauer des Arbeitslosengelds nach der vorherigen Beitragszeit und nach dem Alter,
- 1993: Befristung der originären Arbeitslosenhilfe auf 1 Jahr.

Allgemeine Kürzungen der individuellen Unterstützungsleistungen (die dem Versicherungsprinzip widersprechen) sind im Vergleich dazu selten geblieben (1984, 1993) und relativ gering ausgefallen. Auch die neuesten Pläne der Bundesregierung zur Abschaffung der originären Arbeitslosenhilfe passen in das skizzierte Bild; sie bedeuten eine Stärkung des Versicherungsprinzips (und eine Ausgrenzung „schlechter Risiken“). Die Tendenz zur Stärkung des Versicherungsprinzips ist dabei im internationalen Vergleich kein deutscher Einzelfall: Auch andere Versicherungssysteme (USA, Spanien) haben auf Finanzierungsprobleme und zunehmende Langzeitarbeitslosigkeit mit der Differenzierung ihrer Leistungen nach den vorherigen Beitragszeiten – also mit der Ausgrenzung „schlechter Risiken“ – reagiert. Fürsorgesysteme haben dagegen eher allgemeine Leistungskürzungen vorgenommen.

Insgesamt ist in der Bundesrepublik zu beobachten, daß die soziale Sicherungsfunktion der Arbeitslosenunterstützung langfristig rückläufig ist: Die Ausgaben für Arbeitslosengeld und Arbeitslosenhilfe je Arbeitslosen sind im Verhältnis zur Nettolohn- und -gehaltssumme je beschäftigten Arbeitnehmer seit 1973 langfristig gesunken (Schaubild 6). Der Rückgang ist allerdings in denjenigen Phasen, in denen die Arbeitslosigkeit rasch zunahm, regelmäßig unterbrochen worden. Diese Entwicklung ist vor allem auf Veränderungen in der Struktur der Arbeitslosigkeit zurückzuführen (zunehmende Anteile von Arbeitslosenhilfeempfängern und Arbeitslosen ohne Leistungsanspruch bei zunehmender Langzeitarbeitslosigkeit; steigende Anteile von Arbeitslosengeldempfängern bei raschen Anstiegen der Arbeitslosigkeit), jedoch auch auf die oben genannten Regeländerungen der Arbeitslosenversicherung, die vor allem in den Jahren 1982 bis 1984 vorgenommen wurden; in diesen Jahren ist die soziale Sicherungsfunktion der Arbeitslosenunterstützung am stärksten gesunken.

Schaubild 6: Entwicklung der Sozialen Sicherung bei Arbeitslosigkeit im Vergleich zur Arbeitslosenquote

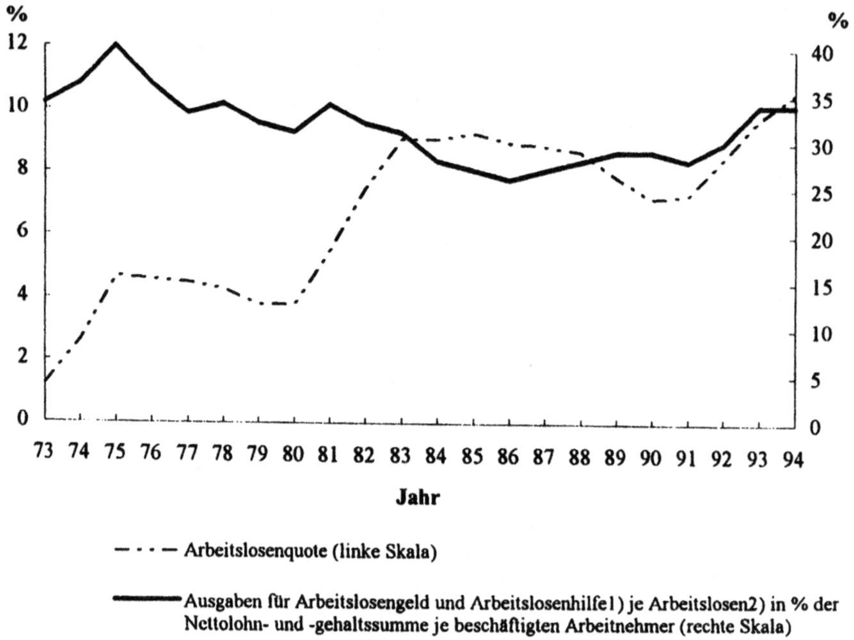

Quelle: eigene Berechnungen nach ANBA 1973-1994 und Sachverständigenrat 1995: 384

1) Beiträge zur Renten- und Krankenversicherung, die von der Bundesanstalt für Arbeit für ihre Leistungsempfänger entrichtet werden, sind nicht enthalten.

2) Zuzüglich Leistungsempfängern, die nicht als Arbeitslose gezählt werden (§§ 105 a-c AFG, § 2 Abs. 2 BErzGG).

4. Ausblick

Insgesamt können diejenigen Faktoren des Arbeitslosenversicherungssystems, die die Sozialhilfeabhängigkeit von Arbeitslosen bewirken, zu einem beträchtlichen Teil darauf zurückgeführt werden, daß das deutsche System sich (auch im europäischen Vergleich) sehr eng am Versicherungsprinzip von Leistung und Gegenleistung orientiert. Ergänzende grundsichernde Elemente, die dann durch Steuern finanziert werden müßten, würden nicht nur die Ausgrenzung „schlechter Risiken" eindämmen, sondern auch für eine Verringerung des Konkurrenzdrucks im Haushalt der Bundesanstalt für Arbeit und damit für eine stetigere aktive Arbeitsmarktpolitik sorgen.[10] Einen Ansatz in diese Richtung stellt das von Günther Schmid[11] entwickelte Modell eines regelgebundenen Bundeszuschusses an die Bundesanstalt für Arbeit dar, das eine Sockelfinanzierung für alle Arbeitslosen aus dem Bundeshaushalt vorsieht. Eine denkbare Alternative ist auch nach wie vor die sogenannte Albrecht-Initiative, mit der der damalige niedersächsische Ministerpräsident Ende der achtziger Jahre den Bund zur hälftigen Mitfinanzierung der Sozialhilfe zwingen wollte.[12] Sie würde zwar an der Sozialhilfebedürftigkeit vieler Arbeitsloser nichts ändern, jedoch hätte sie für die Regionen und Kommunen mit hoher Arbeitslosigkeit einen erheblichen finanziellen Stabilisierungseffekt.[13]

Literaturverzeichnis

ANBA, 1973-1995: Amtliche Nachrichten der Bundesanstalt für Arbeit. Arbeitsstatistik – Jahreszahlen, Nürnberg.

Brinkmann, Christian, u.a., 1991: Arbeitslosigkeit und Sozialhilfebezug. In: Mitteilungen aus der Arbeitsmarkt- und Berufsforschung 1/1991.

Bruche, Gert/Reissert, Bernd, 1985: Die Finanzierung der Arbeitsmarktpolitik. System, Effektivität, Reformansätze, Frankfurt/New York.

Bundesrat, 1988: Entwurf eines Gesetzes zur Änderung des Bundessozialhilfegesetzes und des Gesetzes über den Finanzausgleich zwischen Bund und Ländern, Bonn (Bundesratsdrucksache 124/88).

Bundesregierung, 1995: Armut in der Bundesrepublik Deutschland. Antwort der Bundesregierung auf die Große Anfrage der Abgeordneten Konrad Gilges u.a., Bonn (Bundestagsdrucksache 13/3339).

Deutsche Bundesbank, 1996: Die Ausgaben für Sozialhilfe seit Mitte der achtziger Jahre. In: Deutsche Bundesbank, Monatsberichte, April 1996, S. 35-52.

Hanesch, Walter, u.a., 1994: Armut in Deutschland, Reinbek.

Hotz, Dieter, 1987: Arbeitslosigkeit, Sozialhilfeausgaben und kommunales Investitionsverhalten. In: Informationen zur Raumentwicklung Nr. 9/10.1987, S. 593-610.

Karrenberg, Hanns/Münstermann, Engelbert, 1996: Gemeindefinanzbericht 1996. In: Der Städtetag 3/1996, S. 119-211.

Kühl, Jürgen, 1994: Zur Finanzierung von Arbeitsmarkt- und Strukturpolitik, Berlin (Schriftenreihe der Senatsverwaltung für Arbeit und Frauen).

Reissert, Bernd, 1988: Regionale Inzidenz der Arbeitsmarktpolitik und ihrer Finanzierung. In: Akademie für Raumforschung und Landesplanung (Hrsg.), Politikansätze zu regionalen Arbeitsmarktproblemen, Hannover, S. 109-140.

---

10 Vgl. Reissert 1995
11 Vgl. Schmid 1985 und Schmid 1986
12 Bundesrat 1988
13 Reissert 1988, S. 129-131

Reissert, Bernd, 1995: Finanzierung der Arbeitsmarktpolitik. In: Senatsverwaltung für Arbeit und Frauen Berlin (Hrsg.), Konzepte zur Reform des Arbeitsförderungsgesetzes, Berlin (Schriftenreihe der Senatsverwaltung für Arbeit und Frauen, Nr. 18), S. 59-64.

Sachverständigenrat zur Begutachtung der gesamtwirtschaftlichen Entwicklung, 1995: Jahresgutachten 1995/96, Bonn (Bundestagsdrucksache 13/3016).

Schmid, Günther, 1985: Finanzierung der Arbeitsmarktpolitik: Plädoyer für einen regelgebundenen Bundeszuschuß an die Bundesanstalt für Arbeit, Berlin (WZB Discussion Paper IIM/LMP 85-15).

Schmid, Günther, 1986: Finanzierung der Arbeitsmarktpolitik – Plädoyer für einen regelgebundenen Zuschuß an die Bundesanstalt für Arbeit. In: Karl-Jürgen Bieback (Hrsg.), Die Sozialversicherung und ihre Finanzierung, Frankfurt/New York, S. 256-282.

Schmid, Günther/Reissert, Bernd, 1996: Unemployment Compensation and Labour Market Transitions. In: Günther Schmid, Jaqueline O'Reilly, Klaus Schömann (Hrsg.), International Handbook of Labour Market Policy and Evaluation, Aldershot/Hants., S. 235-276.

Statistisches Bundesamt, 1988-1995: Sozialhilfe: Bundes- und Ländererergebnisse, Wiesbaden (Fachserie 13, Reihe 2, jährlich).

6. Aufgabenwandel und Privatisierung: Plädoyer für eine „Neue Politik“?

Oscar W. Gabriel/Frank Brettschneider

Ratsmitglieder und die „Neue Politik“

Der Aufgabenwandel in westdeutschen Städten aus der Sicht der Mitglieder kommunaler Vertretungskörperschaften

1. Das Untersuchungsproblem und die Forschungsfragen

Seit der Mitte des 18. Jahrhunderts spielen die Städte und Gemeinden in Deutschland eine wichtige Rolle als Träger öffentlicher Aufgaben. In dem Maße, in dem die wirtschaftlichen und sozialen Folgeprobleme der Industrialisierung erkannt und als eine vom politischen System zu bearbeitende Aufgabe bewertet wurden, bezog man die Organe der kommunalen Selbstverwaltung in die Lösung dieser Aufgaben ein. So besteht in der kommunalwissenschaftlichen Forschung weitgehender Konsens in der Einschätzung, daß den Städten und Gemeinden eine Schlüsselstellung bei der wirtschaftlichen, sozialen und kulturellen Daseinsvorsorge zukommt (vgl. Arzberger 1980; Gabriel et al. 1992; Gunlicks 1986; Hesse und Ellwein 1992, S. 59ff.).

Allerdings ist das Aufgabenspektrum der Kommunen keineswegs als statisch anzusehen. Veränderungen der Rahmenbedingungen lösen bei den staatlichen und kommunalen Entscheidungsträgern regelmäßig Diskussionen über die Angemessenheit des vorhandenen Bestandes an kommunalen Aufgaben aus. So ging mit dem Ausbau des Wohlfahrtsstaates in den westlichen Gesellschaften eine deutliche Schwerpunktverlagerung von den ordnenden und eingreifenden Tätigkeiten der öffentlichen Hand zu den Leistungs- und Planungsaufgaben einher. Auch gegenwärtig findet eine intensive Auseinandersetzung mit der Frage statt, ob angesichts der sozialen, politischen, wirtschaftlichen und kulturellen Veränderungen eine grundlegende Neubestimmung der kommunalen Aufgaben vorzunehmen sei. Die Leitthemen bzw. Schlagworte in dieser Debatte lassen sich mit den Begriffen „Übergang zur Dienstleistungsgesellschaft“, „Grenzen des Sozialstaates“, „schlanker Staat“ und „Deregulierung“ charakterisieren (vgl. z.B. Schäfer und Stricker 1992).

Die kommunalwissenschaftliche Forschung beschäftigt sich unter verschiedenen Gesichtspunkten mit diesen Problemen. Im Kommunalrecht hat die Untersuchung der kommunalen Aufgaben eine lange Tradition. Innerhalb der Volkswirtschafts- und Betriebswirtschaftslehre entwickelte sich mit der Forderung nach einer effektiveren Erfüllung der kommunalen Aufgaben ein verstärktes Interesse an diesen Problemen, und auch die Sozialwissenschaften bemühen sich unter verschiedenen Fragestellungen um eine systematische

„Aufgabenlehre“. Empirische Analysen der kommunalen Aufgaben können in Abhängigkeit von der gestellten Forschungsfrage und den benutzten Daten in zwei unterschiedliche theoretische Kontexte eingeordnet werden: *makropolitische* Untersuchungen (vgl. Gabriel et al. 1990 m.w.L.), die mit harten Indikatoren kommunaler Aufgaben arbeiten, und *mikropolitische* Studien (vgl. z.B. Arzberger 1980; Arzberger et al. 1979; Beiträge in Gabriel et al. 1997), die bei der Problemperzeption von Individuen ansetzen.

Mikropolitische Studien zu den Einstellungen der Bevölkerung und der politischen Eliten stellen auf der nationalen Ebene des politischen Systems ein wichtiges Untersuchungsfeld dar. Die unter dem Stichwort „Issueorientierungen“ durchgeführten Untersuchungen des politischen Problemhaushaltes etablierten eine eigene Forschungstradition, in der fünf Aspekte im Vordergrund stehen: die Relevanz bestimmter politischer Probleme und ihre Veränderung im Zeitverlauf, die Gruppierung einzelner Probleme zu Themenfeldern, die Problemlösungskompetenz der Parteien, die Unterschiede in der Problemperzeption von Eliten und Bevölkerung sowie die Verhaltensrelevanz von Issueorientierungen (vgl. u.a. Hoffmann-Lange 1986; Klingemann 1973). Obwohl sich aus diesen Studien zahlreiche Anregungen für die empirische Analyse kommunaler Aufgaben gewinnen ließen, finden sich auf der lokalen Ebene des politischen Systems nur wenige Arbeiten dieser Art. Vorwiegend handelt es sich dabei um Einzelfallstudien oder um Vergleiche zwischen wenigen Städten (vgl. Arzberger 1980; Arzberger et al. 1979; Bick 1986; Bretschneider 1983; Gabriel 1992; Gabriel et al. 1997). Dies ist vor allem deshalb erstaunlich, weil der subjektiven Wahrnehmung und Bewertung politischer Probleme durch die Bevölkerung und die Politiker auch im lokalen Bereich eine erhebliche Bedeutung für die Erfüllung öffentlicher Aufgaben zukommen dürfte. Entsprechende Arbeiten gewinnen ihre Relevanz schon aus der Tatsache, daß sie der Kommunalpolitik als Planungsgrundlage dienen könnten.

Es ist im Rahmen dieses Beitrages zwar nicht möglich, den komplexen Zusammenhang von Problemwahrnehmung, Entscheidungsverhalten und Policy Output einer systematischen empirischen Analyse zu unterziehen, zumindest aber soll ein Ausschnitt aus diesem Beziehungsgeflecht genauer beleuchtet werden: die Struktur und der Wandel des von Ratsmitgliedern in sieben kreisfreien Städten Westdeutschlands perzipierten Problemhaushaltes und dessen Bedeutung für die Ausgabepräferenzen. Wir greifen damit eine seit Mitte der siebziger Jahre geführte politikwissenschaftliche Debatte auf, deren Implikationen für die kommunale Ebene weitgehend unbeachtet blieben. Im Zusammenhang mit der Untersuchung der politischen Konsequenzen des Wertewandels in der westlichen Welt wurde auf der Issueebene eine Prioritätenverschiebung von Aufgaben der „Alten Politik“ zur „Neuen Politik“ postuliert (vgl. u.a. Baker et al. 1981; Hildebrandt und Dalton 1977; Kunz et al. 1993; Roller 1992; Schmitt 1987). In Anbetracht der zentralen

Rolle der Kommunen für die wirtschaftliche, soziale und kulturelle Daseinsvorsorge ist es wichtig, die Bedeutung dieser Prioritätenverschiebung für die Politik der Städte und Gemeinden zu untersuchen. Im folgenden sollen vier Forschungsfragen beantwortet werden:

1. Wie stellen sich aus der Sicht der Ratsmitglieder die gegenwärtigen kommunalen Aufgaben in den untersuchten Städten dar, und lassen sich zwischen den einzelnen Städten Unterschiede im perzipierten Aufgabenprofil feststellen?
2. Wie hängen Aufgabenwahrnehmung und Ausgabepräferenzen miteinander zusammen?
3. Hat sich das Aufgabenprofil der Kommunalpolitik während der vergangenen zehn Jahre verändert, und werden für die Zukunft Verschiebungen in der Aufgabenstruktur erwartet?
4. Deuten die Ergebnisse unserer Untersuchung auf ein verändertes Aufgabenprofil der Kommunen im Sinne des Konzeptes der „Neuen Politik" hin, und stimmen die Befunde mit entsprechenden Erkenntnissen über die nationale Politik der Bundesrepublik überein?

2. Die Daten

Der vorliegende Beitrag geht diesen Fragen anhand von Daten nach, die zwischen 1990 und 1993 in sieben kreisfreien Städten Westdeutschlands erhoben wurden: Bamberg, Bonn, Heilbronn, Ludwigshafen, Stuttgart, Ulm und Wiesbaden.[1] Hierfür waren zwei Gesichtspunkte maßgeblich. Zum einen entsprechen die kreisfreien Städte stärker als andere Gebietskörperschaften dem Ideal der Allzuständigkeit in Angelegenheiten der örtlichen Gemeinschaft. Nur sie besitzen die Zuständigkeit für die Erledigung aller kommunalen Aufgaben, da sie zugleich als Kreise und Gemeinden fungieren (vgl. ausführlich Gunlicks 1986, S. 102ff.). Ein zweiter Grund für die Beschränkung auf kreisfreie Städte hat mit der von Bundesland zu Bundesland unterschiedlichen Organisation der kommunalen Selbstverwaltung zu tun. Lediglich die Aufgaben kreisfreier Städte sind zwischen verschiedenen Bundesländern vergleichbar.

Die sieben untersuchten Städte unterscheiden sich hinsichtlich zahlreicher Merkmale voneinander. Bezogen auf ihre Größe und Einwohnerzahl reicht das Spektrum vom eher provinziellen bayerischen Bamberg, mit knapp 70.000

---

1 Die Datenerhebung erfolgte im Rahmen eines von den Verfassern, Volker Kunz, Katja Ahlstich und Stefan Löwenhaupt durchgeführten Forschungsprojektes. Neben den Projektmitarbeitern waren Thomas Czarnecki, Armin Pogadl, Andreas Reber und Melanie Walter an der Datenerhebung und -aufbereitung beteiligt.

Einwohnern und einer Fläche von 55 Quadratkilometern, bis zum großstädtischen Stuttgart, mit 570.000 Einwohnern und einer Fläche von über 200 Quadratkilometern. Bonn und Wiesbaden weisen jeweils über 250.000 Einwohner auf, während Heilbronn, Ulm und Ludwigshafen zwischen 100.000 und 160.000 Einwohner verzeichnen. Ebenfalls unterschiedlich fällt der Ausländeranteil in den sieben Städten aus. Er ist in Bamberg mit fünf Prozent am niedrigsten, in Stuttgart hingegen stammt jeder Fünfte aus dem Ausland. In den restlichen Städten beträgt er zwischen zehn und 15 Prozent.

Bei den kommunalen Ausgaben rangiert Stuttgart ebenfalls an der Spitze: Sie betragen fast 7.000 DM pro Einwohner. Die Pro-Kopf-Ausgaben sind auch in Heilbronn, Ulm und Wiesbaden verhältnismäßig hoch (über 6.000 DM), während sie in Bonn (4.300 DM), Ludwigshafen und Bamberg (etwa 5.100 DM) deutlich niedriger ausfallen. Den Differenzen auf der Ausgabenseite stehen Unterschiede bei den Steuereinnahmen gegenüber. Ludwigshafen, mit seinem großen Anteil an produzierendem Gewerbe, nahm 1990 pro Einwohner 2.700 DM Steuern ein, gefolgt von Stuttgart und Wiesbaden. Bamberg bildet mit lediglich 1.300 DM erneut das Schlußlicht, Heilbronn und Ulm befinden sich im Mittelfeld (vgl. Deutscher Städtetag 1991).

Schließlich differieren die Städte hinsichtlich ihres in der Kommunalverfassung festgelegten institutionellen Gefüges. Die Unterschiede betreffen in erster Linie die Organisation und die Kompetenzen der kommunalen Verwaltungsspitze. In Stuttgart, Heilbronn, Ulm und Bamberg gilt die Süddeutsche Ratsverfassung, in Wiesbaden die Magistrats-, in Ludwigshafen die Bürgermeisterverfassung und in Bonn die Norddeutsche Ratsverfassung.

In den sieben untersuchten Städten wurde sämtlichen 398 Mitgliedern der Stadt- bzw. Gemeinderatsfraktionen ein schriftlich zu beantwortender Fragebogen zugestellt. Die Rücklaufquote betrug 59 Prozent (236 Befragte), variierte allerdings stark von Stadt zu Stadt und von Partei zu Partei.[2] Das Kernstück des Fragebogens bildeten die Einstellungen der Befragten zu 20 kommunalen Aufgaben, die das gesamte Spektrum der wirtschaftlichen, sozialen und kulturellen Daseinsvorsorge umfassen und überwiegend als Pflichtaufgaben, zum kleineren Teil als freiwillige Selbstverwaltungsaufgaben zu charakterisieren sind. Die Ratsmitglieder wurden nach der aktuellen *Wichtigkeit* dieser Aufgaben sowie nach ihrer Einschätzung der Relevanz der Aufgaben vor zehn Jahren und in zehn Jahren gefragt. Eine weitere Fragenbatterie mit denselben Items bezog sich auf die Einschätzung des *Ausgabenbedarfs* in diesen Bereichen (vgl. die Angaben in Tabelle 1).[3]

---

2 Um die damit verbundenen Verzerrungen in der Einschätzung kommunaler Aufgaben und Ausgaben zu verringern, wird in diesem Beitrag mit gewichteten Daten gearbeitet. Die Gewichtung basiert auf den Mandatsanteilen der Parteien in jeder untersuchten Stadt (vgl. Anhang).

3 Um Ausstrahlungseffekte zu minimieren, waren die Ausgabepräferenzen im ersten Drittel des Fragebogens plaziert, die Bewertung der Aufgaben hingegen am Ende des Fragebogens.

3. Die gegenwärtige Bedeutung kommunaler Aufgaben

Als Ursachen für Unterschiede in der Bewertung der Dringlichkeit kommunaler Aufgaben kommen vier Variablenkomplexe in Betracht: die objektiven Probleme, vor denen eine Kommune steht, die subjektive Problemsicht der kommunalpolitischen Akteure, die institutionelle Zuweisung von Aufgaben zu der betreffenden Kommune und schließlich ihre Ressourcenlage (vgl. Schäfer und Stricker 1989, S. 36f.). Aus diesem Variablenbündel greifen wir die subjektiven Faktoren heraus. Sie werden jedoch nicht vollständig erfaßt, denn neben den Ratsmitgliedern sind am kommunalpolitischen Willensbildungs- und Entscheidungsprozeß zahlreiche weitere Akteure mit divergierenden Präferenzen beteiligt. Für den Entscheidungsoutput einer Kommune dürften neben den Präferenzen der Mitglieder der Vertretungskörperschaft vor allem die in der Verwaltung vorherrschenden Prioritäten eine zentrale Rolle spielen (vgl. hierzu Arzberger 1980; Derlien et al. 1976).

Die übrigen Determinanten kommunaler Aufgaben werden in dieser Studie entweder konstant gehalten oder allenfalls mittelbar berücksichtigt. Da die Zuweisung von Aufgaben an die kreisfreien Städte in sämtlichen Gemeindeordnungen ziemlich einheitlich ausfällt, kann man für unsere Zwecke eine Konstanz dieser Größe unterstellen. Die „objektiven Probleme“, mit denen eine Kommune konfrontiert ist, ergeben sich – ebenso wie ihre Ressourcenausstattung – aus der örtlichen Wirtschafts- und Sozialstruktur. In der Forschungspraxis werden die Bedarfs- und Ressourcenvariablen in der Regel über Makroindikatoren wie den Anteil bestimmter Bevölkerungsgruppen, Wanderungsziffern, den Pkw-Besatz usw. operationalisiert (vgl. u.a. Gabriel et al. 1990, S. 45ff.; Schäfer und Stricker 1989, S. 36 und S. 49ff.; Schäfer und Stricker 1992, S. 8ff.). Es ist beispielsweise zu vermuten, daß sich der Seniorenanteil auf den Stellenwert der Altenpolitik auswirkt. Geburtenraten dürften die kommunalen Aktivitäten beim Bau und Unterhalt von Kindergärten und Schulen beeinflussen, der Arbeitslosenanteil und der Anteil von Ausländern bewirken vermutlich einen besonderen Ausgabenbedarf in der kommunalen Sozialpolitik. Die zentralörtliche Stellung einer Kommune beeinflußt mit großer Wahrscheinlichkeit Maßnahmen zur Verbesserung der verkehrsbezogenen und der kulturellen Infrastruktur.

Zwar ist eine direkte Verknüpfung von Bedarfs- und Ressourcenindikatoren mit den Prioritäten kommunaler Ratsmitglieder im Rahmen von Kontextanalysen grundsätzlich möglich, hier scheitert ein derartiges Untersuchungsdesign allerdings an der zu geringen Zahl von Kontexteinheiten, d.h. Gemeinden. Als Hilfskonstruktion bietet es sich an, die Variable „Stadt“ als einen zusammenfassenden Bedarfs- und Ressourcenindikator einzuführen und die Prioritäten der kommunalen Ratsmitglieder auf städtespezifische Faktoren zu untersuchen. Aussagen über die Wirkung einzelner Bedarfs- und Ressourcenfaktoren sind so allerdings nicht möglich.

Tabelle 1: Die Bewertung der Wichtigkeit kommunaler Aufgaben in Vergangenheit, Gegenwart und Zukunft sowie die Ausgabepräferenzen der Ratsmitglieder

	Bewertung der Wichtigkeit kommunaler Aufgaben						Ausgabepräferenzen			
	vor zehn Jahren		heute		in zehn Jahren		Anteile für...			
	Mittelwert	Rangplatz	Mittelwert	Rangplatz	Mittelwert	Rangplatz	Erhöhung	Kürzung	Mittelwert	Rangplatz
Abfallvermeidung	2,53	20	4,62	1	4,85	1	74,6	6,6	4,02	3
Abfallbeseitigung	2,97	19	4,46	2	4,70	2	58,7	11,5	3,63	4
Kommunaler Wohnungsbau	3,31	13	4,46	2	4,32	5	70,7	7,2	4,04	2
Öffentlicher Nahverkehr	3,12	17	4,44	4	4,68	3	80,1	3,1	4,22	1
Wirtschaftsförderung	3,79	1	4,33	5	4,14	9	45,6	11,1	3,35	11
Abwasser-beseitigung	3,08	18	4,26	6	4,56	4	38,2	8,0	3,41	8
Stadtplanung/ Städtebau	3,65	3	4,06	7	4,24	7	40,5	20,3	3,32	12
Jugendhilfe	3,36	11	4,05	8	4,19	8	42,8	9,8	3,44	6
Sozialhilfe	3,29	14	4,01	9	4,09	10	25,5	25,0	3,04	16
Energieversorgung	3,35	12	3,93	10	4,25	6	22,7	18,5	3,06	15
Gesundheitswesen	3,61	4	3,92	11	4,01	12	32,8	9,3	3,32	13
Wissenschafts-förderung	3,58	5	3,86	12	4,06	11	39,3	9,3	3,38	9
Öffentl. Sicherheit u. Ordnung	3,43	9	3,82	13	3,76	13	37,8	8,9	3,38	10
Bau Grund- u. Hauptschulen	3,48	8	3,73	14	3,67	16	43,6	7,5	3,45	5
Bau weiterführender Schulen	3,53	6	3,72	15	3,71	14	41,9	8,8	3,42	7
Kulturförderung	3,15	16	3,49	16	3,68	15	30,6	34,0	3,00	17
Parks/Erholungs-einrichtungen	3,20	15	3,39	17	3,60	17	30,1	22,3	3,08	14
Sport-/Freizeit-einrichtungen	3,41	10	3,36	18	3,53	18	23,5	32,2	2,91	18
Straßenbau	3,76	2	2,90	19	2,67	19	12,1	48,7	2,38	20
Parkplatzbau	3,49	7	2,89	20	2,62	20	21,3	53,5	2,46	19
Gesamt	3,36		3,89		3,97		40,6	17,8	3,32	

Fragewortlaut zur Themenwichtigkeit: „Abschließend möchten wir noch einmal Ihre Meinung über die Wichtigkeit kommunaler Aufgaben wissen. A: Wie wichtig waren die folgenden Aufgaben *vor zehn Jahren*? B: Wie wichtig sind die betreffenden Aufgaben Ihrer Meinung nach *gegenwärtig*? C: Wie wichtig werden diese Aufgaben Ihrer Meinung nach *in zehn Jahren* sein?" Antwortvorgaben: Fünf-Punkte-Skala von 1 (ganz unwichtig) bis 5 (sehr wichtig). Zu den Ausgabepräferenzen: „Und nun zu den einzelnen Ausgabenbereichen: Wie ist Ihre persönliche Meinung zur Gestaltung der Ausgaben in Ihrer Stadt?" Antwortvorgaben: Fünf-Punkte-Skala von 1 (starke Kürzung), über 3 (Beibehaltung der Ausgaben) bis 5 (starke Erhöhung). Die Rangordnungen wurden anhand der Mittelwerte erstellt. Die Standardabweichungen liegen zwischen 0,47 und 1,38. Der Rangkorrelationskoeffizient für den Vergleich „vor zehn Jahren"/„heute" beträgt r_S= -0,44; für den Vergleich „heute"/„in zehn Jahren": r_S= 0,96.

Außer der objektiven Problemlage dürfte die subjektive Problemsicht der kommunalpolitischen Akteure vor allem von Wertorientierungen und Ideologien beeinflußt sein. Sie erfüllen im individuellen Orientierungssystem die Funktion, Einstellungen und Verhalten zu steuern (vgl. hierzu Gabriel et al. 1992; Gabriel 1992; Gabriel und Brettschneider 1997; Kunz et al. 1993).

Am Beginn der folgenden Untersuchung steht die Beschreibung der von den Ratsmitgliedern *gegenwärtig perzipierten Aufgaben*, der Aufgabenstruktur und der städtespezifischen Agenden. Bewertungskriterium war die Wichtigkeit, die den 20 Aufgaben zugewiesen wurde. Von zwei Ausnahmen abgesehen, betrachtet die Mehrheit der Ratsmitglieder alle kommunalen Aufgaben als wichtig (vgl. Tabelle 1). Gleichwohl lassen die Mittelwerte eine klare Rangordnung erkennen. Unter den Aufgaben, über deren Wichtigkeit unter den Befragten nahezu Konsens besteht, finden sich mit der Abfallvermeidung, dem öffentlichen Personennahverkehr (ÖPNV) und der Abfallbeseitigung drei umweltpolitische Themen. Zur Spitzengruppe gehört ferner der Wohnungsbau. Auf den nächsten Plätzen folgen die traditionell bedeutsamen Aufgaben der kommunalen Wirtschaftsförderung, der Abwasserbeseitigung, der Stadtplanung und des Städtebaus sowie der Jugend- und Sozialhilfe. Das Mittelfeld bilden die Energieversorgung, das Gesundheitswesen, die Wissenschaftsförderung sowie die öffentliche Sicherheit und Ordnung. Im unteren Drittel der Prioritätenskala befinden sich die Kulturförderung, der Bau und Unterhalt von Schulen sowie Parks, Erholungs-, Sport- und Freizeiteinrichtungen und schließlich die verkehrspolitischen Aufgaben Straßen- und Parkplatzbau. Einzig die beiden zuletzt genannten Themen werden von einer Mehrheit der Befragten als unwichtig eingestuft.

Auf der Basis dieser Ergebnisse ist eine erste Schlußfolgerung bezüglich der Relevanz des Konzeptes der „Neuen Politik“ für die kommunale Ebene möglich: Umweltpolitische Fragen, die in Analysen des nationalen Problemhaushaltes zu den Kernthemen der „Neuen Politik“ zählen, nehmen auf der lokalen Prioritätenskala ausnahmslos Positionen im oberen Drittel ein. In dieses Bild paßt auch die Plazierung der Aufgaben Straßen- und Parkplatzbau am Ende der Themenliste. Dagegen rangieren die traditionellen kommunalen Aufgaben der wirtschaftlichen, sozialen und kulturellen Daseinsvorsorge lediglich im Mittelfeld oder am Ende der kommunalen Agenda. Bei den folgenden städtespezifischen Analysen wird zu prüfen sein, ob sich in Folge der seit Anfang der neunziger Jahre eingetretenen Verschlechterung der wirtschaftlichen Rahmenbedingungen eine Aufwertung der Themen der „Alten Politik“ andeutet. Während nämlich die Erhebungen in Bamberg, Bonn, Ludwigshafen und Wiesbaden noch in der wirtschaftlichen Boomphase vor der Wiedervereinigung erfolgten, fanden die Umfragen in Ulm und Heilbronn, vor allem aber in Stuttgart, unter den Vorzeichen eines einsetzenden ökonomischen Einbruchs statt.

Städteprofile kommunaler Aufgaben

Vor dem Hintergrund der Annahmen über die Bedeutung von Bedarfs- und Ressourcenvariablen für die Wahrnehmung kommunaler Aufgaben ist kaum eine einheitliche Prioritätenstruktur in den sieben untersuchten Städten zu erwarten. Im folgenden werden daher zunächst die Rangordnungen der Aufgaben in den einzelnen Städten miteinander verglichen. Sodann wird geprüft, in welchen Aufgabenfeldern städtespezifische Faktoren besonders deutlich durchschlagen.

Obgleich nach den in Tabelle 2 enthaltenen Ergebnissen jede der sieben Städte eine besondere, von den übrigen Kommunen unterscheidbare Prioritätenskala ausweist, bestehen zwischen den Städten mehr Gemeinsamkeiten als Unterschiede. Diese Aussage stützt sich zunächst auf eine Auswertung der Rangkorrelationen zwischen den Agenden der sieben Städte (vgl. Tabelle 3). Der Rangkorrelationskoeffizient vergleicht die Rangordnungen der 20 Aufgaben in den untersuchten Städten unter dem Gesichtspunkt der Ähnlichkeit bzw. Unähnlichkeit. Bei einer vollständigen Übereinstimmung zweier Rangordnungen nimmt er den Wert 1,00 an. Sind die Rangordnungen völlig entgegengesetzt, beträgt der Wert -1,00. Besteht zwischen zwei Rangordnungen keinerlei Beziehung, beträgt er 0,00. Ein negatives Vorzeichen deutet also tendenziell auf eine Nichtübereinstimmung zweier Rangskalen hin, ein positives hingegen auf eine Übereinstimmung.

Die in Tabelle 3 zusammengefaßten Rangkorrelationskoeffizienten für den Vergleich der kommunalen Prioritätenlisten der verschiedenen Städte weisen ausnahmslos positive Vorzeichen auf. Starke Übereinstimmungen im perzipierten Aufgabenprofil bestehen zwischen Bonn und Wiesbaden, Wiesbaden und Ludwigshafen sowie Wiesbaden und Ulm. Dagegen weichen die Prioritäten der Kommunalpolitiker in Stuttgart und Bamberg sowie Stuttgart und Ulm etwas stärker voneinander ab als in den übrigen Fällen.

Zur Beurteilung der Unterschiedlichkeit bzw. Einheitlichkeit des Themenhaushaltes der Städte kann man neben dem Vergleich der Rangordnungen den jeweils ermittelten eta-Wert für den Zusammenhang zwischen der Aufgabenbewertung und der Herkunftsstadt der Befragten heranziehen.[4] In den meisten Politikfeldern zeigen sich allenfalls moderate städtespezifische Strukturen, jedoch treten einige charakteristische Ausnahmen auf: Eine besonders augenfällige Bedeutung kommt der Stadtvariablen in den Bereichen öffentliche Sicherheit (eta= .47; Platz 2 in Stuttgart, Plätze 16 bis 18 in Bamberg, Ludwigshafen und Wiesbaden), Förderung der Wissenschaft (eta= .42; Platz 5 in Ulm, Platz 18 in Bamberg), Gesundheitswesen (eta= .37; Platz 6 und 8 in Heilbronn und Ludwigshafen, Platz 14 in Bonn) und Städte-

4 Als Kriterium dient der Wert von 0.30; bei darüber liegenden Werten werden mindestens zehn Prozent der Varianz durch die Stadtvariable erklärt.

bau/Stadtplanung (eta= .36; Platz 3 in Ludwigshafen, Platz 15 in Stuttgart) zu. Beim Thema Parkplätze unterscheidet sich Bamberg (Platz 9) von allen anderen Städten (Plätze 19 bzw. 20).

Tabelle 2: Die gegenwärtige Wichtigkeit kommunaler Aufgaben nach Städten (Angaben: Mittelwerte, Rangplätze und eta)

	Bamberg	Bonn	Heilbronn	Ludwigs.	Stuttgart	Ulm	Wiesba.	eta
Abfallvermeidung	4,50	4,46	4,84	4,40	4,59	4,94	4,63	.27
	2	1	1	5	3	1	1	
Abfallbeseitigung	4,59	4,22	4,55	4,41	4,28	4,79	4,48	.23
	1	5	5	4	5	2	2	
Wohnungsbau	4,37	4,39	4,37	4,87	4,06	4,66	4,48	.32
	3	2	9	1	8	4	3	
Öffentl. Verkehr	4,35	4,20	4,67	4,49	4,34	4,70	4,37	.22
	4	6	2	2	4	3	4	
Wirtschaftsförderung	4,14	4,26	4,65	4,35	4,69	4,37	3,95	.32
	6	4	4	6	1	6	10	
Abwasser-	4,13	4,27	4,65	4,15	4,11	4,36	4,27	.21
beseitigung	7	3	3	9	6	7	5	
Stadtplanung	4,16	4,07	4,26	4,45	3,41	4,12	4,09	.36
	5	8	10	3	15	10	6	
Jugendhilfe	3,62	3,84	4,19	4,21	4,08	4,22	3,97	.20
	11	9	12	7	7	8	9	
Sozialhilfe	3,61	4,20	4,03	4,06	3,92	4,02	4,04	.15
	12	7	14	10	10	12	8	
Energieversorgung	4,01	3,68	4,00	3,90	3,72	4,14	4,06	.19
	8	10	15	13	12	9	7	
Gesundheitswesen	3,73	3,30	4,47	4,16	3,88	4,05	3,77	.37
	10	14	6	8	11	11	11	
Wissenschaft	3,34	3,20	4,43	3,90	4,04	4,40	3,52	.42
	18	16	7	12	9	5	15	
Öffentl. Sicherheit	3,43	3,55	4,22	3,73	4,59	3,97	3,29	.47
	16	11	11	18	2	13	17	
Grund- und	3,59	3,13	4,40	3,81	3,65	3,94	3,59	.36
Hauptschulen	13	17	8	17	14	15	14	
Weiterführende	3,50	3,31	4,03	3,86	3,65	3,96	3,65	.24
Schulen	14	13	13	14	13	14	12	
Kulturförderung	3,37	3,43	3,36	3,86	3,15	3,56	3,60	.24
	17	12	18	15	16	16	13	
Parks u. Erholung	3,22	3,29	3,60	4,01	3,06	3,40	3,20	.34
	19	15	17	11	17	18	18	
Sport/Freizeit	3,05	3,03	3,62	3,85	2,91	3,48	3,42	.34
	20	18	16	16	18	17	16	
Straßenbau	3,49	2,91	3,07	3,04	2,49	2,86	2,84	.22
	15	19	19	19	19	20	20	
Parkplatzbau	3,98	2,63	2,97	2,95	2,29	2,92	3,00	.32
	9	20	20	20	20	19	19	
durchsch. Mittelwert	3,59	3,67	3,84	4,02	3,75	4,04	3,81	

Die Rangordnungen wurden anhand der Mittelwerte erstellt.

Tabelle 3: Rangkorrelationskoeffizienten der gegenwärtigen kommunalen Aufgaben im Städtevergleich

	Bamberg	Bonn	Heilbronn	Ludwigs-hafen	Stuttgart	Ulm
Bamberg	1.00					
Bonn	0.75	1.00				
Heilbronn	0.62	0.68	1.00			
Ludwigshafen	0.68	0.81	0.68	1.00		
Stuttgart	0.53	0.78	0.81	0.58	1.00	
Ulm	0.73	0.82	0.85	0.82	0.82	1.00
Wiesbaden	0.84	0.90	0.70	0.85	0.62	0.86

Basis: Rangplätze der 20 Aufgaben je Stadt (vgl. Tabelle 2).

Wesentlich einheitlicher fällt die Einschätzung der gegenwärtigen Bedeutung der Abfallvermeidung (eta= .27; in sechs der sieben Städte auf einem der ersten drei Plätze), der Abfallbeseitigung (eta= .23; in allen sieben Städten auf einem der ersten fünf Plätze) und des Straßenbaus (eta= .22; in sechs Städten auf einem der beiden letzten Plätze) aus. Weitgehend übereinstimmend werden auch die Aufgaben ÖPNV, Abwasserbeseitigung, Jugend- und Sozialhilfe, Energieversorgung sowie Kulturförderung und Bau weiterführender Schulen beurteilt.

Hieraus läßt sich für die Relevanz von Themen der „Neuen Politik" in den Städten ableiten: Denjenigen Aufgabenfeldern, die in den Analysen auf der nationalen Ebene des politischen Systems der „Neuen Politik" zugeordnet werden, schreiben auch die Ratsmitglieder in den sieben untersuchten Städten einen ähnlich hohen Stellenwert zu, was sich in einem geringen Erklärungswert der Städtevariablen niederschlägt. Die Besonderheiten im Aufgabenprofil der sieben Städte sind in erster Linie auf die unterschiedliche Wertigkeit der klassischen Ordnungs- und Leistungsfunktionen der Stadtpolitik zurückzuführen.

Die Wichtigkeit kommunaler Aufgaben im Vergleich mit den Ausgabepräferenzen der Ratsmitglieder

Gegen die Verwendung der Frage nach der Wichtigkeit politischer Aufgaben besteht ein grundlegender methodischer Einwand: Solange Individuen lediglich eine allgemeine Bewertung der Wichtigkeit bestimmter Politikfelder vorzunehmen haben, neigen sie dazu, alles für wichtig zu halten. Untersuchungen über Issueorientierungen in der nationalen Politik belegen dies. Der Einwand betrifft allerdings in erster Linie die Randverteilungen und weniger die Rangordnung der Aufgaben; denn es besteht kein Grund zu der Annahme, daß die Verzerrungen ungleich über die einzelnen Themenbereiche streuen. Um den mit dem Meßproblem verbundenen Unsicherheitsfaktor zu verringern, haben wir die Aufgabenstruktur von Kommunen durch eine zweite Batterie von Fragen erfaßt: die *Ausgabe*präferenzen der Befragten. Dies läßt sich auch inhaltlich begründen. Der Einsatz des Steuerungsmediums Geld ist vor allem für die Leistungsverwaltung charakteristisch. Auf dem Gebiet der Ordnungs- und Planungsverwaltung entfallen direkte Transferzahlungen, finanzielle Aufwendungen entstehen für die Kommunen hauptsächlich in Form von Personalkosten. Eine weitere Differenzierung zwischen der Wichtigkeit einer Aufgabe und dem erforderlichen Ressourcenbedarf ergibt sich aus der Aufgabenträgerschaft. In zahlreichen Politikfeldern besteht für die Kommunen die Möglichkeit, entweder hoheitliche oder private Einrichtungen mit der Erledigung einer Aufgabe zu betrauen. Da die Kommunen autonom über die Organisation der Aufgabenerledigung entscheiden können, ergeben sich zusätzlich zu der politikfeldspezifischen Variation Unterschiede zwischen den Kommunen.

Im Hinblick auf die erwähnten institutionellen Rahmenbedingungen ist zu erwarten, daß die Beziehung zwischen der Einschätzung der Wichtigkeit von Aufgaben und dem Ausgabenbedarf über die einzelnen Politikfelder variiert. Ein besonders enger Zusammenhang zwischen beiden Policy-Indikatoren ist in den kostenintensiven Bereichen Soziales und Verkehr zu erwarten. Mit deutlich schwächeren Zusammenhängen muß man dagegen in Bereichen rechnen, in denen private Träger die Leistungen erstellen oder in denen Geld als Steuerungsmedium eine untergeordnete Rolle spielt.

Tabelle 1 enthält auch einen Überblick über die Ausgabepräferenzen der Befragten: Auf den ersten fünf Plätzen der Prioritätenskala rangieren der öffentliche Personennahverkehr, der kommunale Wohnungsbau, die Abfallvermeidung und -beseitigung sowie der Bau und die Unterhaltung von Grund- und Hauptschulen. Die letzten fünf Plätze nehmen der Bau von Parkplätzen und Straßen, Sport- und Freizeiteinrichtungen, die Kulturförderung und die Sozialhilfe ein. Erwartungsgemäß liegen die Mittelwerte bei den Ausgabepräferenzen niedriger als bei der Einschätzung der Dringlichkeit von Aufgaben.

Bei einem Vergleich der Prioritätenstrukturen auf den beiden Policy-Dimensionen ergibt sich auf der Aggregatebene zwar eine starke Übereinstimmung, aber keine Identität der Rangordnungen. Im allgemeinen sehen die Befragten bei den als besonders wichtig eingestuften Aufgaben einen Bedarf für Mehrausgaben. Bei vergleichsweise nachrangigen Aufgaben ziehen sie dagegen eher die Möglichkeit einer Kürzung der Ausgaben oder eines konstanten Ausgabenniveaus in Betracht. Nur in wenigen Fällen weichen die Positionen der Aufgaben auf den beiden Rangskalen deutlich voneinander ab: Dies betrifft auf der einen Seite den Bau von Schulen, auf der anderen Seite die Sozialhilfe, die Wirtschaftsförderung, Stadtplanung und Städtebau sowie die Energieversorgung. Die erste Gruppe ist auf der Ausgabenskala höher plaziert als auf der Aufgabenskala, für die zweite Gruppe gilt das Gegenteil. Die relativ starke Übereinstimmung zwischen den Ausgaben- und Aufgabenpräferenzen findet ihren Ausdruck in dem hohen, positiven Wert des Rangkorrelationskoeffizienten (r_S= 0,75).

4. Der Bedeutungswandel der kommunalen Aufgaben

Bei der Analyse der gegenwärtigen Bedeutung kommunaler Aufgaben standen umweltpolitische Themen sowie der Wohnungsbau an der Spitze der Prioritätenliste der Ratsmitglieder. Traditionelle sozial- und wirtschaftspolitische Themen hingegen rangierten im Mittelfeld oder am Ende der kommunalen Agenda. Diese Struktur der Issueorientierungen entspricht weitgehend den für die nationale Politik der Bundesrepublik vorliegenden Befunden. In der Mitte der siebziger Jahre hatten Kai Hildebrandt und Russell J. Dalton (1977) das Konzept der „Neuen Politik" in die Diskussion über den Wandel der politischen Agenda eingebracht. In Anknüpfung an das von Ronald Inglehart (1977; 1990) entwickelte Konzept des Wertewandels interpretierten sie das Aufkommen neuer politischer Issues als Ergebnis einer tiefgreifenden Veränderung der Lebensbedingungen in den westlichen Industrienationen. Da in diesen wohlhabenden Gesellschaften die existentiellen Probleme der Menschen weitgehend gelöst seien, rückten neue, bislang unbewältigte Aufgaben an die Spitze der politischen Agenda. Ökologische sowie partizipativ-emanzipatorische Ziele und Politikinhalte wurden in den einschlägigen Analysen als Kernelemente der „Neuen Politik" bezeichnet. Unter den Begriff der „Alten Politik" subsumierte man sicherheits-, wachstums- und sozialpolitische Aufgaben.

Auf der kommunalen Ebene bereitet die Zuordnung einzelner Aufgaben zu den Themenfeldern der „Alten" und der „Neuen Politik" allerdings einige Schwierigkeiten. Der traditionelle Aufgabenschwerpunkt der kommunalen Gebietskörperschaften umfaßt die Befriedigung elementarer Sicherheits- und Erhaltungsbedürfnisse (Wohnungsbau, Sozialhilfe, Altenpolitik), aber auch die Erledigung von Aufgaben auf dem Gebiet der Kultur- und Freizeitpolitik (Bau und Unterhaltung von Theatern, Bibliotheken, Freizeit- und Erholungseinrichtungen), die man im Sinne Ingleharts als „höherwertige", postmaterialistische Politikfelder interpretieren kann. Weiterhin wird die Zuordnung dadurch erschwert, daß neue kommunale Aufgaben nicht allein in Folge zuvor nicht vorhandener bzw. nicht als dringlich perzipierter Probleme entstehen können (Frauenhäuser, „kommunale Außenpolitik"), sondern daß bei der Erbringung traditioneller Daseinsvorsorgeleistungen neue Problemlösungsstrategien entwickelt werden, die eine Charakterisierung der betreffenden Politik als „neu" rechtfertigen können. Schließlich gehören einzelne Problemfelder, die in der nationalen Politik zu Recht als „neu" bezeichnet wurden, zum traditionellen Leistungsprofil der Kommunen. Dies wird an der Abfall-

und der Abwasserbeseitigung deutlich, die seit langem zu den kommunalen Aufgaben gehören, in der Vergangenheit jedoch primär als technische Probleme verstanden wurden. Mittlerweile werden sie dagegen primär unter umweltpolitischen Gesichtspunkten thematisiert.

Aus der bisherigen Analyse der Prioritäten kommunaler Mandatsträger lassen sich keine Aufschlüsse über den *Wandel* kommunaler Aufgaben gewinnen. Weil Zeitreihen oder Paneldaten nicht vorliegen, mußten wir im Rahmen unserer Analyse Daten über den Aufgabenwandel näherungsweise erheben. Diesem Zweck dienen Fragen nach der Einschätzung der Wichtigkeit der 20 kommunalen Aufgaben vor zehn Jahren und in zehn Jahren. Bei einem derartigen Vorgehen ist mit Verzerrungen der Angaben zu rechnen. Bekanntlich sind die Antworten auf Rückerinnerungsfragen stets fehlerbehaftet, und Aussagen über zukünftige Entwicklungen stellen noch höhere Anforderungen an das Urteilsvermögen der Befragten. Auf der anderen Seite hätte die einzige Alternative zu diesem Verfahren im völligen Verzicht auf den Versuch bestanden, Aufgabenwandel zu beschreiben.

Als Basis für Aussagen über den Wandel der kommunalen Aufgaben dient also ein Vergleich der gegenwärtigen Prioritäten mit den Politikprofilen der Vergangenheit und der Zukunft. Dabei stehen fünf Fragen im Mittelpunkt:

1. Perzipieren die Befragten im Zeitablauf generell einen wachsenden Aufgabendruck?
2. In welchem Maße decken sich die in der Vergangenheit, Gegenwart und Zukunft perzipierten Aufgabenprofile?
3. Sind die beobachtbaren Veränderungen qualitativer oder gradueller Art?
4. Wie stellt sich die Entwicklung in einzelnen Aufgabenfeldern dar?
5. Gibt es städtespezifische Wandlungsprobleme?

Die zurückliegenden Veränderungen des kommunalen Aufgabenprofils

Im Vergleich mit der Situation vor zehn Jahren befinden sich die Kommunen in der Einschätzung der Befragten unter einem wachsenden Aufgabendruck (vgl. Tabelle 1). Wurde für die durchschnittliche Wichtigkeit der zwanzig Themenbereiche vor zehn Jahren ein Mittelwert von 3,36 ermittelt, liegt er heute bei 3,89. Diese Entwicklung stellt sich in allen sieben Städten in der *Richtung* ähnlich, im Ausmaß jedoch unterschiedlich dar. Relativ schwachen Veränderungen in Bonn, Heilbronn und Stuttgart steht die Wahrnehmung eines verschärften Problemdrucks in Wiesbaden und Ludwigshafen gegenüber. Bamberg und Ulm liegen zwischen diesen beiden Städtegruppen.

Abgesehen vom Bau und Unterhalt von Sport- und Freizeiteinrichtungen sowie vom Straßen- und vom Parkplatzbau zeigt sich die Tendenz eines wachsenden Aufgabendrucks auf sämtlichen Aufgabenfeldern (vgl. Tabelle 1). Zu den Aufgaben mit einem weit überdurchschnittlichen Bedeutungszuwachs gehören die Abfallvermeidung und -beseitigung, die Abwasserbeseitigung, der Wohnungsbau, der öffentliche Personennahverkehr und – mit deutlichem Abstand – die Jugend- und Sozialhilfe. Die Bedeutsamkeit der Wirtschaftsförderung und der Energieversorgung hat in der Sicht der Befragten zwar ebenfalls zugenommen, aber die Veränderungen liegen nahe bei dem für sämtliche Items ermittelten Durchschnittswert. In den verbleibenden acht Aufgabenfeldern indiziert die Veränderung der Mittelwerte eher Kontinuität als Wandel.

Neben der Untersuchung des Wandels einzelner Aufgaben ist es wichtig, sich einen Eindruck von der Veränderung der Aufgaben*struktur* zu verschaffen. Auf der Aggregatebene bieten sich zu diesem Zweck zwei Verfahren an. Zum einen ist es sinnvoll, die Mittelwerte der aktuellen Einschätzung der Aufgaben mit den entsprechenden Mittelwerten für die Vergangenheit zu vergleichen. Zum anderen ist wiederum ein Vergleich der Rangordnung der Aufgaben in der Gegenwart und der Vergangenheit angebracht.

Abbildung 1: Die Bewertung der Wichtigkeit kommunaler Aufgaben vor zehn Jahren und heute (Angaben: Mittelwerte)

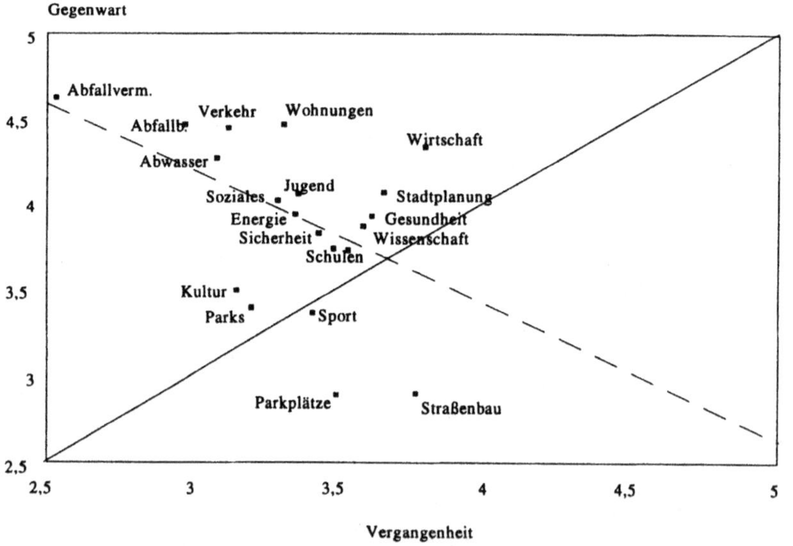

r= -0,47; r_S= -0,44

Beide Verfahren indizieren übereinstimmend eine starke Veränderung in der Struktur kommunaler Aufgaben. In Abbildung 1 werden die Mittelwerte der vergangenen und der gegenwärtigen Wichtigkeit zueinander in Beziehung gesetzt. Im Falle einer vollständigen Kongruenz beider Dimensionen befänden sich sämtliche Punkte auf der Winkelhalbierenden. Die starke Streuung der Punkte um die Diagonale macht jedoch deutlich, daß zwischen den Gegenwartsaufgaben und dem vor zehn Jahren perzipierten Aufgabenprofil erhebliche Differenzen bestehen. Dies unterstreichen auch die negativen Vorzeichen der Korrelationsmaße. In den letzten zehn Jahren hat aus der Sicht der Befragten nicht allein die Dringlichkeit der meisten Aufgaben zugenommen, sondern darüber hinaus haben nachhaltige qualitative Prioritätenverschiebungen stattgefunden: Aufgaben, denen noch vor zehn Jahren eine nachrangige Bedeutung zukam, werden heute als sehr wichtig eingestuft, und in der umgekehrten Richtung lassen sich ebenfalls entsprechende Verlagerungen feststellen. Oberhalb der Winkelhalbierenden finden wir die Aufgaben mit einer gestiegenen Bedeutung, unterhalb die Aufgaben, deren Stellenwert nach Einschätzung der Kommunalpolitiker zurückgegangen ist.

Während beispielsweise die Probleme Abfallvermeidung und -beseitigung vor zehn Jahren die letzten Plätze auf der Prioritätenskala einnahmen, rangieren sie heute an der Spitze. Auch die Aufgaben Wohnungsbau, ÖPNV und Abwasserbeseitigung haben sich stark in den Vordergrund geschoben. Dagegen haben der Straßen- und der Parkplatzbau erheblich von ihrer früheren Bedeutung eingebüßt.

Zwar verweisen die Ergebnisse der bisherigen Analysen auf deutliche strukturelle Verschiebungen im kommunalen Aufgabenspektrum. Mit dem Konzept der „Neuen Politik" verbindet sich aber die weitergehende Vorstellung, daß sich bestimmte Aufgaben nach systematischen Gesichtspunkten zu Gruppen zusammenfassen lassen. Ob dies der Fall ist, kann mittels einer Faktorenanalyse geprüft werden, die die von den Politikern perzipierten Aufgabenverlagerungen auf bestimmte Strukturmuster hin untersucht. Um das Ausmaß des perzipierten Aufgabenwandels auf der Individualebene zu messen, haben wir für jedes einzelne Ratsmitglied die Differenz zwischen der Einschätzung der aktuellen und der früheren Wichtigkeit der 20 Aufgaben ermittelt und diese Werte anschließend einer Faktorenanalyse unterzogen (vgl. Tabelle 4).

In Übereinstimmung mit den in der Aggregatdatenanalyse gewonnenen Erkenntnissen ergeben sich drei Faktoren mit einer relativ eindeutigen inhaltlichen Bedeutung. Zur ersten Gruppe gehören Themen, deren Wichtigkeit aus der Sicht der Ratsmitglieder in den letzten zehn Jahren deutlich zugenommen hat, der zweite Faktor umfaßt Aufgaben mit einer weitgehend konstanten Wichtigkeit, und auf dem dritten Faktor laden alle Aufgaben, denen heute ein geringerer Stellenwert zugeschrieben wird als vor zehn Jahren. Allerdings ist auch eine politikfeldbezogene Interpretation der drei Faktoren möglich. Auf dem ersten Faktor laden überwiegend Items mit einem Bezug zur Umweltpolitik sowie – mit deutlich geringerem Gewicht – die Aufgabenfelder Jugend- und Sozialhilfe. Die Faktorladungen dieser beiden zuletzt genannten Themen passen nicht zu dem aus Analysen der nationalen Politik bekannten Profil der „Neuen Politik".

Tabelle 4: Faktorenanalyse der Differenzen der Wichtigkeit kommunaler Aufgaben vor zehn Jahren und heute (Angaben: Faktorladungen)

	ökologische und soziale Infrastruktur	sozio-kulturelle Infrastruktur	ökonomische Infrastruktur	Kommunalitäten
Abfallbeseitigung	.82			.70
Abfallvermeidung	.81			.66
Abwasserbeseitigung	.73			.60
Öffentlicher Personennahverkehr	.59			.50
Jugendhilfe	.55			.32
Sozialhilfe	.50			.35
Energieversorgung	.48			.23
Kulturförderung		.73		.57
Bau weiterführender Schulen		.70		.52
Sport-/Freizeiteinrichtungen		.70		.58
Parks und Erholungseinrichtungen		.68		.46
Bau von Grund- und Hauptschulen		.66		.47
Stadtplanung und Städtebau		.49		.49
Straßenbau			.76	.75
Parkplatzbau			.71	.65
Wirtschaftsförderung			.63	.43
Eigenwerte	4.16	2.86	2.05	
Prozent erklärte Varianz	20,8	14,3	10,2	45,3

Hauptkomponentenanalyse, listenweiser Ausschluß fehlender Werte, Oblimin-Rotation, Voreinstellung: drei Faktoren. Gesundheitswesen (Kommunalität=.24), Wissenschaftsförderung (.12), kommunaler Wohnungsbau (.29) und öffentliche Sicherheit und Ordnung (.18) weisen auf allen drei Faktoren Ladungen kleiner als .40 auf.

Neben der Stadtplanung bildet der zweite Faktor den Themenbereich Kultur/Bildung/Freizeit ab, der dritte bezieht sich auf die Wirtschafts- und Verkehrspolitik. Insgesamt ergibt sich also eine inhaltlich klar interpretierbare Aufgabenstruktur, die sowohl den Wandel als auch den Inhalt der Aufgabenfelder zum Ausdruck bringt. Diese Ergebnisse stützen die Differenzierung zwischen Themen der „Alten" und der „Neuen Politik".

Damit lassen sich auch die eingangs gestellten Fragen nach der Kongruenz vergangener und gegenwärtiger Prioritätenmuster, nach der Art der Wandlungsprozesse und den Politikfeldspezifika beantworten: Die gegenwärtig als dringlich perzipierten Aufgaben unterscheiden sich in ihrer Struktur eindeutig von dem Aufgabenprofil, das die Befragten für die Vergangenheit zeichnen. Diese Veränderung hat eine quantitative wie eine qualitative Dimension. Aus der Sicht der Ratsmitglieder spielen sich die Prioritätenverschiebungen vor allem im Spannungsfeld zwischen Ökonomie und Ökologie ab.

Nachdem die in der Gegenwart perzipierten Agenden einige lokale Besonderheiten aufgewiesen hatten, stellt sich die Frage, ob sich auch bei der Perzeption des Aufgaben*wandels* derartige Städtespezifika erkennen lassen. Tabelle 5 dokumentiert auf einigen Politikfeldern städtespezifische Wandlungsprozesse, auf anderen dagegen eine homogene Wahrnehmung der Aufgabenentwicklung durch die Ratsmitglieder aller sieben Städte. Die weitaus größten Unterschiede zwischen den Städten zeigen sich auf dem Gebiet der öffentlichen Sicherheit und Ordnung. Während die Wiesbadener Kommunalpolitiker diesem Thema einen abnehmenden Stellenwert zuweisen, verzeichnet es in Heilbronn, Ulm und Stuttgart einen starken Bedeutungsgewinn. Es läßt sich allerdings nicht eindeutig ausmachen, ob dieser auffällig starke Unterschied auf die jeweilige örtliche Situation oder auf den Erhebungszeitpunkt zurückzuführen ist.[5]

Tabelle 5: Die zurückliegenden Veränderungen der Wichtigkeit kommunaler Aufgaben nach Städten (Angaben: Mittelwerte und eta)

	Bamberg	Bonn	Heilbronn	Ludwigshafen	Stuttgart	Ulm	Wiesbaden	eta
Abfallvermeidung	+2,50	+2,07	+1,57	+1,67	+2,36	+2,22	+2,29	.22
Abfallbeseitigung	+2,04	+1,37	+0,87	+1,37	+1,44	+1,72	+1,78	.23
Wohnungsbau	+1,29	+1,69	+0,66	+1,22	+0,37	+1,12	+1,69	.37
Öffentl. Nahverkehr	+1,70	+1,29	+1,28	+1,28	+0,77	+1,71	+1,57	.27
Wirtschaftsförderung	+0,50	+0,67	+0,27	+0,48	+1,43	+0,34	+0,13	.35
Abwasserbeseitigung	+0,98	+1,55	+0,96	+1,14	+0,99	+1,20	+1,44	.16
Stadtplanung	+0,61	+0,52	+0,14	+0,82	-0,33	+0,37	+0,83	.37
Jugendhilfe	+0,61	+0,64	+0,56	+0,83	+0,91	+0,66	+0,68	.13
Sozialhilfe	+0,70	+1,20	+0,34	+0,74	+0,76	+0,61	+0,81	.22
Energieversorgung	+1,22	+0,74	+0,47	+0,39	+0,19	+0,61	+0,91	.26
Gesundheitswesen	-0,37	+0,04	+0,23	+0,65	+0,34	+0,41	+0,35	.27
Wissenschaft	+0,15	+0,11	+0,36	+0,26	+0,48	+0,51	+0,09	.18
Öffentl. Sicherheit	+0,08	+0,01	+0,50	-0,02	+1,61	+0,92	-0,31	.58
Grund- u. H.-Schulen	0,00	-0,22	+0,83	+0,26	+0,14	-0,08	+0,48	.27
Weiterf. Schulen	-0,09	-0,43	+0,43	+0,19	+0,14	+0,03	+0,43	.24
Kulturförderung	+0,48	-0,11	0,00	+1,01	-0,12	+0,03	+0,86	.41
Parks u. Erholung	-0,20	-0,25	+0,12	+0,70	-0,07	+0,21	+0,37	.26
Sport/Freizeit	--	-0,44	-0,13	+0,47	-0,46	-0,19	+0,28	.29
Straßenbau	-0,65	-0,63	-0,67	-0,49	-1,29	-1,03	-1,05	.20
Parkplatzbau	+0,56	-0,83	-0,65	-0,23	-1,06	-0,85	-0,60	.25
Faktor 1	+1,34	+1,28	+0,79	+1,06	+1,07	+1,27	+1,37	.23
Faktor 2	+0,15	-0,13	+0,21	+0,58	-0,12	+0,06	+0,57	.38
Faktor 3	+0,13	-0,09	-0,36	-0,10	-0,32	-0,51	-0,50	.18

Relativ große Unterschiede zwischen den einzelnen Städten bestehen auch in der Perzeption der Kulturförderung. Eine mehr oder minder deutliche Auf-

5 In Heilbronn und Ulm fand die Erhebung ein Jahr nach der ersten Befragungswelle statt, in Stuttgart zwei Jahre später.

wertung erfuhr diese Aufgabe in Wiesbaden, Ludwigshafen und Bamberg, dagegen ist ihr Stellenwert in den Augen der Bonner und Stuttgarter Ratsmitglieder geringfügig zurückgegangen. Noch in drei weiteren Bereichen, der Stadtplanung, dem Wohnungsbau und der Wirtschaftsförderung, treten relativ klare Städteeffekte auf. Mit Ausnahme der Stadtplanung unterscheidet sich jedoch lediglich das Ausmaß, aber nicht die Richtung der perzipierten Veränderung.

Nicht allein die Entwicklung der einzelnen Aufgaben, auch der Wandel der drei durch die Faktorenanalyse ermittelten komplexeren Aufgabenfelder stellt sich im Städtevergleich unterschiedlich dar. Die Charakterisierung der Umweltpolitik als Kernelement der „Neuen Politik“ findet Rückhalt in der Analyse der städtespezifischen Aufgabenentwicklung. In allen sieben Städten hat das betreffende Aufgabenfeld in der Sicht der Ratsmitglieder an Bedeutung gewonnen, am deutlichsten ist dies in Wiesbaden und Bamberg der Fall, am wenigsten in Heilbronn.

Den Gegenpol hierzu bildet das Politikfeld Wirtschaft und Verkehr, das in sechs der sieben Städte an Bedeutung verloren hat; lediglich Bamberg stellt eine Ausnahme dar. Allerdings fällt die Zurückstufung wirtschafts- und verkehrspolitischer Aufgaben in Bonn und Ludwigshafen weniger klar aus als in den anderen vier Städten.

In welchen Städten ein besonders ausgeprägtes Potential für einen Aufgabenwandel im Sinne der „Neuen Politik“ vorhanden ist, zeigt Abbildung 2. In ihr werden die Veränderungen der beiden Faktoren kombiniert, bei denen ein deutlicher Aufgabenwandel festzustellen ist: „ökologische und soziale Infrastruktur“ sowie „ökonomische Infrastruktur“. Die Einteilung der Städte in das so entstandene Vier-Felder-Schema läßt folgende Gruppierungen erkennen: Ludwigshafen ist durch jeweils relativ schwache Veränderungen auf der „Alte Politik“- und auf der „Neue Politik“-Dimension gekennzeichnet. Diese vor allem durch den Industriesektor geprägte Stadt unterscheidet sich von den anderen sechs Städten durch ein als relativ konstant wahrgenommenes Aufgabenprofil. Den Gegenpol bilden Ulm und Wiesbaden. Dort verzeichneten ökologische Themen den stärksten Bedeutungszuwachs bei einem gleichzeitigen beachtlichen Bedeutungsverlust ökonomischer Belange. Möglicherweise ist dies auf die politische Konstellation in den jeweiligen Kommunalvertretungen zurückzuführen. Auch der ausgeprägte Dienstleistungssektor kommt als Ursache für dieses Muster in Betracht.

In Stuttgart und Heilbronn verbindet sich ein rückläufiger Stellenwert der Themen der „Alten Politik“ mit einer lediglich schwachen Bedeutungszunahme umweltpolitischer Themen. Die abnehmende Bedeutung des Wirtschaftsfaktors ist jedoch im Falle Stuttgarts zu relativieren; dort geht mit einem Bedeutungsverlust des Parkplatz- und Straßenbaus ein auffälliger Bedeutungsgewinn der Wirtschaftsförderung einher. In Bamberg und Bonn ist ebenfalls keine eindeutige Richtung des Wandels kommunaler Aufgaben im

Sinne des Konzeptes „Neue Politik“ feststellbar. Zwar gewinnen umweltpolitische Fragen an Bedeutung, dies geht jedoch nicht zu Lasten der Themen aus dem Bereich der ökonomischen Infrastruktur. Bamberg ist sogar die einzige Stadt, in der auch für diesen Faktor eine – wenn auch leichte – Bedeutungszunahme ermittelt wurde. Eine eindeutige Interpretation dieses Sachverhaltes ist ohne weitere detaillierte Analysen der Problemlagen in den einzelnen Städten nicht möglich.

Abbildung 2: „Neue Politik“-Potentiale nach Städten

		Faktor 2: Wirtschaft	
		Zunahme / leichter Bedeutungsverlust	starker Bedeutungsverlust
Faktor 1: Umwelt	leichte Bedeutungszunahme	– Ludwigshafen	– Heilbronn – Stuttgart
	starke Bedeutungszunahme	– Bamberg – Bonn	– Ulm – Wiesbaden

Damit ist festzuhalten, daß sich die Veränderung der kommunalen Aufgaben in den untersuchten Städten jeweils unterschiedlich darstellt. Ein gemeinsames Element zeigt sich gleichwohl in den sieben Städten: eine zumindest graduelle Aufwertung ökologischer Aufgaben.

Die erwarteten zukünftigen Veränderungen des kommunalen Aufgabenprofils

Während das kommunale Aufgabenprofil in den vergangenen zehn Jahren nachhaltigen qualitativen und quantitativen Veränderungen unterworfen war, sehen die Befragten für die nähere Zukunft eher eine kontinuierliche Aufgabenentwicklung. Zwar wird ihrer Meinung nach die Aufgabenlast der Kommunen auch in Zukunft weiter wachsen. Wie der geringe Anstieg des Mittelwertes für alle 20 Aufgaben anzeigt, wird sich dieser Druck in seinem Ausmaß aber deutlich abschwächen. Zwar scheint die Politik aller untersuchten Kommunen aus der Sicht der Ratsmitglieder mit einem zunehmenden Aufgabendruck konfrontiert zu sein, doch fällt dieser in seinem Ausmaß in Bamberg, Ludwigshafen und Wiesbaden erheblich stärker aus als in Bonn, Heilbronn und Ulm.[6]

Die Einschätzung der künftigen Wichtigkeit der einzelnen Aufgaben und ihre Rangordnung weichen nur geringfügig von der Wahrnehmung und Bewertung des aktuellen Problemhaushaltes ab. Wie der Rangkorrelationskoeffizient von .96 zeigt, stimmt die künftige kommunalpolitische Agenda nahe-

6 In Stuttgart wurde die Wahrnehmung der künftigen Wichtigkeit nicht erhoben.

zu völlig mit den Gegenwartsaufgaben überein. Eine Verschiebung um mehr als zwei Rangplätze tritt lediglich beim Wohnungsbau (Bedeutungsverlust), der Wirtschaftsförderung und der Energieversorgung (Bedeutungsgewinn) auf. Das gleiche Bild zeigt sich beim Vergleich der Mittelwerte der perzipierten Gegenwarts- und Zukunftsaufgaben (vgl. Tabelle 1 und Abbildung 3). Offenkundig fällt es den Kommunalpolitikern schwer, künftige Probleme bzw. Problemverschiebungen zu antizipieren – statt dessen schreiben sie die gegenwärtigen Aufgaben in die Zukunft fort.

Abbildung 3: Die Bewertung der Wichtigkeit kommunaler Aufgaben heute und in zehn Jahren (Angabe: Mittelwerte)

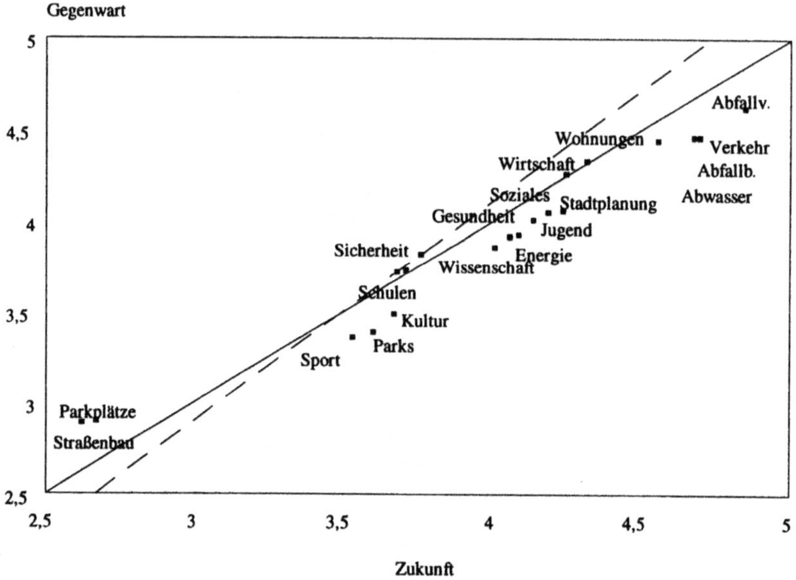

r= 0,96; r_S= 0,96

5. Zusammenfassung und Diskussion

Die Städte und Gemeinden gehören in Deutschland zu den wichtigsten Trägern öffentlicher Aufgaben. Der Schwerpunkt ihrer Aktivitäten liegt traditionell auf den Gebieten der wirtschaftlichen, sozialen und kulturellen Daseinsvorsorge. Dies impliziert aber keine Konstanz der kommunalen Aufgaben. Vor diesem Hintergrund versuchten wir am Beispiel von sieben westdeutschen Städten die Frage zu klären, ob das in Analysen des nationalen politischen Systems bewährte Konzept der „Neuen Politik“ einen fruchtbaren Zugang zur Untersuchung der Struktur und Entwicklung kommunaler Aufgaben darstellt.

Mit dem Begriff der „Neuen Politik“ werden in der Literatur politische Issues belegt, die im Zusammenhang mit dem Wandel der politischen Wertorientierungen der Bevölkerung eine Aufwertung erfuhren, beispielsweise ökologische Ziele, die Forderung nach dem Ausbau politischer Beteiligungsmöglichkeiten oder die Gleichberechtigung der Frauen. Viele dieser Angelegenheiten werden in der für das deutsche System öffentlicher Aufgaben typischen Weise erledigt: Die Gesetzgebungskompetenz liegt beim Bund, die Zuständigkeit für die Ausführung der Gesetze bei den Ländern und Kommunen. Ganz unabhängig von der formal-institutionellen Kompetenzverteilung werden die Kommunen jedoch vielfach mit den politischen Folgen konfrontiert, die sich aus dem Bedeutungsgewinn dieser neuen Themen ergeben.

Schon das erwähnte System der Aufgabenverteilung beschränkt den Spielraum der Gemeinden bei der Bewältigung der Aufgaben der „Neuen Politik“. Als eine weitere Restriktion kommt das traditionelle Verständnis von Kommunalpolitik als einer ideologisch neutralen, sachbezogenen Angelegenheit hinzu. Bei dieser Ausgangslage erscheint eine umstandslose Übertragung des Konzeptes der „Neuen Politik“ auf die kommunale Ebene keineswegs selbstverständlich.

Dennoch deuten sich in den Ergebnissen unserer Untersuchung die Konturen einer „Neuen Kommunalpolitik“ an. Sie sind zwar nicht in allen Städten mit gleicher Deutlichkeit erkennbar, Hinweise auf ein derartiges Aufgabenprofil finden wir allerdings in allen sieben Städten. Im einzelnen stellt sich dieser Sachverhalt wie folgt dar:

1. Aus der Sicht der Ratsmitglieder der von uns untersuchten Städte scheint die Kommunalpolitik unabhängig von den bestehenden Rahmenbedingungen vor ähnlichen Aufgaben zu stehen: Umweltpolitische Themen, kommunaler Wohnungsbau und Wirtschaftsförderung stehen in Kommunen mit sehr unterschiedlicher Struktur an der Spitze der kommunalen Prioritätenskala. Sie werden auch in Zukunft eine bedeutende Rolle spielen. Trotz der verhältnismäßig großen Einheitlichkeit sind jedoch in einigen Themenbereichen auch städtespezifische Strukturen zu erkennen.

2. In den Themenbereichen, die von den Ratsmitgliedern als besonders wichtig angesehen werden, sind sie zu höheren Ausgaben bereit. Bei den relativ unwichtigen Themen hingegen sprechen sie sich für Mittelkürzungen bzw. eine Beibehaltung des derzeitigen Ausgabenniveaus aus.
3. Die Ratsmitglieder in den Städten Bamberg, Bonn, Ludwigshafen, Heilbronn, Stuttgart, Ulm und Wiesbaden nehmen übereinstimmend eine dramatische Verschiebung der kommunalpolitischen Prioritäten wahr. Insgesamt wird gegenwärtig ein größerer Problemdruck als vor zehn Jahren empfunden. In Übereinstimmung mit den aus der Theorie des Wertewandels ableitbaren Annahmen erlitten die Themen der „Alten Politik" – Parkplatzbau, Straßenbau, öffentliche Sicherheit und Ordnung, Wirtschaftsförderung – in den letzten Jahren einen Bedeutungsverlust. Themen der „Neuen Politik" – Abfallvermeidung und -beseitigung, Abwasserbeseitigung, ÖPNV –, die vor zehn Jahren noch am Ende der kommunalpolitischen Agenda rangierten, führen heute die Prioritätenliste an.
4. Während die Ratsmitglieder deutliche Veränderungen in der Vergangenheit wahrnehmen, stimmt ihre Einschätzung der Wichtigkeit, die einzelnen Themen in zehn Jahren zukommen wird, mit ihrer Einschätzung der gegenwärtigen Bedeutung dieser Themen überein. Der Zuwachs des wahrgenommenen Problemdrucks setzt sich nur in abgeschwächter Form fort.
5. Die Fortschreibung der gegenwärtigen Entwicklung in der Wahrnehmung der Kommunalpolitiker bedeutet jedoch nicht zwangsläufig, daß sich der Wandel von Themen der „Alten" zu Themen der „Neuen Politik" fortsetzt. Im Gegenteil gibt es Hinweise darauf, daß mit den veränderten wirtschaftlichen und gesellschaftlichen Rahmenbedingungen seit Beginn der neunziger Jahre eine stärkere Gewichtung der traditionellen, sicherheits- und wirtschaftspolitischen Aufgaben einhergeht. So werden Themen wie Wirtschaftsförderung sowie öffentliche Sicherheit und Ordnung von den 1992/93 befragten Ratsmitgliedern als deutlich wichtiger eingeschätzt, als dies bei den 1990 befragten Ratsmitgliedern der Fall ist.

Literaturverzeichnis

Arzberger, Klaus: Bürger und Eliten in der Kommunalpolitik, Stuttgart u.a. 1980.

Arzberger, Klaus, Manfred Murck und *Jürgen Schumacher*: Die Bürger. Bedürfnisse – Einstellungen – Verhalten, Königstein/Taunus 1979.

Baker, Kendall, Russell J. Dalton und *Kai Hildebrandt*: Germany Transformed. Political Culture and the New Politics, Cambridge 1981.

Bick, Wolfgang: Duisburger Handbuch gesellschaftliche Daten 1975-1985: Leben und Lebensbedingungen aus der Sicht der Bürger, in: ZA-Information, 18, 1986, S. 76-87.

Bretschneider, Michael: Kommunale Umfragen: Dokumentation, Berlin 1983.

Derlien, Hans-Ulrich, Christoph Gürtler, Wolfgang Holler und *Hermann Josef Schreiner:* Kommunalverfassung und kommunales Entscheidungssystem, Meisenheim am Glan 1976.

Deutscher Städtetag (Hrsg.): Statistisches Jahrbuch Deutscher Gemeinden, Köln 1991.

Gabriel, Oscar W.: Wertewandel, kommunale Lebensbedingungen und die Aufgaben der Kommunen am Beginn der neunziger Jahre, in: *Franz Schuster* und *Günter W. Dill* (Hrsg.), Kommunale Aufgaben im Wandel. Theoretische und empirische Grundlagen, Köln 1992, S. 149-235.

Gabriel, Oscar W., Katja Ahlstich, Frank Brettschneider, Volker Kunz und *Stefan Löwenhaupt*: Neue Prioritäten für die kommunale Finanzpolitik? Ergebnisse einer vergleichenden Städtestudie, in: Aus Politik und Zeitgeschichte, B22-23, 1992, S. 23-35.

Gabriel, Oscar W. und *Frank Brettschneider*: Werte, Ideologien und Politikpräferenzen, in: *Gabriel, Oscar W., Frank Brettschneider* und *Angelika Vetter* (Hrsg.), Politische Kultur und Wahlverhalten in einer Großstadt, Opladen 1997, S. 43-68.

Gabriel, Oscar W., Frank Brettschneider und *Angelika Vetter* (Hrsg.): Politische Kultur und Wahlverhalten in einer Großstadt, Opladen 1997.

Gabriel, Oscar W., Volker Kunz und *Thomas Zapf-Schramm*: Bestimmungsfaktoren des kommunalen Investitionsverhaltens. Eine empirische Analyse am Beispiel des Investitionsverhaltens rheinland-pfälzischer Städte und Gemeinden, München 1990.

Gunlicks, Arthur B.: Local Government in the German Federal System, Durham 1986.

Hesse, Joachim Jens und *Thomas Ellwein*: Das Regierungssystem der Bundesrepublik Deutschland, Opladen, 7. Aufl. 1992.

Hildebrandt, Kai und *Russell J. Dalton*: Die neue Politik. Politischer Wandel oder Schönwetterpolitik?, in: *Max Kaase* (Hrsg.), Wahlsoziologie heute. Analysen aus Anlaß der Bundestagswahl 1976, Opladen 1977, S. 230-256.

Hoffmann-Lange, Ursula: Eliten zwischen Alter und Neuer Politik. Konstanz und Wandel der Konfliktlinien in den Eliten der Bundesrepublik, in: *Hans-Dieter Klingemann* und *Max Kaase* (Hrsg.), Wahlen und politischer Prozeß. Analysen aus Anlaß der Bundestagswahl 1983, Opladen 1986, S. 108-150.

Inglehart, Ronald: The Silent Revolution. Changing Values and Political Styles among Western Publics, Princeton 1977.

Inglehart, Ronald: Culture Shift in Advanced Industrial Society, Princeton 1990.

Klingemann, Hans-Dieter: Issue-Kompetenz und Wahlentscheidung. Die Einstellung zu wertbezogenen politischen Problemen im Zeitvergleich, in: Politische Vierteljahresschrift, 14, 1973, S. 227-256.

Kunz, Volker, Oscar W. Gabriel und *Frank Brettschneider*: Wertorientierungen, Ideologien und Policy-Präferenzen in der BR Deutschland, in: *Oscar W. Gabriel* und *Klaus G. Troitzsch* (Hrsg.), Wahlen in Zeiten des Umbruchs, Frankfurt a. M. 1993, S. 203-240.

Roller, Edeltraud: Einstellungen der Bürger zum Wohlfahrtsstaat der Bundesrepublik Deutschland, Opladen 1992.

Schäfer, Rudolf und *Hans-Joachim Stricker*: Die Aufgaben der Gemeinden und ihre Entwicklung, in: *Oscar W. Gabriel* (Hrsg.), Kommunale Demokratie zwischen Politik und Verwaltung, München 1989, S. 35-58.

Schäfer, Rudolf, und *Hans-Joachim Stricker*: Probleme und Aufgaben der Kommunalpolitik in den 90er Jahren. Ergebnisse einer Befragung von Schlüsselpersonen in 13 westdeutschen Mittel- und Großstädten in den Jahren 1987/1988, in: *Franz Schuster* und *Günter W. Dill* (Hrsg.), Kommunale Aufgaben im Wandel. Theoretische und empirische Grundlagen, Köln 1992, S. 1-114.

Schmitt, Hermann: Neue Politik in alten Parteien. Zum Verhältnis von Gesellschaft und Parteien in der Bundesrepublik, Opladen 1987.

Anhang:

Mandatszahl und Zahl der erfolgreich abgeschlossenen Interviews nach Städten und Parteien (in Klammern: Gewichtungsfaktoren; Prozentangaben = Rücklaufquote)

	CDU/CSU	SPD	FDP/DVP	Grüne	Reps	Sonst./ WV	Gesamt
Bamberg	12 von 21 (0.7733)	3 von 13 (1.9147)	0 von 2	3 von 4 (0.5891)	–	1 von 5 (2.2093)	19 von 45 42%
Bonn	7 von 32 (1.6908)	7 von 24 (1.2681)	6 von 8 (0.4932)	7 von 9 (0.4755)	–	–	27 von 73 37%
Heilbronn	10 von 14 (1.0111)	11 von 13 (0.8534)	1 von 3 (2.1667)	3 von 4 (0.9630)	0 von 4	1 von 2 (1.4444)	26 von 40 65%
Ludwigs-hafen	8 von 18 (1.4873)	27 von 33 (0.8079)	1 von 2 (1.3220)	1 von 2 (1.3220)	–	2 von 4 (1.3220)	39 von 59 66%
Stuttgart	14 von 20 (0.9762)	11 von 18 (1.1182)	5 von 6 (0.8200)	4 von 7 (1.1958)	5 von 6 (0.8200)	2 von 3 (1.0250)	41 von 60 68%
Ulm	9 von 12 (0.9667)	6 von 10 (1.2083)	2 von 2 (0.7250)	2 von 2 (0.7250)	3 von 3 (0.7250)	7 von 11 (1.1393)	29 von 40 72%
Wiesbaden	18 von 27 (1.0185)	28 von 41 (0.9943)	2 von 6 (2.0370)	7 von 7 (0.6790)	–	–	55 von 81 68%
Gesamt	78 von 144 54%	93 von 152 61%	17 von 29 59%	27 von 35 77%	8 von 13 62%	13 von 25 52%	236 von 398 59%

Lydia Buck

Private Bereitstellung und Finanzierung von öffentlichen Leistungen am Beispiel der Abwasserentsorgung

1. Privatisierung in Deutschland

Diskussionen um die Privatisierungen von öffentlichen Aufgaben und öffentlichen Einrichtungen werden üblicherweise durch eine Schieflage der öffentlichen Haushalte ausgelöst, auch wenn diese Problematik nicht immer im Zentrum der Diskussion steht, sondern durch andere Motive überlagert wird.[1] Bei der ersten deutschen Privatisierungswelle 1957 bis 1965, die sich auf die Veräußerung eines Teils der staatlichen Unternehmensanteile an den Konzernen VEBA, VIAG und Volkswagenwerken bezog, wurde vor allem über die Beteiligung breiter Bevölkerungsschichten am Produktivkapital gesprochen. Zusätzlich wurde aber, soweit diese Unternehmen Verluste machten, eine Verminderung der staatlichen Haushaltsbelastung erwartet. Und auch die Veräußerung gewinnbringender Unternehmen ist unter dem Gesichtspunkt einer kurzfristigen Haushaltssanierung attraktiv, weil man dabei zukünftige laufende Gewinne gegen einen einmaligen Veräußerungsgewinn tauscht.

Danach verebbten die Privatisierungsbemühungen für eine gewisse Zeit, bevor sie Mitte der 70er Jahre wieder von Neuem entfacht wurden. Auslöser war ein Gutachten des Wissenschaftlichen Beirates beim Bundesministerium der Finanzen aus dem Jahr 1975. Darin wurde nun direkt die Entlastung der öffentlichen Haushalte durch eine Verlagerung öffentlicher Aufgaben in den privaten Sektor empfohlen. Zwar wurden in der zweiten Privatisierungsphase ebenfalls Beteiligungen an Unternehmen mit privatwirtschaftlichem Charakter verkauft, die ohne Probleme und ohne zusätzlichen Regulierungsaufwand auch als private Unternehmen geführt werden konnten. Neben dem Verkauf dieser meist lukrativen Unternehmen, der zwar Geld in die Kassen brachte, aber an dem Aufgabenbestand der öffentlichen Hand nichts Elementares änderte, wurden nun jedoch auch strukturelle Verlagerungen in den privaten Sektor ins Auge gefaßt. Insbesondere die Kommunen mit ihren – damals wie heute vorhandenen – finanziellen Schwierigkeiten machten sich daran, ihr Aufgabenfeld einzuschränken. Seit Mitte der 70er Jahre wurden eine Reihe

1 Vgl. für einen Überblick über die Privatisierungsentwicklung, z.B. von Loesch 1987

ehemals kommunaler Einrichtungen wie Müllabfuhr, Gebäudereinigung, Schlachthöfe, Abfallentsorgung, etc. an private Unternehmen übergeben. Die nordrhein-westfälische Landesregierung bezifferte beispielsweise Anfang der 80er Jahre den landesweiten Privatisierungsgrad bei der Abfallentsorgung auf 82,5% und bei der Kanalreinigung auf 45,5%.[2]

Mitte der 80er Jahre wurde eine neue Privatisierungsphase eingeleitet, die bis heute anhält. Wiederum stand zunächst der Rückzug des Staates aus industriellen Unternehmen auf dem Programm.[3] Nach der Wiedervereinigung, ab Anfang der 90er Jahre, haben sich die Privatisierungsbestrebungen – unabhängig von der Tätigkeit der Treuhand in den fünf neuen Bundesländern – nochmals verstärkt. So wurde z.B. in einem Kabinettsbeschluß der Bundesregierung vom 18. Juli 1991 insbesondere den neuen Bundesländern empfohlen, „Aufgaben soweit wie möglich auf Private zu übertragen, um zusätzliche und beschleunigte Infrastrukturinvestitionen zu ermöglichen".[4] Auch die neueren Entwicklungen bestätigen damit die zentrale Bedeutung des Budgetentlastungsarguments auf bundesstaatlicher wie auf kommunaler Ebene. Durch weitere Verkäufe von öffentlichen Unternehmen oder Unternehmensanteilen wird mehr als zuvor versucht, die Einnahmenseite der öffentlichen Haushalte zu verbessern. Nicht nur die Bundesregierung verkauft ihr Vermögen in Form von Immobilien und Unternehmensanteilen, sondern auch die Rentenversicherung ihr Wohnungseigentum oder die Kommunen ihre Eigenbetriebe. Die Kommunen versprechen sich von einer Ausweitung der Privatisierungen darüber hinaus eine finanzielle Entlastung bei Investitionen und Betriebskosten. Gerade im Entsorgungsbereich sind die Kommunen nicht nur am Rande ihrer organisatorischen und technischen, sondern angesichts des bereits vorhandenen Schuldenberges auch am Rande ihrer finanziellen Kapazität. Am Beispiel der Abwasserentsorgung sollen im folgenden die vorhandenen Probleme aufgezeigt und Möglichkeiten, Chancen und Risiken einer Privatisierung diskutiert werden.

2. Abwasserentsorgung – eine kostenintensive kommunale Aufgabe

Nach den gesetzlichen Bestimmungen in allen Landeswassergesetzen umfaßt Abwasserbeseitigung üblicherweise das Sammeln, Fortleiten, Reinigen und Einleiten des Abwassers sowie die Behandlung des Klärschlamms und gehört zu den Pflichtaufgaben der Kommunen. Technische Anlagen für die Erfül-

2 Vgl. Deutscher Städte- und Gemeindebund 1994, S. 72
3 Vgl. Knauss 1990, S. 31f.
4 Vgl. Rehm 1994, S. 11

lung dieser Aufgaben sind die Kanalisationsnetze einschließlich der Verbindungsleitungen und der Kläranlagen. Organisatorisch ist die Abwasserentsorgung in den alten Bundesländern nach wie vor meist als Regiebetrieb in die kommunale Verwaltung eingegliedert, in den neuen Bundesländern inzwischen häufig zu Zweckverbänden zusammengefaßt.

2.1 Hoher Investitionsbedarf

In den alten Bundesländern ist es in der Nachkriegszeit gelungen, insgesamt die Kanalisation auszubauen und das Netz der kommunalen Klärwerke zu erweitern: 1991 waren rund 94% der Wohnbevölkerung an die Kanalisation und 92% an öffentliche Abwasserbehandlungsanlagen angeschlossen.[5] Die gesamte Länge des Kanalnetzes umfaßte rund 320.000 km. 7,5 Mrd. m^3 Abwasser wurden in den öffentlichen Kläranlagen behandelt, die zum überwiegenden Teil (84%) eine biologische Reinigung ermöglichten. Immerhin fast ein Drittel (29%) erreichte dabei den Verfahrensstand der gezielten Nährstoffelimination und genügt somit den strengen europäischen Anforderungen.

Ende der 80er Jahre hatten sich die Rahmenbedingungen der Abwasserentsorgung verändert.[6] Gerade in den alten Bundesländern wurde ein hoher Sanierungs- und Erneuerungsbedarf bei Netz und Anlagen festgestellt, trotz des durch die hohen Anschlußquoten signalisierten hohen Entsorgungsstandards. Der Sanierungsbedarf wurde insbesondere aus der Altersstruktur des Kanalnetzes abgeleitet: 1985 waren ein Prozent aller Kanäle älter als 100 Jahre, sechs Prozent älter als 75 und 18 Prozent älter als 50 Jahre.[7] Der Investitionsbedarf allein für die Sanierung der Kanalisation wurde in den alten Bundesländern auf 50 bis 100 Mrd. DM geschätzt.[8] Nimmt man alle Maßnahmen – Kanalsanierung, Regenwasserspeicherbedarf, Ausbau der Kläranlagen – zusammen, so wurde ein Gesamtbedarf zwischen 110 und 295 Mrd. DM prognostiziert.[9] Verantwortlich für diesen hohen Sanierungsbedarf sind nicht nur die Mängel der Kanalisation, durch die schätzungsweise 300 bis 500 Mio. m^3 Abwasser pro Jahr versickern und damit das Grundwasser belasten[10], sondern auch die gestiegenen ökologischen Anforderungen, die aufgrund von EU-Richtlinien an den Reinigungsgrad des Abwassers gestellt werden. So sieht z.B. die Richtlinie 91/271/EG über die Behandlung kommunalen Abwassers vor, daß in sogenannten 'empfindlichen' Gebieten bis 1998 die Abwässer einer weitergehenden Behandlung, die Maßnahmen zur

5 Vgl. Statistisches Bundesamt 1995, Tab. 2.1, Tab. 2.2, Tab. 2.5
6 Vgl. ausführlich Ellwein/ Buck 1995(a)
7 Vgl. Eichholz/ Lenk 1991, S. 4
8 Vgl. Mönninghoff/ Pohl 1992, S. 333
9 Vgl. Eichholz/ Lenk 1991, S. 6
10 Vgl. Lühr 1988, S. 14

Verringerung von biologisch abbaubarer organischer Restverschmutzung, schwer abbaubaren organischen Stoffen, Schwebstoffen, Nährstoffen und pathogenen Keimen umfaßt, unterzogen werden müssen.

Wesentlich problematischer stellt sich die Situation in den neuen Bundesländern dar. Nicht nur die fundamentale Neuorganisation dieses Aufgabenbereichs von der bisher zentral gesteuerten Wasserwirtschaft hin zu einer dezentralen und letztlich von den Gemeinden zu verantwortenden Wasserwirtschaft stellte ein Problem dar, sondern auch der enorme Nachholbedarf bei Kläranlagen und Kanalisation. Jahrelang wurde in der ehemaligen DDR die Erneuerung der Ver- und Entsorgungsanlagen vernachlässigt und den Anforderungen des Umweltschutzes wenig Augenmerk zugewandt. Zwei Jahre nach der Wiedervereinigung und nach beträchtlichen Investitionen – in Mecklenburg-Vorpommern wurden z.B. in den drei Jahren nach der Wende etwa 1,5 Mrd. DM für den Bau von Kläranlagen und Kanalisationsnetzen ausgegeben – lag der Anschlußgrad durchschnittlich bei den Kläranlagen immer noch bei nur 60%; bei der Kanalisation konnte immerhin ein Anschlußgrad von 75% erreicht werden. Zudem wurden die Abwässer (rund eine Mrd. m^3) überwiegend mechanisch (33%) oder einfach biologisch (64%) gereinigt; die von der EU-Richtlinie geforderte weitergehende Behandlung war lediglich bei ca. 3% der Anlagen möglich.[11] Vor allem in den ländlichen Gebieten, die einen Großteil des Strukturraumes ausmachen, ist nach wie vor ein erheblicher Nachholbedarf bei Kanalisation und Kläranlagen festzustellen. Entweder sind die erforderlichen Anlagen überhaupt nicht vorhanden oder aber sie befinden sich in einem schlechten Zustand. Schäden in der total überalterten Kanalisation und Mängel in den Kläranlagen führten beispielsweise dazu, daß ein erheblicher Teil des Abwassers entweder in den Grund versickerte oder mangelhaft geklärt direkt in Gewässer eingeleitet wurde, die andernorts wieder zur Trinkwassergewinnung genutzt werden. Die Schätzungen für die erforderlichen Investitionen liegen zwischen 16 und 50 Mrd. DM allein für die erforderliche Kanalnetzsanierung.[12] Nicht nur das Alter der Kanäle – 1987 war fast die Hälfte (42,9%) älter als 60 Jahre[13] – macht eine umfangreiche Sanierung oder Erneuerung erforderlich, sondern auch die mangelhafte Qualität insbesondere der Betonrohre. Insgesamt wurde der Investitionsbedarf auf dem Abwassersektor in den neuen Bundesländern zwischen rund 30 Mrd. DM[14] und rund 60 Mrd. DM[15] beziffert. Dazu kommt, daß in relativ kurzer Zeit die Abwasserentsorgung von einem Niveau, das in etwa dem der 50er Jahre entspricht, auf das europaweit geforderte Niveau angeho-

11 Vgl. Statistisches Bundesamt 1995, Tab. 2.5.2.2., Tab. 2.5.3.2, Tab. 2.5.4.2, Tab. 2.5.5.2
12 Vgl. Mönninghoff/ Pohl 1992, S. 334
13 Vgl. Pechler 1992, S.662f.
14 Vgl. Spelthahn/Steger 1992, S. 231
15 Vgl. Abwassertechnische Vereinigung 1991, S. 5

ben werden muß. Die Investitionen können also nicht über einen längeren Zeitraum verteilt, sondern müssen in wenigen Jahren aufgebracht werden.

2.2 Finanzierungsprobleme

Dem enormen Investitionsvolumen steht jedoch eine ausgesprochen schwierige finanzielle Situation der Gemeinden in Ost wie West gegenüber. Obwohl das kommunale Finanzierungsdefizit 1996 und 1997 deutlich zurückgeführt werden konnte, sind die Verwaltungshaushalte vieler Städte und Kommunen nach wie vor hochgradig defizitär.[16]

Kredite für die Abwasserentsorgung zählen zwar zu den sogenannten rentierlichen Schulden und sind damit unabhängig von der sonstigen Belastung der Kommune zu sehen. Bei der derzeitigen Verschuldungssituation der Gemeinden spielt die Unterscheidung zwischen rentierlicher und nicht rentierlicher Schuld jedoch praktisch kaum eine Rolle. Deshalb orientieren sich die Kommunalaufsichtsbehörden bei der Genehmigung von Krediten an dem Kriterium der künftigen finanziellen Leistungsfähigkeit, die z.B. über die Pro-Kopf-Verschuldung gemessen wird. Unabhängig von der Rentierlichkeit der Investition kann daher auch eine Kreditaufnahme für die Abwasserentsorgung verwehrt werden.[17]

Die Klassifizierung von Krediten als rentierliche Schuld hängt mit dem Kostendeckungsprinzip zusammen. Entgelte für Einrichtungen, die nach den ihm Gemeinderecht festgelegten Grundsätzen unter prinzipiellem Kostendeckungsgebot stehen, sind so zu bemessen, daß die Kosten der Einrichtung (Personal-, Sach- und Kapitalkosten) voll gedeckt sind. Wasserver- und -entsorgung, Abfallbeseitigung, Straßenreinigung, etc. unterliegen voll dem Kostendeckungsgrundsatz. In der Vergangenheit war der Kostendeckungsgrad für die Abwasserentsorgung zwar vergleichsweise hoch, trotzdem war eine vollständige Kostendeckung nie gegeben. Für 1994 lag in den alten Bundesländern der durchschnittliche Kostendeckungsgrad bei 89%.[18] Zu dem durchschnittlichen Kostendeckungsgrad in den neuen Bundesländern liegen keine vergleichbaren Angaben vor, doch ist er dort wesentlich niedriger anzusetzen, wie folgendes Beispiel aus Brandenburg vermuten läßt. Bei einer Überprüfung der wirtschaftlichen Situation der dortigen Aufgabenträger wurde bei einem Verband, der eine Gebühr von 6,60 DM/m^3 Abwasser erhob, festgestellt, daß eine tatsächliche Kostendeckung erst bei 47,27 DM/m^3 gegeben gewesen wäre.[19] Trotz des niedrigen Kostendeckungsgrades bewirkten die hohen Investitionen und die damit verbundenen hohen Kapitalkosten

16 Vgl. Karrenberg/Münstermann 1997, S. 129
17 Vgl. BMWi o.J., S. 22
18 Vgl. Karrenberg/ Münstermann 1996, S. 154
19 Vgl. Landesregierung Brandenburg 1995, S. 9

insbesondere in den neuen Bundesländern einen drastischen Anstieg der Abwassergebühren. Mußten zu DDR-Zeiten keine oder nur ganz geringe Abwassergebühren bezahlt werden, liegen diese heute nicht selten über 10,-- DM/m^3. Der Durchschnittswert der Abwassergebühr in den neuen Bundesländern lag zwar für 1995 nach einer Umfrage des Bundesverbandes der deutschen Gas- und Wasserwirtschaft bei 4,12 DM/m^3. Angesichts der vielen Beispiele, bei denen die Gebühren deutlich höher sind, erscheint dies jedoch nicht so recht glaubhaft.[20]

In den alten Bundesländern kommt es ebenfalls seit längerer Zeit zu deutlicher Kritik an der Gebührenentwicklung. Sie wurde deutlich verschärft, als sich herausstellte, daß die Kalkulationsgrundlagen der öffentlichen Entsorger häufig zweifelhaft waren. Zu erwähnen ist hier nur die Diskussion um die Zulässigkeit der Abschreibung nach Wiederbeschaffungswert.[21] Dieser Abschreibungsmodus führt im Gegensatz zu der sonst üblichen Abschreibung auf den Anschaffungswert zu höheren Kapitalkosten in der Gebührenkalkulation. Das ist ökonomisch berechtigt, aber nur dann, wenn entsprechende Rücklagen für die Wiederbeschaffung bzw. Ersatzinvestition gebildet werden. Genau das – so der Vorwurf – wurde jedoch in vielen Fällen versäumt. Ebenso wurde kritisiert, daß die Abschreibungen zum Teil auch auf den zuweisungsfinanzierten Anteil vorgenommen und dadurch die Bürger doppelt, nämlich über die Steuer und die Gebühren, belastet werden.[22]

In diesem Zusammenhang wurde aber auch prinzipielle Kritik an der Organisationsform der Abwasserentsorgung als Regiebetrieb laut. Lange Entscheidungswege, fehlendes Know-how, politische Einflußnahme und die Einstellung der erhobenen Abwassergebühren in den allgemeinen Haushalt sind nur einige der von Kritikern angeführten Punkte, die zu Ineffizienzen und damit zu hohen Kosten führen, die ihrerseits wiederum die Gebühren in die Höhe treiben.

2.3 Privatisierung als Ausweg

Mangelnde Effizienz und die schwierige Finanzlage der Kommunen sind damit die wichtigsten Faktoren, die in den alten Bundesländern dafür gesorgt haben, daß die bisherige Organisationsform innerhalb der öffentlichen Verwaltung immer häufiger in Frage gestellt und eine Auslagerung der Aufgabenerledigung

---

20 Vgl. BGW 1996, S. 7. Ein Indiz für diese Vermutung ist darin zu sehen, daß die betreffende Umfrage zu den Abwassergebühren in den neuen Bundesländern lediglich eine Repräsentanz von 47% der Gesamteinwohnerzahl ausweist. In dieser Stichprobe dürften Gemeinden mit hohen Gebühren unterrepräsentiert sein, da man hohe Gebühren vermutlich weniger an die große Glocke hängt als niedrige.

21 Vgl. Steenbock 1990, S. 246

22 Vgl. Corsten 1990, S. 16-29

auf den privaten Sektor gefordert wird. Die Gründe für die Privatisierungen in den neuen Bundesländern, die zahlenmäßig deutlich über den alten Bundesländern liegen, sind nicht so einfach zu beschreiben. Sicher spielt auch hier die Finanzlage der Kommunen eine wichtige Rolle. Darüberhinaus wurden im Zuge der allgemeinen Umstrukturierung von der Staats- zur Marktwirtschaft privatwirtschaftliche Lösungen massiv politisch unterstützt und im Falle der Abwasserentsorgung auch finanziell gefördert. Nicht jede Privatisierung wurde deshalb durchgeführt, weil sie für die jeweilige Kommune oder den Zweckverband die beste Problemlösung darstellte, sondern weil sie politisch opportun war und entsprechende Fördermittel verteilt wurden. Diese politische Beeinflußung wurde nicht selten durch eine in die gleiche Richtung zielende Beratung durch Planungsbüros ergänzt, die weniger an niedrigen Abwassergebühren als vielmehr an einem hohen Investitionsvolumen interessiert waren, das ihnen hohe Gewinne garantierte.

Privatisierung in der Abwasserentsorgung ist jedoch kein einfacher Ausweg aus dem Dilemma, in das die Gemeinden durch das Zusammenkommen von hohem Investitionsbedarf und schlechter Finanzlage geraten sind. Zum einen ist unter den möglichen Formen der Privatisierung eine geeignete, den örtlichen Gegebenheiten angepaßte Form auszuwählen. Zum anderen bedeutet die Privatisierung nicht unbedingt das Ende aller Schwierigkeiten.

3. Modelle privater Finanzierung, Bereitstellung und Erledigung von Abwasserentsorgung

Die Schwierigkeiten beginnen schon damit, daß der Begriff der Privatisierung nicht scharf definiert ist. Vertreter der öffentlichen Hand sprechen bereits bei einem Wechsel der öffentlich-rechtlichen Rechtsform zur privatrechtlichen Rechtsform – den wir hier ausgeklammert lassen wollen – von Privatisierung, während andere eine Übertragung der Aufgabendurchführung an Private voraussetzen. Wieder andere fassen die Herauslösung der Finanzierung aus dem öffentlich-rechtlichen Rahmen als Privatisierung, während die Verfechter eines engen Privatisierungsbegriffs nur dann von Privatisierung sprechen, wenn nicht nur die Finanzierung und/oder die Aufgabenerledigung, sondern auch die Aufgabenverantwortung übertragen wird.[23] Im ersten Fall wird meist von formeller, in zweitem Fall von materieller Privatisierung gesprochen, aber auch hinsichtlich dieser Unterscheidung herrscht kein einheitliches Verständnis. Im Fall der Abwasserentsorgung gibt es jedoch aufgrund der gesetzlichen Aufgabenzuweisung keinen Zweifel daran, daß der Private lediglich als ‚Erfüllungsgehilfe' eingebunden werden kann und eine

---

23 Zu den unterschiedlichen Formen der Privatisierung vgl. z.B. Hamer 1992, S. 73ff.

materielle Übertragung der Aufgabe unter den derzeitigen rechtlichen Bedingungen nicht erfolgen darf.

Der Beginn der Privatisierungsdiskussion in der Abwasserbeseitigung ist im Jahr 1979 anzusiedeln. Sie wurde von Birgit Breuel, zu diesem Zeitpunkt Ministerin für Wirtschaft und Verkehr in Niedersachsen, ausgelöst.[24] Es sollte jedoch einige Zeit und einige politische Auseinandersetzungen benötigen, bis dort die ersten Versuche einer Realisierung gestartet werden konnten. Dazu bedurfte es zunächst einer – 1982 auch erfolgten – Neufassung des niedersächsischen Wassergesetzes, in der den Gemeinden erlaubt wurde, zur Erfüllung ihrer gesetzlich festgelegten Abwasserentsorgungspflicht auch private Unternehmen einzuschalten. Insgesamt sieben niedersächsische Gemeinden[25] entschlossen sich im Verlauf der 80er Jahre zur Beteiligung privater Unternehmen und begründeten damit eine neue Organisationsform in der Abwasserentsorgung, das „Niedersächsische Betreibermodell“. Zu vergleichbaren Privatisierungen in den anderen Bundesländern kam es zunächst jedoch noch nicht.

Eingebettet in die allgemeine Privatisierungstendenz, die veränderten Rahmenbedingungen der Wasserwirtschaft und in die besonderen organisatorischen und finanziellen Probleme der neuen Bundesländer fanden auch die anderen Möglichkeiten, Private an der Erledigung kommunaler Aufgaben zu beteiligen, erst Anfang der 90er Jahre verstärktes Interesse. Grundlegendes Merkmal jeglicher privaten Beteiligung ist jedoch, wie bereits angesprochen, daß die Aufgabe wegen der Gewährleistungspflicht bei den Gemeinden verbleibt und eine materielle Privatisierung im Sinne einer Übertragung auch der Aufgabenverantwortung nicht möglich ist. Unterscheiden lassen sich die unterschiedlichen Organisationsformen danach, ob der private Dritte Eigentum an den Abwasseranlagen erwirbt oder, ohne eigenes Eigentum, nur Dienstleistungen erbringt. Unterscheiden lassen sie sich auch danach, ob der Private nur an der Finanzierung oder auch an der Aufgabenerledigung beteiligt ist. Beginnen wir zunächst mit den Finanzierungsmöglichkeiten.

---

24 Vgl. Spelthahn/ Steger 1992, S. 40

25 Vgl. Niedersächsisches Ministerium für Wirtschaft, Technologie und Verkehr 1991, S. 26ff.

3.1 Leasing

Bei kommunalen Leasing-Modellen werden Anlagen und Gebäude von Privaten (Hersteller, Leasing-Gesellschaft) finanziert und gebaut und anschließend an kommunale oder sonstige Gebietskörperschaften vermietet.[26] Leasing-Geschäfte im Sinne von Miete und Pacht werden im kommunalen Bereich seit längerem und vor allem dann eingesetzt, wenn nur eine zeitlich begrenzte Nutzung einer Anlage zu erwarten ist. Gegenstand solcher Pachtverträge waren insbesondere Verwaltungsgebäude, Fahrzeuge, EDV-Ausstattung, aber auch komplette Anlagen. Das erste von einem Privatinvestor gebaute Gefängnis wurde erst kürzlich vom Land Mecklenburg-Vorpommern zunächst für 30 Jahre gemietet.[27] Eine Eigentumsübertragung vom Leasing-Geber auf den Leasing-Nehmer ist zwar möglich, ist in der Regel jedoch nicht von vornherein Vertragsbestandteil.

Die Vorteile des Leasing-Modells werden darin gesehen, daß die Finanzierungskosten durch das Know-how des anbietenden Unternehmens reduziert werden können. Bei den Leasinggesellschaften handelt es sich häufig um Spezialanbieter, deren Marktstellung und Marktübersicht die reinen Projektkosten positiv beeinflussen können.[28] So stellte z.B. der Landesrechnungshof Baden-Württemberg bei einer Überprüfung von öffentlichen Bauprojekten fest, daß deshalb eine leasingbasierte private Herstellung und Finanzierung staatlicher Immobilien-Investitionen im Schnitt rund 30% günstiger gewesen wäre als die direkte staatliche Investition.[29] Außerdem bedeutet ein Leasing einen Liquiditätsvorteil im kommunalen Haushalt und eine Entlastung der Verwaltung.[30] Mit einer vertraglich vereinbarten, schlüsselfertigen Übernahme können darüberhinaus auch die Fertigstellungsrisiken auf das Leasingunternehmen übertragen werden.

Leasing von Abwasseranlagen konnte sich bislang nicht durchsetzen und auch sonst ist dieses Finanzierungsmodell im öffentlichen Sektor bislang nicht sehr gefragt. Lediglich 4% des Leasingvolumens entfielen 1995 nach einer Schätzung des Bundesverbandes Deutscher Leasing-Gesellschaften auf den öffentlichen Sektor.[31] Dies mag darin begründet sein, daß die mit dem Leasing verbundenen Steuervorteile bei der öffentlichen Hand nicht greifen.[32] Auch erweist sich beim Leasingmodell als nachteilig, daß die reinen Finanzierungskosten gegenüber den Kosten eines Kommunalkredits höher anzusetzen sind, da Verwaltungskosten und Gewinnaufschlag der Leasing-Gesellschaft hinzukommen.

---

26 Vgl. Kirchhoff/ Müller-Godefroy 1990, S. 35ff.
27 Vgl. SZ, 2.7.1996, S. 5
28 Vgl. Rehm 1994, S. 27
29 Vgl. Keller 1996, S. 39
30 Vgl. Klös 1989, S. 47
31 Vgl. Keller 1996, S. 39
32 Vgl. Rehm 1989, S. 54

3.2 Fonds-Finanzierung

Ein weiteres Beispiel privater Bereitstellung von Kapital für kommunale Investitionen ist die Finanzierung über Fonds.[33] In der Regel handelt es sich dabei um geschlossene Immobilienfonds, bei denen das Kapital durch Verkauf einer begrenzten Anzahl von Anteilscheinen und zusätzlichem Fremdkapital (Kreditaufnahme) für ein bestimmtes Objekt beschafft wird. Der geschlossene Immobilien-Fonds wird meist in der Rechtsform einer KG betrieben, bei der als Komplementär eine natürliche oder juristische Person – im allgemeinen eine GmbH – auftritt. Komplementär könnte wegen der notwendigen Kontrolle der Geschäftsführung eine Gemeinde sein. Da nach geltendem Kommunalrecht sich Gemeinden nur an Gesellschaften beteiligen dürfen, deren Haftung eingeschränkt ist, wird hier die Bildung einer GmbH & Co. KG empfohlen. Zwischen den Anteilseignern und dem Fonds steht in der Regel ein Kommanditist für die Verwaltung der Anteile. Der Fonds ist der Eigentümer des Projekts (z.B. einer Kläranlage) und überläßt die Nutzung der Anlage gegen Entgelt der Kommune oder einem Betreiber.[34]

Als Vorteil einer Fonds-Finanzierung wird angesehen, daß sie im Vergleich zur konventionellen Kreditfinanzierung wirtschaftlicher sein kann.[35] Dies ist vor allem darin begründet, daß die Anteilszeichner zunächst eine vergleichsweise geringe nominale Verzinsung des investierten Kapitals erhalten und somit eine niedrige Miet- oder Pachtzahlung erreicht werden kann. Dieser Nachteil wird den privaten Kapitalanlegern jedoch durch Steuervorteile, hauptsächlich aufgrund von Verlustzuweisungen[36], ausgeglichen, so daß sie eine angemessene Rendite realisieren können. Als Nachteil der Fonds-Finanzierung wird deren Komplexität angesehen, die zu Schwierigkeiten bei der Genehmigung durch die Aufsichtsbehörde führen kann.[37]

Mit dem Leasing- bzw. dem Fonds-Modell kann die Finanzierung von Abwasserentsorgungseinrichtungen an private Dritte abgegeben und damit ein gewisser Entlastungseffekt für den Haushalt erzielt werden. Die Übertragung der eigentlichen Aufgabenerledigung wird dagegen in der Regel mit einem der folgenden Modelle erfolgen.

3.3 Betriebsführung

Bei dem vergleichsweise einfachen Modell der klassischen Betriebsführung bleibt die Gemeinde Eigentümerin der Anlagen, beauftragt aber einen Priva-

33 Vgl. Friedrich (Hg.) 1987
34 Vgl. Gerlt 1987, S. 79
35 Vgl. Weiss 1987, S. 67f.
36 Vgl. Gerlt 1987, S. 80
37 Vgl. Friedrich/ Reich 1987, S. 20f.

ten, den Betrieb nach ihren Weisungen, in ihrem Namen und für ihre Rechnung zu führen.[38] Im Außenverhältnis handelt der Dritte als bevollmächtigter Vertreter der Gemeinde. Seine Befugnisse richten sich nach dem Umfang der ihm erteilten Vollmacht. Dem Dritten werden die nachzuweisenden Betriebskosten in jeweils angefallener Höhe sowie ein Unternehmerlohn für die erbrachte Leistung erstattet. Wesentlich für die Betriebsführung ist, daß der Betriebsführer zwar die Sorgfaltspflicht übernimmt, darüberhinaus aber keine Risiken trägt. Er wird auch dann in vollem Umfang entlohnt, wenn sich die Betriebskosten ungünstiger entwickeln als angenommen. Die entsorgungspflichtige Gemeinde bleibt weitgehend selbst berechtigt und verpflichtet; sie entscheidet vor allem über Investitionen und deren Finanzierung. Rechtsbeziehungen bestehen hier einerseits zwischen der Gemeinde und den Benutzern und andererseits zwischen der Gemeinde und dem beauftragten Dritten. Unmittelbare Rechtsbeziehungen zwischen dem Betriebsführer und den Benutzern kommen nicht zustande. Die Gemeinde setzt auch die Gebühren für die Abwasserbeseitigung fest und zieht sie direkt von den Kunden ein oder beauftragt allenfalls den Dritten mit dem Inkasso.

3.4 Betriebsüberlassung

Die Betriebsüberlassung unterscheidet sich von der Betriebsführung dadurch, daß die beseitigungspflichtige Körperschaft sich auf die vom Gesetz zwingend vorgeschriebenen Funktionen beschränkt, um im übrigen den laufenden Betrieb dem Privaten zu überlassen. Dieser handelt dann auch im Außenverhältnis unter bestimmten Bedingungen im eigenen Namen und auf eigene Rechnung. Im Innenverhältnis ersetzt die Gemeinde nicht die nachgewiesenen Kosten, sondern zahlt die von dem Privaten vorauskalkulierten Entgelte.[39] Auch im Falle der Betriebsüberlassung bleibt die Kommune üblicherweise Eigentümerin, jedenfalls der Altanlagen. Wegen der größeren Selbständigkeit des Betriebs kann sich hier die Frage einer Übernahme von Sanierungs- oder Erweiterungsinvestitionen durch den Betreiber stellen, was aber als problematisch angesehen wird. Insbesondere führt nach der Auffassung von Kritikern die damit verbundene Zersplitterung des Anlageneigentums zu haftungsrechtlichen Schwierigkeiten. Üblicherweise liegt die Finanzierung der Investitionen in den Händen der Kommune, sie entscheidet damit auch über die Vergabe von Bauleistungen. Eine Ermächtigung des Unternehmens zur selbst- oder mitverantwortlichen Vergabe wird als höchst problematisch eingestuft. Allerdings sollte das Betreiberunternehmen die Durchführung der Arbeiten überwachen und zur Meldung festgestellter Mängel ver-

38 Vgl. Brod 1990, S. 405
39 Vgl. Ellwein/ Buck 1995(b), S. 34f.

pflichtet werden. Damit und mit der Beteiligung des Unternehmens an der Abnahme mit nachfolgender Übernahme der Anlagen wird sichergestellt, daß das Unternehmen sich gegenüber den Ansprüchen der Kommune aus dem Abwasserbeseitigungsvertrag nicht auf Mängel der neu erstellten Anlage berufen kann.

Beide Organisationsformen der Betriebsführung und der Betriebsüberlassung haben den entscheidenden Vorteil, daß sie Verträge mit kurzen Laufzeiten ermöglichen. Gemeinden können sich also von Vertragspartnern in absehbarer Zeit wieder trennen. Die Entlastungseffekte dieser beiden Formen liegen allerdings nicht auf der finanziellen, sondern auf der operativen Seite und sind vor allem in kleineren Gemeinden zu erwarten, in denen kein technisches Know-how für eine eigene Aufgabenerledigung vorhanden ist. Bei einer genauen Kosten- und Gewinnvorgabe durch die Kommune ergeben sich jedoch nur eingeschränkte Anreize für privatwirtschaftliche Initiativen zur Betriebsführung oder zur Betriebsübernahme.

3.5 Betreibermodell

Wesentlich interessanter für private Unternehmen und in gewissem Sinne auch für die Kommunen ist dagegen das Betreibermodell. Diese Organisationsform hat ihren – wie bereits oben erwähnt – Ausgang in Niedersachsen und wird dort in einigen kleineren Gemeinden (z.B. Algermissen, Wesendorf, Wedemark, Neuenhaus, Wagenfeld, Bad Laer, Hambühren) seit mehreren Jahren praktiziert.[40] Sie ist deshalb unter der Bezeichnung ‚Niedersächsisches Betreibermodell' bekanntgeworden. Das bisher größte Projekt nach diesem Betreibermodell findet sich inzwischen in den neuen Bundesländern (Rostock) und umfaßt dort Wasserversorgung und Abwasserentsorgung, jeweils mit Netz und Anlagen.

Beim Betreibermodell plant, finanziert und baut das private Unternehmen die Abwasseranlagen und betreibt sie langfristig. Die Auswahl des Betreibers erfolgt durch eine Ausschreibung nach VOL (Verdingungsordnung für Leistungen), bei der der wirtschaftlichste Bieter den Zuschlag erhält. Der Vergleich der Angebote erfolgt in der Regel gegen eine von der Kommune erstellte Regiekostenberechnung, in der die Kosten bei einer Eigenerstellung kalkuliert werden. Mit dem Unternehmen, das den Zuschlag erhalten hat, wird der sogenannte Betreibervertrag abgeschlossen. Die Vertragsdauer liegt zwischen 20 und 30 Jahren und richtet sich damit ungefähr an der Lebensdauer einer Kläranlage aus. Der Betreiber kann bereits bestehende Anlagen der Gemeinde erwerben und/oder in Form eines Erbbaurechts neue Anlagen errichten oder zu erneuernde oder zu erweiternde Anlagen in seinem

40 Vgl. Niedersächsisches Ministerium für Wirtschaft 1991, S. 26ff.

Eigentum herstellen. Bei einer Eigentumsübertragung an die Kommune z.B. nach Ablauf des Vertrags wird eine Entschädigungszahlung an den Betreiber fällig, deren Berechnung vertraglich festgelegt wird und die sich nach dem Restbuchwert der Anlagen richtet. Vertraglich ebenfalls festgelegt wird das Betreiberentgelt – üblicherweise als ein Festpreis pro m^3 Abwasser –, das die Kosten abdeckt und einen Gewinn- und Risikozuschlag enthält. Durch die Vereinbarung eines Festpreises soll das Risiko von Kostensteigerungen während der Vertragslaufzeit auf den Betreiber verlagert werden. Allerdings werden in den Verträgen normalerweise Preisgleitklauseln vereinbart, mit denen der Preis unter bestimmten Voraussetzungen dennoch angepaßt werden kann (z.B. wenn neue gesetzliche Regelungen höhere Standards festlegen oder wenn die der Kalkulation zugrundeliegenden Absatzwerte stark zurückgehen). Die Kommune behält die Satzungshoheit, kann Anschluß- und Benutzungszwang festsetzen und erhebt in der Regel die Gebühren beim Bürger. Die Übertragung der Entgeltkompetenz auf Private ist nicht möglich[41], wohl aber das Inkasso.

Der Anreiz für das Betreiberunternehmen besteht darin, das es seinen Gewinn erhöhen kann, indem es die Kosten senkt. Eine Kostensenkung kann aber auf eine erwünschte und eine unerwünschte Art erreicht werden: Kosten können durch höhere betriebliche Effizienz, sie können aber auch zu Lasten der Qualität gesenkt werden. Wesentlich für den Inhalt eines Betreibervertrages ist deshalb, daß sich die Kommune das Recht zu einer umfassenden Kontrolle des Betriebes vorbehält. Es muß vertraglich geregelt sein, daß der Betreiber der Gemeinde jederzeit Zugang zu den Abwasseranlagen sowie Einblick in die Betriebsbücher gewährt. Das Recht zur Vornahme von Abwasseruntersuchungen – unabhängig von der Kontrolle durch die jeweilige Aufsichtsbehörde – gibt der Gemeinde eine weitere Kontrollmöglichkeit.[42]

Die Ausübung der Kontrolle ist jedoch nicht kostenlos, genausowenig wie die Übertragung der Eigentumsrechte an das private Unternehmen durch den Abschluß des Betreibervertrages. Kosten, die aufgebracht werden müssen, um den Erfolg einer Transaktion (Kauf, Verkauf, Vermietung, etc.) abzusichern, werden in der ökonomischen Theorie als Transaktionskosten bezeichnet. Daß Transaktionskosten – die neben den Kontrollkosten aus Informations-, Vereinbarungs- und Anpassungskosten bestehen – in die Entscheidung für oder gegen eine Fremdherstellung (outsourcing) einbezogen werden müssen[43], wurde in der allgemeinen Privatisierungseuphorie häufig vernachlässigt.[44] Im allgemeinen ist 'outsourcing' einer Eigenherstellung nur dann vorzuziehen, wenn die Transaktionskosten die Differenz zwischen den Kosten bei Eigenherstellung und dem Preis bei der Fremdherstellung nicht

41 Vgl. Kuhbier 1996, S. 182
42 Vgl. Bodanowitz 1993
43 Vgl. Bongaerts 1982
44 Vgl. Scholl 1996, S. 216

übersteigen.[45] Dies gilt nicht nur für den privatwirtschaftlichen Sektor, sondern gleichermaßen auch für 'outsourcing' im öffentlichen Sektor.

Weitere Vor- und Nachteile des Betreibermodells sind häufig diskutiert worden und sollen hier nur kurz angesprochen werden. So erwarten die Befürworter des Betreibermodells wegen des Wettbewerbs bei der Festlegung von Preisen und Leistungen Effizienzvorteile gegenüber dem öffentlichen Betrieb und damit kostengünstigere Lösungen. Das Niedersächsische Ministerium für Wirtschaft und Verkehr bezifferte beispielsweise die Kosteneinsparungen bei dem Wechsel der erwähnten niedersächsischen Gemeinden zum privaten Betreibermodell zwischen knapp 14% und fast 50%[46], ohne jedoch genau zu spezifizieren, wie diese Einsparungen zustandekamen. Kritische Stimmen verweisen darauf, daß sie auf „einfacheren technischen Optionen"[47] basieren oder sich gar aus „steuerlichen Effekten" oder „Unterschiede in der Kalkulation"[48] erklären lassen. Ein wirklicher Pluspunkt des Betreibermodells wird darin gesehen, daß der kommunale Haushalt entlastet wird, da die Investitionen für die Abwasserentsorgung durch den Betreiber vorgenommen werden. Damit kann der tatsächliche Verschuldungsgrad eingedämmt werden, falls nicht die eingesparten Mittel für andere Aufgaben verwendet werden.[49] Im Betreibermodell werden aber nicht nur Kosten-, sondern auch Zeitvorteile gesehen, die sich positiv auf die Umwelt und die Infrastruktur auswirken. Während kommunale Kläranlagen von der ersten Planung bis zur Inbetriebnahme etwa zehn Jahre benötigen, erfolgt normalerweise die private Realisierung eines solchen Bauvorhabens in deutlich kürzerer Zeit.[50] Aus Sicht der Gemeinde wird das Betreibermodell auch in haftungsrechtlicher Hinsicht als vorteilhaft gesehen. Zivil- und strafrechtlich ist der Betreiber verantwortlich, bei der Gemeinde verbleiben demgegenüber lediglich Organisations- und Überwachungspflichten.[51]

Das Hauptargument, das die Kritiker dem Betreibermodell entgegensetzen, ist die Gefahr, daß der private Betreiber nach Vertragsabschluß seine Monopolstellung ausnutzt. Verantwortlich dafür ist, daß der Wettbewerb, der für die postulierten Effizienzvorteile erforderlich ist, während der langen Laufzeit des Vertrages ausgeschaltet ist. Damit verfügt der Betreiber über eine starke Verhandlungsposition, mit der er bei Nachverhandlungen oder bei Verlängerungsverhandlungen seine Vorstellungen durchzusetzen vermag. Eng verflochten mit der Monopolstellung ist die Befürchtung einer Ein-

45 Vgl. Bongaerts 1982, S. 235
46 Vgl. Niedersächsisches Ministerium für Wirtschaft 1991, S. 26ff.
47 Vgl. Baentsch 1994, S. 146
48 Vgl. Steenbock 1987, S. 250
49 Vgl. BMU o.J., S. 32
50 Vgl. Hansen 1995, S. 534
51 Vgl. Menold u.a. 1995, S. 27. Anderer Ansicht hinsichtlich der Haftung ist z.B. von Bosse 1993, S. 30, der die Kommune mit ihren Bediensteten nach wie vor in der strafrechtlichen Verantwortung für die ordnungsgemäße Durchführung sieht.

schränkung der Entscheidungs- und Planungsfreiheit der Kommune. De facto liegen die letztendlichen Investitionsentscheidungen beim privaten Betreiber, was sich bei neuen (umwelt-) politischen, wirtschaftlichen und demographischen Entwicklungen als hinderlich erweisen kann. Im Konkurs des Betreibers wird eine weitere Gefahr des Betreibermodells gesehen. Zwar erhält die Kommune aufgrund des normalerweise vertraglich vereinbarten Heimfallrechts in einem solchen Falle die volle Verfügungsgewalt über die Anlage, jedoch werden der Kommune durch erhöhte Unterhaltsaufwendungen und Übernahme höherer Kreditverpflichtungen auf alle Fälle zusätzliche Kosten entstehen.[52]

Die Probleme der Wettbewerbsbeschränkung und der Etablierung eines regionalen Monopolbetriebs bei langfristig ausgelegten Betreibermodellen versucht man durch eine zeitliche Beschränkung zu entschärfen. Beim sogenannten BOT-Modell (Built-Operate-Transfer) wird die Errichtung der Anlage und deren Betrieb lediglich auf fünf bis sieben Jahre vergeben. Auch hier werden Bedingungen und Entgelte vertraglich geregelt. Nach Ablauf der vereinbarten Betriebsdauer kann der Entsorgungspflichtige entscheiden, ob er die Anlage übernimmt, einem Dritten überträgt oder in der Hand des Betreibers beläßt. Die Entscheidung erfolgt in der Regel anhand einer erneuten Ausschreibung. Als Gefahr bei den BOT-Modellen wird gesehen, daß der Betreiber die Anlage möglicherweise vernachlässigt und keine größeren Sanierungsmaßnahmen während der kurzen Laufzeit durchführt.[53]

3.6 Kooperationsmodell

Das Betreibermodell wird vielfach als totale Privatisierung (miß-)verstanden und deshalb von vielen Kommunen bzw. ihren Entscheidungsträgern abgelehnt. Als Kompromißlösung zwischen dem Betreibermodell einerseits und nichtprivatwirtschaftlichen Organisationsformen andererseits wird das Kooperationsmodell gesehen. Dabei handelt es sich ebenfalls um eine Organisationsform, bei welcher der betreibende Dritte Eigentümer der Anlage ist, allerdings zusammen mit der Kommune. Dazu wird eine Besitz-und Betriebs-GmbH gegründet, an der die Gemeinde mehrheitlich beteiligt ist. Zwischen der Gemeinde und dieser GmbH wird ein Ver- und/oder Entsorgungsvertrag geschlossen. Im Falle der Abwasserentsorgung übernimmt die GmbH beim Kooperationsmodell in der Regel sowohl die Anlage als auch das Netz.

Die Vorteile des Kooperationsmodells werden darin gesehen, daß ausreichender kommunaler Einfluß mit Kapital, Know-how und Flexibilität eines

---

52 Vgl. Bellefontaine 1988, S. 269
53 Vgl. Bach 1994, S. 236

Privatunternehmens verbunden ist.[54] Nachträgliche Änderungen der Anlagengröße und Entgeltfestschreibung aufgrund instabiler Umweltzustände können wegen der Beteiligung der Kommune leichter durchgesetzt werden. Kritisch kann vermerkt werden, daß der Wettbewerb auch hier ausgeschaltet ist, da die zwischen Kommune und privatem Investor gegründete Entsorgungsgesellschaft langfristig zuständig ist. Außerdem wird bei Kooperationsmodellen auf eine VOL-Ausschreibung – wie sie beim Betreiber-Modell vorgeschrieben ist – vielfach verzichtet.[55] Als nachteilig beim Kooperationsmodell ist weiterhin anzusehen, daß keine Festpreise kalkuliert, sondern das Kostenumlageprinzip angewandt und somit die entstehenden Kosten in voller Höhe ersetzt werden. Dies kann dazu führen, daß nicht kosteneffizient gearbeitet wird, da die Kosten ja erstattet werden. Der private Partner erhält kein gesondertes Entgelt – außer er erbringt Zusatzleistungen –, sondern partizipiert anteilig an dem erwirtschafteten Gewinn.[56]

Eine Abwandlung des Kooperationsmodells wurde ebenfalls verschiedentlich (z.B. in Schleswig-Holstein, aber auch in einigen neuen Bundesländern) als Organisationsform für die Abwasserentsorgung gewählt. Beim sogenannten Kombinationsmodell findet die Beteiligung privater Partner auf zwei Stufen statt: Auf der Stufe der Eigentumsgesellschaft, die gemeinsam von der Kommune und einem privaten Dritten gebildet wird und mit der die Kommune den Ver- und/oder Entsorgungsvertrag vereinbart, und auf der Stufe der Betriebsgesellschaft, der von der Eigentümergesellschaft die Betriebsführung übertragen wird. Das besondere Problem eines solchen Kombinationsmodells wird darin gesehen, daß die Kommune in der Regel an der Betriebsgesellschaft nicht mehr beteiligt ist, während der private Partner entweder mit ihr identisch oder zumindest teilidentisch ist. Damit findet in der Konstellation eine Machtverschiebung zu ungunsten der Kommune statt. Kommt es nämlich zu Konflikten mit der Betriebsgesellschaft, so wird der private Partner der Eigentumsgesellschaft versucht sein, über seine Beteiligung entsprechenden Einfluß auszuüben, um Sanktionen gegen die Betriebsgesellschaft – also letztlich von sich selbst – abzuwenden.

Diese Kritik am Kombinationsmodell weist auf einen wesentlichen Einwand hin, der überhaupt gegenüber einem zu großen Einfluß von privaten Unternehmen besteht. Es wird befürchtet, daß die Gemeinde praktisch zum Minderheitenpartner degradiert wird, obwohl sie wie im Falle des Kooperations- oder Kombinationsmodells an den jeweiligen Unternehmen direkt beteiligt ist. Dies ist umso wahrscheinlicher, als beim Unternehmen das technische und betriebswirtschaftliche Know-how konzentriert ist, während sich die Qualifikation der Vertreter der Kommune häufig auf die politische Ebene beschränkt. Damit verringert sich nicht nur die Einflußmöglichkeiten der Ge-

---

54 Vgl. BMU o.J., S. 33
55 Vgl. BMWi o.J., S. 15
56 Vgl. Kuhbier 1996, S. 182

meinde, auch die Konfliktanfälligkeit nimmt vermutlich zu. Außerdem werden auch hier betriebswirtschaftlich erhebliche Kostenerhöhungsrisiken in dem Modell vermutet, da der Betriebsführer nicht nur die faktische Kalkulationsmacht in der Hand hat, sondern auch Investitionspläne und das technische System von ihm ausgearbeitet werden.[57]

4. Praxisbeispiele aus den neuen Bundesländern

Die unterschiedlichen Formen der Einbeziehung privater Unternehmen in die Finanzierung von öffentlichen Gütern und Dienstleistungen fanden insbesondere in den neuen Bundesländern reges Interesse. Dort sind nicht nur die finanziellen Probleme der Kommunen besonders gravierend, auch die Wasserwirtschaft mußte von Grund auf neu strukturiert werden. Außerdem wurden, wie bereits erwähnt, die politischen Anreize entsprechend gesetzt. Eine Privatisierung der Abwasserentsorgung stößt deshalb vermutlich auf weniger Widerstand als in den alten Bundesländern, wo die Kommunen schon seit Jahrzehnten mit der Abwasserentsorgung befaßt sind, vielfach über eigenes Know-how verfügen und Anlagen und Netze, wenn auch vielleicht sanierungsbedürftig, vorhanden sind.

4.1 Das Betreibermodell in Rostock[58]

Rostock hat sich als erste deutsche Großstadt zusammen mit Umlandgemeinden entschlossen, Wasserversorgung und Abwasserentsorgung zum 1.4.1993 aus dem öffentlichen Tätigkeitsbereich herauszunehmen und einem privaten Unternehmen zu übertragen. Die Bürgerschaft der Hansestadt entschied sich Ende 1992 für diese Lösung, nachdem für Erweiterung und Neubau der Anlagen und Netze ein Investitionsbedarf in Höhe von etwa 900 Millionen DM festgestellt wurde und die Stadt bereits auf einem Schuldenberg von damals 414 Millionen Mark saß. Planung, Bau und Betrieb der erforderlichen Anlagen und Netze wurden der Eurawasser Aufbereitungs- und Entsorgungs-GmbH Rostock übertragen. Die Eurawasser GmbH Rostock ist eine 100%ige Tochtergesellschaft von Eurawasser Berlin, einer Gesellschaft, die sich je zur Hälfte im Besitz des französischen Wasserkonzerns Lyonnaise des Eaux-Dumez und der Thyssen-Handelsunion befindet. Lyonnaise des Eaux-Dumez gehört zu den größten, weltweit operierenden Unternehmen des Wasserver- und -entsorgungsmarktes.

57 Vgl. von Bosse/ Kuhbier 1995, S. 23
58 Stand Ende 1995

Vertragspartner sind auf der einen Seite der Warnow-Wasser- und Abwasserverband – ein Zusammenschluß aus der Hansestadt Rostock und den Kommunen des Kreises Rostock-Land – und auf der anderen Seite das Unternehmen Eurawasser. Der Vertrag hat eine Laufzeit von 25 Jahren und ist aus wichtigem Grund jederzeit kündbar. Für den Fall einer Kündigung wurden Entschädigungsregelungen für den jeweiligen Vertragspartner vereinbart, die je nach Verschuldungsgrad unterschiedlich sind. Bei Ablauf des Vertrages nach 25 Jahren wird – sofern der Vertrag nicht verlängert werden sollte – eine Bewertung der vorhandenen Anlagen durchgeführt, die dann gegen Erstattung der Restbuchwerte an den Verband übergeben werden. Der Verband hat vertraglich vereinbarte Kontrollrechte aufgrund seiner öffentlich-rechtlichen Zuständigkeit für die Ver- und Entsorgung. Sie werden von einem Beirat wahrgenommen, der mit je drei Mitgliedern des Verbandes und des Unternehmens besetzt ist. Dieser Vertragsbeirat muß allen von der Gesellschaft beantragten Preisanpassungen zustimmen und ist über alle wesentlichen Maßnahmen des Unternehmens zu informieren. Außerdem hat er ein Anhörungsrecht bei der Vergabe von Aufträgen über einem bestimmten Auftragsvolumen und bei grundsätzlichen organisatorischen Änderungen. Der Beirat kommt normalerweise vier bis fünf Mal pro Jahr zusammen, bei Bedarf werden auch außerordentliche Sitzungen einberufen.

Das Unternehmen hat sich vertraglich zur Ver- und Entsorgung der rund 280.000 Einwohner des Gebietes einschließlich der Unternehmen der Industrie und des Gewerbes sowie der Landwirtschaft verpflichtet. Trinkwasseraufbereitung und -förderung erfolgt durch 35 Wasserwerke: das Wasserwerk der Hansestadt Rostock mit einer maximalen Kapazität von rund 90.000 m^3/d und 34 Wasserwerke des Kreises Bad Doberan. Für das Wasserwerk in Rostock wird das Oberflächenwasser der Warnow genutzt, die Wasserwerke des Landkreises greifen ausschließlich auf Grundwasser zurück. Für die Abwasserentsorgung betreibt und unterhält das Unternehmen 15 Kläranlagen und rund 841 km Kanalnetz, dazu kommen ca. 240 km Hausanschlußleitungen. Neben der Kläranlage Rostock, deren Technologie auf biologische Reinigung mit nachgeschalteter Biofiltration umgebaut wurde, sind eine vollbiologische Anlage und Oxydationsteich- und Kleinbelebungsanlagen vorhanden.

Zur Erledigung ihrer Aufgaben ist die Firma vertraglich verpflichtet im Laufe der 25jährigen Vertragszeit die erwähnten 900 Millionen DM zu investieren. Dabei werden die jeweiligen Haushalte der Mitgliedsgemeinden des Wasser- und Abwasserverbandes nicht in Anspruch genommen; auch auf eine Förderung durch Landesmittel wurde bisher – was die Baumaßnahmen für die Hansestadt anbelangt – verzichtet. Die erforderlichen Investitionen verteilen sich auf das Wasserwerk der Hansestadt mit rund 20 Millionen DM und auf die Kläranlage mit einer Kapazität von 320.000 EGW mit etwa 170 Mio DM. Die übrigen 700 Mio. DM werden für Sanierungsmaßnahmen von Wasserversorgung (1/3) und Abwasserentsorgung (2/3), für den Bau von

Wasserwerken und Abwasserreinigungsanlagen im Landkreis, für Erweiterungen im Rohr- und Kanalnetz von Stadt und Land und für sonstige Investitionen benötigt.

Es handelt sich also um ein großangelegtes Projekt, das zu einem guten Teil bereits realisiert wurde. Somit kann es sicherlich als gelungene Einbeziehung eines Privatunternehmens in die Erledigung öffentlicher Aufgaben angesehen werden. Die zeitlichen und finanziellen Entlastungen konnten realisiert und die Qualität des Trinkwassers verbessert weden; das geklärte und in die Ostsee eingeleitete Abwasser ist sauber wie lange nicht mehr.

Aber der Privatisierungsprozeß verlief durchaus nicht problemlos. Für die Entscheidung wurden mehr als zwei Jahre benötigt. Schon während des Entscheidungsprozesses kam es zu teilweise heftigen politischen Kontroversen. Der Wirtschaftsausschuß und der Finanzausschuß hatten sich vor der Bürgerschaftsentscheidung gegen einen Generalbetreiber ausgesprochen. Auch die CDU Rostock wandte sich gegen das Modell, da eine zu geringe Beteiligung der einheimischen Unternehmen befürchtet wurde. Später führte insbesondere die Entwicklung der Gebühren für Trink- und Abwasser zu massiven Protesten in der Bevölkerung und zu hitzigen Debatten in der Bürgerschaft der Stadt Rostock.[59] Eine Neuverhandlung des Preises war erforderlich geworden, nachdem der Wasserverbrauch deutlich zurückgegangen war und damit die vertraglich festgelegte jährliche Absatzmenge von 22 Mio. m^3 als Grundlage für die Festpreise deutlich unterschritten wurde. Vertraglich war die Möglichkeit der Preisanpassung unter diesen Gegebenheiten zwar abgesichert, was jedoch den Unmut der Bevölkerung über die nun deutlich höheren Gebühren keineswegs dämpfen konnte. Die erwartete Auswirkung ihres sparsameren Verbrauchs – eine Reduzierung der Gebührenbelastung – stellte sich nicht ein, sondern hatte sich in ihr Gegenteil verkehrt. Man darf aber nicht übersehen, daß diese Entwicklung die Argumente der ökologischen Kritiker widerlegt, die einen Konflikt zwischen der Gewinnmaximierungsabsicht der privaten Betreiber und einer ökologisch motivierten Wassersparpolitik sehen.[60] Diese Kritiker haben übersehen, daß Gebühren anders funktionieren als Preise: Über Gebühren können Gewinne garantiert werden, gerade wenn diese Gebühren den Anreiz zum Wassersparen erhöhen. Es ist natürlich eine ganz andere Frage, ob der betroffene Bürger einer Politik seine Zustimmung erteilt, die ihn so deutlich mit den Kosten von Wasser und Abwasser konfrontiert. Auch haben hohe Wassergebühren natürlich einen Verteilungsaspekt. Aber aus ökologischer Sicht kann man mit der Entwicklung in Rostock zufrieden sein.

---

59 Vgl. Ostsee-Zeitung vom 2.2.1995
60 Vgl. z.B. von Bosse, 1994, S. 151

4.2 Fonds-Finanzierung in Verbindung mit dem Kooperationsmodell in Brandenburg[61]

Eine gänzlich andere Form einer privaten Beteiligung an der Abwasserentsorgung wurde von einem Abwasserzweckverband (AZV) in Brandenburg gewählt. Das Gebiet des AZV Emster ist im Havelgebiet Brandenburg-Potsdam lokalisiert. In ihm haben sich verschiedene Gemeinden zusammengeschlossen. Das Entsorgungskonzept, das in der Verbandssatzung festgelegt wurde, sieht vor, das Abwasser der jeweiligen Gemeinden über Verbundleitungen einer zentralen Kläranlage zuzuführen. Dazu war der Bau von Kläranlage und Kanalisationsnetz mit einem Investitionsvolumen von rund 89 Mio. DM erforderlich. Die Durchführung dieses Konzepts wurde öffentlich ausgeschrieben. Als günstigste Bieter wurden für den Bereich Bau und Betrieb die Philipp Holzmann AG und für die Finanzierung die Berlin-Anlagen-Agentur Bassmann ermittelt, die auch den Zuschlag erhielten.

Für Bau und Betrieb der Anlagen wurde jedoch eine eigene Errichtungs-, Besitz- und Betreibergesellschaft (AWEG Abwasserentsorgungsgesellschaft Emster mbH. & Co. KG) gegründet, der durch Entsorgungsvertrag vom Zweckverband die Abwasserentsorgung übertragen wurde. Geschäftsführende Komplementärin der AWEG Emster KG ist die AWEG GmbH (AWEG Emster Verwaltungsgesellschaft mbH), deren Geschäftsanteile zu 51,1 % von den Gemeinden und zu 48,9 % von der Firma Holzmann Anlagen GmbH gehalten wird. Kommanditistin der KG ist die Prosecure Vermögens-Treuhand-Unternehmungsberatungs- und Beteiligungsgesellschaft bmH, der Treuhänderin für die Zeichner eines Infrastruktur-Investment-Umweltfonds. Durch diesen Fonds wurden 40 Mio. DM des Investitionsvolumens aufgebracht. Für die Gemeinden sollte damit eine „kostengünstige Realisierung" der Abwasserentsorgung erreicht, für die Fondszeichner eine „interessante Rendite" geboten werden.[62] So jedenfalls der Emissionsprospekt der Finanzierungsgesellschaft. Die Finanzierung der verbleibenden Investitionen sollte durch ein zinsloses Darlehen des AZV in gleicher Höhe und durch eine staatliche Investitionszulage erfolgen. Das Darlehen des Zweckverbandes sollte teilweise durch Fördermittel des Landes finanziert werden. Hier kam es jedoch zu ersten Schwierigkeiten, da die Zuweisung der Fördermittel verzögert wurde und der AZV einen entsprechenden Kredit aufnehmen mußte. Aufgrund überdimensionierter Anlagen und daraus resultierender massiver Probleme bei Kommunen und Abwasserzweckverbänden des Landes Brandenburg hatte das dortige Umweltministerium nämlich die Notbremse gezogen, indem es Fördermittel verweigerte oder zumindest hinauszögerte. Auch der AZV Em-

---

61 Stand Ende 1995

62 Vgl. Emissionsprospekt der Bassmann & Partner GmbH, Umweltfonds Nr. 1 Infra-Investment

ster war davon betroffen, da bei der Überprüfung durch eine vom Umweltministerium eingesetzte Kommission[63] auch für die vom AZV gewählte Lösung Mängel in der organisatorisch-rechtlichen Konstruktion festgestellt und eine Sanierungskonzeption als erforderlich erachtet wurde.

Mitte Dezember 1993 wurde mit dem Bau der Kläranlage und des Kanalisationsnetzes begonnen. Neben der Kläranlage mit einer Kapazität von 16.000 EGW wurden über 30 km Ortsüberleitungen und über 41 km Leitungen[64] im Ort gebaut, die noch durch Hausanschlußleitungen ergänzt werden. Die Kläranlage – ausgestattet mit mechanisch-biologischer Reinigungstufe mit Phosphateliminierung – ist seit März 1995 in Betrieb, das gesamte Bauvorhaben mußte zur Wahrung von Steuervorteilen für die Anleger bis Ende 1996 abgeschlossen sein. Auch hier gelang es, mit Hilfe der Privatisierung in relativ kurzer Zeit eine Kläranlage und ein Kanalisationsnetz zu bauen und die Abwasserentsorgung einzurichten. Aus ökologischer Sicht ist das vom AZV Emster gewählte Privatisierungsmodell somit ebenfalls als Erfolg zu werten.

Die anderen Vorteile einer Privatisierung sind jedoch nicht oder nicht im erhofften Umfang eingetreten. Wesentlicher Unterschied dieser Form zum Betreibermodell ist, daß die beteiligten Gemeinden in erheblichem Umfang an der Finanzierung des Objektes beteiligt sind. Die Kommunen des AZV sind nicht nur über den erwähnten Kredit an der Finanzierung beteiligt, sondern auch über die Bereitstellung der erforderlichen Grundstücke, die entweder durch Erbbaurechtsverträge oder durch Grunddienstbarkeiten dem Betreiberunternehmen unentgeltlich für die Laufzeit des Entsorgungsvertrages (25 Jahre) zur Verfügung gestellt wurden. Das Argument der Haushaltsentlastung trifft hier also nur eingeschränkt zu.

Auch Effizienzvorteile sind zumindest zum derzeitigen Zeitpunkt nicht klar ersichtlich. Das liegt sicher auch daran, daß bei einem solchen organisatorischen Dickicht die Transaktionskosten vergleichsweise hoch anzusetzen sind. Problematisch ist auch, daß die Anlage für die derzeit angeschlossenen Einwohner reichlich überdimensioniert ist und damit die Gebühren sehr hoch sind und die Zahlungsmoral ziemlich schlecht ist. Grundlage der Bedarfsschätzung war eine Gewerbe- und Bevölkerungsentwicklung, die sich im nachhinein als zu optimistisch herausstellte. Damit ist ein Problem angesprochen, das nicht nur in Brandenburg geradezu charakteristisch für die Situation der Abwasserentsorgung ist. Eine Reihe von Fehlplanungen und Fehlentwicklungen, die auf falsche Bedarfseinschätzung, wenig überlegte Organisationsformen, schlechte oder jedenfalls einseitige Beratung, überforderte Kommunalaufsicht etc. zurückzuführen sind, liegen den dortigen Problemen zugrunde. Allerdings finden sich solche Fehlentwicklungen auch dort, wo die Aufgabenerledigung eine rein kommunale Angelegenheit ist.

---

63 Vgl. Abschlußbericht der brandenburgischen Landesregierung zur flächendeckenden Überprüfung der Abwasserzweckverbände (Drucksache 2/1751)

64 Stand Ende 1995

5. Schlußfolgerungen

Veränderte politische, ökonomische und ökologische Rahmenbedingungen haben die in Ost wie West – wenn auch in unterschiedlichem Ausmaß – vorhandenen Probleme in der Abwasserentsorgung verschärft und die bisherige Organisationsform in Frage gestellt. Ausschlaggebend für die kommunale Entscheidung, Private an der Erledigung zu beteiligen, ist zum einen der enorme Investitionsbedarf bei Kanalisation und Kläranlagen in Kombination mit der problematischen Finanzsituation der Gemeinden und zum anderen die erwarteten Effizienzvorteile der privaten Unternehmen. Durch ein ‚outsourcing' versprach sich so manche Kommune eine schnelle und dauerhafte Lösung ihrer Abwasserprobleme und so manche(r) Kämmerer/Kämmerin eine Entlastung des Haushalts. Diese Überlegungen könnten sich jedoch als illusorisch erweisen.

Die propagierte Haushaltsentlastung ergibt sich dadurch, daß die aktuelle Verschuldung geringer ausfällt. Die erforderlichen Investitionen können zudem schneller erfolgen, da bei einer privaten Finanzierung keine Genehmigung durch die Kommunalaufsicht erforderlich wird, die u.U. verzögernd wirkt, insbesondere bei hochverschuldeten Gemeinden. Andererseits sind die Kapitalkosten für einen auf dem freien Markt beschafften Kredit, wie ihn ein privater Betreiber beschaffen muß, in der Regel höher als ein Kommunalkredit, was sich wiederum in Richtung höherer Gebühren auswirkt. Mit der Privatisierung werden zudem aus dem kommunalen Haushalt nicht nur Investitions- und Betriebskosten ausgelagert, sondern auch die Einnahmenseite verändert sich. Angesichts der Tatsache, daß die Abwassergebühren zu den wichtigsten Gebühreneinnahmen zählen, fehlt dem kommunalen Haushalt nun eine zentrale Dispositionsmasse. Auch bei Kostendeckung kann nämlich die Tatsache, daß Gebühreneinnahmen regelmäßig, gewisse Investitionen aber in großen zeitlichen Abständen anfallen, den Kommunen ein flexibleres Handeln ermöglichen, als wenn sowohl Einnahmen wie Ausgaben ausfallen. Eine tatsächliche Entlastung des kommunalen Haushalts ist außerdem nur dann gegeben, wenn die private Erstellung auch wirklich kostengünstiger ist. Gehen die Gebühren für die private Entsorgung über eine politisch noch vertretbare Obergrenze hinaus, wird die Kommune – oder eine politisch übergeordnete Ebene – über kurz oder lang die Differenz aus dem Haushalt zahlen müssen.

Die von einer Privatisierung erwarteten Effizienzgewinne müssen sich ebenfalls nicht unbedingt einstellen. Private Unternehmen haben zwar unter Umständen eine günstigere Kostenstruktur als öffentliche Einrichtungen. Zu denken sind dabei z.B. an niedrigere Personalkosten, da private Unternehmen nicht an die starren Regelungen des öffentlichen Dienstes gebunden sind. Günstigere Betriebskosten können sich auch dadurch ergeben, daß ein privates Unternehmen mehrere Kläranlagen betreiben und so Synergieeffekte nutzen kann. Der eventuellen Kostenersparnis stehen jedoch zum einen der Gewinn des privaten Betreibers und zum anderen die bereits erwähnten Transaktionskosten gegenüber. Hinzu kommt ein Konkursrisiko, insbesondere dann, wenn es sich beim privaten Partner um ein kleines Unternehmen und damit fast unvermeidlich um einen Branchenneuling handelt.

Theoretisch stellen die vorgestellten Möglichkeiten zur Einbeziehung privaten Kapitals und Know-hows wichtige Alternativen zu der öffentlichen Finanzierung und Aufgabenerledigung dar. Und auch die bisherigen praktischen Erfahrungen mit privaten Anbietern sind im großen und ganzen wohl als positiv zu sehen. Es darf aber bezweifelt werden, daß die bisherigen Beobachtungen des Unternehmensgebarens als aussagekräftig für die Zukunft anzusehen sind. Die positiven Erfahrungen wurden mit großen Unternehmen gemacht, die zu expandieren versuchen. Das erlegt ihrem Verhalten Restriktionen auf, die wegfallen können, wenn der Markt einmal unter einigen großen Anbietern aufgeteilt ist. Bei den ersten Privatisierungen im Abwasserbereich war es für diese Unternehmen wichtig, sich Eintritt in einen Markt verschaffen und sich dort zu etablieren. Manche Verträge würden deshalb von den Unternehmen sicherlich so kein zweites Mal abgeschlossen werden, da die günstigen Konditionen aus Werbungsgründen geboten wurden.

Wie gut (oder wie schlecht) die Konditionen tatsächlich sind, kann im übrigen nur schwer beurteilt werden, da die Transparenz insbesondere in den neuen Bundesländern fehlt oder zumindest mangelhaft ist. Kommunalverwaltungen sind mit Informationen über 'ihr' Modell sehr zurückhaltend. Im Hinblick auf eine organisatorische Optimierung der Erledigung öffentlicher Aufgaben ist dies ausgesprochen bedauerlich. Es ist eine zwar rechtlich abgesicherte, aber dennoch eigenartige Praxis, Entscheidungen über Privatisierungen – seien es nun Verkäufe von öffentlichem Eigentum oder die Vergabe von Leistungen – unter Ausschluß der Öffentlichkeit vorzunehmen. Problematisch an dieser Zurückhaltung ist, daß damit anderen interessierten Kommunen ein Rückgriff auf schon bewährte Vertragsformen und Vergabemodelle nicht möglich ist. Wie rechtliche Normen, so haben jedoch auch Vergabemodelle transaktionskostensenkenden Normungs- und Rahmencharakter.[65] Aber auch aus demokratischen Überlegungen könnte man Einwände vorbringen. Letzten Endes geht es um die Interessen und Eigentumsrechte der Bürger. Es ist schwer zu sehen, welches schützenswerte Interesse demgegenüber vorgebracht werden könnte, um eine Geheimhaltung der Verträge zu begründen.

Dies alles beeinträchtigt nicht nur die Akzeptanz der Gebühren, sondern die Glaubwürdigkeit von Politik und Verwaltung. Verstärkt wird die negative Einstellung durch immer häufiger auftretende – oder zumindest publik ge-

---

65 Vgl. Koch 1992, S. 138

wordenene – Bestechungsskandale bei der Vergabe von öffentlichen Aufträgen, gerade auch im Bereich der Abwasser- und Abfallentsorgung. Diese Gefahr, die beispielsweise in der amerikanischen Diskussion zum ,contracting out' ehemals öffentlicher Produktion von Gütern und Dienstleistungen einen breiten Raum einnimmt[66], wird in Deutschland mit Stillschweigen übergangen, da man das hiesige politische Sytem gerne als dagegen immun betrachtet. Vermutlich war diese Gefahr in der Vergangenheit tatsächlich geringer, weil viele öffentliche Aufgaben direkt von der öffentlichen Hand durchgeführt wurden. Mit der zunehmenden Auslagerung auf private Unternehmen nimmt diese Gefahr jedoch zu, zumindest dort, wo sich die öffentliche Hand nicht vollständig zurückzieht und Angebot und Nachfrage nach bestimmten Gütern und Dienstleistungen völlig dem freien Markt überläßt.

Literaturverzeichnis

Abwassertechnische Vereinigung (Hg.), 1991: ATV-Info-Tage 91 – Kommunale Abwasserwirtschaft in den neuen Bundesländern, St. Augustin

Abwassertechnische Vereinigung (Hg.), 1992: ATV-Landesgruppen-Tagungen 1991, St. Augustin

Bach, S., 1994: Private Bereitstellung von Infrastruktur unter besonderer Berücksichtigung der Verhältnisse in den neuen Bundesländern. In: Vierteljahreshefte zur Wirtschaftsforschung, 1994, S. 208-245

Baentsch, F., 1994: Organisation der kommunalen Wasserversorgung und Abwasserentsorgung in den neuen Bundesländern. In: gwf Wasser – Abwasser, 1994, S.141-148

Bassmann & Partner GmbH, o.J.: Emissionsprospekt Umweltfonds Nr. 1 Infra-Investment.

Bellefontaine, K., 1988: Abwasserbeseitigung nach dem Niedersächsischen Betreibermodell. In: Der Gemeindehaushalt, 1988, S. 265-272

Bodanowitz, J., 1993: Organisationsformen für die kommunale Abwasserbeseitigung, Köln

Bongaerts, J., 1982: Privatisierung öffentlicher Leistungen aus der Sicht der Vertragsökonomik. In: Zeitschrift für öffentliche und gemeinwirtschaftliche Unternehmen, 1982, S. 232-246

von Bosse, A., 1994: Die kommunaleigene Wasser/Abwasser GmbH – eine effektive Alternative zum privaten Betreibermodell. In: gwf Wasser-Abwasser, 1994, S. 149-155

von Bosse, A./Kuhbier, J., 1995: Das Kooperationsmodell – Vorteile und Gefahren. In: Wasserwirtschaft – Wassertechnik, 1995, S. 22-27

Brod, E., 1990: Organisationsformen, mögliche Formen der Privatisierung und ihre Grenzen bei leitungsgebundenen Einrichtungen für Wasser und Abwasser. In: gwf Wasser – Abwasser, 1990, S. 403-409

---

66 Vgl. z.B. Poole/ Fixler 1987

Bundesministerium für Wirtschaft (BMWi) (Hg.), o.J.: Trinkwasserversorgung und Abwasserentsorgung. Leitfaden zur Einbeziehung Privater in die kommunale Trinkwasserversorgung und Abwasserentsorgung, Bonn

Bundesministerium für Umwelt, Naturschutz und Reaktorsicherheit (BMU) (Hg.), o.J.: Privatwirtschaftliche Realisierung der Abwasserentsorgung. Bonn

Bundesverband der deutschen Gas- und Wasserwirtschaft (BGW), 1996: Abwassergebühren 1995, Bonn

Corsten, R., 1990: Verselbständigung der Abwasserbeseitigung. In: Zeitschrift für Kommunalfinanzen, 1990, S. 16-29

Deutscher Städte- und Gemeindebund, 1994: Privatisierung in Städten und Gemeinden, Düsseldorf

Eichholz, R./Lenk T., 1991: Die Abwasserbeseitigung – Größenordnung, Struktur und Finanzierung. In: Zeitschrift für öffentliche und gemeinwirtschaftliche Unternehmen, 1991, S. 1-15

Ellwein, Th./Buck, L., 1995(a): Wasserversorgung Abwasserbeseitigung. Öffentliche und private Organisation, Landsberg

Ellwein, Th./Buck, L., 1995(b): Privatisierung in der Wasserversorgung und Abwasserbeseitigung. Bericht zum Kongreß der Länderarbeitsgemeinschaft Wasser am 7./8.11.1994 in Ludwigsburg, Stuttgart

Friedrich, P. (Hg.), 1987: Finanzierung kommunaler Investitionen über geschlossene Immobilienfonds, Baden-Baden

Friedrich, P./Reich, J., 1987: Charakteristika der Finanzierung kommmunaler Investitionen über geschlossene Immobilienfonds. In: Friedrich, P. (Hg.), Finanzierung kommunaler Investitionen über geschlossene Immobilienfonds, Baden-Baden, S. 11-25

Gerlt, H., 1987: Beratung bei der Finanzierung kommunaler Investitionen über geschlossene Immobilienfonds. In: Friedrich, P. (Hg.), Finanzierung kommunaler Investitionen über geschlossene Immobilienfonds, Baden-Baden, S. 79-119

Hamer, E./Gebhardt, R., 1992: Privatisierungspraxis. Hilfe zur Umstellung von Staats- auf Privatwirtschaft, Essen

Hansen, R., 1995: Private Lösung öffentlicher Aufgaben. In: Kommunalpolitische Blätter, 7/1995, S. 534-535

Karrenberg, H./Münstermann, H., 1996: Gemeindefinanzbericht 1996. In: Der Städtetag, 1996, S. 119-211

Karrenberg, H./Münstermann, H., 1997: Gemeindefinanzbericht 1997. In: Der Städtetag, 3/1997, S. 127-139

Keller, U., 1996: Leasing als Ausweg aus der Finanzklemme. In: VOP, 1996, Heft 5, S. 39-40

Kirchhoff, U./Müller-Godefroy, H., 1990: Finanzierungsmodelle für kommunale Investitionen. Stuttgart

Klös, H.-P., 1989: Öffentliches Infrastrukturmonopol – noch zeitgemäß? Köln

Knauss, F., 1990: Privatisierung in der Bundesrepublik Deutschland 1983-1990. Köln

Koch, M., 1992: Die wirtschaftliche Betätigung der Gemeinden. Berlin

Kuhbier, J., 1996: Privatisierung in der Wasserversorgung und Abwasserbeseitigung. Anmerkung zur Organisationsfreiheit der Gemeinden und zur Vertragsgestaltung mit privaten Partnern. In: gwf Wasser – Abwasser, 1996, S. 180-186

Landesregierung Brandenburg, 1995: Abschlußbericht zur flächendeckenden Überprüfung der Abwasserzweckverbände, Potsdam (Drucksache 2/1751)

von Loesch, A., 1987: Privatisierung öffentlicher Unternehmen, Baden-Baden

Lühr, H.P., 1988: Undichte Kanalisationen als Ursache von Boden- und Grundwasserbelastungen-Entwicklungen eines Bewertungsrahmens. In: Zeitschrift für angewandte Umweltforschung, Sonderheft 1/1988, S. 13-22

Menold, Herrlinger, Reinking & Partner, 1995: Unveröffentlichtes Gutachten zu den möglichen Organisationsformen in der Abwasserbeseitigung im Auftrag des Umweltministeriums Baden-Württemberg.

Mönninghoff, H./Pohl, G., 1992: Kanalnetzsanierung, eine große Herausforderung für die Kommunen. In: Korrespondenz Abwasser, 1992, S. 333-336

Niedersächsisches Ministerium für Wirtschaft (Hg.), 1991: Privatisierung kommunaler Kläranlagen, Hannover

Ostsee-Zeitung, 2.2.1995: Ergebnisloser Streit um neue Wasserpreise

Pechler, R., 1992: Stand und Tendenzen bei Verfahren, Ausrüstungen und baulichen Anlagen der Abwasserableitung und Regenwasserbehandlung. In: Abwassertechnische Vereinigung (Hg.), ATV-Landesgruppen-Tagungen 1991, St. Augustin, S. 661-674

Poole, R.W./Fixler, P.E., 1987: Privatization of public sector services in practice: Experiences and Potential. In: Journal of Policy Analysis and Management, 1987, S. 612-625

Rehm, H., 1987: Neue Modelle der Finanzierung kommunaler Investitionen. In: Zeitschrift für öffentliche und gemeinwirtschaftliche Unternehmen, 1987, S. 49-70

Rehm, H., 1994: Neue Wege zur Finanzierung öffentlicher Investitionen. Baden-Baden

Scholl, R., 1996: Organisationsformen der Privatisierung der kommunalen Abwasserentsorgung. In: Korrespondenz Abwasser, 1996, S. 211-217

Spelthahn, S./Steger, U., 1992: Privatisierung der Abwasserbeseitigung, Wiesbaden

Statistisches Bundesamt (Hg.), 1995: Umwelt. Öffentliche Wasserversorgung und Abwasserbeseitigung 1991, Wiesbaden

Steenbock, R., 1990: Zur Organisation und Finanzierung der kommunalen Abwasserbeseitigung. In: Zeitschrift für angewandte Umweltforschung, 1990, S. 243-248

Steenbock, R., 1987: Grenzen der Privatisierung öffentlicher Aufgaben, insbesondere der Abwasserbeseitigung. In: der gemeindehaushalt, 11/1987, S. 246-253

Süddeutsche Zeitung (SZ), 2.7.1996: Land zahlt Miete für den Knast.

Weiss, J., 1987: Risikoabdeckung im Rahmen eines geschlossenen, kommunalen Immobilienfonds. In: Friedrich, P. (Hg.), Finanzierung kommunaler Investitionen über geschlossene Immobilienfonds, Baden-Baden, S. 66-78

GPSR Compliance

The European Union's (EU) General Product Safety Regulation (GPSR) is a set of rules that requires consumer products to be safe and our obligations to ensure this.

If you have any concerns about our products, you can contact us on ProductSafety@springernature.com

In case Publisher is established outside the EU, the EU authorized representative is:

Springer Nature Customer Service Center GmbH
Europaplatz 3
69115 Heidelberg, Germany

Batch number: 10809466

Printed by Printforce, the Netherlands